朱熹

『性』的救赎之路

束景南——著

复旦大学出版社

目 录

引　论　朱熹：理学即人学　……001

第一章　沈郎与韦斋　……035
　　　　第一节　"武夷君"的降生　……037
　　　　第二节　从尤溪到潭溪　……043

第二章　在逃禅归儒的道路上　……055
　　　　第一节　师事武夷三先生　……057
　　　　第二节　从"谦开善"处来　……064
　　　　第三节　泉南佛国的"杜鹃夜悟"　……074

第三章　从李侗走向二程　……085
　　　　第一节　从学延平李侗　……087
　　　　第二节　在隆兴北伐与议和中　……093
　　　　第三节　中和之路——走向程颐　……100

第四章　寒泉著述 ……111

第一节　与湖湘派的论战 ……113

第二节　朱陆吕三会 ……120

第三节　丁酉年——四书集注体系的诞生 ……129

第五章　在南康军 ……137

第一节　"见儒者之效" ……139

第二节　在赈荒救灾中 ……146

第三节　白鹿洞之会 ……152

第六章　浙东提举 ……161

第一节　辛丑延和奏事 ……163

第二节　六劾唐仲友 ……172

第三节　与浙学陆学的交流 ……180

第七章　武夷山中 ……199

第一节　武夷精舍 ……201

第二节　朱陈义利王霸之辩 ……211

第三节　同浙学与陆学的论战 ……218

第八章　不平静的戊申年 ……229

第一节　延和奏事 ……231

第二节　朱陆太极论战 ……237

第三节　戊申封事 ……243

第九章　己酉年——生平学问的第二次总结 ……253
　　　第一节　先天学与太极学的统一 ……255
　　　第二节　五经学体系的建构 ……261
　　　第三节　人本主义的四书学体系 ……271
　　　第四节　人本主义性学体系的建构 ……278

第十章　漳州太守 ……297
　　　第一节　南下临漳 ……299
　　　第二节　正经界 ……309
　　　第三节　南陬学术素王 ……320
　　　第四节　考亭卜居 ……330

第十一章　入侍经筵 ……347
　　　第一节　再度出山 ……349
　　　第二节　长沙新政 ……359
　　　第三节　经筵老儒 ……371
　　　第四节　道学放臣 ……383

第十二章　庆元党禁 ……393
　　　第一节　"吾道付沧洲" ……395
　　　第二节　禁锢"伪徒" ……403

　　　　第三节　伪籍逆党　……414

第十三章　生平学问的最后总结　……427
　　　　第一节　一代文宗　……429
　　　　第二节　"空同道士"　……441
　　　　第三节　经学大师　……453

尾　声　最后的精神求索　……465

附　录　朱熹年谱简编　……481

引　论
朱熹：理学即人学

西方现代科技物质文明的发达造成人的异化，使他们遗弃自家文化传统的工具理性，对东方儒家的伦理理性投来了倾心的一瞥。在大洋彼岸兴起的现代新儒家们揭橥起"返本开新"的旗帜，就是要从返回到儒家伦理理性的"内圣"之学中开出"民主"与"科学"的"外王"，使伦理、民主与科学三位一体。其中作为封建社会显赫一时的儒家第二圣人的朱熹，自然也得到了他们特别的垂青。朱熹建构的理学文化体系，几乎可以说完美地体现了儒家伦理理性的精神。也正是因为这样，在他死后，历代统治者们才慷慨为他发起了一个长达七世纪之久的造神运动，直到把他塑造成一具同孔夫子一样至尊的儒家偶像，罩上"万世圣人"的光轮，一个真实的朱熹便从多维文化的历史视野中消失了。其实朱熹不过也是一面传统文化的历史镜子，一个儒家伦理理性的历史象征，他的《朱子语类》，留下了一座按儒家伦理理性精神建构起来的庞大的人本主义理学古堡，展示着中国10世纪以来传统文化所陷入的困境以及艰难反思探索新路的历史足迹。宋代理学文化思潮的崛起，从根本上是衰微的儒家振兴自救以对抗泛滥猖獗的佛教与道教的一次文化运动，它在排辟佛道中又融合了佛道的矛盾运动中对儒家传统文化的结构进行新的调整，具体地说就是用儒家的伦理理性来整合与重造传统文化系统的结构，以强化它的超稳定性，这一任务正是在朱熹的理学体系中得到了完成。

儒家传统文化可以归为以伦理理性为本位，而不以科学理性为本位的静态文化系统，它总是借助伦理理性不断抑制易变因素、变革因素，以同难变因素、保守因素保持有序平衡来造成自身超稳定的惯性文化价值结构。同西方文化相比，它就特别具有一种依靠不断吸收文化"负熵"来保存与延长自己文化生命的功能，以至连它的不断吸收和同化外来文化、异质文化，甚至包括同西方近代文化的碰撞交流，都反而在实际上一次又一次强化与加固了它这种超稳定结构，使它成为一种富有应变能力的弹性结构的文化系统。从而决定了在几千年传统文化发展的历史长河中一代一代出现的思想家，从孔子到朱熹到康有为，他们的文化精神都不是对这种静态文化系统的破坏和超越，而只是对这种静态文化系统的完善和改良。朱熹的理学体系，用伦理理性的杠杆对这种静态文化系统作了一次成功的弹性应变，以期给发生危机的儒家传统文化注入新的生命而成为封建社会后期统治阶级的官方思想。因此对朱熹理学体系的文化批判，也就必须从批判儒家伦理理性入手。

一、人本的人学：人与自然、人与社会的和谐

朱熹首先用儒家的伦理理性建立起了自己人本主义的人学。

如果变换一种新的文化方法论视角来审视整个理学，那么理学的核心就是人学，理学即人学。作为朱熹理学文化体系的真正中心的其实是"人"，而不是"理"。人的问题、人性的问题被他

放到了一个空前突出的地位，因此他的"理"学文化体系的真正秘密与"诞生地"就在他的内圣外王的"人"学。他借助于古老的天人合一的文化模式把人本与理本（天本）统一起来，在他的体系中，人本、心本、理本便具有了同一的意义。从儒家传统文化的历时态上考察，朱熹是古典人本主义文化思想体系的真正完成者，孔子提出的仁学的人学到朱熹那里才具备了完整的思辨理论形态，也就是说，从仁学的人学上升到了本体论与伦理学的人学。朱熹的人本主义把人作为伦理主体提到了本体论的高度：人是宇宙之心，是天地之本，从而全部世界问题的解决都归结为人的问题的解决；而全部人的问题的解决又最终归结为人性问题的解决。但是如果说近代西方的人本主义是从主客对立上肯定人的价值，强调主体对客体的超越；那么这种东方古典的人本主义却是从天人和谐上肯定人的价值，强调我与道的合一。朱熹的人本思想包含了两个方面的内容：

（1）从人与自然的关系说，人是万物之本。他在解说《中庸》"致中和，天地位焉，万物育焉"时发挥说，人能"极其中"，则"天地位矣"；人能"极其和"，则"万物育焉"。他具体论述人作为万物之本的和谐关系说："盖天地万物，本吾一体。吾之心正，则天地之心亦正矣；吾之气顺，则天地之气亦顺矣。故其效验如此。此学问之极功，圣人之能事……"[1] 人能够发扬"致中和"的主体性力量，可以使整个宇宙天地达于和谐。宇宙万物化育、各正其位的和谐，以人的和谐为本；人的和谐与宇宙的和谐之间，又存在着一种和谐的同构感应关系，这就是他说的

---

[1] 朱熹：《中庸章句》，《朱子全书》，上海古籍出版社、安徽教育出版社2002年版，第6册，第33页。

"心和气和"则"天地之和应"[1]。

（2）从人与社会的关系说，人是社会之本。朱熹极大地发挥了孔子"一日克己，天下归仁"与《大学》正心诚意修身齐家治国平天下的思想，认为"修身是本，天下国家是末"，个人是天下之本，个人的正心诚意决定整个社会的升平大治。个人这种作为社会之本的实现，他也同样归结为每个个人"致中和"的主体性力量的发挥。所以他强调说："若致得一身中和，便充塞一身；致得一家中和，便充塞一家；若致得天下中和，便充塞天下。"[2]

这就是朱熹以"天理"为中介的物我一体、天人合一观。显然，朱熹把人超验地本体化了，人不是一个感性的现实的人，而是一个抽象的本体化的人，他的整个保守的静态文化系统就建立在这样的人本思想的根基之上。但是这种人本恰正包含了两个深刻的文化谬误，传统文化的全部内在矛盾与深刻危机都无不导源于此：

（1）这种人本主义是按照古老永恒的天人合一的框架构建起来的，它在"人本"之上又安排了一个"天本"（虽然这个"天本"其实不过是"人本"（人的本质）的异化。根植于这种天人合一模式上的人本位（human-centered）的文化系统，不同于自然本位（nature-centered）的文化系统。自然本位的文化系统建立在主体（人）与客体（自然）的二元分离与对立上，人取得了对客体的独立与自由。而人本位的文化系统建立在天与人的一元和谐与统一上。一个是主体对客体的驾驭，一个却是人对天的屈从，他只有在同天和谐合一中才具有存在的价值。朱熹说的天并不是

---

[1] 朱熹：《朱子语类》卷六二，中华书局1988年版，第1519页。
[2] 《朱子语类》卷六二，第1519页。

指与主体对应的客体、自然或客观世界,而是指天理、天道,指道德之天——其实是人被异化了的伦理道德的自我,一种伦理理性的异己力量。封建的三纲五常被本体化了,人本转化成为天本,这表现了朱熹人本思想的不彻底性,他的人本思想始终没有能突破儒家传统的天人合一的思想模式。黑格尔就曾指出这种东方天人合一的宗教本质说:

> 在东方宗教中主要的情形就是,只有那惟一自在的本体才是真实的,个体若与自在自为者对立,则本身既不能有任何价值,也无法获得任何价值。只有与这个本体合而为一,它才有真正的价值。[1]

(2) 这种人本主义把感性的人看作一种纯伦理道德的主体,人的主体性归结为道德性。朱熹所说的作为宇宙中心天地之本的人所具有的"致中和"的万能力量,就只是指人的道德主体性的张扬与推广、扩充:"致中和……孟子所谓'存心、养性,收其放心,操则存',此等处乃致中也;至于充广其仁义之心等处,乃致和也。"人的主体性是人的自觉能动与自由创造的特性,人的主体性的实现也就是人的本质的实现,人的自我价值的实现。但是在人的认知主体性、道德主体性、审美主体性、实践主体性等中,朱熹肯定的是道德主体性;而一旦把人的主体性归结为道德性,也就意味着人的主体性的丧失。因为人的主体性体现在以实践为中介能动地把握、改造客体的过程中,并在人化了的客体中确证主体的力量。而朱熹所说的"致中和",却是一种缺少主体性和

---

[1] 黑格尔:《哲学史讲演录》,第1卷,商务印书馆1997年版,第117页。

向外张力的封闭的自我内省工夫。这种专向内心反身自求的伦理道德反过来变成了人的主体性的异己力量，结果在"存天理，灭人欲"的绝对道德命令下，"人"的主体性完全服从于外在"天"的意志，道德的自律变成了他律。正如马克思所说："道德的基础是人类精神的自律，而宗教的基础则是人类精神的他律。"这里恰好显示了东西方文化完全相反的历史走向：西方起步于他律的伦理学，东方起步于自律的伦理学；可是当西方的康德在批判伊壁鸠鲁学派的快乐主义、斯多葛学派的禁欲主义、神学的伦理学等一切他律的伦理学，完成了伦理学由他律向自律的转化时，东方却在朱熹那里精心思辨地实现了把孔子的儒家伦理学由自律向他律的转化。

朱熹的这种人本思想，强化了传统文化的以群体为本位的伦理道德价值取向。表面上它似乎是强调主体自身"正心诚意"的自我完善的道德"自律"，以至今天还被西方人视为东方完善的主体伦理学向往不已，实际上它不过是要求个体对群众的绝对服从（有义务而无权利），人对天的绝对服从（有君主而无民主）。伦理理性被异化了，天的他律代替了人的自律，在本质上它是属于从人以外的上帝（天）中寻找人类道德本原的宗教伦理学范畴。自律的主体伦理学与他律的宗教伦理学的根本区别，是在主体自由上。只有主体的自由才是伦理道德的真正灵魂，康德就把主体的自由确定为伦理学的基点，认为"自由这个概念是解释意志自律的关键"。因为人之作为人的价值就在于人的行为的自由，自由才是人为自己立法的根本前提，所以他把自由作为一切道德律的最高根据和崇高人格的核心，建立起了一个以自由为轴心、以人为目的的伦理体系。如果说这种主体伦理学的价值取向以独立进取的自由为旨归，那么朱熹的伦理道德乃至整个传统文化的价值取向却以温文尔雅的中庸（中和）为旨归，它在天人和谐的道德面纱下使人成为三纲五常天理天道的附属物。

朱熹通过统一"心本"与"天本"的矛盾，完成了儒家这种由"心"的自律的主体伦理学向"天"的他律的宗教伦理学的过渡。在程朱以前，传统文化的人本思想中其实存在着"心本"与"天本"的深刻内在的矛盾：一方面以内在的"心"为本，"心"即仁体，要人即"心"做由内而外的道德修养工夫；一方面又以外在的"天"为本，"天"由外而内地向人发布着道德律令，人必须敬天法道。孔子一面说"巍巍乎唯天为大"，"畏天命"；一面又说"为仁由己"，"克己复礼为仁"，已经包含着"天"与"心"两个道德本体二元对立的内在契机。到孟子便正式提出了"心"的道德本体与"天"的道德本体，既认为人有一个固有的仁心："君子所性，仁义礼智根于心"，"仁义礼智，非由外铄我也，我固有之也"，"仁，人心也"，却又承认有一个"由外铄我"的"天"："诚者，天之道也；思诚者，人之道也。"要人"知天""事天"。他对二元道德本体加以调和统一的企图，表现在他尽心知性的一段著名论述上："尽其心者，知其性也；知其性，则知天矣。存其心，养其性，所以事天也……"[1] 心、性、天得到了统一。然而这个问题在他的体系中并没有完全从理论上得到解决。从二程、张载到朱熹正是沿着孟子的这一思路，提出了人性即天理的命题，从而解决了心道德本体与天道德本体的二元对立。朱熹认为性与理是同一的东西，人禀得天地之理，便是性："人物皆禀天地之理以为性"，"性只是理"。天理是善的，所以心也就包含天理，这就是他的心具万理说。这样，"心"也被他本体化了，

---

[1] 孟子：《孟子·尽心上》，《十三经注疏》，上海古籍出版社1997年版，第2764页。

心本与天本的二元对立通过性（天理）得到了一元统一，理在心中与理在物中具有同一的意义。如果说陆九渊用"心即理"的命题使天道德本体屈从于心道德本体，那么朱熹却是用"性即理"的命题使心道德本体屈从于天道德本体。

心本与天本的统一，一下子把人性的问题尖锐地突出出来，人本问题也就归结为人性问题。传统文化中的人本问题向来实质上就是一个人性问题，而朱熹又正是古典人本主义的人性说的完成者，他的整个理学的静态文化系统就是建立在人性论的基础上的。儒家以道德为本位的文化核心是人性论，它经历了一个从性善到复性的历史发展：孔子只说过"性相近也，习相远也"。到孟子明确提出了性善说，但也只是主张培养"四端"，"扩充"，"收其放心"，并没有提出复性的思想。而董仲舒的性三品说是孔孟人性论的倒退。直到韩愈、李翱才明确打出复性的思想旗帜，开了宋明理学家论性的先声。因此，如果说孔孟儒家的人性论以性善说为核心，那么程朱理学的人性论则以复性说为核心。应该说，朱熹看到了封建社会普遍存在的异化现象，他的人性论就是以异化的自我作为审视批判的中心和出发点的。但问题是他没有把这种异化的根源归结为劳动的异化、私有制的异化或科学技术物质文明的异化，而却归结为道德的异化，幻想通过道德拯世的道路实现人性的这种异化的复归。他的复性的人性论体系包含了这样五个基本思想：

（1）性即理。人得天理则为性，天理至善，所以人性也至善："理在天地间时，只是善，无有不善者。生物得来，方始名曰性。只是这理，在天则曰命，在人则曰性。"这就解答了孟子以来为何人性本善的问题。

（2）天命之性与气质之性。朱熹把他的理不离气、理气相即思想运用到人性上,提出了天命之性(天地之性)与气质之性。凡人都是理与气相结合而成,"人物皆禀天地之理以为性,皆受天地之气以为形"。这就是张载说的"天地之塞吾其体,天地之帅吾其性"。禀受天理而得的性是天命之性,禀受气而得的性是气质之性。天命之性是善的,所以人性无有不善;但因为气禀有阴阳清浊昏明的不同,故人有善有恶。人的物欲与气质之性有关,因此变化气质之性,清除物欲对天命之性的蒙蔽玷污,使人性复归于善,便成了朱熹复性说的一个主要内容。

(3)心统情性。朱熹认为心管摄性与情。性是心之体,情是心之用;性是静,情是动;性是未发,情是已发;性无不善,情有善恶。情发动而合乎"中节",便为善;情发动而不合乎"中节",便是恶。故情发而不中节便流而为私欲:"欲是情发出来底。"他既反对孟子以情为"全善",情性不分;又反对释氏以情为"全恶",灭情复性。因此节制自己的七情以合乎"中和",使情不致"迁于物"而流为人欲,从而使人固有的善性不被人欲所腐蚀汩没,便构成了朱熹复性说的另一个重要内容。

(4)存天理,灭人欲。朱熹并没有完全否定人的自然本性与感性欲望的合理性,他说的"欲"是指人的"过分追求",不是指人的自然本性。他反对佛教的"禁欲"、"无欲",认为"释氏欲驱除物累,至不分善恶,皆欲扫尽"。他认识到了天理与人欲既对立又统一的关系,认为理中有欲,欲中有理,理欲一体:"人欲便也是天理里面做出","人欲中自有天理","有个天理,便有个人欲",由此他还提出了"天理人欲同行异情"说[1]。这显然留有受湖湘派胡宏的"天理人欲同体异用"说影响的痕迹。但是胡

---

[1] 朱熹:《孟子集注》卷二,《朱子全书》,第6册,第267页。

宏的理欲同体认为天理人欲并无善恶之分，而朱熹的理欲同体认为天理是善，人欲是恶，理欲同体正是他要坚决否定消除的。因为这种同体会使人欲蒙蔽善性，他肯定理欲的对立性而否定理欲的同一性，他的理想境界就是要打破这种同体，用天理战胜除灭人欲。因此，通过内心的道德修养不断遏人欲，存天理，"革尽人欲，复尽天理"，便又构成了朱熹复性说的第三个主要内容。

（5）惟精惟一，以道心克人心。天理与人欲的对立又表现为道心与人心的对立，道心出于义理之公，人心出于形气之私。朱熹提出了"惟精惟一"的"持敬"作为根本的复性途径与方法，这就是他的"人心惟危，道心惟微，惟精惟一，允执厥中"的"十六字心传"。他在注解《大禹谟》中论述这一道统心传说：

> 人心易动而难反，故危而不安；义理难明而易昧，故微而不显。惟能省察于二者公私之间，以致其精，而不使其有毫厘之杂；持守于道心微妙之本，以致其一，而不使其有顷刻之离，则其日用之间，思虑动作自无过不及之差，而信能执其中矣。[1]

这是一种持敬求中的异化人性复归之路。

朱熹这种十分精致的存理、灭欲、节情的复性论体系，是对儒家传统人性论的一个总结，他把儒家传统文化的人本主义人学推到了一个新的阶段，但也加深了整个儒家传统文化的内在矛盾与深刻危机。因为他把人性看成一种先天的、抽象的、

---

[1] 朱熹：《朱文公文集》卷六五《大禹谟》，《四部丛刊初编》本，第231册，第1208页。

纯道德的本体，一种绝对的伦理理性的化身，不知道"人的本质是人的真正的社会联系，所以人在积极实现自己本质的过程中创造、生产人的社会联系、社会本质，而社会本质不是一种同单个人相对立的抽象的一般的力量，而是每一个单个人的本质，是他自己的活动，他自己的生活，他自己的享受，他自己的财富"[1]。他把人性异化的根源归结为人性自身的先天缺陷："气质之性"的昏浊不善，"情"迁于物的流荡不返，"欲"的膨胀堕落，企图通过泛道德主义的强制力量来实现异化人性的复归（道德自我完善），就不能不是一种幻想。这种人性的复归只能导致人性更大的异化。

显然，朱熹的复性论体系，意味着传统文化的伦理理性的强化，使东方伦理的文化范式更具有超稳定的凝固力。东方这种伦理理性的不断强化，恰又同西方理性的发展形成完全相反的历史走向：西方由柏拉图与亚里士多德建立起来的价值理性（value-rationality，相当于东方的伦理理性）在笛卡尔、康德之后遭到批判，开始了近代多元的理性时代；而同时东方一元的伦理理性却始终在君主专制下不断得到强化，阻遏了中国社会由古代向近代的演进。东西方文化范式的不同首先表现在理性上：

（1）西方从笛卡尔确立人的主体起，理性不再是一种宇宙理性（cosmic reason），而成为一种个人理性，理性失掉了作为宇宙本体的意义，为知识的自主判断和道德的自由开拓了道路。东方的伦理理性却始终作为一种绝对的宇宙理性（天、天理），压抑着人性与个性。

---

[1]《马克思恩格斯全集》，第42卷，人民出版社1979年版，第24页。

（2）西方在向多元理性的发展进程中，形成一种功用理性（instrumental rationality），同古典的价值理性相对立，表现为两种不同的价值取向：功用理性根据功用、利益、效果来判断价值，价值理性却排斥一切功利的考虑，而从道德的信念与理想来决定价值。东方的功利理性却遭到了扼杀，伦理理性从董仲舒到朱熹发展到"正其谊不谋其利，明其道不计其功"的极端，占据着绝对的统治地位。

（3）西方的理性的自足完善从康德以来遭到了否定与批判，理性并非十全十美，它也必须进行自我反省与自我批判，理性的自我批判精神使它自身获得了一种活力。而东方的伦理理性却始终被认为是一种绝对至善至美、圆满具足的宇宙主宰，拥有"天"或"上帝"的威力，伦理理性就等于绝对真理，不容怀疑，它批判一切，唯独不批判自身，东方人在它面前除了顶礼膜拜外，已经无事可做了。

（4）西方的科学理性（或称工具理性）导致了价值与事实相分离的观念，它把理性作为方法论的工具，只客观描述再现事实，不附加任何主观的道德价值判断，保证了科学认识的客观性，科学认知与道德修养二元分裂。而东方的伦理理性却以价值与事实不分离为特点，价值即真理，它把科学认知与道德修养捆绑在一起，最后走向了以德代替知，以善代替真、美，以价值代替真理，以社会科学代替自然科学。

由此可以看出朱熹的人本主义的人学乃至整个理学文化体系，是这样一种静态的文化系统：它以人本—心本—天本构成了一个封闭的文化圈，而这个文化圈所围绕旋转的轴心，便是绝对的伦理理性。儒家传统文化结构的超稳定性从这里便可以得到解说。

二、敬知双修：一种东方式的思维模式

东方伦理理性把科学认知与道德修养合一，以德代知，以价值判断代替真理，决定了朱熹哲学体系内在的逻辑结构，也决定了由他进一步加以完善了的传统文化特有的思维模式。这集中表现在他的理一分殊和敬知双修上。

"理一分殊"被理学家们说成为理学的最高哲学原则和划判儒佛二道的最高标准。历来的研究者一般都简单地把它看成是理学家的一种天理观与伦理观。实际朱熹的理一分殊是对他整个理学体系的哲学概括，是按照伦理理性建构起来的一种典型代表儒家文化精神的思维模式———一种宇宙观与方法论相统一、知的认识论与德的修养论相统一的独特思维模式。从本体论上说，朱熹的理一分殊包含了五重逻辑层次：

（1）从道与理的关系的层次说，"理一分殊"即"道一理殊"。理一分殊首先和最根本的就是要规定本体之理（道）与万物之理（理）的统一关系，即普遍之道与特殊之理的关系。朱熹以理、道、太极为万物本原，万物生于一理，万理也本于一道。因此一道摄万理，万理归一道，就是理一分殊的本体论核心内容：道体流行于天地间，这就是"道一"；一理散为万物之理，这就是"理殊"。本体之"道"与万物之"理"的关系是：①从"分"上说，万物各具之理既是一理之"分"，又是一理之"全"，是分和全的统一，个别与一般的统一。朱熹强调每一物之"理"都是全体之"道"的一定之"分"，但各物所分之理又都是"各各满

足","人人有一太极,物物有一太极"。② 从"殊"上说,万物各具之理既与"一理"同,又与"一理"异,是同与异的统一,普遍与特殊的统一。他称为"万个是一个,一个是万个","各自有一个理,又却同出于一个理"。

(2)从理与气的关系的层次上说,"理一分殊"即"理一气殊"。朱熹认为理气相即不分:"天下未有无理之气,亦未有无气之理。"因此万物理殊的根源就在于气殊,禀"气"有殊,则分"理"有异。"理一分殊"又规定了本体之"理"与万物之"气"的统一关系,这就是理一而气殊:"论万物之一原,则理同而气异","人物虽有气禀之异,而理则未尝不同。"[1] 他在人性上提出的"性一气殊",就是理一气殊的具体运用。

(3)从理(道)与物(器)的关系的层次说,"理一分殊"就是"理一物殊"。理一分殊又规定了本体之理与万事万物的统一关系,朱熹根据程颐说的"物散万殊""万物一理"和《中庸》之"始言一理,中散为万事,万事合为理",认为万事万物所以有异(物殊),一是因为各物所分之理不同:"一理之实,而万物分之以为体……而小大之物,莫不各有一定之分也。"[2] 二是因为各物所分之"气"不同:"分阴分阳,两仪立焉,分之所以一定而不移也。"[3] 三是因为各物所分之"用"不同:"万物皆有此理,理皆同出一原,但所居之位不同,则其理之用不一……物物各具此理,而物物各异其用。"因此理一分殊也就具体表现为理一物殊:"太极散为万物,而万物各具太极。"[4] "虽其形象变

---

[1]《朱文公文集》卷四六《答黄商伯》书四,第795页。
[2] 朱熹:《通书注·理性命第二十二》,《朱子全书》第13册,第117页。
[3] 朱熹:《太极图说解》,《朱子全书》第13册,第72页。
[4]《朱文公文集》卷四六《答黄直卿》书五,第806页。

化,有万不同,然其为理一而已矣。"[1] "理一"与"分殊"的关系具体转化为理一与物殊的关系。

(4)从体与用的关系的层次说,"理一分殊"就是"体一用殊"。理一分殊又规定了道体与物用的统一关系,朱熹发展了程颐"体用一源,显微无间"的思想,建立了自己体一用殊的宇宙模式:"至诚无息者,道之体也,万殊之所以一本也;万物各得其所者,道之用也,一本之所以万殊也。"[2] "理一"与"分殊"的关系也就成了"物物各具此理"与"物物各异其用"的关系。但朱熹所说的"用"具有普遍的意义:不仅仅是指"作用"、"功用",相对于本体"理"而言,"用"可以指体的变化(神),可以指体的规定(分),可以指体的一切对立物与派生物如器、物、事等。

(5)从仁与义的关系层次说,"理一分殊"就是"仁一义殊"。理一分殊又规定了仁与义的统一关系。朱熹认为仁是"天理流行之机",义是天理"各有定体处"。仁者爱人,这是"仁一";爱有差等,这是"义殊",他说:

> 知其理一,所以为仁;知其分殊,所以为义……大抵仁字正是天理流动之机,以其包容和粹,不可名貌,故特谓之仁;其中自然文理密察,各有定体处,便是义。只此二字,包括人道已尽。[3]

不仅如此,"理一分殊"既是朱熹的宇宙观,也是他的方法

---

[1] 《朱文公文集》卷七○《读苏氏纪年》,第1287页。
[2] 朱熹:《论语集注·里仁第四》,《朱子全书》第6册,第96页。
[3] 朱熹:《延平答问》,《朱子全书》第13册,第336页。

论，无所不在的伦理理性也决定了他的方法论的特点。在他对理一分殊的规定中，本来就包含着方法论的要求，他说：

> 气有清浊，故禀有偏正。惟人得其正，故能知其本具此理而行之，而见其为仁；物得其偏，故虽具此理而不自知，而无以见其为仁。然则仁之为仁，人与物不得不同；知仁之为仁而存之，人与物不得不异。故伊川夫子既言理一分殊，而龟山又有知其理一、知其分殊之说，而先生（李侗）以为全在"知"字上用着力……[1]

这就是说，人与物的根本区别不在于"理一"，而在于对这种"理一"的认识工夫上，知行工夫上，正是从这里他把"理一分殊"归结为一个方法论问题。他提出的方法论原则，就是要求就"分殊"来体认"理一"。因为"理一"不是一种悬空玄虚的存在，它必须体现在"分殊"中，因此也就必须从"分殊"中去认识"理一"，即从日常的事事物物中体认天理。朱熹把"分殊"体认的方法论原则强调到了空前的高度，甚至用它来划分儒道与佛道的根本不同：佛道有理一而无分殊，所以是空理；儒道有理一又有分殊，所以是实理。朱熹这种"分殊"体认思想是从年轻时代师从李侗接受来的。李侗在第一次见到好佛的朱熹时，就用"分殊"体认来医治他的禅病，朱熹后来对赵师夏说："盖延平之言曰：吾儒之学所以异于异端者，理一分殊也。理不患其不一，所难者分殊耳。此其要也。"他在《延平行状》中总结李侗思想的大要之一，就是："若以理一而不察其分殊，此学者所以流于疑

---

[1]《延平答问》，《朱子全书》第13册，第335页。

似乱真之说而不自知也。"朱熹也正是用这种"分殊"体认的思想完成了逃禅归儒的思想演变。事实上,"分殊"体认的强调也仍然是为了突出一个儒家伦理问题的实践解决,朱熹的目的是要把虚无缥缈的彼岸世界的天理天道拉回到此岸世界的现实中来,把可望不可即的玄妙之道变为普通的百姓日常日用之道,人人都只须通过当下即事即物的直觉体认的道德修养就可以认识天理,而毋须像释氏或老氏那样到虚幻的天国中去追求空理空道,儒家传统文化那种以德代知的直觉体认的思维模式,随着这种儒家伦理理性的张扬而更强化了。

"分殊"体认的方法论具体表现为朱熹的持敬说与格物说相统一的认识论,这就是他的敬知双修说。

朱熹曾经用程颐的"涵养须用敬,进学则在致知"来概括自己生平学问的大旨,自称经过艰苦的探索与反思,到四十岁时(乾道五年)才终于豁然领悟这一大旨,从而为他建立自己的理学体系提供了理想的逻辑构架,因此这一大旨的确立标志着他生平理学体系的正式形成。但是稍加分析便可发现,这种持敬说与致知说(格物说)的合一,正是典型代表了儒家传统文化那种牢不可破的德知合一、认识与修养合一的心理结构与思维模式,朱熹不过是按照儒家伦理理性精神把它们发挥到了极致。

1. 所谓持敬说,是一种认识天理的道德涵养工夫。儒家虽然张扬伦理理性,以内心自我道德修养的善作为儒家文化的根本价值取向,但是从孔孟以来究竟如何进行道德修养却说得含糊不清。孔子只说要"克己复礼",孟子只说要"收其放心"、"扩充四端",养"浩然正气"。无怪后来一些思想家与理学家只好竞相援用老氏的"虚寂"、佛教的"禅悟"来解说儒家的道德修养。直到二程才从儒经中拈出一个"敬"字,但也说得笼统不清。朱熹早年从禅宗大师宗杲的大弟子道谦修习"主悟"的看话禅,后来弃佛崇儒,跟随理学家李侗学习"主静"的道德修养工夫,仍感到它有佛家禅定之病,最后接受了程颐的"主敬",建立起了一个持敬的道德修养学说,真正完成了儒家道德修养学说的建构。朱熹认为:"敬字工夫,乃圣门第一义","敬之一字,真圣门之纲领,存养之要法。""敬"作为修养要法是要"存心",让蒙蔽的心唤醒,让散逸的心收回来,安放在"义理"上。"敬"包含有三重含义:一是"主一",要心专注于一,内无妄想,外无妄动,这也就是十六字心传说的"惟精惟一"。只有精诚专一,才能体认天理。二是"虚静",因为心本来湛静清明,万理俱足,只因受到私欲蒙蔽,"梏于形气之私",所以不明天理。因此持敬也就是要心虚静,这样才能穷理:"穷理以虚心静虑为本","虚心观理。"具体地说就是要让心"湛然无事,自然专一。及其有事,则随事而应,事已则复湛然矣"。这是一种"静为主,动为客"、以静为"养动之根"的涵养方法。三是"敬畏",要人心处在一种如"对越上帝"的战战兢兢的精神状态中。心有敬畏,不敢放纵,才能把整个身心收敛在三纲五常的"模匣子里",摈绝一切私欲。

2. 朱熹的格物致知说,作为一种认识论,也强烈浸透着儒家伦理理性的精神。对这个问题的论述,集中反映在他为《大学》补写的第五章中:

> 所谓致知在格物者,言欲致吾之知,在即物而穷其理也。盖人心之灵,莫不有知,而天下之物,莫不有理。惟于理有未穷,故其知有不尽也。是以大学始教,必使学者即凡天下之物,莫不因其已知之理,而益穷之,以求至乎其极。至于

用力之久，而一旦豁然贯通焉，则众物之表里精粗无不到，而吾心之全体大用无不明矣，此谓物格，此谓知之至也。[1]

与前人不同，朱熹突出强调了向外即事即物穷理的思想，不能不说是对儒家封闭内向的认识论的一个突破。当有人问"草木当如何格"时，他回答说："此推而言之，虽草木亦有理存。如麻麦稻粱，甚时种，甚时收。地之厚薄不同，宜植某物，亦皆有理。"认为"若万物之荣悴，与夫动植小大，这底可以如何使，那底可以如何用，皆所当理会"。所谓"理"也具有规律的意义，而即物穷理也就具有了深入事物内部探求规律的真正认识论的意义。沿着这种思想前进，是有可能冲破千年不变的儒家伦理理性的罗网，为东方民族思维的发展打开通向近代的缺口，然而朱熹这种具有科学理性闪光的认识论思想恰恰在儒家伦理理性的惰性重压下被扼杀了。首先，朱熹一方面把道德修养的"持敬"作为格物和认识过程的起点，认为："明德，如八面玲珑，致知格物，各从其所明处去……今且当自持敬始，使端悫纯一静专，然后能致知格物。"另一方面又把格物致知的认识过程归结为对道德之善的追求。他强调"穷至事物之理，欲其极无不到也"，"推极吾之知识，欲其所知无不尽也"。但他却认为"知"应当"止"于"至善"："止者，所当止之地，即至善之所在也。"而这个道德的"至善"又不过是"明明德""亲民"之类，归到底就是存天理、灭人欲而已。他在发挥大学之道时便说："明明德、亲民，皆当止于至善之地而不迁。盖必其有以尽夫天理之极，而无一毫人欲之私也。此三者，大学之纲领也。"[2] 这样，认知过程又消融在道

---

[1]《大学章句》，《朱子全书》第6册，第20页。
[2]《大学章句》，《朱子全书》第6册，第16页。

德修养之中,德又代替了知,修养又吞没了认识,科学理性又被伦理理性所否定。

其次,朱熹虽然强调深入事事物物中穷理,但这是为了从"分殊"中体认"理一",即那个普遍的"极至之理"——三纲五常的天理,他称为"第一义"。也就是说,格物致知是主要认识社会道德之理,而不是认识自然规律之理。草木器用之间的规律之理,他认为无足轻重,说:"格物之论,伊川意虽谓眼前无非是物,然其格之也,亦须有先后缓急之施,岂遽以为存心于一草一木器用之间,而忽然悬悟也哉!今为学而不穷天理、明人伦、讲圣言、求世故,乃兀然存心于草木器用之间,此是何学问!如此而望有所得,是炊沙而欲其成饭也。"这正是在传统文化的伦理理性笼罩下积久形成的一种心理结构:重善的道德之理而轻真的规律之理,重社会科学而轻自然科学,重道术而轻技艺。

再次,朱熹虽然强调"格物",而同陆九渊发明本心的"格心"相对立,然而他却从天本体与心本体的统一出发,把格物穷理看成是事物之理与吾心之理内外印证的过程。从"天本体"的方面说,理在物中,"天下之物,莫不有理",必须即事即物穷理;但从"心本体"的方面说,理又具吾心,"心之全体,湛然虚明,万理俱足",但因受到私欲的掩蔽,使心之全理不能大明,也唯有通过事事物物的穷理,所格的外物之理积累多了,内心也就豁然贯通,"吾心之全体大用无不明矣"。"格物"的这种实质,他在《尽心说》中说得更清楚:

> 天大无外,而性禀其全。故人之本心,其体廓然,亦无限量;惟其梏于形器之私,滞于闻见之小,是以有所蔽而不尽。人能即事即物穷究其理,至于一日会贯通彻,而无所遗

焉，则有以全其本心廓然之体……[1]

可见向外的"格物"不过是一种"中介"，只是要通过它来复明人心中固有的天理，唤醒固有的善性。在这一点上，他的"格物"同陆王的"格心"殊途同归，缺少科学意义上的认识客观规律、探讨客观真理的内容。

问题还远不在持敬与格物本身，朱熹更强调的是持敬与格物（致知）的合一——敬知双修。持敬与致知的合一，也就是敬义挟持，诚明两进，体现着尊德性与道问学的统一，敬以直内与义以方外的统一，归到底是通过把修德与认知合而为一，以前者取消后者，显示着儒家伦理理性的无上威力。朱熹认为持敬涵养与格物致知本来是你中有我，我中有你："涵养中自有穷理工夫，穷其所养之理；穷理中自有涵养工夫，养其所穷之理。"他甚至又把二者看成是一物二端："主敬、穷理虽二端，其实一本。"这已经是德知不分，有德无知。另一方面他又把二者说成是本与末的关系："持敬是穷理之本；穷得理明，又是养心之助。"这又无异是说德为本，知为末。根据这种关系，他强调持敬与致知二者的不可偏废：

涵养、穷索，二者不可废一，如车两轮，如鸟两翼。[2]

在由持敬与格物组成的无限的修养—认识链环中，持敬与格物都通向同一个"天理"，共同肩负着"存天理，灭人欲"的道德使命，不同的只是一个在于"养理"，一个在于"穷理"。

---

[1]《朱文公文集》卷六七，第1242页。
[2]《朱子语类》卷九，第150页。

从一般的"分殊"体认到具体的敬知双修,构成了东方民族独特的心理结构与思维模式。这种心理结构与思维模式具有德知合一、修养与认识合一的基本特点。因此,这种封建时代的东方心理结构与思维模式最终只能通向德(至善),而不通向知(真理),通向哲学(整体把握),而不通向科学(规律认识)。这就无怪朱熹的理学文化体系乃至整个儒家传统文化体系中有哲学而少科学,哲学的发达与超前同科学的浅薄与萎缩形成尖锐对照。

三、理治:法的伦理化与伦理的法化

当我们把眼光转到朱熹的社会政治思想上来时,儒家伦理理性在这里显示了它更强的文化惰性与保守力量。如果说这种伦理理性决定了从朱熹的认识论中难以开出"科学"的外王,那么它同样决定了从朱熹的社会政治观中难以开出"民主"的外王。

朱熹提出了"理治"的思想。如果说儒家传统文化在一个极端上是以道德与认识的合一(德知合一)为特征,认识被伦理化;那么它在另一个极端上便是以道德与政治的合一(德政合一)为特征,政治也被伦理化。政治即道德,道德即政治,成了朱熹社会政治思想与理想的出发点。孔孟儒家的政治理想是德治的仁政,但他们高唱的"君好仁,天下无敌","先王有不忍人之心,斯有不忍人之政矣","一日克己复礼,天下归仁",带有不切实际的理想主义色彩,因为他们说的"仁"是以空洞的"爱人"为内容。朱熹给儒家传统的"仁"贯注了"存天理,灭人欲"的具体内容,"存天理,灭人欲"的最高道德原则同时也就成了他的最高的政治原则,"仁政"变成了"理政","德政"变成了"理治"。朱熹认为,理想的政治(仁政)就是按照理(道)而行,即用理(道)来治理天下国家,统治者顺应天理来治国,就是王道、仁政:"古之圣人,至诚心以顺应天理,而天下自服,王者之道也;后之君子能行其道,则不必有其位,而固已有其德矣。故用之则为王者之佐,伊尹太公是也;不用则为王者之学,孔孟是也。"[1] 他虚构的一个千圣相传的"道统",就是指的这种王道、天理,它永恒存在,千古不灭,得之者治天下,失之者亡天下。故他说秦汉以来"千五百年之间……尧、舜、三王、周公、孔子所传之道,未尝一日得行于天地之间也。若论道之常存,却又初非人所能预,只是此个自是亘古亘今常在不灭之物,虽千五百年被人作坏,终殄灭他不得耳"[2]。但是道虽长存,行道在我,理治要靠人,要推行王道、理政,首先要有识理识道的"圣贤";而只有具有"惟精惟一"的道德修养工夫,才能得道行道:

> 常窃以为亘古亘今,只是一理。顺之者成,逆之者败。固非古之圣贤所能独然,而后世之所谓英雄豪杰者,亦未有能舍此理而得有所建立成就者也。但古之圣贤,从本根上便有惟精惟一工夫,所以能执其中,彻头彻尾,无不尽善。[3]

这样,政治又归结为道德,"理"政(仁政)归结为"人"学,这是一种人本主义的政治思想,儒家的伦理理性把政治也泛道德化了。朱熹这种人本政治观确立了惟贤治国的原则,然而这

---

[1] 朱熹:《孟子或问》,《朱子全书》第 6 册,第 923 页。
[2] 《朱文公文集》卷二六《答陈同甫》书六,第 579 页。
[3] 《朱文公文集》卷二六《答陈同甫》书九,第 582 页。

种"人治"在现实统治中具有极大的弊端,它在当政者身上造就了一种普遍惰性的官僚心态:贤者高于能者,德者尊于智者,贤者德者用能者智者。国家的治理者与管理者可以不必有才能,只要有道德就行。治理国家的第一要务不是发展经济生产、增加物质财富、为民造福等,而是拱手进行自我道德修养,向老百姓普施教化。德者但以承流宣化为事,在其位而不谋其政,这又造成了一种官、吏配套的庞大官僚机构:主官动口,能吏办事,于是幕府制、门客制、书记制等应运而生,助长着封建官场的伪善与腐败,普遍养成封建社会官僚士大夫怠惰苟安、不求进取、愚顽保守的庸人心理。

朱熹的"理治"思想,实际是以理为法,以伦理为法。同西方的法律高于伦理不同,在东方以宗法血缘关系为基础的小农的封建国家,伦理高于法律,伦理即法,等级制关系被温情脉脉的伦理面纱所掩盖。黑格尔曾说:"道德在中国人看来,是一种很高的修养。但在我们这里,法律的制定以及公民法律的体系即包含有道德的本质规定,所以道德即表现并发挥在法律的领域里,道德并不是单纯的独立自存的东西。但在中国人那里,道德的义务本身就是法律、规律、命令的规定。所以中国人既没有我们所谓法律,也没有我们所谓道德。"[1] 黑格尔只说对了一半。在古代中国,不仅道德的义务本身就是法律的规定,而且道德即表现并发挥在法律的领域里,二者之间具有一种双向交流转化的功能:道德可以转化为法律,法律也可以转化为道德。朱熹的"理治"思想是对东方这种封建政治统治的理想建构,在他那里,伦理即法,法即伦理,他的"理"就具有伦理与法律的二重性和二重功

---

[1] 黑格尔:《哲学史讲演录》第1卷,商务印书馆1997年版,第125页。

能，理治、德治、法治具有同一的意义，法具有了"天理"的神圣性。

从这种立场出发，朱熹提出了四个方面的"理治"主张：

1. 治法先治人

既然法由人来制定与执行，并归结为对人的伦理道德问题的解决，朱熹站在他的道德人本主义立场，特别强调了治"人"在治法中的重要，德治、法治、理治归到底又是一个人治的问题。朱熹认为法虽从总体上体现天理，但各个具体的法随着时移世易又会产生弊病，"虽是圣人法，岂有无弊者"。另一方面法由人执行，虽是善法，也会因执法人不善而产生弊病。因此法弊是不可避免的，单纯采用变法的办法不可能消除法弊，朱熹认为法治的关键在于得人。"得人"所以是"今日之治"的先务，是因为"有治人而后有治法"。无善人，即使有善法也无所用。他把这种思想进一层加以推广，提出了治法必先治人。所谓治人包含三方面的内容：一是对各级官员都要精加选择，任用"天下之贤"，摈斥功利小人，这样即使法有所弊，也可靠执法人之善以救法之不善。二是对执法之人也要绳之以法，教之以法，例如对他们可以"博采经史以及古今贤哲议论及于教化刑罚之意者，删其精要之语，聚为一书，以教学古入官之士，与凡执法治民之官"，这样他们才能知法执法，皆"知古先圣王所以敕典敷教制刑明辟之大端，而不敢阴为姑息果报便文之计"[1]。三是对百姓进行治法时必须特别施以教化。朱熹认为法弊并不可怕，可怕的倒是人弊（他称为"时弊"），人弊不是靠单纯的法治所能解决，主要还必须依靠教化的力量，他说："今世二弊：法弊，时弊。法弊但一切更改

---

[1]《朱文公文集》卷一四《戊申延和奏札一》，第199页。

之,却甚易;时弊则皆在人,人皆以私心为之,如何变得!嘉祐间法可谓弊矣,王荆公未几尽变之,又别起得许多弊,以人难变故也。"[1] 对此他提出了政教并行、德刑兼施的理治方法,认为:"三纲五常,天理民彝之大节,而治道之本根也。故圣人之治,为之教以明之,为之刑以弼之……凡听五刑之讼,必原父子之亲,立君臣之义以权之。盖必如此,然后轻重之序可得而论,浅深之量可得而测,而所以悉其聪明,致其忠爱者,亦始得其所施而不悖。"[2]

朱熹的理治显然更强调了人在治法中的作用。但是所谓"得人",以人善补救法弊,以教化为法治之本等,都片面突出的是"人"对法的决定性的一面,而在一个宗法的封建专制国家中,法的观念本来淡薄,恰正是通过对家长制的"人"的意志的强调把法治变成了人治:朕即国家,长官意志即法,强权即法,当政者的一句话便是法,官代表法,权大于法,看"人"办法,而不按"法"办人等,构成了这种人治的全部内容。朱熹的理治实际发展了这种人治的各种弊病,所谓只要凭借执法人的道德品质高尚(人善)就可克服法弊,只要精择"贤人"就可保证国家"足以治",其实质都意味着执法人的意志可凌驾于法之上,以自己的意志代法行事。

2. 正君限权

朱熹理治对"人"的强调集中落到皇帝一人身上,他提出了正君限权的主张,成为他的理治思想的核心。

朱熹把儒家的君德说发展成为一种具有限君意义的正君说。他虽是一个坚决的君权论者,但是却反对君主的专断独裁。他认

---

[1] 《朱子语类》卷一〇八,第2688页。
[2] 《朱文公文集》卷一四《戊申延和奏札一》,第199页。

为皇帝君临天下,因此皇帝一心的正与不正决定着天下的治乱,皇帝一心为天下的大本,正君心为天下事的大本:

> 天下之事,千变万化,其端无穷,而无一不本于人主之心,人主以眇然之身,居深宫中,其心之邪正若不可得而窥,而其符验于外者,常若十目所视,十手所指,而不可掩。[1]

君主一心正,天下万心皆正,天下万事皆正,朱熹把帝王道德问题的解决提到如此第一的高度,是他的道学思想的一大特点。因为在他看来,封建社会已经"如人之有重病,内自心腹,外达四肢,盖无一毛一发不受病者"[2]。而全部社会腐败罪恶的总根源只在皇帝一心,正君就是他为疗救病入膏肓的封建社会所开的一贴大剂,应该说具有一定的批判帝王的意义。因为它要求存天理、灭人欲首先从皇帝做起,包含了反对皇帝独断独行、荒淫享乐、暴虐残民、忠奸不辨等内容。皇帝作为"天子"总是要无限膨胀一己的权力,随意滥用君权;而从地主阶级统治的长远利益考虑,又必须限制皇帝君权的无限膨胀与滥用。朱熹的正君说正是想要解决专制君权这种内在矛盾。然而这种正君限权只能是一种幻想,如果说儒家的伦理理性可以被贯彻到一切领域,那么它唯独在专制君权面前行不通,要拜倒在君权脚下。朱熹的限制君权并不是要把一部分权交给民,而是要交给臣,也就是说,他主张君臣共治,而不是主张君民共治。他只是反对皇帝一人独裁,而要让宰相三省六部文武百官一齐来治理封建国家,并通过给舍台谏对君权行使一定的监督,保证君过不误天下。既不是绝对的

---

[1]《朱文公文集》卷一一《戊申封事》,第169页。
[2]《朱文公文集》卷一一《戊申封事》,第169页。

君主,也不是彻底的民主,而是正君限君的君臣共主。这种正君限权也绝不是那种具有近代意义的立法限君,而只是一种立德限君,幻想通过道德的力量来正君限权,劝说皇帝正心诚意,自觉用天理战胜人欲,以公天下代替私天下,这种道德限君对皇帝自然没有任何的约束力。儒家这种对于"德"的过于迷信的顽固心理,使他们从来不敢想到用"法"来限制君权。君主超于法外,国家首脑与当权者不受法律约束制裁,作为一种封建文化传统一直延续到近代以后,恰好对西来的民主思想起了一种阻挡消解的作用。

3. 重义轻利

从孟子、董仲舒就鼓吹重义轻利,"正其谊而不谋其利,明其道而不计其功",但它主要是作为儒家的一条基本道德原则。只有到朱熹,才把它规定为一条治国最根本的政治原则。朱熹认为三代的圣王治国便都是以仁义为先,而不以世利为急;但是战国以来"举世没于功利而不知仁义之固有"[1]。在同陈亮进行的义利王霸之辨中,他更激烈地把秦汉以来一千五百余年的帝王统治作为假仁行利的霸道全部否定:

> 老兄视汉高帝、唐太宗之所为而察其心,果出于义耶,出于利耶?出于邪耶,正耶?若高帝,则私意分数犹未甚炽,然已不可谓之无;太宗之心,则吾恐其无一念之不出于人欲也,直以其能假仁假义以行其私……千五百年之间,正坐如此,所以只是架漏牵补过了时日,其间虽或不无小康,而尧、舜、三王、周公、孔子所传之道,未尝一日得行于天地之

---

[1] 《孟子或问》,《朱子全书》第6册,第924页。

间也。[1]

王道与霸道、仁政与暴政的区别，就在于一个讲义，一个讲利，"王霸并用"便是"义利双行"，所以"才有一毫私心，便非王道，便是霸者之习"。圣君圣贤们就是因为能以义克私，以天理克人欲，以道心克人心，所以才能推行王道王政。那么怎样才能成为这样一个"圣贤"呢？朱熹的《白鹿洞书院学规》回答了这个问题：

> 父子有亲，君臣有义，夫妇有别，长幼有序，朋友有信。
> 　　右五教之目
> 博学之，审问之，谨思之，明辨之，笃行之。
> 　　右为学之序
> 言忠信，行笃敬，惩忿窒欲，迁善改过。
> 　　右修身之要
> 正其谊不谋其利，明其道不计其功。
> 　　右处事之要
> 己所不欲，勿施于人；行有不得，反求诸己。
> 　　右接物之要[2]

显然，"正其谊不谋其利，明其道不计其功"已经不是一种简单的处事之要，它已由道德原则、政治原则进而上升为整个理学的文化原则，成为中国传统文化道德主义而非功利主义的文化

---

[1]《朱文公文集》卷三六《答陈同甫》书六，第579页。
[2]《朱文公文集》卷七四《白鹿洞书院学规》，第1372页。

精神与价值取向的象征，朱熹不过就是把这一重义轻利的文化原则层层推广到各方面，构成了一个庞大的儒家伦理理性的文化系统。如果说任何文化都包含物质文化与精神文化两个子系统，那么朱熹这种重义轻利的文化模式正反映着并决定了中国儒家传统文化中精神文化与物质文化的对立，精神文化的富有与物质文化的贫乏的对立。在重义轻利的反功利价值取向下孕育着一种重精神、轻物质的心理结构，使古代文化传统中的精神文化组合成了一个凌驾于物质文化之上的独立系统，精神文化的价值永远绝对地大于物质文化的价值。

4. 仁政爱民

仁政向来是儒家的一面人道旗帜，但是孔孟以来他们都赋予"仁"以"克己复礼"、"己所不欲，勿施于人"、"扩充四端"之类空洞的道德内容，"仁政"只成为一种抽象的"爱人"的政治口号，缺少具体解决民计民生民困的社会物质利益的内容。朱熹仁政思想的特点，是不再抽象地空谈"爱人"，而把"仁政"的儒家传统的道德口号同解决民的生存问题与实际经济问题联系起来，并努力在实际上去推行它。他的仁政思想包含两个鲜明的内容：

（1）宽养民力，富民裕民。朱熹把"爱人"直接变成了一个"富民"的问题。宋室南渡以来，苟安东南半壁，统治者只知横征暴敛，敲骨吸髓剥削人民，朱熹曾慨叹"古者刻剥之法，本朝皆备"。百姓穷困已经成为最严重的社会问题。在他看来，养民富民便是最大的仁政，他提出了恤民省赋的主张："臣尝谓天下国家之大务，莫大于恤民。而恤民之实在省赋，省赋之实在治军。若夫治军省赋以为恤民之本。"因此"民富"便成了仁政的标志，他论述"民富"与"君富"的关系说：

> 民富,则君不至独贫;民贫,则君不能独富。有若深言君民一体之意,以止公之厚敛,为人上者所宜深念也。[1]
>
> 富其君者,夺民之财耳,而夫子犹恶之;况为土地之故而杀人,使其肝脑涂地,则是率土地而食人之肉,其罪之大,虽至于死,犹不足以容之也。[2]

富民裕民的办法有二:一是整顿赋税,轻徭薄赋,废除一切无名苛捐杂税,"须一切从民正赋,凡所增名色,一齐除尽,民方始得脱尽"。二是整顿土地,克服土地兼并的严重现象。而二者的关键又在先正经界:"今上下匮乏,势须先正经界。赋入既正,总见数目,量入为出,罢去冗费,而悉除无名之赋,方能救百姓于汤火中。若不认百姓是自家百姓,便不恤。"由于豪强地主疯狂兼并贫民细户的田产,出现了贫民田去税犹存、富家有田不交税的严重情况。所谓"正经界"就是通过重新丈量田亩,清查出被豪强大地主鲸吞和瞒报的土地,按照实际所有土地的多少征收赋税,以缓和贫富不均的现象。在南宋朱熹是正经界的最坚决的主张者,在漳州任上时,甚至当朝廷已下令停行经界,他仍不顾朝中名公巨卿与豪强大族的攻骂反对,自行整顿经界,直到得罪当朝宰相,弃官而归。

(2)严厉打击豪强大族与贪官污吏。朱熹认为裕民富民的仁政的最大障碍,来自豪强大族与贪官污吏,他们之间狼狈勾结作恶,使得仁法不得实施,民不聊生。例如行经界,虽然"其利在于官府细民",但"豪强大姓、猾吏奸民皆所不便",使这一仁民之法受挠不行。因此朱熹对豪强大姓、贪官污吏的打击惩治向来

---

[1] 朱熹:《论语集注》卷六,《朱子全书》第6册,第171页。
[2] 《孟子集注》卷七,《朱子全书》第6册,第345页。

铁面无情，构成了他仁政的一个重要内容，显示了他的道学性格刚正不阿的一面。在浙东提举任上，他六劾台州贪官唐仲友，同唐仲友的姻亲靠山宰相王淮作力量悬殊的抗争，就是最著名的事例。他的为民请命、面呵圣上、严惩豪民奸官，可以说不在民间传说的"包青天"之下。

朱熹的仁政爱民思想，应该说是承继了中国传统文化思想中的优秀的方面。然而他的对民施行"仁政"又是同他的对民施行封建三纲五常的教化紧密结合在一起的，因此他的仁政爱民也没有超越儒家伦理理性的藩篱。他的正经界只是要丈量清查土地，均平赋税，并不敢触动土地的占有；他的整顿赋税也仅是要蠲除各种额外加增的无名苛赋，也不敢触动沉重的"正赋"，老百姓是不可能富起来的，这都可以看出他的仁政思想的软弱无力。"民"在他的心目中始终是一个没有独立自主性的受动体，正像他的"正君"思想只会培养一种"好皇帝"的文化心态一样，他的"仁政"思想也只能培养一种为民请命的"好官"的文化心态，一种"清官"意识：不是民主，而是为民做主，又成为一种抗御近代民主思潮传播的文化惰力。

我们看到，儒家伦理理性在朱熹的理学体系中是一种文化"润滑剂"，它无所不在，四处充溢，圆美流转地渗透，靠了它，他建构的静态文化系统才凝聚成为一个超稳定的惯性价值体系。而正是从这一文化视角去审视他的静态文化系统，可以具体而微地透视到整个儒家传统文化深刻的内在矛盾与危机。中国传统文化的现代化，也就意味着超越一元伦理理性的古老文化传统迎接一个多元理性时代的到来了。

第一章
沈郎与韦斋

第一节 "武夷君"的降生

　　武夷山从崇安西南的白塔山隐隐发脉,飞度笔架山迤逦而来,当它横越过峰棠岭后,便如一匹不受控勒的烈马回旋腾嘶,来回跳挪,踢腾出方圆绵亘百余里的群山万谷,三十六峰丹山碧水,三十七岩翠屏玉岫,烟霞吞吐,云雾出没,磊磊落落,怪怪奇奇。那从三保山涓涓发源的九曲溪,从马月岩间泻出,直迎着武夷山敞开的怀抱奔涌而来,盘旋折为九曲,山挟水转,水绕山行,碧波荡漾,曲折东行。当它冲出了山前渡,先同奔腾的崇溪相合,然后同邵武溪、太史溪汇成一股巨流,最后又同北上的尤溪相遇,汇为波澜壮阔的闽江,滔滔从闽北大地褐色的胸膛上流过,奔涌入海。武夷山古老而又神奇,人们都传说武夷山上有仙灵,名叫武夷君,秦始皇二年八月十五日那天,武夷君在幔亭峰顶上布彩屋,造幔亭,设宴接待乡人,在天空架起虹桥,接引二千乡人上山。满山仙音嘹亮,乡人宴罢下山,暴风雨忽然从天而降,虹桥断裂,桥板四散飞溅,直插入山峰的石罅中,回看山顶仙灵不见,一片岑寂。朱熹是相信武夷君的,因为《史记》上便记载西汉时派使者以干鱼祭祀武夷君。这个武夷君大概是远古时代居住闽北的古越人的部落首领,从那以后便有了武夷文化,朱熹推测说:"武夷君之名,著自汉世,祀以干鱼……颇疑前世道阻未通,川壅未决时,夷落所居,而汉祀者即其君长。"[1] 然而秦汉以后,武

---

[1] 《朱文公文集》卷七六《武夷图序》,第1409—1410页。

夷君再也没有在幔亭峰出现过。武夷山经受历史风风雨雨的吹打，疮痍满目，它默默地期待着一个真正的"武夷君"的降生。

朱松像

建炎四年（1130年）九月十五日午时，在尤溪县城北青印溪南山下的郑氏馆舍中，有个外籍失职官员朱松的夫人祝五娘生下一个婴儿。这正是一个烽火连天的乱世，满耳是金人沸天的鼙鼓震响，叛兵的骚扰呐喊和农民义军的呼啸。积贫积弱的北宋埋葬在金兵铁骑南下的战火中，中原沦陷。康王赵构从靖康元年（1126年）在南京应天府即位后，在逃跑与挨打中度日，从扬州、杭州一直逃到明州。建炎三年（1129年）七月，金兵分兵四路长驱南下，拔离速统领的一支在十月底驾小船和木筏穷追孟太后一行，前锋直达江西万安。到十二月，有一支金兵进入福建烧杀抢掠。朱松赋闲五年，刚到建州权职，慌忙弃官携全家逃到政和县，躲住在荒僻的垄寺中。到了建炎四年（1130年）夏间，当金兵各路遭到宋军民的奋力抵抗北退时，浙中龚仪的叛兵又乘机烧掠打劫，攻破关隘进入闽中。朱松又急忙买舟沿松溪南下，逃到南剑尤溪，将家小安顿在好友义斋郑安道的馆舍中。不久龚仪叛兵来攻打南剑，朱松一度带全家进入尤溪深山过了一段日子。到八月瓯宁的范汝为又率众起义，纵横出没在建宁南剑一带，统制官李捧在九月引兵轻进征讨，深入险阻，遭到范汝为义军的沉重打击，丧师几千，震动朝廷，建宁南剑一带豪门富族与仕宦人家陷入一片惊

第一章　沈郎与韦斋

慌之中。战云进逼尤溪山城，祝五娘就在这时生下了第三个儿子。朱松字乔年，祖籍安徽婺源，因为生来性急，自号"韦斋"。先前他曾请一名山人选择风水宝地，问起将来富贵，山人回答他说："富也只如此，贵也只如此。生个小孩儿，便是孔夫子。"[1] 朱松自然绝没有想到"孔夫子"的圣人命运竟会是落在这个在忧患中出世的第三子头上。他给三子起了个小名叫沈郎，小字季延，以排行又叫五十二郎。在九月十七日举行三朝洗儿会时，亲朋都来登门庆贺，对月吃汤饼，沈郎被放在四周环绕彩线的香汤银盆中沐浴，盆子里漂着枣子、彩钱、葱蒜，围观的亲友都争着把钱撒在汤水里，叫做"添盆"。生子心切的妇女们抢着盆汤中直立的枣子吃，希望早生贵子。义斋郑安道对月吟了一首庆贺朱松得贵子诗，称沈郎是"渥洼原异种，丹穴岂凡胎"。朱松却忧喜交集地咏了二首洗儿诗：

行年已合识头颅，旧学屠龙意转疏。
有子添丁助征戍，肯令辛苦更儒冠？

举子三朝寿一壶，百年歌舞笑掀须。
厌兵已识天公意，不忍回头更指渠。[2]

朱松一生习儒读经，无用于世，自叹儒冠误身，兵荒马乱的世道生下沈郎，也不过是为国家添一个征戍打仗的壮丁而已，辛苦学那些屠龙之技何用？他感到朱氏世代习儒的传统大概到沈郎

---

[1] 蒋一葵：《尧山堂外记》卷一六《朱熹》，《四库全书存目丛书》本，子部第148册，第145页。
[2] 朱松：《韦斋集》卷六《洗儿二首》，《四部丛刊续编》本，第6页。

一代要废坠了。婺源朱氏原是一个源远流长的望族大姓，追溯起来，朱熹和鲁国的孔子、邹国的孟子还是同一"阙里"。朱熹始祖邾子居邾国（今山东曲阜、邹县及徐州一带），据说颛顼第五子的后裔在西周初封于邾（邹县），为鲁国附庸。到春秋时楚灭了邾国，邾国子孙便去邑字偏旁为"朱"姓，徙居到沛国一带。东汉时又迁徙到青州。汉末青州朱氏过江南下分为两支，一支徙居姑苏，一支徙居丹阳。青州刺史朱寓避难居住的丹阳（当涂）在后汉属吴郡，朱熹的朱氏远祖就是这徙居丹阳的一支。到三国东吴时，丹阳朱氏和姑苏朱氏繁衍生息，旁午交错，成为东南朱张顾陆四大著姓之一，两派分界已不可辨，吴郡朱氏也就成了两派的通称。东吴建都建业，朱寓后裔朱良迁居平陵（溧阳）的一支又徙往金陵，故后来朱弁、朱松都称朱氏的"鼻祖"在金陵。金陵朱氏又有一脉徙居到亳城，再转迁偃师，到唐末朱涔时重又徙回吴郡。到朱师古时，生下了婺源朱氏的始祖朱古僚。

朱古僚又名朱瓌，生于广明元年（880年）。广明二年，朱师古携朱瓌避黄巢乱由金陵迁居歙县黄墩。陶雅在景福元年（892年）任歙州刺史后，朱瓌除为州衙前指挥。到天祐三年（906年）陶雅又除朱瓌为婺源县制置，巡辖婺源、浮梁、德兴、祁门四县，朱瓌就在这一年举家移居到婺源弦高镇（县治）。直到天祐十年（913年）陶雅死后，朱瓌避乱再移居到婺源县万安乡松岩里茶院，所以他被称为"茶院府君"，后来朱熹也自称祖籍是婺源县万安乡松岩里。

朱瓌以后四世婺源朱氏的情况，朱瓌五世孙朱振在为父朱惟甫诗集所作的序中作了详细叙述：

唐人陶雅为歙州，初克婺川。天祐中，吾祖以雅之命主婺川输赋，总卒三千人戍之，邑屋赖以安，因家焉，是为婺川吴郡朱氏之始祖。盖初来于歙之黄墩，今歙民有朱氏秋祭或用鱼鳖者，皆族也。家婺源者，赀产甚富。有三子，事南唐，补承旨常侍之号，其后多有散居他郡者。家父敛溪府君，即其曾孙也，继其居第二百年不徙。府君有从兄，少孤立学，有时名。咸平中以乡荐试南宫不利，还家隐于卜肆，不求闻达。天圣中老死，无嗣，府君为治后事。敛溪府君少倜傥，事继母甚谨。尝从兄学诗，知其大要。大中祥符甲寅岁，宫赞杜公为婺源使，居吏籍二十年，明于法律，而乡里无怨言。景祐甲戌辞吏事，归治生业，虽烦剧中，赋诗自如也。[1]

婺源朱氏从朱瓌到朱熹一共九世。朱瓌富甲一方，但以后五世从事儒业，从中等官僚渐渐沦落到小地主的境地。到了第七世朱森，朱熹的祖父，家业已经一蹶不振。朱森是一个只读经书、不问生计的迂阔士子，一生穷愁潦倒，晚年沉溺在佛典道书中寻求慰藉和解脱，家业败落。到朱松在绍圣四年（1097年）出生于婺源万安乡松岩里时，朱家大族已经跌落到小地主的边缘，难以种田糊口，朱松后来频频向名公巨卿赠诗投谒，一再诉说自己"家素贫"，"俯仰水菽之养，朝不谋夕"[2]。他只有苦习举业，梦想由科举踏入仕途，摆脱困境。政和五年（1115年），他以同上舍出身授迪功郎、建州政和县尉，他把婺源家中仅有的百亩田作抵押得到一笔路费，一家八口才得以度关越岭由皖入闽，侨居下来。入仕使他暂时保住了小官僚的地位，但很快却又丁外艰离

---

[1]《韦斋集》卷一〇《录曾祖父作诗后序》，第1页。
[2]《韦斋集》卷九《上胡察院书》，第14页。

任,艰难度日。服除后,他长年在闽中和京师之间往返旅食,只在宣和五年到七年(1123—1125)当了一任尤溪县尉,又长久待次在家。到沈郎出生时,他依旧还是一个流落失职的穷官员。

沈郎的母家祝氏,本也是同朱氏世代联姻的新安名门望族,但也由煊赫走向了衰微。后来同祝氏后裔联姻的吕午(伯可)曾对祝氏的源流和兴衰作了记述:

> 祝氏世居江陵,自承俊迁于歙。曰仁质,号半州,其子也。孙象器,改名用之,登儒科,为太学博士。六世有名筠,预乡荐,学富而文赡。弟真,为郡学宾。至和甫,七世矣……始太卜有弟景先,即黄太师(庭坚)所赞其画像者,生男女十有四人。其第四女,实为黟邑枢密汪公勃之夫人。又第三子硂之女,复归枢密子提刑公作砺,而侍御公义和、寺丞公义荣、给事公义端,皆其所生也。第二子确之女,适韦斋吏部朱公松,是为文公之母。故乡人相传祝氏女位最高。[1]

祝确的祖父祝仁质在北宋是首屈一指的一方巨富,拥有整个新安一郡产业的一半,号称"祝半州"。但方腊起义焚荡了祝氏半州的家业。沈郎的外祖父祝确在同一家媚事权贵的小人打的官司中,倾家荡产。沈郎的母亲祝五娘是祝确的独养女,生于元符三年(1100年),十八岁嫁给朱松这个穷太学生时,已经家道败落,新安祝氏大族星散。朱松入闽后,祝五娘跟着他携老拖幼在建州、南剑和福州一带过着四处寓居的漂泊生活。

---

[1] 祝穆:《事文类聚后集》卷一〇《跋祝公遗事后》,《四库全书》本,第926册,第143页。

沈郎从降临人世第一天起,开始了颠沛困顿的童年。

第二节 从尤溪到潭溪

沈郎出生后刚三个多月,范汝为、刘时举、余胜起义军之间爆发内讧,建剑一带动荡不宁。沈郎在襁褓中过着逃亡的生活。到绍兴元年(1131年)十月,范汝为占据建州城,攻破邵武,直逼南剑。朱松先在二月便带全家从尤溪逃往古田龙爬,躲居在荒滩。秋间又逃到长溪,寓居在龟灵寺。一直到绍兴二年春,朱松听说范汝为因建州粮尽将要移军来福州,便又慌忙带全家逃奔福州,再渡鸡屿洋,躲居在桐江。直到南宋小朝廷派韩世忠大军入闽,消灭了范汝为义军,朱松才在二月携全家重归尤溪。

就在回尤溪途经福州时,朱松去投谒福建抚谕使胡世将,慷慨进献北向中原、克复神州之策,得到胡世将的赏识。经他保荐,朱松除为泉州石井镇监税。他在绍兴二年六月间携全家迢迢南下赴石井。沈郎这一段流落逃亡和在泉州石井的异乡寄居生活,记录在朱松的二首诗中,一首咏中秋,一首咏重阳:

中 秋 赏 月

去年中秋雨,野芦凄薄寒。惊尘暗一方,客枕那得安!
起呼对床笫,揽衣步蹒跚。握手仰叹息,宇宙何时宽?
今年中秋节,并海窥涛澜。坐看郁蓝天,忽涌白玉盘。
眷言双峰客,倚闾念衣单。亦复取樽酒,承颜有余欢。
天涯等牢落,世路方艰难。且遵秉烛语,毋为泣河汉。

停杯玩飞辙,河汉静不湍。痴儿亦不眠,苦觅蛙兔看。
洲出暗潮落,鬓衰香雾溥。佳句付惠连,何时解归鞍?

茱　　菊

海上作重九,菊揉青蕊香。近墟买茱萸,枯颗出药囊。
儿曹记土风,歉歉事祈禳。老夫未免俗,聊尔答风光。
灾祥理不僭,此柄孰主张?伪言眩末欲,吾欲案长房。[1]

有济世爱国热忱的朱松,在僻远小镇当监税官感到抑郁不得志,但是他的学行才识得到了泉州守谢克家和内翰綦宗礼的器重。经两人举荐,朱松在绍兴四年秋召试馆职入都,除秘书省正字。不料朱松母程氏卒,朱松丁忧归尤溪,再次失掉了升官的良机。

丁忧期间朱松家景日渐暗淡,沈郎的两个哥哥都在饥寒中死去。朱松在家有更多时间亲自课督沈郎。沈郎天生聪明过人,五岁时,有一次朱松指着天教他说"天也",沈郎忽然开口问:"天之上何物?"[2] 朱松听了十分惊奇。沈郎常痴痴仰望森森宇宙太空,苦苦思索,"烦恼这天地四边之外,是什么物事。见人说四方无边,某思量也须有个尽处,如这壁相似,壁后也须有什么物事。其时思量得几乎成病"[3]。朱松便在绍兴四年把五岁的沈郎送进了小学,他在送子入学诗中要沈郎"尔去事斋居,操持好在初。故乡无厚业,旧箧有残书。夜寝灯迟灭,晨兴发早梳。诗囊应令满,酒盏固宜疏……成家全赖汝,逝此莫踌躇"。这种近于严苛的家教与小学教育,养成了沈郎老成持重、爱好思考的性格。他在

---

[1]《韦斋集》卷三,第10页。
[2] 黄榦:《勉斋先生黄文肃公文集》卷三四《朱熹行状》,《北京图书馆古籍珍本丛刊》本,第90册,第683页。
[3]《朱子语类》卷九四,第2377页。

小学读书，初授《孝经》，一读便通，他拿起笔在《孝经》书上题了一行字："不若是，非人也！"[1] 有一次同一群儿童在郑氏馆舍前的沙洲上玩，他一个人独立端坐，用手指在沙上画，大家跑过去一看，画的原来是八卦符号，个个感到惊异，把他看成"神童"。后来人们便把尤溪水岭西岸的沙洲称为画卦洲，建瓯也建起了一座画卦亭。

守丧服除，沈郎结束了在尤溪的童年生活。绍兴七年（1137年）夏间朱松被召入都供职，他把祝氏和沈郎送到建州浦城居住，还为沈郎请了塾师。沈郎在浦城开始接受正规的儒家六经训蒙教育。绍兴八年他开始读《孟子》，一下子就迷上了这部儒经，一个九岁的学童，暗暗立志想要做"圣人"，读到《孟子》"圣人与我同类"，心里有说不出的高兴，感到当一个"圣人"很容易。到绍兴九年沈郎为踏入仕途又开始习举业，但他迷恋孔孟"圣贤之学"，讨厌做干禄的程文，到他考中进士以前，他一共只做过十五六篇举业文。沈郎读经刻苦勤奋，就是在每年东下政和祭扫朱森与程氏墓，朱松带沈郎同往，他都要住到黄熊山麓的云根书院读书，有时还跑到松溪县界高耸入云的湛卢山下抱经苦读。

朱松在朝中任秘书省校书郎以后，绍兴八年三月，他把沈郎从浦城接到了临安，尽心培养。他为沈郎延请了一名老师杨由义。这个杨由义是出入公卿门庭的布衣贫士，词翰典丽，忠义爱国，官至刑部侍郎。一次奉命出使金国，不肯屈膝跪拜，全节而归，名动朝野。朱熹赞叹他"忠义大节，夷夏称叹"[2]。后来还想为

---

[1] 黄榦：《勉斋先生黄文肃公集》卷三四《朱熹行状》。
[2] 潜说友：《咸淳临安志》卷六七《列传》，《中国方志丛书》本，第49册，第4509页。

他作墓志铭。杨由义向沈郎传授了司马光的《杂仪》等书。沈郎随父从师，认识了都下有名的理学先辈。绍兴八年春，他在济济朝士中看到了程颐四大弟子之一的尹焞。这时声望卓著的理学大家杨时、胡安国、朱震都相继去世，尹焞一时成为众望所归的大儒，也成了沈郎心目中的"圣人"。四月尹焞向朝廷进呈了自己的《论语解》，沈郎马上要来这本书，恭敬抄录了一部。后来他特别爱读《论语》，在四书中首先集诸家之说写成《论语详说》，就是受到尹焞的影响。也是在这一年的五月，他又见到了湖湘派的理学大师致堂胡寅。胡寅是胡安国的长子，龟山杨时的弟子，他同胡安国的次子五峰胡宏同开了理学中的湖湘派。胡寅有一股豪杰之气，议论风发，沈郎随父陪侍，亲眼看见他醉饮之后，慷慨吟唱起孔明的《出师表》，朗朗诵读张才叔的《自靖人自献于先王义》与陈了翁的著名奏章，感动四座。朱熹后来也终身好饮酒诵孔明《出师表》，以陈了翁的操守学行砥砺自己，他的辟佛的《释氏论》留下了胡寅《崇正论》反异端思想的影子，而胡寅的《论语详说》也成为朱熹《四书集注》征引的要书之一。

在都下，沈郎也经历了亡国之痛，亲眼看到了投降派乞和卖国的丑剧。朱松在京任职，正是主战派与主和派斗争大起大落，南宋小朝廷发生决定性转折的时期。逃跑皇帝赵构先是在主战派要求下勉强进驻建康，做出北进用兵的姿态，但是在主和派操纵下，赵构竟罢免了主战派领袖张浚，在绍兴八年二月从建康退驻临安，在这一年正式定都临安，苟安东南半壁的大局终于无可挽回地形成，从此收复中原无望。这亲见的一幕在沈郎心中留下的创痛太深了，以至垂暮之年还忧愤交加地提起这丑恶的南宋定都之年说："自是之后，庙算低回，上下解弛，北伐之谋日以益衰，

第一章　沈郎与韦斋

顾望中原,坐失机会,而明年车驾遂还临安矣。"[1] 赵构死心塌地乞和投降,召回臭名昭著的秦桧任尚书右仆射、同中书门下平章事,掀开了南宋小朝廷屈辱史上最丑恶的一页。金统治者也对南宋展开诱降,在绍兴八年五月派遣乌陵思谋携"国书"来临安秘密进行和议。"国书"提出议和的先决条件,是南宋向金主称臣纳贡,赵构取消帝号和宋国号,只作为金国的藩属。赵构、秦桧全盘接受。十月,金便派了"诏谕江南使"张通古、"明威将军"萧哲耀武扬威地来临安正式签订和约。还在五月金人"国书"到达临安时,沈郎就在一次朱松与胡寅的交谈中,听到胡寅与秦桧在朝堂上激烈争论和议的事,他后来回忆说:"胡明仲(寅)与秦桧争和议于朝堂。秦无语,但取金人所答'国书',以手急卷,箝其两头,止留中间一行,示明仲云:'不求而得,可谓大恩。'字如掌大。时虏人初以河南之地归我也。"[2] 金人用一块河南之地为诱饵便收买了投降派的灵魂,这件事给了沈郎强烈的刺激,后来他要弟子们把"国书"中的"不求而得,可谓大恩"牢记心头,不忘如此国耻。在一片乞和声中,主战派纷纷上疏抗争,诗人胡铨上书请斩秦桧、孙近、王伦三人之头,最为铁骨铮铮,正气凛然。朱熹后来说:"澹庵(胡铨)奏疏为中兴第一,可与日月争光矣。""如胡邦衡之类,是甚样有气魄!做出那文字是甚豪壮!"[3] 正是来自他少年在都下的真切感受。在胡铨遭到"昭州编管,永不叙用"的命运后,朱松又同胡珵、张扩、凌景夏、常同、范如圭六人联名再上了一道奏章,忠愤激烈,义贯日月,朝野再次引起巨大震动。朱熹说这道奏章主要是朱松的

---

[1]《朱文公文集》卷九七《朱松行状》,第1736页。
[2]《朱子语类》卷一三一,第3157页。
[3]《朱子语类》卷一〇九,第2702页。

意思,由胡珵起草,大概沈郎当时亲眼看见他们在一起共同商定草拟。但赵构和秦桧乞和已决,不顾万人唾骂。临安城中人心浮动,街头巷尾贴出了"秦相公是细作"的标语,秦桧却在十二月二十八日亲往左仆射馆,以屈膝跪拜礼接受了金国诏书,赵构便迫不及待地在绍兴九年(1139年)元旦发布诏令,宣布议和成功。这一年正是宋开国一百八十年,朱松伤心地对沈郎叹息说:"太祖受命,至今百八十年矣!"这一番痛心国破家亡、南北分裂的话,在沈郎幼小的心中激起了万丈波澜,直到庆元五年(1199年)临死前一年,他还在一首哀叹北伐无望的诗中提到这儿时朱松启发他以"臣子之责"为己任的一幕说:"建隆庚申距今己未,二百四十年矣!尝记年十岁时,先君慨然顾语熹曰:'太祖受命,至今百八十年矣!'叹息久之。铭佩先训,于今甲子,又复一周。而衰病零落,终无以少塞臣子之责。"[1]

绍兴和议是一场空前的投降大叛卖,接着主战派纷纷遭到斥逐迫害。绍兴十年三月,秦桧暗中指使党羽右谏议何铸,以"怀异自贤,阳为辞逊"的罪名,将朱松外放上饶郡。朱松便愤然自请奉祠,一棹翩然南归。沈郎三年浦城苦读和都下侍教的生活结束了,他的寄寓不定的童年生活又开始了艰辛的一页。

朱松奉祠归闽后,定居在建瓯城南的建溪之上。在建瓯城南的紫芝上坊,建溪水蜿蜒而来,又盘旋南去,东面紫芝山横卧,西面铁狮山高蹲,是一方山明水秀的佳境。朱松还在任政和尉时就在那里建筑了环溪精舍。在建瓯环溪,沈郎开始了他十年寂寞抱遗经的生活。朱松要求沈郎"努力诵书史"[2],寄托了他把沈

---

[1]《朱文公文集》卷九《蒙恩许遂休致陈昭远丈以诗见贺已和答之复赋一首》,第152页。

[2]《韦斋集》卷三《守岁》,第13页。

郎培养成为忠君济世之才的苦心。他说的"知耻可以养德，知分可以养福，知节可以养气"[1]，也就是他教育沈郎的思想道德准绳。他用儒家的忠孝节义、道德文章启迪沈郎，在这种浸透为臣尽忠、为子尽孝的古老圣训的家教中，却包含了尊王攘夷、抗金复国的现实内容。有一次他专为沈郎读《光武纪》，用刘秀中兴汉室的业绩开导沈郎。读到昆阳大战时，沈郎问：为什么刘秀能以三千精兵击破王寻包围昆阳的四十二万大军，朱松便作了详细解说，还为他大书了苏东坡的《昆阳赋》，题字说："为儿甥读《光武纪》，至昆阳之战，熹问：'何以能若是？'为道梗概，欣然领解。故书苏子瞻《昆阳赋》畀之。"[2] 朱松为沈郎讲刘秀中兴战功，恰正是刘锜顺昌大捷、岳飞长驱直捣中原之时，有着借古慨今的深意。原来绍兴九年的和议不过是昙花一现的骗局，兀术集团撕毁和约，悍然南侵。刘锜在顺昌出奇制胜，以五千精兵大破十万金兵，用煮豆竹筒大刀杀败不可一世的铁浮图、拐子马，使人觉得当年昆阳大战如在眼前；而岳飞北进中原，前锋直达离开封仅四十五里的朱仙镇，也使人产生光武中兴汉室一样的希望。然而赵构和秦桧却下令各路军马停止进兵，以金字牌强命岳飞班师，十年之功毁于一旦。绍兴十一年，南宋同金签订称臣纳贡的和议，把每年二十五万两匹银绢的沉重负担压到老百姓头上。朱松经历了对国事由希望到失望的破灭过程，从此把全副精力放在对沈郎的四书五经教育上。

朱松的思想源自洛学，他师从于龟山杨时的高足豫章罗从彦。杨时在颍昌师事明道程颢归时，程颢目送他颇自得意地说了一句："吾道南矣！"杨时回闽中大力传播二程之学，成为江南洛学大

---

[1]《韦斋集》卷一〇《跋山谷食时五观》，第9页。
[2]《朱文公文集·续集》卷八《跋韦斋书昆阳赋》，第1856页。

宗，闽学的开山。朱松对沈郎的四书五经教育贯穿了明道—龟山—豫章一脉的理学思想，在四书学上，《中庸》是思孟派的圣经，杨时的道南一脉也以《中庸》为宗。朱松对沈郎的四书学教育也以《中庸》为本，注重思孟派的内心自我道德修养。朱熹后来在隆兴元年（1163年）写的一首《唤醒》诗中回忆到这种小时候的教育说："二字亲闻十九冬，向来已愧缓无功。从今何以验勤怠，不出此心生熟中。""唤醒"就是《中庸》上说的"戒慎乎其所不睹，恐惧乎其所不闻"，要求人心常存敬畏，警觉清醒。这也就是孟子说的"收放心"，通过自我道德修养使昏昧的本心唤醒。这种以《中庸》为本的家庭理学训蒙，使朱熹后来自然地接上了师事武夷三先生和从学延平李侗的思想路脉。

在五经学上，朱松最重《春秋》一经。他通过《春秋》学的传授把忠孝节义和抗金爱国的思想灌输给了沈郎。他要沈郎读的是《左氏春秋》，《春秋》的尊王攘夷，是理学家反对异族入侵，解决"积弱"和外患的思想武器；《春秋》的"君臣父子大伦大法"，用以整顿败坏不振的人伦纲常，是理学家解决"积贫"和内忧的思想武器。朱熹后来总结自己的《春秋》学时，就把朱松的《春秋》学传授看作是自己的《春秋》学思想的起点："熹之先君子好左氏书，每夕读之，必尽一卷乃就寝。故熹自幼未受学时，已耳熟焉。及长，稍从诸先生长者问《春秋》义例，时亦未窥其一二大者，而终不能有以自信于其心。以故未尝敢辄措其一二大者，而独于其君臣父子大伦大法之际，为有感也。"[1] 朱松这种重"义理"而不重"史"的《春秋》学，虽然使朱熹后来在五经学中单独未能为《春秋》一经写出一部新注解书，但是却使

---

[1]《朱文公文集》卷八二《书临漳所刊四经后·春秋》，第1491页。

他写出了一部为天下"生民"立君臣父子大伦大法的理学史学名著《资治通鉴纲目》。

朱松毕竟是文士,不是理学家。他在建炎、绍兴中蜚声于诗坛,名传士林。为了重振家风祖业,他希望沈郎早日由科举入仕,更悉心指点沈郎作文赋诗。南渡以来江西诗派独霸着冷落的诗坛,逐渐走上末途。理学家诗人打起了新的诗歌旗帜:推本《诗经》传统,标举陶谢柳韦,以《诗》三百的言志无邪融化陶谢柳韦的萧散冲淡,以救江西派的雕镂奥峭、奇险枯硬。作诗和读经、诗学和经学得到了统一,朱松教沈郎走的就是这一条诗歌创作道路。到绍兴十二年,十三岁的沈郎已经诗文出类拔萃,他的作品从建州传到了婺源故里,婺源的前辈老诗人俞仲猷、董颖都叹赏不止,董颖在一首诗中称赞说:"共叹韦斋老,有子笔扛鼎。"[1] 九月十五日沈郎生日那天,朱松也欣慰于沈郎诗文的不同凡响,一连为沈郎作了四首生日诗,称赞"骎骎惊子笔生风","已堪北海呼为友,犹恐西真唤作儿"[2]。

但沈郎在建瓯环溪的生活又很快因朱松的去世而结束了。绍兴十三年(1143年)三月二十四日,朱松病故,临死前他把孤儿寡母托给了在崇安五夫里奉祠家居的刘子羽,又致书三位崇安道学密友籍溪胡宪、白水刘勉之和屏山刘子翚,把沈郎托给他们教养。在病榻上他对沈郎说:"籍溪胡原仲、白水刘致中、屏山刘彦冲,此三人者,吾友也,其学皆有渊源,吾所敬畏,吾即死,汝往父事之,而唯其言之听,则吾死不恨矣。"[3] 刘子羽把沈郎母子从建瓯环溪接到了崇安五夫里,在刘氏庄园前修葺了一座五开

---

[1] 王懋竑:《朱熹年谱》卷一,中华书局1998年版,第8页。
[2] 《韦斋集》卷五《以月团为十二郎生日之寿戏为数小诗》,第13页。
[3] 《朱文公文集》卷九○《屏山先生刘公墓表》,第1593页。

间的旧楼供母子俩居住。沈郎又开始了卜居潭溪的寄人篱下的生活。

刘氏庄园坐落在纱帽山下，潭溪碧水从庄前琤琮流过，枕山带水。纱帽山三峰耸立，有如参天巨屏，刘子翚便取名"屏山"，用以自号。沈郎母子居住的旧楼就在屏山对面，朱松曾在徽州的紫阳山登览读书，取书堂名为"紫阳"。朱熹一直怀念祖上故居和去世的朱松，后来在乾道七年（1171年）把潭溪旧楼听事堂取名为"紫阳书堂"，这座五间旧楼便称为"紫阳楼"，朱熹也就自号"紫阳"。

沈郎母子相依为命，刘子羽在给刘勉之的信中提到为沈郎母子提供的住食条件说："于绯溪得屋五间，器用完备。又于七仓前得地可以树，有圃可蔬，有池有鱼。朱家人口不多，可以居。"[1] 十四岁的孤童已充满着身世悲凉，家国忧伤，过早地成熟了。他的三叔朱槔在一首自作的《挽歌辞》中写到了沈郎在潭溪的艰辛生活和叔侄两人共同的压抑心境："……天涯念孤侄，携母依诸刘。书来话悲辛，心往形辄留……伯氏（朱松）尚书郎，名字腾九州。仲兄（朱柽）中武举，气欲无羌酋。棣花一朝集，荆树三枝稠。堂堂相继去，遗我归山丘……"[2] 沈郎的二叔朱柽是一个豪侠之士，曾中武举，却怀着一腔"气欲无羌酋"的恨哀在困顿中继朱松之后离世。只有在困境中挣扎的三叔朱槔不断启发着沈郎不忘救中原干戈之痛，重振朱氏家风。在绍兴十五年凄风苦雨的除夕夜，朱槔从永兴寄给沈郎一首长诗，把沈郎称为"阿戎"（从弟），这是直把小侄当作精神上的平辈娓娓倾吐心曲。诗中悲叹朱氏大族的浮沉，"伤哉绿林豪，支派出章贡。荐食今几年，金

---

[1] 罗大经：《鹤林玉露》甲编卷二《子弟为干官》，中华书局1983年版，第24页。
[2] 朱槔：《玉澜集·自作挽歌辞》，《四部丛刊初编》本，第64册，第17页。

帛既充栋",哀悼天下干戈扰攘,生民涂炭,"不救干戈痛",自嘲书生报国无门,腐儒御敌无能,"书生口击贼,自愧脱嘲弄",而把未来"春天"的希望寄托在了沈郎身上。[1]

在屏山之下,潭溪之上,在武夷三先生的精神引导下,沈郎踏上了艰难曲折的理学之路。

---

[1] 《玉澜集·乙丑除夜寓永兴寄五二侄一首》,第7页。

第二章
在逃禅归儒的道路上

第一节　师事武夷三先生

当朱熹来到潭溪受学于武夷三先生时，正是乞和投降的南宋统治者出于政治需要严厉禁绝二程洛学的时期。从五代儒学"大坏"以来，作为中国文化负荷者的士子们挣扎在一个漫长的文化转型期中，这也是一个新兴的理学文化的漫长的难产期，道学一再遭禁。绍兴六年当年幼的朱熹还在临安都下受教时，左司谏陈公辅奏请"屏绝"二程洛学，掀开了南渡以来反理学的序幕，从此连绵不绝的禁道学此起彼落。汉唐经学的衰微没落，造成儒家传统文化的断层，给佛教、道教的复兴蔓延提供了广大的文化空间；中原沦陷的惊天巨变，使士大夫们转向佛教、道教的天国寻求精神慰藉，又给佛教、道教的滋长泛滥提供了广大的心理空间。士子们有的以佛道作为立身处世的精神支柱，稳定失却平衡的儒家灵魂，也有的以佛道作为安邦经世的治术，疗救世风日下的封建衰世；有的抛弃六道轮回、天堂地狱的说教，进行佛道本体论与认识论的超世玄思，也有的抓住禅定参悟、修心养性，进行伦理道德的自我解脱；有的带着儒家故我削发披缁遁入空门，也有的在高唱复兴儒学的口号下剽窃禅老。武夷三先生也是这样的理学家。他们在理智上信奉着修齐治平、积极济世的传统儒学，但在感情上、趣味上、心理上却更同佛道神妙莫测的玄说相投。少年朱熹在武夷三先生的教育下接受了二程理学思想，却也同武夷三先生一样迷好老佛之说。

朱熹一到潭溪后，就进入刘子羽、刘子翚的家塾中受教。作为诸生主要学堂的六经堂,处在刘氏庄园十七景园林山水的环抱中,一片弦歌诵读之声。三先生又常好携诸生讲学山中,传经授史,吟诗作文。在崇安城南的武夷山,九曲溪流、三十六青峰、七十二洞穴、九十九幽岩的人间奇境中,有一方水帘洞,丹崖顶上两道流泉凌空飘洒而下,赛如珠帘,洞中可容纳千百人,成了三先生为诸生讲学的天然学堂。从屏山到水帘洞路途较远,刘子翚在中途还建歇马庄,拨二百亩田供作讲学费用。此外还有刘勉之的崇安白水草堂与建阳萧屯草堂,胡宪的山居,刘中的瑞樟书院,也都是朱熹往返问学受教的地方。三先生都是洁身自守的饱学硕儒,高尚其事,高蹈其行。诗人吕本中称赞他们"平生苦节","老大多才","十年坚坐"。[1] 三先生从廉退自好的人生哲理、反和主张的政治态度和独尊二程的理学思想三个方面,陶铸了朱熹特殊的道学性格。虽然他们的学问思想各有传授渊源,但他们精粗纯杂纷然并呈的理学教育,为朱熹后来建立集大成的理学体系准备了丰厚的思想土壤。

病翁刘子翚是朱熹主要的启蒙导师,他在"儒"上推崇二程,在"道"上慕好老子,在"佛"上信奉禅宗曹洞门下天童正觉的默照禅,杂糅成了自己"不远复"的理学体系。绍兴十五年(1145年)刘子翚为朱熹取字"元晦",在字词中反复告诫"人晦于身,神明内腴","宜养于蒙","有若无,实若虚"。"元晦"的意思,就是要通过虚静去保持纯净的童心和真性,恢复和永葆神明至善的本性。这是借《周易》的复卦、蒙卦和谦卦发挥理学家的复性思想,又在儒家道德修养的养蒙说中加进了佛老的修行之说。朱熹从此走上了这条"元晦"的精神之路。

---

[1] 吕本中:《东莱先生诗集》卷一四《送谦上人回建州二首》,《四部丛刊续编》本,第64册,第3页。

刘子翚向朱熹传授理学思想的大纲,是他自己作的《圣传论》。这部著作南渡以来风靡一时,以至成为秦桧禁绝程学勒令毁板的最主要的道学著作之一。作为专论"道统"的理学著作,它可以同周敦颐专论"太极"的《太极图说》、张载专论"性"的《西铭》鼎足而三,都贯穿了复性的人本主义精神。刘子翚专门研究了道统传授,但他的道统论具有两大特色:一是提出了道统的心传。他虚构了一个尧舜禹汤文王周公孔子的道统,认为这个道统是靠圣心的相契而心传的,他特别用《尚书·大禹谟》的"惟精惟一"来说明这是相传之密旨。朱熹完全接受了这种道统心传说,他后来提出的"十六字心传"的复性思想体系,就是渊源于刘子翚的《圣传论》。二是提出了佛老入继道统说。刘子翚认为儒佛老三家对道都是各守一偏,各执其异,实际上三道是可以会通为一的,这就把佛老及其"圣人"也纳入了"道统"之中,所以他不同意韩愈"轲死不得其传"的说法,认为孟轲死后道统并未中断,只不过被佛老继承了去而已。这种佛老也得道统圣传的道统说,成了朱熹年轻时出入佛老的思想依据,养成了他早年"好同而恶异,喜大而耻于小"的治学方法。

刘子翚又把"不远复"的三字符传授给了朱熹。刘子翚借《易》复卦初爻"不远复"建立了自己的复性理学体系。绍兴十七年他临终前夕,朱熹向他问"入道次第",他把"不远复"作为他的理学遗训传授给朱熹说:"吾于《易》得入德之门焉,所谓'不远复'者,则吾之三字符也。佩服周旋,罔敢失坠。于是尝作《复斋铭》《圣传论》以见吾志。"[1]"不远复"首先是一种儒家"克己复礼"的修养工夫,"复"就是"克己复礼为仁",

---

[1]《朱文公文集》卷九〇《屏山先生刘公墓表》,第1594页。

也就是孟子所说的"收其放心"、"反求诸己"的内心道德修养，善的人性的恢复在从自己做起，不必外求，所以是"不远"。但刘子翚说的"不远复"又是一种佛老"主静"的修行工夫，是禅宗天童正觉主静的"默照禅"与道家老子致虚守静以观其复的"玄览"的混合。刘子翚本来就是先向莆田禅师天童正觉弟子了老禅师学了主静的"默照禅"，以为同儒道相合，才作《圣传论》《复斋铭》的，朱熹后来把刘子翚的"不远复"三字符的真义概括为"主静观复"，便清楚道出了这一佛老思想的实质。朱熹虽然不信奉曹洞主静的默照禅，但从总体上还是把"不远复"三字符作为一种儒家的复性论思想接受下来。

刘勉之和胡宪对朱熹思想的影响要更深远。绍兴十六年（1146年）刘勉之把长女刘清四许配给朱熹，师生关系再添一重翁婿关系，刘勉之对朱熹理学的形成占有一个特殊的位置。胡宪活到绍兴三十二年才去世，他对朱熹思想的影响又表现了前后两个时期的不同。在五经学的传授上，刘子翚的《易》学是义理《易》学，远承胡瑗，近本程颐，而刘勉之和胡宪的《易》学是象数《易》学，远承郭载，近本谯定和朱震。朱熹又从刘勉之、胡宪那里接受了谯定混糅老佛杂说的"象学"，这种象学与《易》学的"数学"不同，它重"象"而不重"数"，重"图书"而不重"义理"。朱熹后来不止一次提到他早年从刘、胡二先生那里学到的谯定象学：

> 涪人谯定受学于二郭（载子厚），为象学。其说云："《易》有象学、数学。象学非自有所见，不可得，非师所能传也。"谯与原仲（胡宪）书云："公岂不思象之在道，乃《易》之有太极耶？"作《牧牛图》……草堂刘致中为作传，

第二章 在逃禅归儒的道路上

甚详。

> 问:"籍溪见谯天授问《易》,天授令先看'见乃谓之象'一句,籍溪未悟。他日又问,天授曰:'公岂不思象之在道,犹《易》之有太极耶?'此意如何?"曰:"……使某答之,必先教他将六十四卦,自《乾》、《坤》起,至《杂卦》,且熟读。晓得源流,方可及此。"[1]

"象之在道,乃《易》之有太极"两句,几乎可以说是周敦颐一篇《太极图说》的方法论大纲,朱熹后来作《太极图说解》的最初思想源头正在这里。

同刘子翚不同,刘勉之和胡宪又向朱熹传授了四书学与张载之学。刘勉之和胡宪的理学思想的一脉渊源,是由张载的高弟子吕大临上溯到张载那里,所以他们两人又都特别注重向朱熹传授张载著作,胡宪更通过《论语》学与张载学直把朱熹从老佛之途引到了湖湘派的道路上来。刘勉之最早向朱熹传授了张载的《西铭》,朱熹在晚年收集遗文珍藏家庙时,其中就提到有"横渠《西铭》,实外舅草堂刘先生所授,首尾有先生手笔二十字,造字视辞,病翁先生所作"[2]。张载《西铭》是同周敦颐《太极图说》并列的理学圣经,被理学家奉为"原道之宗主",从程颐、杨时到李侗、朱熹就是借《西铭》建立了划判儒道与一切老佛杨墨异道的"理一分殊"思想。朱熹后来写的《西铭解义》中的"理一分殊"思想的源头也可以追溯到刘勉之。这一方面当然也有胡宪的影响,因为胡宪也是湖湘学派中人,而湖湘学派十分推重张载之学,《论语》的"一贯"章在"理一分殊"上可以同张

---

[1]《朱子语类》卷六七,第 1678—1679 页。
[2]《朱文公文集》卷八四《书先吏部韦斋记铭并刘范二公帖》,第 1521 页。

载《西铭》相通。曾敏行提到胡安国的好张载之学说:"崇、观间尝为太学官,虽当时禁习元祐学术,而公独意于《正蒙》诸书。与杨、谢诸公通问不绝。"[1] 朱熹也提到胡宪的推重《正蒙》说:"近世为精义之说,莫详于《正蒙》,而五峰亦曰:'居敬所以精义也。'此言尤精切简当。"[2] 朱熹十五岁以后沉迷于苦读《西铭》、《正蒙》等张载的著作,显然也是深受胡宪的影响。在四书学上,刘子翚对朱熹几乎没留下什么,但刘勉之的经学却在朱熹的四书学中留下了磨不灭的印迹,朱熹以毕生精力写成的《四书集注》特地引了刘勉之之说,尽管这部书到晚年反复修改增删得几乎面目全非,而注中所引的刘勉之之说却始终保存不废。胡宪对朱熹四书学思想发展的影响更在刘勉之之上。朱熹自称在三先生中师事胡宪最久,接上了他后来师事李侗,因而胡宪对朱熹思想发展影响的特点,集中表现在前后期的变化不同上,正是他把在逃禅归儒后困学彷徨的朱熹领到了湖湘派的大门口。

胡宪的理学思想渊源,拙斋林之奇在《胡宪行状》中叙述得很清楚:"得涪州谯处士定于京师。谯授以《易》学……洞明格物致知之要。归日,从季父文定公(胡安国)游,又益以尧舜孔孟道学授受之详。"胡宪师事谯定和胡安国,使他把闽学与湖湘学沟通起来。绍兴十三年朱熹来五夫里时,胡宪已由建州教授任上奉祠归居籍溪。他对朱熹注重《论语》学的"为己之学"的教育,还在建州教授任上,他就因登席开讲"为己之学"被诸生当作"道学"学究所讥笑。朱熹说,"籍溪教诸生,于功课余暇,以片纸书古人懿行,或诗文铭箴之有补于人者,粘置壁间,俾往

---

[1] 曾敏行:《独醒杂志》卷七,《知不足斋丛书》本,第 1 册,第 400 页。
[2] 《宋元学案》卷四二《五峰学案》,《黄宗羲全集》,浙江古籍出版社 2005 年版,第 4 册,第 689 页。

来诵之，咸令精熟"[1]。他在《论语》学上，写了一部专著《论语会义》，这是不喜立文字的三先生唯一的一本成文经学专著。这本书原先纂辑数十家《论语》之说，甚至收入了老佛杂说，后来以二程之说为本，抄撮精要，附以己意而成一书。他把《论语会义》传授给了朱熹，这部书从编纂体例到思想内容都为朱熹早年的《论语》学准备了理学的"蓝本"，他在师事三先生后期写成的一部《论语集解》，就是模仿胡宪的《论语会义》。朱熹在《论语要义目录序》中说自己这部《论语集解》是"遍求古今诸儒之说，合而编之。……晚亲有道（指李侗），窃有所闻，然后知其穿凿支离者，固无足取"。可见这本书一全（遍求诸家之说）二杂（老佛杂说），正与《论语会义》面目全同，显然是主要在胡宪指导下编成的。

胡宪的《论语》学对朱熹更具有一重特殊意义：这就是它成了朱熹由出入老佛到弃佛崇儒并进而走向湖湘派的思想通道。胡宪对朱熹思想的影响以绍兴二十八年（1158年）为界，表现了前后两个时期的不同。绍兴二十八年朱熹同李侗、胡宪、范如圭围绕《论语》的"一贯"章展开了一场论辩，胡宪也同李侗、朱熹一样达到了对"理一分殊"思想的认识。绍兴二十九年朱熹校订成《上蔡先生语录》就是同胡宪讨论《论语》学共同认识到"理一分殊"的产物。这部书从校勘到删定都经过了同胡宪的讨论商量，胡宪向朱熹提供了一种最主要的胡安国家写本——《谢子雅言》；另一种吴中板本，有大量攻讦二程的佛说，胡宪都同意删去，并特地为这部《上蔡先生语录》写了一跋，说："宪因读朱元晦所定著《上蔡先生语录》三卷，得以详观，其是正精审，去

---

[1]《朱子语类》卷一〇一，第2582页。

取不苟,可传信于久远。"朱熹和胡宪认识到本末一贯的"理一分殊"在很大程度上是受到谢良佐《论语》学的直接启发,胡宪正是从这里把朱熹进一步引向了湖湘学。因为谢良佐的《论语》学同湖湘派的《论语》学有直接的渊源继承关系。二程洛学,一脉由杨时到罗从彦、李侗,发展成为东南闽学,以《中庸》为入道之要;一脉由谢良佐到胡安国父子,发展成为湖湘学,以《论语》为入道之要。胡宪和胡寅、胡宏、胡宁本是胡安国门下的四大弟子,即使只从家学传授上胡宪也同湖湘学有密切关系。而胡安国其实也是谢良佐的弟子,湖湘学的《论语》学上本谢良佐,朱熹后来提到这点说:"毕竟文定之学,后来得于上蔡者为多。"[1] 胡宪自己也说:"少从其从叔文定公传《论语》学,时时为予诵说,以为入道之要。"[2] 朱熹师事胡宪也就必然特别深受谢良佐的《论语》学的影响,他自己说:"熹自年少时妄意为学,即赖(谢)先生之言,以发其趣。"[3] 这当然也是出于胡宪对他的影响,而朱熹也几乎就是在读谢良佐著作的启发下开始了他的逃禅归儒的思想历程。

第二节 从"谦开善"处来

朱熹在师从武夷三先生的同时,又拜了一个学禅宗的老

---

[1]《朱子语类》卷一〇一,第2587页。
[2] 周必大:《文忠集》卷三五《胡宪墓表》,《四库全书》本,第1147册,第385页。
[3]《朱文公集》卷八〇《德安府应城县上蔡谢先生祠记》,第1455页。

师——道谦禅师。三先生的理学与道谦的禅学的合一,形成了他的杂糅儒佛老的心学。朱熹后来称自己早年出入释老者十余年,就主要是指他绍兴十四年到二十二年师事道谦的一段时期。朱熹初见到道谦禅师是在他移居崇安潭溪不久,大约在绍兴十四年。有一次他在病翁刘子翬处遇到密庵的主僧道谦禅师,道谦对朱熹的高谈阔论没有表示可否,但却对刘子翬说:"某也理会得个昭昭灵灵底禅。"[1] 刘子翬告诉了朱熹,朱熹以为这个禅师有什么高妙的玄说,便跑到密庵去叩问他,一下子被他的"昭昭灵灵底禅"迷住了。到绍兴十六年刘子羽请道谦来住持开善寺,朱熹便向他正式问禅学道。朱熹后来在《祭开善谦禅师文》中回忆自己早年向道谦学禅的经历说:

> 我昔从学,读易语孟。究观古人,之所以圣。既不自揆,欲造其风。道绝径塞。卒莫能通。下从长者,问所当务。皆告之言,要须契悟。开悟之说,不出于禅。我于是时,则愿学焉。师出仙洲,我寓潭上。一岭之间,但有瞻仰。丙寅之秋,师来拱辰,乃获从容,笑语日亲。一日焚香,请问此事,师则有言:"决定不是。"始知平生,浪自苦辛。去道日远,无所问津。未及一年,师以谤去。我以行役,不得安住。
>
> 往还之间,见师者三。见必款留,朝夕咨参。师亦喜我,为说禅病。我亦感师,恨不速证。别其三月,中秋一书,已非手笔,知疾可虞。前日僧来,为欲往见。我喜作书,曰此良便。书已遣矣,仆夫遄言,同舟之人,告以讣传。我惊使呼,问以何故。於乎痛哉,何夺之遽!恭惟我师,具正遍知;

---

[1] 《朱子语类》卷一〇四,第2620页。

惟我未悟，一莫能窥。挥金办供，泣于灵位。稽首如空，超诸一切。[1]

大约就在这一年，朱熹拜道谦为师。他后来在一首长诗中回忆这一段学禅生活说："仙洲几千仞，下有云一谷。道人何年来，借地结茅屋。想应厌尘网，寄此媚幽独。……再拜仰高山，悚然心神肃。我生虽已后，久此寄斋粥。孤兴屡呻吟，群游几追逐。十年落尘土，尚幸不远复。"[2]"斋粥"是指出家僧人的午食与朝餐的日常生活。密庵在仙洲山的方、尖二峰夹峙的云谷之中，那里清湍飞瀑，古木四合，泉石奇绝，距离朱熹所居的五夫里潭溪仅七里，道谦本是开善寺出身的禅师，是临济门下径山宗杲的大弟子。宋代禅宗形成五家七宗，到南北宋之交，在临济宗中又兴起了克勤、宗杲主悟的看话禅，同曹洞宗中兴起的天童正觉主静的默照禅相对立。看话禅就是确立某个话头、问题进行自我内省的参究体认，由疑入悟，特点是重内心参悟而不重静坐收摄。默照禅反对这种看"话头"参悟，而强调从静观默坐中进行内心观照，这是向佛教传统的止观修习方法的复归，遭到宗杲的激烈反对。宗杲被奉为重振临济禅风的佛国皇帝，道谦作为宗杲八十四大衣钵真传弟子之一，授给朱熹的"昭昭灵灵底禅"就是宗杲主悟的看话禅，他有一串挂在嘴边不离的四个"决定不是"的口头禅，便是对他的"昭昭灵灵底禅"的最好解说："行住坐卧决定不是，见闻觉知决定不是，思量分别决定不是，语言问答决定

---

[1] 心泰：《佛法金汤编》卷一五《朱熹》，《续藏经》本，第148册，第967页。按：道谦编有《道谦语录》（大约由其弟子编订），此《祭开善谦禅师文》当原编在《道谦语录》中。
[2] 《朱文公文集》卷六《游昼寒以茂林修竹清流激湍分韵赋诗得竹字》，第119页。

第二章 在逃禅归儒的道路上

不是——试绝却此四个路头看,若不绝,决定不悟;此四个路头若绝,决定是悟。"[1] 朱熹在密庵向道谦首先学的就是这种弃绝"四个路头"的禅悟,进行直指本性的内里体认,以玄秘的"话头",借助神秘的直觉,达到豁然顿悟。道谦的"四个路头"来自宗杲的"五种心",宗杲在《答富枢密》信中说:"但将想颠倒底心,思量分别底心,好生恶死底心,知见解会底心,欣静厌闹底心,一时按下,只有按下处看个话头。僧问赵州:'狗子还有佛性也无?'州云:'无。'此一字子,乃是摧许多恶知恶觉底器仗也。"禅宗自黄檗希运叫人看话头,到黄梅法演已初步具备了看话禅的基本特征。宗杲特别强调要把"话头"当作"活句"来看,"夫参学者,须参活句,莫参死句。活句下荐得,永劫不忘;死句下荐得,自救不了。"[2] 洞山的"麻三斤",云门的"干屎橛",赵州的"狗子佛性",成为宗杲最津津乐道的禅悟话头,一并通过道谦传给了朱熹。道谦编的四卷《大慧语录》,成为朱熹学悟禅的一本最好的禅宗"课本"。当朱熹到潭溪跟随道谦学禅时,正逢刘子翚同宗杲之间发生了一场主默照禅与主看话禅的论战。刘子翚信奉天童正觉的默照禅,经常独居一室,日夜静坐,宗杲挖苦他是"黑漆漆地紧闭却眼,唤作默而常照"。在论战中宗杲把看话禅与默照禅的基本对立概括为三方面:一是看话禅认为心无实体,无心可安,无从摄心静坐;默照禅却认为心有实体,可以通过静坐收摄。二是看话禅的主悟是一种单刀直入、直指本心的快速的顿悟,可以一了一切了,一悟一切悟,一证一切证;默照禅的主静却是一种枯心死守的渐修,要作长年累月的"静胜工

---

[1] 释晓莹:《罗湖野录》卷三,《丛书集成初编》本,第3354册,第31页。
[2] 宗杲:《大慧普觉禅师语录》卷一四,《禅宗语录辑要》本,上海古籍出版社1992年版,第376页。

夫"。三是看话禅的内证参悟不离日用世间，主张在日用中看"话头"，达到动静一如，世出世间一致，无心有心不殊；默照禅的静坐观照却是一种离日用世间的蹈虚守空，内心达于寂灭。朱熹亲眼目睹了这场论战，他自然是站在宗杲一边，接受了道谦"昭昭灵灵"的看话禅，而没有接受刘子翚主静观复的"三字符"。后来李侗在初次见到他时，就对他作了这样的评价："渠（朱熹）初从谦开善（即道谦）处下工夫来，故皆就里面体认。"[1]

绍兴十七年（1147年）秋间，朱熹参加了建州乡贡，他的三篇策文得到考官蔡兹的赏识，一举乡贡高中，蔡兹对人预言："吾取中一后生，三篇策皆欲与朝廷措置大事，他日必非常人。"其实朱熹不好举业，厌作程文，沉迷在灵禅中，有一次刘子翚查看他的书箧，里面竟只有一本《大慧语录》。绍兴十八年春天，他就带着这本《大慧语录》赴临安参加礼部试，在《易》卷和《论语》、《孟子》义中援用道谦"昭昭灵灵"的禅说，又一举中选。接着在四月又顺利通过殿试，中第五甲第九十名，赐同进士出身。春风得意之际，他在都下访禅问法。还在这一年正月，高宗赵构驾幸天台法华胜地上竺寺礼佛问法，二月十九日又是观音大士的诞辰，专拜观音的上竺寺举办规模盛大的法场，使都人和各地来的举子们如醉如痴。朱熹也游访上竺寺，同寺僧品茗谈法，在寺壁上题了一诗：

春日过上竺

竺国古招提，飞甍碧瓦齐。林深忘日午，山迥觉天低。

琪树殊方色，珍禽别样啼。沙门有文畅，啜茗漫留题。[2]

---

[1] 李侗：《李延平集》卷一《与罗博文书》，第4页。
[2] 释文宾：《杭州上天竺讲寺志》卷一四，《中国方志丛书》本，第523册，第377页。

第二章 在逃禅归儒的道路上

这首诗透露了朱熹早年学佛出入天台、研习《法华》的消息。天台宗的一心三观和三谛圆融具体发展了佛教"心外无法"的思想，认为一心可同时圆满地从空、假、中三观门来观察，宇宙任何事物都是空、假、中的统一。这次上竺问法在他的理学体系中留下了深深的印迹。他追随道谦学径山宗杲禅学所达到的高度，可以从他在临安泛舟西湖写的一首《武林》诗中看出："春风不放桃花笑，阴雨能生客子愁。只我无心可愁得，西湖风月弄扁舟。"[1] 这是一首隐寓"无心"玄旨的禅诗。"无心"是禅宗的顿悟法门，禅家认为心生则种种法生，心灭则种种法灭，"无心"就是要心不染法，不于境上生心。朱熹的诗是说春寒桃花不开，阴雨绵绵的客境，使那班世俗客子们顿生愁苦，那是因为他们于境上生心，独有朱熹做到了"无心"，心不染法，所以能不因阴雨绵绵的客境而生愁，依旧悠然自得地在西湖泛舟弄波。

朱熹在用道谦灵禅登科以后，更加沉迷于禅，以后又有两次访禅远游。绍兴十九年冬的回婺源省祖茔，是一次锦衣荣归故里的出闽远游。朱师古南来初居歙县篁墩，那里的朱家巷也是朱氏先世故居。后来朱瓌又移居婺源弦高镇，在县南明道坊，这里便被称为朱熹的"阙里"。朱熹寻访了六处先祖葬地，作了封识。他借了这次归婺源展墓之便访禅，在婺源同好佛老的乡先辈李缯等人讲论唱酬，往歙县望京门拜见了耽佛的外祖父祝确，归途特地转道德兴到贵溪，游访道家洞天福地的昂山。他从乡北十四都一直游观到乡南的七十都，在兴山寺题额"昂山胜境"，凭吊东晋支道林遗址，吟了一首《访昂山支公故址》：

---

[1]《朱文公文集》卷一〇《武林》，第157页。

>　　支公肯与世相违,故结高堂在翠微。
>　　青菜漫随流水去,黄彪时逐暮云归。
>　　乔林挂月猿来啸,幽草生风鸟自飞。
>　　八万妙门能测度,个中独留祖师机。[1]

　　支道林是般若六家七宗中即色宗的代表,他的色即是空观是对"心外无法"的思辨表述。"青菜漫随流水去,黄彪时逐暮云归",正是借青黄色相的来去生灭说空,形象道出了支道林的这种色即是空观,表明他几年来的密庵学禅已经"入门"了。

　　第二年,绍兴二十一年(1151年),朱熹把书斋起名为"牧斋",暗示着在刘子翚死后道谦已经完全成了他的精神导师,密庵寄斋粥时期结束,开始了他的牧斋自牧时期。朱熹把书斋名为"牧"与道谦之名为"谦"同出于《周易·谦卦》,"牧"与"谦"同义,他的牧斋自牧也就是师事道谦。从绍兴二十一年开始写的一部《牧斋净稿》诗集,是朱熹师事道谦的思想轨迹的记录,"牧"即禅悟,《牧斋净稿》中充满了这种禅悟体认。作为牧斋谦谦自牧时期开始标志的,是绍兴二十一年春入都铨试的第三次出闽远游访禅,他在三月上旬的铨试中考经义、诗赋、时议、断案、律义五场,一举中等,授迪功郎、泉州同安县主簿。大约就在这时,他结识了名噪一时的庐山道士虚谷子刘烈,向他问金液还丹修炼之法,细读了他的《还丹百篇》。朱熹在给虚谷子的赠诗中吐露了自己渴求好道学丹的心情:

---

[1]《同治广信府志》卷一之二《地理》,《中国地方志集成》本,第20册,第82页。

第二章 在逃禅归儒的道路上

> 细读还丹一百篇，先生信笔亦多言。
> 元机谩向经书觅，至理端于目睫存。
> 二马果能为我驭，五芽应自长家园。
> 明朝驾鹤登山去，此话更从谁与论？[1]

刘虚谷是朱熹的第一名道家老师，从他归后筑室步虚，长生求仙，精研还丹，寻访太极图，直到晚年为"丹经之王"的《周易参同契》作考异，都渗透着早年虚谷子说易论丹的最初启迪的影响。

朱熹在铨试中等后，北游湖州，去见寓居霅川的好佛老的三叔朱槔，也抱着访禅的目的。在湖州他谒见了尹焞门人徐度，谈论的核心是叩问以儒兼佛、三道同一的问题，从尹焞那里印证了道谦的师教。住在三叔处，使他可以经常往访名震东南的佛教圣地——道场。他流连于钟鱼殷殷、香烟缭绕的佛国，在那里大书了一道《乞汞帖》，其中写道："欲观造化之理。"[2] 北游南归途中，他特地转道会稽、天台，由婺州、衢州入信州归闽，仍是为了访禅问道，他专程往天台黄岩灵石山拜谒了药寮居士谢伋。谢伋是上蔡谢良佐的外孙，而谢良佐被奉为洛学之魁，但在程门四子中却最具葱岭禅气。谢伋承受家学，也是一名好佛老的名士，他在城西北四十里的灵石山上构建药寮，过着亦儒亦佛亦仙的隐士生活。这样一个集儒佛道于一身的"山中宰相"正是年轻朱熹心目中的理想的闪光人物，他在趋谒聆教后，一连写了二首《题谢少卿药园》诗倾吐他得到的"天国"启示，第二首道："小儒忝师训，迷谬失其方。一为狂痼病，望道空茫茫。颇闻

---

[1] 赵道一：《历世真仙体道通鉴》卷五一《刘烈》，《道藏要籍选刊》本，上海古籍出版社 1995 年版，第 6 册，第 300 页。
[2] 陆心源：《吴兴金石记》卷一二，《续修四库全书》本，第 911 册，第 586 页。

东山园，芝木缘高岗。瘖聋百不治，效在一探囊。再拜药园翁，何以起膏肓?"[1] 同道谦一样，这个"药园翁"治疗"小儒"朱熹膏肓沉疴的也是一"佛"一"道"二大金丹大药。

朱熹一归闽，便一头栽进牧斋苦读起儒经、佛典与道书来。他在《牧斋记》中称自己"无一日不取六经、百氏之书以诵之于兹也"，"百氏"包括释氏与老氏。一部《牧斋净稿》以二首《题谢少卿药园》开头是富有象征性的：它的深意正在明标整部诗稿作为他的早年心路历程的实录所浸透的那种融合儒佛老三道的基本精神。绍兴二十一年到二十三年是朱熹在牧斋耽读佛老最勤的时期，他自己说："旧时亦要无所不学，禅、道、文章、楚辞、诗、兵法，事事要学，出入时无数文字，事事有两册。"就主要指他在牧斋的苦读。他生平最具佛老气的诗就集中作在绍兴二十二年。出现在《牧斋净稿》中的朱熹，是一个"抱疴守穷庐，释志趋幽禅"、"望山怀释侣，盥手阅仙经"、"了此无为法，身心同晏如"的佛门居士形象，而道谦在精神上引导着他，他在牧斋望山所怀的"释侣"，就是隔岭相对的云谷密庵的道谦。除了面叩道谦外，他还向流放在湖湘岭南的宗杲投书问禅。绍兴十七年春，道谦往衡阳依宗杲，朱熹就托他带信向宗杲问禅，后来他致书道谦问狗子佛性的话头："向蒙妙喜（按：即宗杲）开示，从前记持文字，心识计较，不得置丝毫许在胸中，但以狗子话头，时时提撕。愿授一语，警所不逮。"道谦复信回答说："某二十年不能到无疑之地，后忽知非勇猛直前，便是一刀二段。把这一念提撕狗子话头，不要商量，不要穿凿，不要去知见，不要强承当。"[2]"妙喜开示"即是指绍兴十七年通过道谦的荐引向衡阳的宗杲投

---

[1]《朱文公文集》卷一《题谢少卿药园》，第64页。
[2]《佛法金汤编》卷一五《朱熹》，第967页。

信问禅。宗杲和道谦师弟子都成为朱熹在牧斋中学佛禅修的老师。绍兴二十年四月道谦自衡阳归密庵，朱熹从此经常往山中密庵，向道谦学禅问道。道谦的道友释晓莹后来在《云卧纪谈》中记录了朱熹这一段时间向道谦问禅学佛的情况：

> 谦后归建阳，结茅于仙洲，闻其风者，悦而归之。如曾侍郎天游、吕舍人居仁、刘宝学彦修、朱提刑元晦，以书牍问道，时至山中。有《答元晦》，其略曰："十二时中，有事时，随事应变；无事时，便向这一念子上提撕'狗子还有佛性也无，赵州云无'，将这话头只管提撕，不要思量，不要穿凿，不要生知见，不要强承当。如合眼跳黄河，莫问跳得过跳不过，尽十二分气力打一跳。若真个跳得这一跳，便百了千当也；若跳未过，但管跳，莫论得失，莫顾危亡，勇猛向前，便休拟议。若迟疑动念，便没交涉也。"谦有《出山相赞》："芦滕鹊巢成底事，蓬头垢面出山来。若言悟道今成佛，当甚街头破草鞋！"又颂《即心是佛》曰："谁家饭挂空梁，指与小儿令看。解开见是灰囊，当下命根便断。"

道谦在《答元晦》中依旧重复了四个"决定不是"的"昭昭灵灵底禅"（看话禅）。这大概是道谦给朱熹的最后一封论禅的信，因为道谦在绍兴二十二年九月去世，朱熹的牧斋习禅自牧的生活很快因赴同安任而中断了。绍兴二十三年五月，他在赴同安任之前写了一篇《牧斋记》，这是他对三年师事道谦牧斋自牧的总结。他走出牧斋，投身社会，延平李侗闯入了他焚修自牧的"天国"，使他对佛道发生了怀疑。在同安，他的主悟—主静—主敬的弃佛崇儒的漫长精神历程开始了。

第三节　泉南佛国的"杜鹃夜悟"

绍兴二十三年（1153年）五月，朱熹南下赴同安主簿任。他经过南剑时，往剑浦城南的樟林拜见了理学家李侗，李侗师事豫章罗从彦，是龟山杨时的再传弟子，一生淡于名利，在水竹樟林中结茅屋隐居四十年。朱松和他是同门友，朱熹从小就认识李侗。但是从他到潭溪师事武夷三先生以后，同李侗之间一直没有求学问道的直接往来。他这次专门谒见李侗，本是要向李侗炫示自己从道谦那里得来的"昭昭灵灵"的禅学，把近十年来学到的老佛玄说和盘倾倒出来，就教于李侗。李侗这个睟面盎背的"醇儒"一眼看出了他浑身的"谦开善"气，给了他当头棒喝。李侗劝他从佛老的空理回到儒家的实理上来，从"内里体认"转到日用上做著实工夫，对他说："汝恁地悬空理会得许多，而面前事却有理会不得。道亦无幽妙，只有日用间著实做工夫处理会，便自见得。"[1] 李侗用"理一分殊"来治朱熹内里体认空理的禅病，要他做分殊体认的工夫，不客气地批评他："天下理一而分殊，今君于何处腾空处理会得一个大道理，更不去分殊上体认？"[2]

朱熹怀着"疑而不服"的心情离别李侗到同安，但李侗的话在他心中引起了震动，从此儒与佛老两个自我、两种力量在他身上发生了交战。一置身在同安尘世社会，他的儒家积极经世治邦的现实精神的一面高昂起来，使他听从李侗初教，暂时搁置禅学，

---

[1] 李侗：《李延平集》卷三，《丛书集成初编》本，第 2047 册，第 41~42 页。
[2] 徐用检：《仁山先生文集序》，《仁山集》卷五，《丛书集成初编》本，第 2002 册，第 91 页。

第二章　在逃禅归儒的道路上

在"面前事"和"日用间"做切实的工夫。他住在主簿廨西北的斋屋里，把燕居的书斋更名为"高士轩"。白天，他在廨厅上以一个精明称职的世俗主簿掌管簿籍赋税，晚上，他在高士轩里又以一个超然世外的高士端坐诵经，摄心修己，有时还自作《步虚词》在高士轩中焚修炼道。

从屈辱的绍兴和议以来，在秦桧十余年敲骨吸髓的剥削下，南宋社会危机四伏。朱熹面对的是一个赃吏恣奸、富豪横行、百姓穷困、民生凋敝的同安，他到同安时，正逢全国一场清查土地、丈量田亩的"正经界"接近尾声，正经界成了他最关注的大事。绍兴中南宋的土地集中和贫富分化已触目惊心，强宗豪右隐田逃税，小民细户产去税存，有田无税、有税无田成为全国普遍现象。绍兴十二年两浙转运副使李椿年打起孟子"仁政必自经界始"的旗号，上奏经界不正十大危害。这一年便在他的主持下全国正经界，断断续续一直到绍兴二十八年才收场。但是福建的汀、泉、漳三州，朝廷却以爆发何白旗起义为由，不行经界，实际是因为官品形势户激烈反对阻挠，福建提刑孙汝翼在绍兴二十年七月上状颠倒黑白，请停行经界，朝廷便在同月罢了三州经界。朱熹一到同安，不顾上司停罢经界的禁令，自行在清查版籍田税上作了细密筹划，请县令陈元滂施行。他专门拜访了惠安县丞郑昭叔，详细了解他在仙游任上推行经界的具体办法，记录下来以备推广，同有识之士商讨。有一个同安士人许衍热心为他在同安行经界谋划，朱熹致书称赞他说："仁人之心，未尝忘天下之忧，固如此也。"[1] 朱熹想把正经界作为在同安行仁政的首要一步，然而绍兴二十五年（1155年）以后甚至连全国各地推

---

[1]　朱熹：《答许平仲》，《朱子全书》第26册，第617页。

行经界已实际停止,他等待漳汀泉三州重新恢复经界的希望终于落空。

整顿版籍与整顿赋税本是同一经界问题的两个方面,朱熹在经界无望下,转而想从"经总制"开刀解决一县税重民困的问题。经制钱是陈亨伯以镇压方腊起义之名增收的临时税,总制钱是孟庾以总制司名义增收的附加税,两项苛重的无名之赋后来竟成了维系南宋小朝廷的一条经济命脉,数额之巨,相当于唐代全年天下税收的两倍。百姓无力负担,各地州县连年都有巨额亏欠。朱熹到同安不久,便逢上户部急如星火催逼州县地方督办亏欠经总制钱,不顾百姓死活,就连朱熹身为一县主簿,也首遭督责之苦。绍兴二十五年二月一日,他上书给户部侍郎钟世明,请他向朝廷奏免各地亏欠的经总制钱,在上书中,朱熹直斥经总制钱是"民所不当输,官所不当得,制之无艺,而取之无名",揭露朝廷经总制的巧取豪夺胜于抢盗掠杀百姓,进行了最无顾忌的激烈抨击,认为:"此钱既非经赋常入……自户部四折而至于县,如转圜于千仞之坂……县将何取之?不过巧为科目以取之民耳!"[1] 经总制是南宋小朝廷的"生命线",向来是满朝衮衮大臣诸公畏不敢言的"禁区"。第一个喊出了经总制为无名苛赋而主张免除的,竟是一名初入仕途的二十五六岁的小小主簿,他的敢于为民请命、犯上直言、刚正不阿的道学性格已经形成了。但钟世明对他的上书冷漠不睬,他的减免繁苛赋税的努力也终于落空。

朱熹把目标转到了整顿吏治上,赋税的苛重不均都同官吏的贪恶为奸有关。朱熹在米仓的墙上大书了一首诗,作为他和官吏们的"座右铭":"度量无私本至公,寸心贪得意何穷?若教老子

---

[1]《朱文公文集》卷二四《与钟户部论亏欠经总制钱书》,第374页。

第二章 在逃禅归儒的道路上

庄周见,剖斗除衡付一空。"[1]集儒家"主簿"与老庄"高士"于一身的朱熹提出的这种清廉的为官之道,为他所终身奉行。为了惩处吏奸,他亲往永春县,向以吏治闻名的县令黄瑀学来了一套"敦礼义,厚风俗,戢吏奸,恤民隐"的治县之法,一面爱民以仁,一面治吏以法,县署中挂起了"视民如伤"的大匾,在县城屏障的同山上大书"大同"二字,表明他要以仁爱大同的儒家理想治理县事。同安县东与晋安县交界的地方,两县人民经常因地界纠纷发生流血械斗,朱熹调和两县讼事,在小盈岭上大刻"同民安"三字。在应城山东山庙旁,他还借"补龙脉"建造了一道防水大堤,成为这个二十来岁的一县主簿在同安留下的重要治绩。

然而在苟安腐败氛围笼罩全国的秦桧统治下,朱熹在县治上很难有所作为,他主要能够做的,就是以同安主簿兼主学事,全力整顿县学教育,以振兴儒学来挽救衰世。同安县学在秦桧严禁程学下一片萧条,学舍破败,寥寥几卷藏书也蠹蚀烂脱。学子无经可读,每天早上入学,不到中午便散学。他们不读经传,只会拿近时科举中选的模范程文来模仿,细心揣摩,不知科举之外还有儒学,县学秀弟子中竟有不识四书五经为何物。朱熹第一次到县学给诸生讲《论语》,那班平时只会写些吟风弄月的诗赋的学子,个个吃惊得睁大了眼睛,只有一个叫戴迈的还有点相信,但后来却把朱熹的课堂讲授抄成四大编退给朱熹,讥讽地说不过是"浅陋之辞,托名经端",这使朱熹十分震惊。他重新制定了学校规章制度,增修讲问之法和策试之法,在学中新设讲座,以便他亲自对诸生进行讲授和督察。他整顿学风,开除了两个有"淫污

---

[1]《朱文公文集·别集》卷七《题米仓壁》,第 1929 页。

子之行"的弟子员,荐举"议论纯正"、"操履坚悫"的本县进士徐应中和王宾为县学学宾,荐举恬退守道的山林老儒柯翰充当县学直学。在县学的大成殿后建起了藏经阁,朱熹从破箱败箧中整理出经籍六种一百九十一卷,从民间募得藏书二种三十六卷,又向泉州守方滋请到经史九百八十五卷,一起藏在经史阁中,一个僻县败落的县学才略具了规模。

朱熹在同安振兴儒学教育的现实目的,却是以程学反对王学,还不是自觉地以儒学反对佛老之学。他以一股青年道学家的锐气,同秦桧的独尊王学、大兴文字狱诛杀异己反其道而行。在为县学四斋作的《四斋铭》中,他揭起了"程学"的道学旗帜,用以德为本、以仁为归、学道与学艺统一的理学教育思想与教学方法,把秦桧假盗王学培养出来的嗜利干禄学士引上程学之路。他大力表彰反对王安石用事的元祐宰相、同安"乡贤"苏颂,用以倡导程学,反对王学。又在县学中为主战、主程学的宰相赵鼎建祠。根据二程的教育思想,朱熹在县学中贯彻了知行合一的精神,对学员不仅提出学在"为己"的要求,而且更提出了学在"通世之务"的要求,明"理"和明"事"一致。他平日课考县学弟子的策问,就都是要诸生本程学立说,一部分是对经学、理学义理的独立探讨研究,一部分是对朝政时局、经济赋税、科举教育等迫切现实要务的进言献策。

年轻的朱熹大力推广二程理学,不仅仅是为了反对王学,而且又表现出了他对整个衰微的传统儒学文化的现实地位的深切反思,对山河破碎内忧外患的士大夫普遍的精神危机的敏锐透视,希望复兴儒学,重建儒家的人学,来挽救人心世道,所以他在主持县学教育中特别注重四书中的《论语》和五经中的《礼经》。孔子的传统儒学的人学,是以"仁"为中枢,建立起一个"克己复礼"、仁礼统一的人本伦理体系；朱熹的理学的人学，是以"理"为中枢，建立起一个格物致知的认识论、正心诚意的道德论和修齐治平的人生观三位一体的理本伦理体系。一部《论语》包含了孔子仁学的人学，朱熹在繁忙的簿书生活中，定期到县学把二十篇《论语》从头到尾讲授了一遍。但他又认识到，南宋社会所以人心败坏，道德沦丧，国势日颓，并不在于人们不识孔子为己的仁学，而在于对这种仁学的人学知而不行，诵习而不践履，空谈而不实做，因此他又想借重《礼》来补充《论语》，为精神彷徨的士大夫建立起一种实践的儒家仁学，也就是理学的仁学。当他请老儒柯翰到县学为诸生讲授《礼记》时，他特地写了一篇《讲礼记序说》充分发挥这种思想，别出心裁地把"礼"解为"履"（践履），"礼"不仅是调整人际伦理关系的规范，而且更是自我实践"仁"的现实之路，借助于礼，知与行得到了统一。《礼》学成了他用来振兴儒学的"杠杆"。在同安，他就用这种实践的《礼》学来整顿士风和民风。

正是在这种振兴儒学教育的努力中，朱熹开始了由"佛"归"儒"的觉醒，身为主簿的他同同安社会现实的广泛接触和根据李侗初教进行的读经反思，成了他弃佛崇儒思想转变的两个直接动力。初到同安他依旧耽迷佛老，继续写着咏禅的《牧斋净稿》，四处参禅问道。同安巍峨雄丽的梵天寺是他的一方佛国，他在寺院法堂门上题了一偈："神光不昧，万古徽猷；入此门来，莫存知解。"这本是平田长老的杰作，而为宗杲所津津乐道，朱熹是从《大慧语录》中读到的。偈颂是说"法"不可以见闻知觉而得，重要的是心"空"，超越感官，超越语言和推理，以玄秘不可测的禅悟为入道法门，这还是道谦的"昭昭灵灵底禅"。

朱熹心驰神往的更大佛国还在泉州。在泉州香火最盛的名刹开元寺，他大书了一副对联悬挂门口：

此地古称佛国，满街都是圣人。

这副对联是他参悟唐代无等禅师的"泉南佛国"变化而成，把儒家的性善说与释家的佛性说糅合到了一起。朱熹徜徉于"泉南佛国"，他在资寿寺讲学时曾手书了"小山丛竹"巨额赠给寺僧，就是用了祖心禅师领悟的故事现身说法，表明他在这里讲学时曾豁然有悟，"入此门来"。祖心号"晦堂"，朱熹后来也将自己的燕居之室名为"晦堂"。绍兴二十三年冬间，他奉檄往泉州的安溪县按事三日，登上凤山访禅，在通玄庵壁又题了一偈："心外无法，满目青山。通玄峰顶，不是人间。"[1] 这本来是法眼文益的大弟子天台德韶禅师的杰作，用来阐发法眼宗"三界唯心，万法唯识"的宗旨。朱熹效仿衲僧把偈的前后两句颠倒过来，变成了自己的杰作。法眼宗是一个深受华严宗思想影响的禅宗宗派，宋代禅宗向禅教兼重方向发展，导致了禅宗、华严宗交流，各宗相互吸收，到临济宗杲集了大成。朱熹凤山题偈又透露了他在禅教双修佛学思潮激荡下受华严宗思辨思想体系影响的一面。这种对佛说的耽好甚至还使他对摩尼教发生了兴趣。绍兴二十三年秋间，他奉檄来泉州时，与同僚们一起往北山谒奠了摩尼法师呼禄的祠墓，还写了一首《与诸同僚谒奠北山过白岩小憩》的诗。泉州是东西文化交汇的重镇，西来的伊斯兰教、基督教、摩尼教、婆罗门教都在这里同佛教一起并兴。摩尼教一面附会道教，一面又依托佛教，在江西、福建一带炽盛。摩尼教因崇信禅宗经典

---

[1]《嘉靖安溪县志》卷七《题凤山庵》，《天一阁藏明代方志选刊》本，第33册，第55页。

第二章　在逃禅归儒的道路上

《金刚经》而又称金刚禅，又好道家的《化胡经》以至流变而入于道教。所以朱熹爱好摩尼教是他出入佛老的一种补充。

由于道谦去世，朱熹把学佛的目光直接投向了宗杲。这时宗杲正贬居梅阳，离泉州、漳州较近。绍兴二十五年春间，朱熹利用奉檄走旁郡的机会南下梅阳，见到了宗杲。两个人当面说禅，宗杲为他作了一首《朱主簿请赞》："庞老曾升马祖堂，西江吸尽更无双。而今妙喜朱居士，觌面分明不覆藏。"[1] 宗杲自比为马祖道一，而把朱熹比为庞蕴居士。后来宗杲自梅阳归径山，又作了一首偈寄给朱熹："径山传语朱元晦，相忘已在形骸外。莫言多日不相逢，兴来常与精神会。"[2] 朱熹与宗杲两人已相忘于形骸之外，表明朱熹已经完全学得了宗杲的看话禅。

然而朱熹耽迷佛老到了驳杂之时，也就兆示着他从佛老中觉醒的到来。同安五年，他耽佛主要在绍兴二十三年到二十五年之间。二十二年道谦去世，二十五年秦桧死，主王学反程学的统治结束，程学解禁，朱熹的耽佛很快转向了低潮，《牧斋净稿》不再写下去了，他从道谦转回到了李侗。最初的精神觉醒是在绍兴二十六年（1156年）春天，这就是他后来一再提到的"杜鹃夜悟"。他因公事出差到德化，住在剧头铺寺院里，寒夜听着杜鹃的啼叫苦读《论语》，一连三四个夜晚通宵不眠地思索，忽然从程颐的解说中顿悟了"子夏之门人小子"章的大旨。他有一首《之德化宿剧头铺夜闻杜宇》记下了他在泉南佛国的觉醒之夜："王事贤劳祇自嗤，一官今是五年期。如何独宿荒山

---

[1] 《大慧普觉禅师语录》卷一二，第367页。
[2] 刘震孙:《吕东莱与可庵禅师帖跋》，明刻本《大慧禅师年谱》附。按：刘此跋作于淳祐十二年（1252年）。

夜，更拥寒衾听子规。"[1] 后来朱熹不止一次提到他在德化的"杜鹃夜悟"说：

> 某旧年思量义理未透，直是不能睡。初看子夏"先传后倦"一章，凡三四夜，穷究到天明，彻夜闻杜鹃声。[2]
>
> 一日夜坐，闻子规声。先生曰："旧为同安簿时，下乡宿僧寺中，衾薄不能寐。是时正思量'子夏之门人小子'章，闻子规声甚切。思量此章，理会不得。横解竖解，更解不行，又被杜鹃叫不住声……"[3]
>
> 因在同安时，一日差人山中检视，夜间忽思量得不如此。其曰"理无小大"，无乎不在，本末精粗，皆要从头做起，不可拣择，此所以为教人有序也。[4]

朱熹觉悟到的儒家"真谛"是"事有小大，理却无小大"，这实际就是李侗说的"理一分殊"："事有小大"指分殊，"理无小大"指理一。杜鹃的啼声唤醒了他儒家的灵魂，把他召回到李侗的理学之路上，开始相信了李侗说的就分殊体认理一、即事穷理、循序渐进的思想，而对禅家有理一无分殊的空理空道及一超直入的空悟产生了怀疑。接着在八月到十二月，他秩满又到泉州候批书，有近半年的时间研读儒家经书，反思李侗的初教。他在泉州潜心研读谢良佐的《上蔡语录》，他自己说："某二十年前得《上蔡语录》观之，初用银朱画出合处；及再观，则不同矣，乃

---

[1]《朱文公文集》卷二《之德化宿剧头铺夜闻杜宇》，第75页。
[2]《朱子语类》卷一○四，第2615页。
[3]《朱子语类》卷四九，第1211页。
[4]《朱子语类》卷四九，第1207页。

第二章 在逃禅归儒的道路上

用粉笔；三观，则又用墨笔。数过之后，则全与元时不同矣。"[1]这是在从谢良佐的著作中进一步体会"理一分殊"思想。同时他又潜读《孟子》，一下子通晓了"养气"一章语脉，他后来说：

> 某往年在同安日，因差出体究公事处，夜寒不能寐，因看得子夏论学一段分明。后官满，在郡中等批书，无文字看，于馆人处借得《孟子》一册熟读，方晓得"养气"一章语脉。当时亦小暇写，只逐段以纸签签之云：此是如此说。[2]

朱熹所领会的"养气"章的意脉，就是认为"养气只是一个集义"，而"集义"就是指"只是件件事要合宜"——这是指"分殊"；"事事都要合道理"——这是指"理一"。"义者，宜也。凡日用所为所行，一合于宜。"这仍旧是李侗所说的就"分殊"（即事）体认"理一"的思想，与他在剧头铺读《论语》而悟"子夏之门人小子"章的思想贯通起来。可以说他对《孟子》"养气"章意脉的领悟，是他在同安的第二个"杜鹃夜悟"，真正开始了他否定佛老的觉醒。大约就在绍兴二十六年春他从德化回同安后，他就编定了《牧斋净稿》，表示他对出入佛老的牧斋时期含泪的告别和师事李侗的决心，第二年他就开始频频向李侗投书问学了。

---

[1] 《朱子语类》卷一○四，第 2614 页。
[2] 《朱子语类》卷一○四，第 2615 页。

第三章
从李侗走向二程

第一节　从学延平李侗

　　朱熹在绍兴二十六年十二月任满归家，但在二十七年三月又重返同安，等待代者。他在同安和泉州一直等到十二月，代者终于没有来，却又给了他近一年的时间在同安苦读儒经反思的机会，从佛国的朦胧觉醒中实现新的儒家精神的自我超越。在同安破败的"畏垒庵"中，五月他向延平李侗寄去了第一封问学书，告诉自己研读《孟子》向儒家方面涵养用力的最新收获。这封信标志着他正式师事李侗的开始。李侗很快复信，直指朱熹身上的道谦禅气对症下药，要他以存养工夫代替空理悟入，以应事接物的分殊体认代替隔绝外物的内里体认。李侗告诉他儒家的涵养用力处就在《孟子》"夜气"章中，正是要他抛弃释氏"死心"入定的禅悟，而致力于儒家即物穷理的"活心"操存，理一和分殊得到了统一，这就自然接上了朱熹自己苦读"子夏门人小子"章和"养气"章的思想路数。李侗这封信成为后来两人全部答问论学的总纲。朱熹在李侗指导下精读了《论语》和《孟子》，在畏垒庵中作的笔札笺注成了他后来完成的《论语要义》与《孟子精义》的最早草稿。上蔡谢良佐的《上蔡语录》和《论语解》，一下子成了照耀他在畏垒庵研求《论》、《孟》"精义"，逃禅归儒的"圣经"。因为李侗的思想上承谢良佐，谢良佐曾明确指出《论语》的大旨是理一分殊，而在修养方法上他又提倡主静，默识静坐的说法记在他的《语录》中，这正是李侗传授给朱熹的二大最根本的理学主张。朱熹后来说自己年轻时"赖（谢良佐）先生之言以发其趣",就是从他在畏垒庵中在李侗的精神指导下开始的。

十个月的畏垒庵读经,是朱熹师事李侗的"序曲",他在绍兴二十七年十二月由同安归家后不久,便把"牧斋"改名为"困学"。绍兴二十八年(1158年)正月,他抱着"困学"的彷徨求索之心徒步百里到延平拜见李侗,他的问学李侗的困学时期真正开始了。以绍兴二十八年相见为起点,展开了他师事李侗从"存养"到"致知"到"应事"的三部曲。

绍兴二十八年正月相见,主要是讨论理一分殊。李侗的理学大旨可以概括为"理一分殊"与"主静"二条,具有杂糅程颐之学与程颢之学的特点,要求做到从分殊上体认理一和从静中体认道体的统一。他把分殊体认称为"于日用处下工夫","就事上下工夫",而把静中体认称为"于静处下工夫","默坐澄心"。以静用力持守,再加以分殊体认之功,就可以达到认识"道之全体"的儒家洒然融释之境。这种以主静为修身之方和以致知(格物穷理)为进学之要的李侗理学,可以用"涵养须用静,进学则在致知"二句来概括,构成了李侗独特的反佛思想体系。经过绍兴二十八年的面论,到二十九年朱熹校定成《上蔡语录》一书,标志着朱熹基本上领略和接受了李侗这种理学思想路脉。胡宪在为这本书作的跋中,特别画龙点睛地指出了谢良佐的"本末一贯"的理一分殊思想,作为理解《上蔡语录》的根本要领,代朱熹说出了他校定《上蔡语录》的真实用意。

但朱熹在道谦灵禅下养成的有理一无分殊、有"体"无"用"的思想痼疾一时难以根除,连湖湘派大师胡宏也感觉到了。绍兴三十年六月胡宪除秘书省正字,赴馆供职。朱熹从绍兴二十八年十二月差监潭州南岳庙后,一直深居穷山靠微薄的半俸度日,自修其心,不问政事,他在送胡宪入朝的诗中流露了消极悲观的

第三章 从李侗走向二程

情绪:"猿悲鹤怨因何事,只恐先生袖手归。"[1] 正好刘珙也由秘书丞除监察御史,他和胡宪一起招朱熹入都,希望他能有所作为。朱熹却作诗表白自己幽人空谷高卧独善其身的怀抱:"留取幽人卧空谷,一川风月要人看。""浮云一任闲舒卷,万古青山只么看。"[2] 朱熹的诗传到了衡山五峰胡宏那里,他对弟子张栻说:"吾不识此人,然观此诗,知其庶几能有进矣。特其有体而无用,故吾为是诗以箴警之,庶其闻之而有发也。"[3] 他一连作了三首诗来箴警朱熹的有体而无用。所谓有体而无用,就是有理一而无分殊,有涵养而无察识,有知而无行。在朱熹校成《上蔡语录》后,李侗对他的师教的重心,放到了特别要他做"用"、做"分殊"的工夫上,"洒然融释"成了两人答问的中心。绍兴三十年(1160 年)冬朱熹又到延平见李侗,讨论的中心问题就是如何在用上下工夫,以达到体用无间、体用合一的洒然融释之境。朱熹十月到延平,住在西林院惟可禅师的达观轩,面受师教两个多月。"达观"就是廓然明达、洒然融释,正点明了这次讨论的核心问题。李侗同朱熹进一步讨论了《孟子》养气一章,强调"养气"应从"知言"处养来才对,"知言"就是要就事事物物上一一穷究其理。这次相见归后,朱熹便以"养气"章为纲完成了一部《孟子集解》。他同时作的一首《困学》诗,可以看作是他从学李侗三年困学探索的自我总结:"旧喜安心苦觅心,捐书绝学费追寻。困衡此日安无地,始觉从前枉寸阴。"[4] 在经历了漫长的困心衡虑的思考求索后,他才断绝了"捐书绝学"的禅根,脚踏在

---

[1] 《朱文公文集》卷二《送籍溪胡丈赴馆供职二首》,第 79 页。
[2] 《朱文公文集》卷二《寄籍溪胡丈及刘恭父二首》,第 79 页。
[3] 《朱文公文集》卷八一《跋胡五峰诗》,第 1466 页。
[4] 《朱文公文集》卷二《困学二首》,第 80 页。

儒家实地,《孟子集解》成了他三年师事李侗的困学时期的总结。第二年他兴奋地告诉李侗说:"向所耽恋不洒落处,今已渐融释。"就在这一年,李侗在给罗宗约的信中,对朱熹逃禅归儒的这一思想突进作了总结:"渠所论难,皆是操戈入室,从原头体认来……见儒者路脉,极能批其差误之处,自见罗先生来,未见有如此者。""此人……初讲学时,颇为道理所缚;今渐能融释,于日用处一意下工夫,若于此渐熟,则体用合矣。"[1]

但是在有了新的思想突进之后,一种"恐闻"之感又笼罩了他。"恐闻",就是李侗说的朱熹仍缺少"应事洒落"的践履工夫,有"穷理"而少"应事",有"言"而未能有"行"。朱熹"恐"的就是这种有知无行、应事不能洒落。他用"随事以观理,即理以应事"二句来概括李侗的"应事洒落"思想。李侗"应事洒落"师教的现实意义,就是不仅推动朱熹进一步走逃禅归儒之路,而且促使他从困学书斋中走出来,面向南宋的社会现实。绍兴二十九年与三十年朝廷两次征召朱熹,他都不肯入都,李侗却劝他"脱然一行"。朱熹在李侗应事洒落的师教推动下关心起朝事政局来。绍兴三十年八月他投书给在朝中任正字的胡宪,详细分析了江淮宋金两军对峙的形势,预感到战争风云的逼近,要他上书起用自秦桧专权以来一直被贬的主战派领袖张浚和刘锜。后来胡宪果然在奏事中第一个奏请起用张浚和刘锜,轰动都下,实际还是他的高弟子出的主意。在金帅完颜亮南侵前,如果不是朱熹鼓动和胡宪奏请及时起用了刘锜,局面就将不堪设想了。绍兴三十一年九月,完颜亮率金兵分三路大举南下,号称百万,势如破竹,临安城里文武百官逃之夭夭,赵构也打算逃往海上。幸亏

---

[1]《李延平集》卷一《与罗博文书》,第4页。

第三章 从李侗走向二程

十月刘锜取得皂角林之战的胜利,李宝取得胶西之战的胜利,稍挡住了金兵南侵的锋锐。朱熹听到最初的一些胜利,写了一首《感事书怀十六韵》给在朝任职的刘珙,要他多向朝廷进献抗金杀敌、克复中原之策,以"共惜山河固,同嗟岁月侵"相共勉。当刘锜招募精熟水性的兵民凿沉金军用毡毯裹护的粮船,不顾重病吐血,亲临前线,在皂角林以四百步卒大破金兵。朱熹更是振奋不已,一连写了四首诗歌颂皂角林大捷,心头燃起了"明朝灭尽天骄子,南北东西尽好音"的热望。十一月,虞允文取得采石大捷的辉煌胜利,陷于绝境的完颜亮在扬州龟山寺被杀,朱熹兴奋得浮想联翩一气写下了七首祝捷诗。可是这个远处山林的小祠官,在胜利之下远比那些满朝颠顶的钜公们头脑更清醒。十二月,当南宋小朝廷居然自我陶醉地开始论功行赏,庆祝侥幸的胜利时,朱熹却投书同知枢密院事黄祖舜,痛斥朝中大臣的昏庸无能。他总结了这次完颜亮南侵的沉痛教训,尖锐批评了绍兴和议二十多年来的朝政的荒惰,兵备废弛,内外空虚,国势衰弱。但他投书的主要目的还是痛击在打败完颜亮南侵以后乞和投降论调的重新抬头。心有余悸的赵构以战乞和,向金主唱起了"朕料此事终归于和"的媚调,主和派跟着鼓噪呐喊。朱熹提出了反苟安、固根本的主张,希望朝廷斥退主和派,信用主战派,特别是对张浚,不应当用而见疑。后来的事实都证明了朱熹的远见。

经过完颜亮南侵惊天事变的冲击,朱熹更深感自己远未达到李侗说的"应事洒落",产生了更强烈的"恐闻"情绪。就在投书黄祖舜后不久,绍兴三十二年(1162年)正月他又到建安拜见李侗,并陪侍他一起回建安,又在西林院面受师教到三月底。面论的中心问题就是"应事洒落"。他在西林院题的三首诗留下了他师事李侗新的思想足迹,《再题西林可师达观轩》吟道:"古寺重来感慨深,小轩仍是旧窥临。向来妙处今遗恨,万古长空一片心。"[1] 当初在西林院受教,自以为"困学"有得,如今才又明白自己虽能妙处致知,却还不能洒然力行,终不免留下了"恐闻"的遗恨。在这次相见归后,朱熹果然以应诏上封事显示了他的"应事洒落"。完颜亮南侵后,赵构一心乞和,宋金双方遣使议和奔走道途。到绍兴三十二年六月赵构传位给赵昚,朝政才发生了转机。赵昚有志于恢复中原,中兴宋室,他一即位便任命张浚为江淮宣抚使,下诏中外士庶指陈时政阙失。朱熹便在八月七日应诏上了长篇封事。封事是在李侗的悉心指点下写成的,他特别要朱熹在封事中突出反对和议、反对佛老的思想。赵昚仍旧没有抛弃议和的幻想,而他的佞佛耽道也远过于乃父赵构,一即位便赐宗杲"大慧"的佛号。朱熹在封事中提出了三条刻不容缓的当务之急:一是"帝王之学不可以不熟讲",这是以儒学反对佛老异端之学,他直言批评了赵昚的好佛老虚无寂灭之说,要皇帝带头做正心诚意、格物致知的工夫;二是"修攘之计不可以不早定",朱熹发表了最激烈的反和主战之说,认为"讲和者有百害无一利";三是"本原之地不可以不加意",认为当今天下之民所以穷困不堪,是因为"本原之地"(中央朝廷)的腐败,奸恶当道,上下官官相护,层层脧剥,无所不用其极。封事最后归结到正本更革上,要求赵昚的新政勇于改弦更张,不应苟安守成。

朝廷对朱熹上的封事并没有采纳,但这个小祠官过人的胆识却引起了朝野的注目。在上封事以后,朱熹以写成《论语要义》和隆兴入都奏事最终实践了李侗要求于他的穷理洒然和应事洒然。《论语要义》是在李侗直接指导下写成的。两人在绍兴三十二年春相见

---

[1] 《朱文公文集》卷二《再题》,第81页。

时已开始讨论《论语》,李侗在六月十一日的信中,指出一部《论语》的要义就是说"求仁之方",要从理一分殊上去体会,给朱熹作《论语要义》定了基调。朱熹就以这一"要义"为纲,在隆兴元年(1163年)上半年完成了《论语要义》。这本书成了他后来的《论语集注》最早的思想源头,也成了他师事李侗最好的思想总结。

但是朱熹的"恐闻"之感并没有消失,他师事李侗的"恐闻"时期并没有结束。《论语要义》还不是他师事李侗的终点,更不是他逃禅归儒的终点。真正成为他师事李侗的闪光终点的,是经过又同李侗两次相见之后的入都奏事,李侗最后的遗训把他推进了隆兴北伐与和议的旋流,又使他从李侗走向了程颐。

第二节 在隆兴北伐与议和中

当绍兴三十年间朱熹在李侗指导下埋头写《论语要义》时,宋金双方在淮河两岸的对峙已如箭在弦上,完颜雍在河南屯结了十万大军,公然向南宋提出割让唐、海、泗、商州等地。十一月吴璘从川陕前线退兵遭金兵阻击,三万人马只剩下七千,秦凤、熙河、永兴等地全部丧失。朱熹作了一首《感事》,吐露自己忧国的焦灼之情:

> 闻说淮南路,胡尘满眼黄。弃躯惭国士,尝胆念君王。
> 却敌非干橹,信威藉纪纲。丹心危欲折,伫立但彷徨。[1]

---

[1]《朱文公文集》卷二《感事》,第82页。

赵眘在现实面前才如梦方醒，决意出师北伐。隆兴元年（1163年）正月，他任命张浚为枢密使、都督江淮东西路军，数次召见他，从八十万殿前、江淮军中选出六万精兵供他调用。就在这种形势下，三月，在陈康伯、陈俊卿、汪应辰、凌景夏的合力荐举下，朝廷又召朱熹入都。朱熹因为不满于赵眘宠信近习小人曾觌、龙大渊，斥逐清议，主和派盘踞要津，佞幸怙宠预政，对入朝心存顾忌，他上了辞免状。对赵眘北伐用兵的草率，他也分外忧虑。在春间，福建安抚使汪应辰把他召到福州商讨闽中政事，也议论到北伐的军事行动，正好张浚来招落职居福州的刘宝去用兵，汪应辰和朱熹设宴送他赴任，席间有一番微妙的对答，汪应辰问刘宝："今太尉去时如何？"刘宝回答说："与虏人战时，第一阵决胜，第二阵未可知，第三阵杀他不去矣！盖此中只有些精锐在前，彼敌不得；他顽不动，第三四阵已困于彼矣。"汪应辰无可奈何地叹息说："如此说了，却如何！"[1]

　　由张浚一手主持的北伐就这样匆率发动，六万大军由淮西招抚使李显忠和建康都统制邵宏渊分统，五月四日渡淮。最初势如破竹，李显忠在五月七日克复灵璧，邵宏渊在十日攻取虹县，到十六日又一举拿下宿县。朱熹在山中读着邸报，与朝中故旧大臣密切书札往返。他的担忧很快得到了证实。原来在宿州攻占后，李显忠和邵宏渊发生内讧不和，宋兵因犒赏不厚满腹怨恨，不肯出战。李显忠被迫在五月二十日退到符离，金兵乘势追击掩杀，大获全胜。喧闹一时的"隆兴北伐"很快在符离兵败如山倒中烟消云散，最先准备逃跑的是赵构。张浚上章自劾，竟提出遣使议和。赵眘用兵主战的热情降到零度，又任命臭名昭著的投降主和

---

[1]《朱子语类》卷一三〇，第3134页。

第三章 从李侗走向二程

派领袖汤思退为右相。朱熹从朝中由北伐出师到符离兵败到屈己求和的神速翻复中,认识到将败于千里之外,而根源却在庙堂之上,决计入都抗争了。八月,也是出于汪应辰的荐举,朝廷有旨又趋促朱熹入都,他也不再辞免,为这次入都奏事做起了精心准备。

李侗为朱熹的入都奏事定下了基调。朱熹在入都前同李侗又有两次最后的相见,李侗对他的奏事作了详细面授。一次是在隆兴元年六月中旬,一次是在八月下旬,李侗反复强调的就是反和、反佛、反近习三条,朱熹都写进了奏事三札。在八月下旬的最后一次相见别后,仿佛是一种预感,朱熹写信给李侗,请求把他自师李侗以来两人讲论学问的书札编成《延平答问》一书,得到了李侗的同意。朱熹编定这本书,突出了李侗就事于日用处下工夫的洒然融释思想。因此《延平答问》的编定,在朱熹逃禅归儒的心路历程上竖起了一块新的里程碑,成为他师事李侗的终点,接着而来的入都奏事就成了他对李侗遗训的完成。

九月十八日,朱熹从崇安启程,约十月中旬到达临安。他一入国门就呼吸到弥漫京城的屈辱乞和气氛。金方提出了四条苛刻的议和条件:宋帝对金称臣;割唐、邓、海、泗四州,划淮为界;献纳岁币,同于当年秦桧之数;归还中原归正人。朱熹入都时,正逢宋使卢仲贤在金方威逼下全部接受议和条件的消息传来,举朝哗然。朝臣形成了三派:一是主和投降派,二是主守自治派,三是主战坚决派。主守自治同主和投降实际没有多大差别,主战坚决派只剩下三四个人。朱熹入都站到了主战坚决派一边。十一月六日,在豪华的钱王宫旧基上新造的一座陈设简朴的垂拱殿里,赵眘召见了朱熹。朱熹面奏三札,直指赵眘的君过。第一札讲正心诚意格物致知的"圣学",意在反对佛老;第二札论外攘夷狄的复雠之义,意在反对议和;第三札言内修政事之道,意在反对赵眘的宠信佞幸。朱熹的面奏抗论，有如在举朝一片议和合唱的声浪中突然响起了一个极不协调的高音，在议和已决的赵眘听来特别尖利刺耳。在听朱熹读第一札时，他还做出雍容大度的纳谏姿态，到朱熹读第二、三札时，他终于愠怒不言了。十一月十二日，他旨下除朱熹武学博士，待次四年，等于把朱熹驱逐回家。而在第二天赵眘又派遣王之望、龙大渊赴金议和，成为对朱熹奏事和除武学博士的最大讽刺。

朱熹没有马上离都，他寻找机会进行抗争。由于朝臣意见不一致，十一月十五日，赵眘下令台谏侍从们集议。十四名台谏侍从大臣喋喋不休集议了整整一天，形成了八派，实际真正主战的只有胡铨一人。朱熹就在朝官集议时，亲登参知政事周葵之门责问，周葵讥讽他的主战论说："此皆处士大言，今姑为目前计耳。"朱熹愤怒痛斥说："国家亿万斯年之业，参政乃为目前之计耶？"[1] 周葵是主和派的首魁，他成天想的是自己的飞黄腾达，巴结逢承有术，看到三十一岁的张栻同张浚一起深被赵眘倚重，出入宫禁，少年得志，周葵指着张栻对侍从大臣们说："吾辈进退，皆在此郎之手。"朱熹无可奈何地慨叹："人情皆如此，何以成得事！"[2] 有一个皇子恭王府直讲林栗，是主守自治派，他用秦伐楚时王翦、李信争兵的故事讽刺主战用兵是"以数万之卒，横行中原，何其虑之不详也！"朱熹当面驳斥说："此事正不尔！秦灭六国，楚最无罪……今日之事，与此正相反，奈何以为此乎！"[3] 这时几乎所有的朝官都倒向了主和，只有朱熹、胡铨二人还在抗论力争，有一些小官虽也反对和议，但都不敢说话。朱

---

[1]《朱文公文集》卷二四《与魏元履》书一，第 379 页。
[2]《朱子语类》卷一〇三，第 2609 页。
[3]《朱文公文集》卷二四《答魏元履书》，第 383 页。

熹在给魏元履信中几近绝望地说："和议已决，邪说横流，非一苇可杭。"[1]

朱熹把挽回局面的最后希望寄托在张浚、张栻父子身上。张浚远在扬州都督江淮军马，他先派张栻入都奏卢仲贤之罪，张栻大约在十一月十八日到达临安，朱熹同他生平第一次见面相识。南轩张栻师事于五峰胡宏，被推为独得湖湘派真传的理学新秀。朱熹认为张浚如果入朝同主和派的汤思退并列为相，必将一事无成，他一见到张栻就说："若相公诚欲做，则当请旨，尽以其事付己，拔擢英雄智谋之士，一任诸己，然后可为。若欲与汤进之（思退）同做，决定做不成！"[2] 听到赵眘在十一月十九日诏张浚入都，朱熹决计留临安等张浚到都下，再向他面陈进言。朝中主和派宰执却抢在张浚之前联合上奏实现"自治之计"，赵眘终于做出了议和的最后抉择。到十二月九日张浚进临安，朝中议和已付诸实施，回天无力了。但朱熹仍鼓动他想法摒除汤思退，独任相事。有惩于北伐失败的教训，他向张浚进献了分兵进取中原的大计：一路进关陕，一路向西京，一路攻淮北，又一路从海道直捣海上，然后以精锐之师直收山东。这个小小武学博士提出的分兵进击之计，未尝不是一种收复中原的切实可行的战略，几乎是主和阴云笼罩的临安都城中的空谷足音。可是张浚却淡淡地回答说："某只受一方之命，此事恐不能主之。"[3] 朱熹感到了张浚的志大才疏，他抗争的最后一点希望也破灭了。正好这时李侗去世的凶音传来。十二月十二日，他踏着满天风雪离开了死气沉沉的临安城。

---

[1]《朱文公文集》卷二四《与魏元履书》，第 379 页。
[2]《朱子语录》卷一三〇，第 3152 页。
[3]《朱子语类》卷一一〇，第 2706 页。

朱熹两个月在都下为主战抗争呼号，使他名播士林，诗人南涧韩元吉称颂他"抵诃百事推圣学，请复国雠施一怒"[1]。汪应辰在给喻居中信中称赞说："朱元晦以召命再下，诸公迫之方行。既对，力排和议。其他皆人所难言者。"[2] 残酷的现实点燃起了朱熹儒家灵魂的济世爱国之火，在归居山林后他依旧关心政局。由于宋使胡昉、杨由义使金议和困辱而回，首鼠两端的赵眘又倾向了主战，朱熹对赵眘态度的变化和张浚再都督江淮军马又一度燃起希望，但主和派很快控制局面。隆兴二年中他先后有三次同闽帅汪应辰相见，激烈争论和战问题。先在二月初他到延平祭李侗后便往福州见汪应辰，四月下旬他再到福州见汪应辰，这都是因为朝中形势发生突变，赵眘在主和投降派汤思退、洪适、尹穑、钱端礼的连续进攻下，对张浚失掉信任，下诏罢江淮都督府，张浚罢相去朝，栖栖惶惶离开临安，主战派遭到决定性的失败。朱熹见汪应辰讨论的核心问题，就是批判汤思退、钱端礼主和自治、早定"国是"的谬说。五月汪应辰改除四川制置使，由福州北上入都奏事，经崇安同朱熹又一次相见。朱熹鼓动他入朝奏事在反和主战上有所进言，"感悟"赵眘。但是，仕途正春风得意的汪应辰两次奏对都没有敢采纳朱熹的意见。朱熹的种种努力都归于失败。

朝中主战派已被驱逐殆尽，八月二十八日张浚病卒，对主战派来说是一次最不幸的致命打击。赵眘自食了自坏长城、罢贬张浚的恶果，十月，二十万金军号称八十万，悍然渡淮南侵，两次兵临长江，宋朝廷又陷入了一片惊慌。朱熹在给柯翰信中惊呼：

---

[1] 韩元吉：《南涧甲乙稿》卷二《送朱元晦》，《丛书集成初编》本，第1979册，第32页。
[2] 汪应辰：《文定集》卷一六《与喻居中》，《丛书集成初编》本，第1988册，第197页。

"时事竟为和戎所误！我之所以待敌者，内外本末一切刓弊，又胜于往年妄论之时矣，奈何，奈何！"[1] 赵昚连忙罢免汤思退，起用已患重病的陈康伯出来收拾危局，派王抃带和书在闰十一月赴金，终于达成了他们几年来梦寐以求的和议：改金宋君臣关系为叔侄关系，双方以淮水到大散关为界，岁币银绢各二十万两、匹。这就是臭名昭著的所谓"隆兴和议"。

赵构赵昚父子的"隆兴和议"和赵构秦桧的"绍兴和议"，记下了南宋史上最屈辱丑恶的两页。当议和勾当一旦大功告成，他们居然又想起了朱熹，有意要借这个道学诤臣来增添几分隆兴和议与乾道更化的升平气象。乾道元年（1165年）二月，朝廷召朱熹赴临安供武学博士的虚职，朱熹很快在四月入都，并不是真要在朝中就职，而仍是想抗争呼号一番。他一入都下，便同新进的主和派宰辅钱端礼、洪适发生冲突。钱端礼、洪适都俨然以隆兴和议建首功的"勋臣"把持了朝政。朱熹一入临安，就到处听到钱端礼一党粉饰太平制造的三大谬说：一是"议和"之说，鼓吹割地纳币不过是"薄物细故"；二是"独断"之说，鼓吹君主帝王可以独断专行，为赵昚的乞和行径辩护；三是"国是"之说，以议和为最大的"国是"，为钱端礼的乞和卖国和以帝姻登居相位张目。然而这时甚至连一向主战和有清议声望的朝臣，像李浩、刘夙、刘朔、黄世永等人，都追随钱端礼党，沉沦在隆兴和议的苟安毒雾中，朱熹在都下的抗论竟遭到他们的围攻。刘朔上书恬不知耻地说："臣观今日之通和，未为失策。"李浩早被汤思退收买，朱熹鄙夷地提到他们说："他亦是不曾见前辈，前辈皆不如此。"[2] 他在吏部员外郎李浩那里遇到著作佐郎刘夙，痛斥了他们的主和论调，遭

---

[1]《朱文公文集》卷三九《答柯国材》书二，第638页。
[2]《朱子语类》卷一三二，第3173页。

到李浩和刘夙的夹攻,后来水心叶適记下了这一幕:"朱公元晦亦以为人主义在复雠,遇著作(刘夙)于李德远坐论之,著作弗是也,他日,朱公曰:'乃为宾之、德远夹攻!'德远者,吏部侍郎李浩也。"[1] 朱熹感到举朝苟安已经深入骨髓,他不愿做一个供小朝廷摆设之用的武学博士,在都下时就乞请岳祠,五月便离都归闽,离都前他专门投书吏部侍郎陈俊卿,一一痛斥了钱端礼党的三大谬论,愤慨万分地抨击隆兴和议说:"沮国家恢复之大计者,讲和之说也;坏边陲备御之常规者,讲和之说也;内咈吾民忠义之心,而外绝故国来诉之望者,讲和之说也;苟逭目前宵旰之忧,而养成异日宴安之毒者,亦讲和之说也!"[2]——这就是他对从绍兴和议到隆兴和议一部南宋屈辱史最哀痛悲愤的总结。

隆兴和议以后,朱熹在李侗"应事洒然"师教下激发起的济世忧国、积极进取的热情走向了低潮,从此他学着颜回的安贫乐道,开始了长达十四年的跧伏深山著书立说、讲学授徒的生活,埋头铸造理学之剑来挽救人心和衰世的沉沦,他从师事李侗起步开始了新的理学之路的探索。

第三节　中和之路——走向程颐

朱熹师事道谦是主"悟"(昭昭灵灵底禅),师事李侗转向主"静"(默坐澄心),但是这种默坐澄心却又同天童正觉派的默照

---

[1] 叶適:《水心文集》卷一六《著作正字二刘公墓志铭》,《四部丛刊初编》本,第203册,第11页。
[2]《朱文公文集》卷二四《与陈侍郎书》,第380页。

第三章 从李侗走向二程

禅儿入于一路,依旧有蹈虚守空的禅家之病,因此李侗虽然教会朱熹用"理一分殊"的思想划分了儒家与佛老的界限,从心学转向理学,但朱熹仍旧未能完全超越禅学。在李侗卒后,他的批判佛学的新的思想超越又开始了,他沿着李侗"应事洒落"的思想发展自己的理学,扬弃了李侗的主"静",终于完成了自己逃禅归儒的精神求索。

李侗的理学最使朱熹困惑不解的是他的不脱禅气的"中和"思想,李侗在隆兴元年十月去世后,朱熹有一种"有疑无与析"的思想痛苦,就首先是指这个令他困扰不已的"中和"之说,以后长达六年的对中和说的不懈探索,实际是展开了他新的逃禅归儒的心路历程:从道谦的主悟到李侗的主静,是他的第一个理学飞跃;而在李侗卒后他从李侗的主静到程颐的主敬,是他的第二个理学飞跃。在《中庸》中提到"中"、"和"与"未发"、"已发"的思想,李侗把它同自己的主静思想糅合到一起,主张"求中于未发",于静中体认大本未发时的气象。朱熹对李侗禅家式的默坐澄观体认天理感到不可理解,不知未发为何物。李侗的说法上本吕大临,但是却同程颐的说法全然矛盾,这使朱熹无所适从,他在给友人何镐信中痛苦地谈到自己在李侗去世后的思想苦闷说:"未及卒业,而遽有山颓梁坏之叹,伥伥然如瞽之无目,摘埴索途,终日而莫知所从。"[1] 他把目光转向了湖湘派,他听说湖湘派对已发未发的中和说有独到的看法,便决定去见湖湘派的领袖张栻。

正好在隆兴二年八月二十八日张浚在罢废归湘途中病卒,张栻、张构护送张浚灵柩归葬衡山。朱熹便千里迢迢赶到豫章,在

---

[1]《朱文公文集》卷四〇《答何叔京》书一,第665页。

舟中哭祭了张浚亡灵,然后从豫章护送灵柩到丰城,同张栻畅论了三天。朱熹这次见张栻主要是叩问湖湘学,这就是他在《中和旧说序》中说的"闻张钦夫得衡山胡氏学,则往从而问焉"。湖湘派在这个问题上的基本看法是"察识于已发","只就日用处操存辨察",这同李侗"于日用处体认","就事上体认"还是相通的。所以虽然朱熹在同张栻面论后仍弄不清未发已发,但是他却充分肯定了湖湘派的于日用处操存辨察的思想,归来后他在给罗宗约信中说到这次相见的收获说:"大抵衡山学,只就日用处操存辨察,本末一致,尤易见功。"[1] 在相见中张栻把自己序定出版的胡宏《知言》——湖湘派的"圣经"送给了朱熹,朱熹归家后便埋头苦读起《知言》,他同张栻展开中和说的讨论就从这次相见以后开始了。

朱熹用佛说论战开始了他在逃禅归儒之路上的第二次理学飞跃的起步,隆兴二年(1164年)几乎可以称为他生平的儒佛论战之年。这场佛学论战,是他对十余年出入佛老的自我批判,是对师事道谦的痛苦忏悔,也是对影响最大的径山宗杲禅学的思想清算,成为朱熹在中和之路上超越李侗通向程颐的直接动力。宗杲死后,禅风突起,以佛兼儒的禅师宗杲与以儒兼佛的经学家张九成,一下子成了士大夫们最倾心崇拜的两颗巨星,宗杲的《正法眼藏》、《大慧语录》同张九成杂糅佛老的解经之书一起风靡于世。朱熹把这股禅风视为洪水猛兽。无垢居士张九成是宗杲的方外道友兼世俗弟子,和道谦同出径山禅学一脉。因此朱熹的佛学论战成了一场对宗杲—无垢禅学的全面清算批判,他选择批判的对象大多是宗杲营垒中的人物。

---

[1] 《朱文公文集・续集》卷五《答罗参议》,第1838页。

第三章 从李侗走向二程

佛学论战从批评张九成的弟子、宗杲的世俗信徒汪应辰开始，从批判苏学的禅气扩大到对整个宗杲—无垢禅学的批判。他选择了四部以佛说儒的著作：苏轼的《易解》、苏辙的《老子解》、张九成的《中庸解》、吕本中的《大学解》，目之为杂糅儒佛老的"杂学"，到隆兴二年七月写出了《杂学辨》，那时正好是他赴江西去见张栻叩问湖湘学前夕。《杂学辨》构成了一个完整的批判宗杲—无垢禅学的反佛体系，总的基调是抨击四大名家在解经注经上的阳儒阴释，涉及了儒学的各个重要问题。他重点批判了张九成的心学和宗杲一闻千悟、一超直入的看话禅。这些对宋代经学与佛学的尖锐批判，震动了士林，连他最知心的道友和弟子都群起反对。朱熹并没有退却，乾道二年（1166年）十月他把四篇论战文字编成《杂学辨》，由何镐作跋行世。这一年恰好洪适也在会稽大刻张九成的经解，两人南北旗鼓相当。佛学论战一直延续到乾道六年，但在乾道二年编集印刻《杂学辨》后已基本结束。

与佛学论战同步并行的是中和说的讨论，使他直接发现了程颐的主敬修养思想。约在乾道元年他研读了胡宏的《与曾吉父书》，接受了胡宏以性为未发、心为已发与先察识、后操存的思想，开始扬弃李侗"静"中求"中"的思想。以后他在中和说上同张栻、吴翌、何镐、石𡼖进行了广泛的讨论，到乾道二年他断然放弃了未发已发前后隔截的看法，在张栻影响下建立起了未发已发浑然不分的思想。张栻告诉了他湖湘派的"求仁"的涵养方法，明确说"求仁之方"就是"持敬主一"。这样，主敬的思想渐渐在他头脑中明朗起来。乾道二年十月，恰恰也是他编印《杂学辨》结束佛学论战的同时，他把自己对"敬"的认识作为重要的思想飞跃兴奋地写信告诉许升说："秋来老人粗健，心闲无事，得一意体验，比之旧日，渐觉明快，方有下工夫处。日前真是一目引众盲耳……更有一绝云：'半亩方塘一鉴开，天光云影共徘徊。问渠那得清如许？为有源头活水来。'"[1] 这是把"半亩方塘"比喻为"心"，"源头活水"比喻为"活敬"，表明他已开始把"居敬"作为存养方法，代替了李侗的"未发"工夫。于是到十一月，他在著名的致张栻论中和旧说第四札中，宣布了自己经过多年探索确定的中和说。

张栻像

"敬"是湖湘派的修养入道的"法门"，朱熹感到张栻思想的精深，自己学问的"支离"，有许多问题想和他交换讨论，决定远赴湖湘访南轩张栻。除了讲学论道，对国是日非的朝政的忧虑，也成为推动他往长沙见张栻的直接动力。乾道三年七月崇安暴发大水，滚滚山洪裹挟巨石而下，吞没了村庄田地。州官传令朱熹这个待次的武博士同县官一起参加救灾。朱熹在山谷辛苦奔走了十天，他从寺溪经杉木，入长涧出杨村，只见房舍阡陌全浸泡在洪水中，沙石覆盖川原，饥民尸骨狼藉，悲号震野。朝廷派遣的赈灾使草草行事，到处张榜说要施米十日，但是赈米的辂车只做做样子从道路上开过，抢到救济米的是一些市井无赖，深山饥民颗粒未得。朱熹不甘寂寞的道学灵魂受到极大震动，他在《杉木长涧四首》中吟道："阡陌纵横不可寻，

---

[1]《朱文公文集》卷三九《答许顺之》书十一，第644页。

死伤狼藉正悲吟。若知赤子元无罪，合有人间父母心。"[1] 他写信给林用中愤慨地说："大率今时肉食者，漠然无意于民，直是难与图事……因知若此学不明，天下事决无可为之理。"[2] 朱熹就是抱着强烈的共明"此学"（道学）的目的去见张栻"相与讲释所疑"的。

乾道三年八月一日，朱熹偕同弟子林用中启程赴长沙。这次衡岳之游由刘珙、张孝祥作了安排。九月八日朱熹到达长沙，住在城南书院的南轩。就在岳麓山下，朱熹同张栻进行了长达两个月的学问讨论。城南书院是三湘士子的问道之地，那里有波光盈盈的纳湖，泉水叮咚的琤琮谷，还有掩映于竹篁花树之间的月榭云亭，雨舫山堂，一片诵书弦歌之声，成为培养湖湘学的"摇篮"。朱熹同张栻往返于岳麓书院和城南书院之间，常从古渡过湘江登岸到岳麓书院的时新斋、时习斋讲学，在书院曲水池上建造的百泉轩，成为朱张两人燕居论学之所。朱熹同湖湘学子广泛接触，他在岳麓书院讲堂上大书了"忠孝节廉"四字，成为岳麓书院代代遵行的校训。他又大书了"存忠孝心，行仁义事，立修齐志，读圣贤书"十六字，刻石碑于文庙戟门之外。朱熹同张栻的论道讲学从太极之理上全面展开，首先在主"敬"上共同印证，进一步取得了一致。朱熹到长沙时，正好湖南帅张孝祥在府治后面建敬简堂，张栻写了《敬简堂记》详尽发挥湖湘学派的主敬说。从朱熹同张栻、张孝祥唱酬作的敬简堂诗中，可以清楚看到他对"敬"的新认识。一次朱熹和张孝祥、张栻在敬简堂论道赋诗，忽然进来一位江湖老道，好仙佛的张孝祥竟倒屣相迎，尊为上宾，举座被老道的长生妙说倾倒，只有朱熹怒目冷视，作了一

---

[1]《朱文公文集》卷一〇《杉木长涧四首》，第154页。
[2]《朱文公文集》卷四三《答林择之》书一，第729页。

首《敬简堂分韵得月字》暗讽张孝祥,以为"兹焉辨不早,大本将恐蹶"[1]。后来朱熹手书了《敬简堂记》赠给张孝祥,要他做"敬简"工夫,张孝祥致谢自责说:"堂中之人,于敬简工夫殊不进,须士友不我遐弃,时时训厉之耳。"[2]

以"敬简工夫"上的相一致为基础,朱熹和张栻两人就理学的重要问题都作了讨论,特别是在仁说、性说、心说、《中庸》学以及编定二程著作上,双方展开了论辩。他们的看法有同有异,在仁说上两人的矛盾开始暴露,在《中庸》的注解上,两人讨论了三个日夜而不能相合。但是他们在中和说上却保持着一致,这使两人有共同的理学基础,后来张栻在乾道四年写了一篇《艮斋铭》发挥"先察识、后操存"的思想,作为两人共守的理学准则,这是在长沙就已面议协商过的。然而在同张栻和湖湘派学者彪居正、吴翌、胡实等人的接触中,他对湖湘学又隐隐产生了一种失望,深感湖湘学者多株守师说,流于说禅,只有张栻深得五峰胡宏的真传,但也不免有好高虚谈之病。朱熹对湖湘学者的总评价是"拈槌竖拂,几如说禅",他从李侗去世以来心头一直燃烧的一股向往推崇湖湘学的热情竟开始冷却了,然而这却又包含了他超越湖湘学走自己中和说新的理学之路的内在契机。

在经过两个月的岳麓讲学后,朱熹和张栻都感到还有很多问题仍需继续讨论,于是两人又有共游南岳之行。二十天的衡岳之游在一路游山唱酬中进行对理学问题的即兴探讨,构成了这次朱张相会的"第二乐章"。广袤的南岳衡山周回绵延八百里,七十二峰奇秀挺拔,拱卫着南天一柱的祝融主峰,高插云天。十一月

---

[1] 《朱文公文集》卷五《敬简堂分韵得月字》,第105页。
[2] 张孝祥:《于湖居士集》卷四〇《答朱编修》书五,《四部丛刊初编》本,第175册,第4页。

第三章　从李侗走向二程

六日，朱熹和张栻登上楼船，沿巨浪排空的湘江向衡岳进发。衡山雄踞在湘水边，漫天风雪中，冰山玉谷衬出了一派梵宫琳宇，千峰万壑在寒云冻雾笼罩下，更涂上了一层清幽奇诡的色彩。两人冒雪登山，先骑马渡兴乐江，然后改乘竹筜，从马迹桥上山，到达南岳四绝之一的方广寺，圣灯古钟、风檐雪薆引动了他们的勃勃诗兴，正好这一夜方广寺长老守荣坐化涅槃，张栻作诗相送，朱熹却反其意和了一首："拈椎竖拂事非真，用力端须日日新。只么虚空打筋斗，思君辜负百年身。"[1]"拈椎竖拂"、"虚空打筋斗"正是他批评湖湘学的两大弊端，他隐有借批佛说以针砭湖湘学禅病的深意。在南岳五大丛林之一的福岩寺，朱熹在这块佛门圣地又唱出了亵渎之音，他在和林用中的《福岩寺回望岳市》诗中咏道："昨夜相携看霜月，今朝谁料起寒烟。安知明日千峰顶，不见人间万里天？"[2] 唱出了同当年在安溪登凤山题偈"不是人间"的佛曲天乐全然相反的尘世之音。果然，在十一月十四日他和张栻经南天门从上封寺登上了巍巍祝融峰顶，朱熹感受到的不再是登上通玄峰顶时那种"心外无法"的禅家空寂之境，而却充满了"中宵抚世故，剧如千猬毛"的人世忧患和"起望东北云，茫然首空搔"[3] 的对中原故国沦陷的哀痛。在茫茫翻滚的云海银涛中，冰峰雪岫忽隐忽现，祝融峰仿佛似这云海上的擎天玉柱，湘水环山如一条闪光的银带，蜿蜒五折北去，没入烟波浩渺的洞庭湖。朱熹胸中也涌起了"衡岳千仞起，祝融一峰高"的豪情，久久徘徊不去。到十六日，他们才踏着冰结的石磴下山，在岳市

---

[1]《朱文公文集》卷五《夜宿方广闻长老守荣化去敬夫感而赋诗因次其韵》，第107页。
[2]《朱文公文集》卷五《福岩寺回望岳市》，第108页。
[3]《朱文公文集》卷五《自上封登祝融峰绝顶次敬夫韵》，第109页。

的胜业寺劲节堂,他们把游衡岳吟得的一百四十九篇诗编为《南岳唱酬集》。但是讲论学问仍没有结束,在从十九日到二十三日的四天中,由岳宫到楮州一百八十里,朱熹与张栻在舟中又展开了紧张的学问讨论,重点是《中庸》学。到二十四日朱熹同张栻才在楮州分手,结束了这次长达两个半月的千里相会。

朱熹和张栻都把这次长沙相会说成是对太极之理的一次成功的探讨,朱熹说是"始知太极蕴",张栻说是"超然会太极",对后来两人各自建立自己的理学体系和经学体系产生了直接的影响。对朱熹来说,长沙之会是他的中和旧说的完成,又是他的中和新说的开始。恰正是在归家后由张栻作《艮斋铭》共立宗旨相守的同时,朱熹在思想上已经在酝酿着新的突破,步步离开《艮斋铭》。

当朱熹在十二月二十日回到家,把他和林用中一路唱酬的二百余篇诗编为《东归乱稿》时,尚书省札下除朱熹枢密院编修官,这是汪应辰向新任参知政事陈俊卿和同知枢密院事刘珙的大力荐举,他在给陈俊卿信中称赞朱熹"直谅多闻","众人之诺诺,不若一士之谔谔"[1]。朱熹却要求待次不出,坦率地说自己入朝直言无顾忌,必定会得罪皇帝大臣们。他这时思想也正处在又一个探索遽变的时候,无心出山,只想在山中走他自我超越的理学之路。在从长沙归后,他便感到湖湘学说的"先察识、后操存"失之太快,缺少平日一段涵养工夫。这种思想上的新突破集中反映在他乾道四年致石䎦和致张栻的两封信中。到这年秋间,经过同张栻、蔡元定等人在"观过知仁"上的论辩,他终于否定了他从湖湘派那里接受来的"先察识、后操存"。因为对湖湘学

---

[1]《文定集》卷一五《与陈枢密》,第177页。

感到失望,他径自越过了湖湘学而直接求之于二程,从二程著作中寻找答案,把二程的著作全部给予了整理校正。二程的著作南渡以来已多散失,《遗书》、《外书》、《文集》、《经说》号称"程氏四书",加上程颐的《易传》,是程朱派的理学圣经,全都是出于朱熹的搜辑、校正和补订。他校订、序定二程五部理学圣经,正是在乾道三年长沙归后到乾道五年这一段中和新说酝酿、形成的时期,直接推动了他的生平理学大旨的确立。从长沙归后不久,他就校成程颐《易传》,四月又正式序定成《遗书》,印刻于泉州。朱熹终于从二程著作中找到了他苦苦探索了十多年的答案,在这一年十一月给程洵的信中,他用程颐的话对自己的新认识作了明确表述:"伊川又言:'涵养须用敬,进学则在致知。'又言:'入道莫如敬,未有致知而不在敬者。'……是知圣门之学别无要妙,彻头彻尾只是个'敬'字而已。"[1] 这是朱熹生平第一次引用程颐的名言"涵养须用敬,进学则在致知",用来代替了湖湘派的"先察识、后操存",中和新说的逻辑构架已经初步确立,他从中和旧说飞跃到中和新说,仅仅还只缺少一种顿悟的灵感了。

灵感的到来是在两个月后的乾道五年(1169年)春天,他在又一次研读了二程著作后,有一天他正在同蔡元定谈论争辩着,忽然大悟到中和旧说之非,他马上用"涵养须用敬,进学则在致知"的思想去重读二程著作,原来总觉矛盾杂乱的说法顿时全然贯通,无有滞碍——这就是他自己说的己丑之悟。他马上把自己的新说系统写成《已发未发说》,用"涵养须用敬,进学则在致知"来概括自己生平学问的大旨——这就是他的敬知双修的理学

---

[1]《朱文公文集》卷四一《答程允夫》书六,第694页。

原则。中和新说的确立，宣告了他漫长曲折的主悟—主静—主敬的逃禅归儒思想演变历程的终结，在"涵养须用敬，进学则在致知"生平学问大旨之上，他的构建自己的理学体系的寒泉著述时期到来了。

第四章
寒泉著述

第一节　与湖湘派的论战

朱熹以枢密编修官待次在家，起初还抱着在陈俊卿、刘珙政成之后入朝的打算。但是刘珙很快在乾道四年八月因弹劾殿前指挥使王琪触忤赵眘，出知隆兴府。汪应辰也因多革弊政受到中贵小人的诬陷，被加以私贩水银之罪出知平江。陈俊卿大力排击近习佞幸也为赵眘所反感，在乾道六年出守福州。因此当乾道五年（1169 年）五月前任枢密编修改除谏官，朝廷两次催促朱熹入朝供职，朱熹都乞请奉祠。事情一直拖延到九月，朱熹七十岁的老母亡故，他要庐墓守丧，朝廷无法再强请他入都做官。乾道六年正月，由精于地理风水的蔡元定选择墓地，朱熹将祝氏葬在建阳崇泰里后山天湖之阳的寒泉坞。从寒泉坞到潭溪有一百多里，往返不方便，他便在建阳西北芦山峰顶的云谷建造了三间草堂，名为"晦庵"，作为中途歇脚之所，从此他以"晦庵"自号。因为要居住墓侧，不能常在屏山旧地授徒讲学，这一年他又在寒泉坞建造了寒泉精舍，他写信给蔡元定告诉寒泉精舍的规模说："此只八间，下寒泉十一二间，定望临顾也。"[1] 从乾道六年（1170年）到淳熙六年（1179 年）出山赴南康军任，寒泉精舍便成为他授徒讲学和著书立说的主要地方。一泓天湖，花坞冷泉，竹木荫翳，伴随他的是精舍的暮鼓晨钟，书斋的青灯冷卷。他往返于寒泉、云谷、潭溪之间，丧终以后也就常居在寒泉。但他的山林生

---

[1]《朱文公文集·续集》卷二《答蔡季通》书二，第 1806 页。

活平静中有着不平静。在那里,他同当代各家各派的理学家与思想家的全面学术交往论辩开始了,他建立起了自己宏大的理学体系与经学体系,完成了生平第一次学问思想的总结。

寒泉时期是从清算批判湖湘派的论战开始的。朱熹在生平学问大旨和中和新说确立后,他同湖湘派分道扬镳,分歧全面暴露,乾道五年以后他在批判湖湘派的论战中发展构建自己的理学体系。论战从乾道六年批评总结湖湘派的"圣经"《知言》开始,从性说、仁说与心说三个方面展开了广泛的讨论。朱熹约同张栻、吕祖谦一起来总结《知言》的是非得失,采取三人共同商讨、求同存异、同析疑义的方法。先是朱张吕三人各就《知言》写出疑义,经过往返讨论交换,由朱熹在乾道七年删繁就简编成《知言疑义》一书。这本书对湖湘学作了全面的批判,成了以后朱熹同湖湘学者进行论战的总纲。张栻逐渐背离了胡宏的思想轨道而转向了朱熹,这在湖湘学者眼里几乎是一种背叛师说的行径,年高望重的岳麓书院山长彪居正出来充当了捍卫师说的领袖。他在乾道八年五月入都特地经寒泉同朱熹面论。湖湘著名学者吴翌、胡实、胡大原等人也都纷纷写信同朱熹展开论辩,在性说的论战上形成一个高潮。到这年八月,朱熹把自己问答性说的文字编成《论性答稿》,实际是对这场性说论战作了总结,构成了自己完整的性学体系。以后又以他写成《仁说》为标志,论战的重心从性说转到了仁说上。

湖湘学以"知觉"说仁,有浓重的禅气。张栻在乾道七年编成《洙泗言仁录》一书,朱熹感到问题很多,促使他去思考和建立自己的仁说体系,他揭起了孔孟以"爱"说仁的旗帜,反对湖湘学的以"知觉"说仁。乾道七年冬间,他因舅氏入葬来到尤溪,凭吊朱松的韦斋和自己的出生地郑氏馆。在他为县令石𡼖写

第四章 寒泉著述

的《克斋记》中，可以看出他的这种仁学体系已大致酝酿成熟。接着很快便写出了《仁说》，标志着程朱派思辨的仁学体系的诞生。他以儒家的天人合一为基础，以心统情、性为构架，把理、心、性、情、仁、爱、知都融合在一个"仁"的思想中。张栻在他的影响下，根据他提出的意见修改了《洙泗言仁录》，到乾道九年完全接受了朱熹的看法，在秋间，他也写出了一篇《仁说》。朱熹同湖湘学者的仁说论战围绕"以觉说仁"与"观过知仁"两个方面进行，他在乾道八年先后写成的《仁说》与《观过说》就是这两个方面的回答。他把自己同湖湘学者的仁说矛盾的焦点，看成是"力行"与"识仁"的对立，认为他们的错误就在于只知"识"而不能"躬行实践"、"用功著力"。在"观过"的论辩上，又直接同观心、存心、养心、尽心的问题联系到一起，又进一步暴露了他同湖湘派在心说上的分歧。乾道九年以后，论战的重心便又从仁说转到了心说。

心说的论战主要在朱熹同张栻、吴翌、吕祖俭、何镐、游九言等人之间进行，在淳熙元年（1174年）形成一个高峰。朱熹把湖湘学的心说直接当作释氏之说来批判。湖湘派主张"以放心求心"、"察识仁体"，朱熹主张"以心观物"，认为只有"以心观物，则物之理得"，这仍是强调通过向外的即事即物穷究其理来达到本心的廓然大明。他认为湖湘派的"以放心求心"、"察识仁体"实际就是禅家的"以心观心"的另一种说法，这使湖湘学者十分恼火。淳熙元年吴翌因奔母丧来崇安，同朱熹进行了当面的争论，不能相合。不久朱熹写出了《观心说》，借批判佛氏的以心观心否定了湖湘学的心说。他把儒家的尽心说、养心说、存心说、操存说等在敬知双修的方法论原则下融贯成一个理学的心学体系，而又全统摄在"十六字心传"之下。这样，这场心说论战也就宣告了程朱派的十六字心传真正从理论上的诞生。

《观心说》标志着朱熹清算湖湘学的论战的结束。从乾道六年到淳熙元年的论战，成了推动朱熹建立自己的理学体系的动力，所以同与湖湘派的论战相平行，他的理学体系逐步地建立起来。寒泉时期成为朱熹生平著述的高峰，他生平绝大多数著作都是在这一时期完成和草创的。他从三个层面上来建构自己集大成的理学体系。

首先是太极本体论与宇宙观的建立。他借助理学开山周敦颐和理学大师张载，完成了程朱理学的太极本体论与宇宙观的建构，作为这一标志的便是《太极图说解》与《西铭解》。《太极图说解》是朱熹在寒泉精舍完成的第一部著作。在周敦颐死后出现的各种《太极图说》的本子，都是把《太极图说》放在《通书》后面作为最末一章。朱熹起初在乾道二年校定《通书》刻于长沙（长沙本），也是这样处理，但他很快发觉这样做是最大的失误，因为周敦颐理学思想的全部精髓，在他看来就在太极一图，《通书》不过都是阐发太极图的奥蕴。于是在乾道五年六月，朱熹又重新校定了《通书》刻于建安（建安本），第一次把《太极图说》从书后放到了书前，把书名改称《太极通书》。这是以《太极图说》为主，《通书》为辅，突出了周敦颐的太极本体论。朱熹在乾道六年完成的《太极图说解》，就是依据他自己手校的建安本，他用程颐的"体用一源，显微无间"思想来解说周敦颐的太极理论，确立了他的理学体系的三条本体论原则：一是无极即太极（无形而有理），他借助这一条原则建立起了无极—太极的理本体论；二是理气相即，他用这一条原则建立起了理—气—物的宇宙生化论与即物穷理的认识论；三是理一分殊，他用这一条原则建立起了集大成的理学体系。他的另一部也是在乾道六年完成的

第四章 寒泉著述

《西铭解》同《太极图说解》是姐妹篇,重点发挥理一分殊的思想。最早动念写这本书,是有一天他同蔡元定一班密友和弟子登云谷览胜,半山途中遇到大雨,浑身淋湿,张载《西铭》开头两句"天地之塞,吾其体;天地之帅,吾其性"忽然跳入他的脑海。蔡元定和另外一人即兴解说了这两句,朱熹也接着解说了这两句,觉得颇言之成理,后来一发而不可收,便通解了《西铭》全篇。实际上他完全是按照程颐的意思来解《西铭》,程颐第一个以权威的口吻断定《西铭》的大旨是"明理一分殊",朱熹极大地发挥了这一思想,甚至认为《西铭》句句都是说理一分殊。张载的《西铭》还只是把封建的人伦纲常涂上一层泛爱主义的色彩,朱熹的《西铭解》却从本体论的高度把《西铭》的这种思想思辨地抽象概括为理一分殊,同周敦颐的太极思想贯通起来,朱熹的太极本体论与宇宙论的理论大厦完成了。

在太极本体论的基础上,朱熹进而构建他的四书学体系与五经学体系。他的重心在四书学上。从同安任上就开始撰写的《孟子集解》在乾道二年与三年中有一次大的修订,但到乾道五年中和新说确立后,他又决定再加全面修改,经过同张栻、蔡元定、吕祖谦等人的反复商讨,到乾道七年完成了修订。另一本在绍兴中写成的《论语集解》,在隆兴元年分定为《论语要义》与《论语训蒙口义》,他也在乾道七年对《论语要义》作了一次全面修改。到乾道八年正月,他便把《孟子集解》与《论语要义》并为一书,取名《论孟精义》,在建阳正式刻板行世。《论孟精义》是一个突出二程之说的经学体系,但又多有取于汉魏诸儒之说,显示了他兼取融合汉魏训诂之学与两宋义理之学的精神。

朱熹在程颐"体用一源,显微无间"思想引导下完成了《中庸》学与《大学》学的体系。他在师事李侗时开始撰写的一本

《中庸集说》主要辑集众家之说，未能超越章句训诂之学的范围。乾道五年他从中和旧说向中和新说的转变，反复研读《中庸》首章也是一个重要的推动力，在乾道六年他便全面修改了《中庸集说》，定名为《中庸集解》，集录十大理学名家之说。然后在这本书的基础上，乾道八年他完成了一部兼取章句训诂与义理微旨精华的略解《中庸章句》。在这本书中他对《中庸》重新分定了章次，但还没有把《中庸》分为经传，全书主要根据《中庸集解》以己意去取诸家之说而成，这表明在《中庸章句》第一稿中他的《中庸》学体系还没有成熟。他的《大学》学也是这样。大约在绍兴年间他就编辑过一本《大学集解》，乾道二年他对这本书作了一次全面修定，主要也是搜集众家之说。在敬知双修的生平学问大旨确立以后，他在乾道七年也去取众家之说写成简约的《大学章句》。《大学章句》对《大学》一书也没有分经传，更没有像后来那样补进自作的"格物"一节，同样表明他的《大学》学也没有成熟。

同四书学相比，朱熹这时的五经学显得更不成熟，他的很多在经学史上具有划时代意义的经学观点都还没有确立。在《易》学上，他走着程颐的义理易学之路，从乾道五年开始动笔，到淳熙四年才写成的《易传》，并没有能够超越程颐的《易传》，但图书象数之学与邵雍的先天易学已引起他极大的注目。在《诗》学上，这时他信奉《毛序》，跳不出毛《传》郑《笺》的传统经说的窠臼。隆兴元年他写成《诗集解》，辑集了数十家之说，但都一本《毛序》立说。以后在乾道三年与九年他有两次大的修改，由繁趋简，由博返约，始终不敢怀疑《毛序》之说。在乾道九年张栻写成《诗说》，吕祖谦也写成《吕氏家塾读诗记》，三人鼎足而立，《诗》学上的分歧开始暴露。张栻尊信理学家的义理之说，

第四章 寒泉著述

吕祖谦规规毛郑之说,而朱熹却好就经探求本义,自创新解,不为前人旧传所缚,这已蕴含了他向新的《诗》学体系突进的契机。这种求实的精神也贯穿在他的《礼》学中,他的《礼》学的重心在家礼上,乾道五年他正式编写成《祭仪》一书,尊用二程之说,在淳熙二年他对这本书进行了一次全面修订。在这前一年,他又把在写《祭仪》过程中收集到的《通典》、《会要》以及唐宋诸家的祭礼编成了《古今家祭礼》一书。而在淳熙二年八月,就在他刚将《祭仪》最后定稿的同时,他又开始了《家礼》的写作,从用二程之说转向了司马光之说,这表明他以三《礼》中的《仪礼》为经的思想已经初步形成了。

理学化和经学化的史学,构成了朱熹宏大的理学体系的第三个层面,他努力使经学与史学统一起来,以经说史,以史证经,经学"史"化,史学"经"化。如果说经学的完成使他建立起了道统,那么史学的完成便使他建立起了正统。乾道九年(1173年)十一月他写出了《伊洛渊源录》,他按照"道统"来编排理学家,以周敦颐为开山,以程氏为上继孟子道统的"圣人"。其实这本书的性质远远超过了作为宣传道统之书的意义,而成为理学史上第一部专门研究理学学派的著作。同建立道统相对应,他精心致力于历史正统的建立,同蔡元定、李伯谏、詹体仁通力合作,在乾道八年(1172年)四月完成了《资治通鉴纲目》的初稿。这部编年史书具有开创新史体的意义,它融合了编年体、记言体、纪传体、纪事本末体、史评等笔法,形成了一种纲目体的新史体。但朱熹一再说自己作《纲目》的目的是"主在正统",为此他在书中精心构建了细密繁苛的义例和书法,要想作为"万世史笔之准绳规矩"。他用"天理"来解释一部人类社会的发展史,把一部史书变成了扶纲常、植名教的封建政治教科书和道德修养经，史学被他理学化了。真正能够体现他的求实的史家精神而不被他的理学义理扭曲的著作，还是在乾道八年编成的《八朝名臣言行录》。这本书采用缀辑前人著述材料的方式，据实编撰，成为了解北宋一代政事的重要著作，学术生命价值反远过于他苦心经营出来的《通鉴纲目》。

从太极本体论的建构到道统正统的确立，朱熹在寒泉精舍大体完成了自己粗具规模的理学与经学的宏伟大厦。虽然他的成熟的四书学体系是以《四书集注》为核心，这时他还处在写《四书集解》的时期，然而却是他生平思想学问浩大工程的"奠基期"。紧接着他经过同浙东吕祖谦的金华学的交流和同江西陆九渊的心学的论战，他便超越了前《四书集注》经学体系而通向了《四书集注》的经学体系。

第二节　朱陆吕三会

在寒泉，朱熹已不仅以一个独具一格的诗人名动朝野，而且也以一个著述累累的大儒名播海内，乾道六年十二月他同时得到诗人胡铨和右相虞允文的荐举。胡铨早在隆兴元年就受赵眘旨命搜访天下名诗人，这时他向赵眘进呈了《荐贤录》，荐举了包括朱熹在内的十五名诗人，赵眘垂询虞允文，虞允文称赞说："熹不在程颐下。"[1] 但朱熹埋头于他的理学体系与经学体系的建造，从乾道六年到淳熙元年他先后八次辞免朝命，不肯入都供职。到

---

[1]《宋史》卷三八三《虞允文传》，中华书局1959年版，第11798页。

第四章 寒泉著述

淳熙元年六月他受命为宣教郎,仍旧奉祠。在大致完成了前《四书集注》经学体系的建构后,他又有更大的计划同当代的各种学派进行思想交锋与学术争论,全面总结自己的学术思想,扩大自己朱学的影响。他同吕祖谦的寒泉之会与同陆九渊的鹅湖之会,就是在这样的背景下出现的。

经过同湖湘派的论战,湖湘派因为自己的领袖张栻的反叛而走向衰落,朱熹把目光投向了新崛起于江西的陆学。陆九渊的心学在乾道中兴起,到淳熙间声势大张,朱熹不断地从吕祖谦那里听到他对陆九渊的赞美。江西陆氏兄弟的心学一下子盖过了源远流长的湖湘学派与永嘉学派的影响,成为继无垢禅学以后的又一股强劲飓风扫过士林,突入浙中。同时吕祖谦的金华学标举由经入史、经史致用的旗帜,也势力大盛。金华地处江西、福建与两浙要冲,吕祖谦屏居明招山讲学,弟子如云。朱熹对陆学最初的印象就是感到充满禅气,对吕氏金华学又觉得有功利习气,如何协调统一三家的问题尖锐地提了出来。吕祖谦想求其同而会归于一,但朱熹却要别其异而同化于己,他想在二程的思想旗帜下使自己的闽学同吕祖谦的浙学一致起来,对陆九渊的心学他却无意折中调和。吕祖谦则希望朱陆能通过面论协商求同,在他的精心安排下,寒泉之会与鹅湖之会先后进行。

淳熙二年(1175年)三月二十一日,吕祖谦偕潘景愈从婺州启程,四月一日到达五夫里同朱熹会晤,然后到寒泉精舍讨论学问。共编《近思录》是这次寒泉之会的主要目的与成果。两人在寒泉精舍共同研读周、程、张的著作十几天,从四子的十四种书里辑出六百二十二条,分为十四类,在五月五日编成了《近思录》。这本书是"袖珍版"的二程理学体系,被后世奉为"性理之祖",二程理学的阶梯与入门书。吕祖谦虽然在经学和史学上同

吕祖谦像

朱熹存在具体分歧,但是在理学上他也崇信二程,加上他的折中众家的态度,使他能够在求同存异下同朱熹共订《近思录》。朱熹借周程张的语言建立了自己精致的理学体系,吕祖谦的助编并不妨碍《近思录》是一部典型的程朱派的代表作。全书是按照朱熹自己的理学思想选编组织的。为了更便于学子快速学习掌握二程的理学思想,朱熹同吕祖谦在寒泉精舍还一起商定删节程氏《遗书》,约取精要编一本《程子格言》,经过当面讨论,先定下了书名,两人分手后由朱熹在秋间最后写成,改名《程子微言》。《近思录》与《程子微言》标志着朱吕二人寒泉之会思想交流与学派合作的成功。

两地理学大师的相见,也成了婺学士子与闽学士子的一次讲道聚会。除了崇安与建阳的士子蔡元定、徐宋臣、刘玭、刘玒、范仲宣、徐周宾、魏恪、刘燏、刘炳等,邵武的何镐、范念德、连崧、建安的王光朝,浦城的詹体仁等,都赶来相聚讲学。屏山、密庵、云谷、百丈山、芦峰留下了他们游览唱酬、讲论学问的足迹。这时正是发社仓粮米贷给民户的时节。朱熹在乾道七年春曾仿效魏掞之的长滩仓建崇安社仓,以纾民力,解民困,抑制强宗豪右的高利盘剥。朱熹在寒泉讲学之余,便陪同吕祖谦一起到崇安开耀乡参观了社仓和赈贷,吕祖谦大加称赞说:"此周官委积之法,隋唐义廪之制也。然予之谷取之有司,而诸公之贤不易遭也。吾将归而属诸乡人士友,相与纠合而经营之,使闾里有赈恤之储,

第四章 寒泉著述

而公家无斛合之费，不又愈乎！"[1] 在朱熹和吕祖谦的努力下，社仓这一利民之举后来推广到了闽浙各地。

一个半月的寒泉之会还只是鹅湖之会的前奏，在协调了朱、吕二派以后，便要进一步协调朱、陆二派。鹅湖之会最初出于吕祖谦"虑陆与朱犹有异同，欲会归于一，而定其所适从"[2]。朱熹一直不认识陆九渊，所以由吕祖谦牵线搭桥。五月十六日，吕祖谦、潘景愈同朱熹、何镐、詹体仁、范念德、连崧、徐宋臣一行从建阳寒泉出发，大约在五月二十八、九日到达铅山鹅湖，陆九渊、陆九龄也带领朱桴、朱泰卿、邹斌、傅一飞一班弟子，临川守赵景明也邀约了刘清之、赵景昭一起来会。鹅湖在铅山县东北，三峰挺秀，山中碧湖荷叶田田，东晋时有双鹅从天而降，生育了几百只小鹅飞去。山麓有当年唐高僧大义住持的鹅湖寺，成了朱陆吕相会讲学的地方。

陆九渊像

朱熹的理学同陆九渊的心学从本体论到方法论都形成了对立。朱熹以心与理为二，主张即事穷理，注重讲学读书，泛观博览；陆九渊以心与理为一，主张离事自悟，发明本心，反对一味读书讲学，向外驰骛。所以朱熹说陆学是"禅学"，陆九渊说朱学太"支离"。不过陆九渊、陆九龄两人的思想也并不完全一致，当朱吕两人在寒泉精舍协调学派思想时，陆氏兄弟同时也在做着统一思想的工作。在朱熹到达鹅

---

[1] 《朱文公文集》卷七九《婺州金华县社仓记》，第1448页。
[2] 《陆九渊年谱》，《陆九渊集》卷三六，第491页。

湖的前一天，陆九渊对陆九龄说："伯恭约元晦为此集，正为学术异同，某兄弟先自不同，何以望鹅湖之同？"两人经过一天的辩论，最后陆九龄完全转向了陆九渊。又经过一夜思索，陆九龄把两人的思想提炼成一首诗，第二天一早便念给陆九渊听：

> 孩提知爱长知钦，古圣相传只此心。
> 大抵有基方筑室，未闻无址忽成岑。
> 留情传注翻蓁塞，着意精微转陆沉。
> 珍重友朋相切琢，须知至乐在于今。[1]

陆九渊对诗的第二句犹不很满意，认为人人有爱的本心，不独古圣贤才有。他一路上想好了一首和诗。到了鹅湖寺与朱熹、吕祖谦相会，陆九龄诵读了自己的诗，才读到第四句，朱熹就对吕祖谦说："子寿早已上子静船了也！"在朱熹同陆九龄进行辩论时，陆九渊插上来说："某途中和得家兄此诗。"他便诵读了自己的和诗：

> 墟墓兴衰宗庙钦，斯人千古不磨心。
> 涓流积至沧溟水，拳石崇成泰华岑。
> 易简工夫终究大，支离事业竟浮沉。
> 欲知自下升高处，真伪先须辨只今。[2]

这是说自己的心学是"易简工夫"，而把朱熹的理学视为"支离事业"。当读到第六句时，朱熹顿时脸上变色。诗读完后，

---

[1]《陆九渊集》卷三四《语录上》，第427页。
[2]《陆九渊集》卷二五《鹅湖和教授兄韵》，第301页。

第四章 寒泉著述

朱熹显得不高兴，第一天的论辩也就暂告休会。

在陆氏兄弟的诗中，已经亮出了陆氏心学与朱熹理学的两个基本矛盾：心即理、吾心千古不磨与性即理、理一分殊的矛盾，发明本心与即物穷理的矛盾。在第二天以后，两人主要就这两方面的矛盾展开论辩，争持不下，几乎陷入僵局。朱熹强调即物穷理，循序渐进，泛观博览，不废读书，陆九渊禁不住想讽刺地反问："尧舜之前，何书可读？"后来被陆九龄制止住了。为了缓和气氛，在以后长达五六天的时间中他们避开了主要矛盾，转向对一些具体的经学和理学问题的切磋讨论，还是多有一致。陆九渊大谈他的心学的《易》学思想，以"心"说易，得到了朱熹的称赞。朱吕二陆四人还一起访问了屏居上饶湖潭的名儒、尹焞的高足王时敏，二十年后王时敏去世时，朱熹在一首挽诗中提到了这次相访：

> 不到湖潭二十年，湖潭依旧故山川。
> 聊将杯酒奠青草，风雨萧萧忆昔贤。[1]

当面的学派思想论辩在鹅湖没有能再继续下去，到六月八日，朱熹、吕祖谦和二陆便分手各归。十日鹅湖之会并没有达到"会归于一"的预期目的，但是却促使他们各人对自己的思想展开了检讨和反省。在这一年十月张栻来信问及鹅湖之会情况，朱熹在回信中第一次反躬自责，承认自己学问确实有屋下架屋的"支离"之病，说："至于文字之间，亦觉向来病痛不少，盖平日解经，最为守章句者，然亦多是推衍文义，自做一片文字，非惟屋

---

[1]《同治上饶县志》卷一九《王时敏》，《中国地方志集成》本，第22册，第320页。

下架屋,说得意味淡薄,且是使人看者将注与经作两项工夫做了,下稍看得支离,至于本旨,全不相照。"[1] 这多少接受了陆氏兄弟的"留情传注翻蓁塞"、"支离事业竟浮沉"的批评。正是在鹅湖之会以后,他开始了全面重新改写、修订、整理自己的经学著作,力求由博返约,由繁趋简。

寒泉之会与鹅湖之会讨论的重心是在理学思想上,但是在寒泉之前和鹅湖之会后朱熹的经学思想正处在一个飞跃与突破中,新的经学思想如潮而来,再一次冲垮了他的原来经学著作的旧框架,使他感到又有同理学同道进行深研与讨论的必要。鹅湖归后他又一头沉入山间读经著述中。淳熙二年七月,他在芦峰云谷的晦庵新居由蔡元定经营全部落成。在白云舒卷的云谷之上,三间草堂晦庵面对两峰壁立,庵前遍栽兰蕙,庵后结茅为庐,石池石台点缀于山涧云岩之间,简陋的山舍书屋成了他又一方新的徜徉山林著书讲道的地方。从鹅湖之会后,一直到淳熙六年赴南康军任,这一段时期成为他总结自己前半生的经学四书学著述的时期,也就是他的《四书集注》经学体系的"怀胎期",而他同吕祖谦的三衢之会便成了他这一时期经学思想飞跃的新起点。

朱熹一直期待着同吕祖谦再次见面,进行全面的经学交流。淳熙二年十二月十九日汪应辰在三衢病卒,朱熹便打算来年在北归婺源故里省墓途经三衢哭祭汪应辰时,邀约吕祖谦南下三衢一会。他用大半年的时间梳理了自己的经学思想与方法,做好了一切准备。

淳熙三年(1176年)三月中旬,朱熹启程往婺源展墓,蔡元

---

[1]《朱文公文集》卷三一《答张敬夫》书十八,第487页。

第四章 寒泉著述

定因为要往浙中吊同母兄之丧，一同随行。大约在二十五日前后他们到达衢州，当夜入城哭祭了汪应辰，住在超化寺，然后直往常山。吕祖谦也由金华赴约，三月十八日同朱熹相会于开化县北汪观国、汪杞兄弟的听雨轩，两人讲论了七八天。同寒泉之会不同，三衢之会全面暴露了两人经学的分歧，无法折中调和。两人首先在《诗》学上展开激烈论争，对立已经势同冰炭：吕祖谦是南渡以来专主毛郑的《诗》经学巨擘，淳熙元年他以《毛序》为依据动手写《吕氏家塾读诗记》，其中有一本重要的引用参考书，便是朱熹全本《毛序》立说的乾道九年删定本《诗集解》，但是朱熹从鹅湖归后对《毛序》已萌生怀疑，当吕祖谦还在起劲引征朱熹的《诗集解》时，朱熹已经在开始用反《毛序》之说修改自己的《诗集解》了。一个反《毛序》，一个主《毛序》，在面论中，朱熹说："不可据《序》作证。"吕祖谦反驳说："只此《序》便是证。"朱熹认为《诗经》中也有"淫奔"的郑卫之诗，并不是如《毛序》说的篇篇都有美刺，篇篇都是雅诗，在这个问题上两人争论不相让。

"如《桑中》等诗，若以为刺，则是抉人之阴私而形之于诗，贤人岂宜为此？"朱熹反问。

"只是直说。"吕祖谦反驳说。

"伯恭如见人有此事，肯作诗直说否？伯恭平日作诗亦不然。"朱熹回答。

"圣人'放郑声'，又却取之，如何？"吕祖谦反问朱熹。

"放者，放其乐耳；取者，取其诗以为戒。今所谓郑卫乐，乃诗之所载。"朱熹巧妙地回答。

"此皆是《雅》乐。"吕祖谦仍固执地坚持说。

"《雅》则《大雅》、《小雅》，风则《国风》，不可紊乱。言语之间,亦自可见。且如《清庙》等诗,是甚力量!《郑卫风》如今歌曲,此等诗,岂可陈于朝廷宗庙!"朱熹不容置疑地回答说。[1]

  在其他经学上,两人的对立也同样是这样不能相容。在《尚书》学上,吕祖谦不以传世《古文尚书》为伪,坚信孔安国的《传》与《序》,以巧说给《尚书》作全解;朱熹却开始怀疑传世《古文尚书》及孔《传》孔《序》都是伪书,反对牵强附会地对伪书硬作全解。在《易》学上,吕祖谦是正统的义理学派,一本程颐的《易传》立说;而朱熹从鹅湖归后发现《周易》是一本卜筮之书,主张探求《易》的原始本义,这一重要发现是他从易学义理派进而转向易学象数派、从程颐进而转向邵雍的信号。而在三衢之会上争论得最激烈的,还是《春秋》学与史学。吕祖谦的金华学兼有事功学和经制学的特点,考论经制、崇尚事功、谈王说霸都必须借助于史。朱熹认为经高于史,圣人以六经垂训,而不以史传道,所以他推崇孔子的《春秋》,认为《春秋》是一部"明道正义"的经书,而《左传》、《史记》却专讲权谋利害,不足为法。吕祖谦却推崇《左传》、《史记》,奉之如经,以事功致用为治史的目的,他的名作《大事记》就用太史公笔法,同朱熹的《通鉴纲目》用春秋笔法大异其趣。两人在史学上的不同,已经同他们在理学思想上的根本对立联系在一起,讨论也就无法取得一致。四月六日两人在开化分手。

  朱吕三衢之会同朱陆鹅湖之会一样,是一次未能"会归于一"的相会,但同样促使朱熹的思想产生一次顿进的飞跃。三衢之会后,他开始一面批判吕祖谦的金华学直至陈君举的永嘉学与

---

[1]《朱子语类》卷二三,第540页。

第四章　寒泉著述

陈亮的永康学的功利史学，一面批判陆学的禅悟的心学，对自己的生平学问著述初步完成了一次由博返约的总结。

第三节　丁酉年——四书集注体系的诞生

朱熹在淳熙三年六月上旬从婺源展墓归后，又开始了紧张的著述生活。这时朝廷又一次催他出山做官，六月二十一日降下尚书省札并告命一道，除秘书省秘书郎，这是出于龚茂良和韩元吉的大力举荐。赵眘下诏要奖用廉退之士，参政龚茂良乘机面奏说："有朱熹者，操行耿介，屡召不起，宜蒙录用。"赵眘问："曾为何官？"另一名参政李彦颖接口说："闻曾历州县官一任，后以密院编修、武学博士召，皆不起。近岁陛下特与改官，见任宫观。"赵眘便说："记得其人屡辞官，此亦人所共知。今可与除一官。"[1] 朱熹连上了二道辞免状，他自知生性狷介，不能随俗俯仰，勘破官场恶浊，痛恨那班无耻士大夫们托公济私，假真售伪，尤其仇视朝中的权幸小人当道弄权。他在给龚茂良信中断定自己入朝"窃料非独一时权幸所不乐闻意者"，又在给吏部尚书韩元吉信中预料自己入朝"无益于治，而适所以为群小嘲笑之资"。他说的权幸小人是指近习三巨头曾觌、王抃、甘昪以及同他们朋比勾结的朝臣户部员外郎谢廓然、太府少卿钱良臣之流，他们是赵眘统治下的第一代反道学干将。果然，权幸们一进谗言，赵眘起用廉退之士的热度一下降到零点，竟擅出内批条子手付龚茂良

---

[1]《中兴圣政》卷五四，《宛委别藏》本，第19册，第1663页。

说："虚名之士，恐坏朝廷。"朱熹在八月往邵武拜谒了老儒黄中，讲论十日才回，主要向他探询朝政，问进退大节。这次相会促成了他不入朝的决心，他在给吕祖谦的信中指责糊涂的赵昚皇帝说："今日主相乐闻忠言非不切至，特蔽于阴邪，不能决然信用，而或者乃欲以彼术施之。"对龚茂良也感到了失望，在一首《松》诗中隐讽他"未必真能庇寒士，不如留此贮清风"。九月朱熹依旧差管武夷山冲佑观，到十一月他的夫人刘氏去世，更不可能出山了。谢廓然、钱良臣的借反道学排击清议是一个不祥的信号，从绍兴二十五年秦桧死以来一直沉寂隐伏的反道学的乌云又升起来了。

朱熹在寒泉和云谷以批判佛学的新泛滥开始了学问著述的总结，他的每一次思想的飞跃都是以批判佛老为先行的，但这一次批判佛说却有批判吕祖谦婺学与陆九渊心学的现实用心。还在三衢之会前夕，他就写了一篇《杂书记疑》，不点名地批判一部充满佛禅气的"杂书"，实际这本"杂书"是饶节所记吕希哲的语录。朱熹批评吕祖谦的先人的好佛，弦外之音是批评早年学道于无垢张九成的吕祖谦的回护佛说和陆九渊的杂糅禅学的心学。在鹅湖之会后，朱熹把陆学看成是一种用儒学改头换面的禅学，它在江西、浙东的泛滥流布已使他感到忧虑；而这时同金溪陆学东西桴鼓相应，隐居中洲的蕲州名士李之翰也以粗俗的援佛说儒鼓动世人，又卷起一股禅风，以至连永嘉学的后起新秀叶适也追随他耽读佛书。朱熹最器重的弟子李伯谏一到蕲州，竟也再次倒戈叛师投在李之翰门下，在淳熙三年，揭起了攻击二程洛学的佛旗。朱熹在三衢之会归后写出了有名的《释氏论》上下篇，表面上是正面攻击释氏的辟佛专文，实际具有批判蕲州李学和金溪陆学的意义。他着重批判佛家的"识心见性"，也无异于就是批评陆九渊的"发明本心"。以《释氏论》为核心的对禅学的批判，使他从认识论上进一步建立起了一个完整的"格物穷理"的体系来对抗陆九渊"发明本心"的体系，为淳熙四年丁酉（1177年）的学问著述总结作了直接的思想准备，他的《四书集注》经学体系诞生了。

最早在淳熙元年他重新定《大学》本和《中庸》本，可以看成是他从《四书集解》经学体系向《四书集注》经学体系迈进的第一步。《大学》定本的特点是分经一篇，传十章，补写了著名的格物致知一章，增附了释音。《中庸》定本的特点是分全书为三十三章，突出了首章，作为"一篇之体要"，实际也就具有了经的意义，而以其余各章为传。两种重定本子都服从于他用自己的理学来解经的需要。

就在朱熹改定印刻《大学》、《中庸》新本的同时，他开始用新定本重新改写《大学章句》和《中庸章句》的旧稿。到鹅湖之会归后，因意识到生平学问有"支离"之病，他对自己的全部著作动了一次大手术，在淳熙二年十二月完成了对《大学章句》和《中庸章句》的修定。可是三衢之会以后他又感到不满意，在这一年又作了全面的改写，面目一新，张栻看到了他的新本后也称赞是"新书体制"。朱熹第一次感到了满意，终于在淳熙四年正式序定了《大学章句》和《中庸章句》。这次序定的"新书体制"，是在修定的《中庸章句》之外另作《或问》、《辑略》，在修定的《大学章句》之外另作《或问》。《集注》是取《集解》的精粹而成，《或问》是设问答论辨取舍的旨意，构成了一个相互补充印证的新解经体系。

朱熹的《论语》学与《孟子》学也经历了一个同步演进，在丁酉年作了同样的总结。他原来的《论孟精义》一度改名《要义》、《集义》,但主要是收辑众说、详备材料,朱熹总觉得是"未见道体亲切处",决定也像《大学章句》、《中庸章句》一样,取《论孟精义》的精粹而作一部由博返约的《论孟集注》。在鹅湖之会后,他写出了《论语集注》,在三衢之会后,他写出了《孟子集注》。到淳熙四年六月,他在序定《大学章句》与《中庸章句》的同时,也把《论语集注》与《孟子集注》定稿,也配以《或问》。《大学章句》、《中庸章句》、《论语集注》、《孟子集注》合称《四书集注》,后来到淳熙九年他在浙东提举任上刻于婺州,经学史上的"四书"之名第一次出现了。《大学》的规模是三纲八目,《论语》的根本是"吾道一以贯之",《孟子》的精义是"养心"、"尽心"、"存心",《中庸》的微妙是"诚"。朱熹的四书学就以传统儒学这四条精神血脉建立起了一个包括理本论、气论、心论、性论、仁论、格物致知论、道统论、政治论、教育论的庞大理学体系。

朱熹的五经学在丁酉年也得到了一个总结,只是这时他的五经学的著述和思想发展落后于他的四书学,结果丁酉年的学问总结出现了不协调的状况:他的四书学的总结是对新经学思想体系的展望和起步,而他的五经学的总结却是对旧的经学思想体系的告别和终结。从他发现《易》为卜筮之书以后,他从程氏悬空说义理的玄学太空回到了探索《易经》卜筮本义的实地,使他看到了《易》学本身的历史发展,在以后一段时间中逐步形成了"三圣易"的《易》学基本思想:伏羲有伏羲之《易》,文王有文王之《易》,孔子有孔子之《易》,他要探求的则是伏羲《易》的原始"本义",对《易》作多层次的历史研究。但是张栻、吕祖谦都否定了他的这一新发现,张栻在信中干脆回答说:"《易》说未免有疑,盖《易》有圣人之道四,恐非为卜

第四章 寒泉著述

筮,专为此书。"[1] 朱熹的说法在儒学卫道士眼里被看作是对儒家圣经的贬抑和亵渎,遭到了他们的围攻。这使朱熹一时还不敢放手去写一本探讨原始卜筮本义的《易》学著作《周易本义》,在丁酉年他完成了一本《易传》,虽然加进了以卜筮解《易》的新内容,但整个体系仍未超出程氏的义理《易》学。这部《易传》同他后来的《周易本义》比较起来,具有过渡的性质,他还站在义理《易》学与象数《易》学中间,然而展示着他未来《易》学方向的对图书象数的玩好与日俱增。淳熙三年他写《书张氏所刻潜虚图后》,从占法上判定赝本《潜虚》,表明他对占法已有精心研究。淳熙四年二月他在《江州重建濂溪书堂记》中,第一次提到了河图洛书。这一年他又精研《麻衣心易》,流露了他对陈希夷、邵雍象数学的推崇,这都预示了他从图书象数入手探究《易》原始本义的《周易本义》体系已在酝酿中。所以很快经过在南康任上开始的同程迥、郭冲晦、程大昌一班《易》学名家进行的一场象数撰著论战,他便俨然以图书象数《易》学家的面目出现了。

朱熹的《诗》学也经历着同他的《易》学一样的演进。在三衢之会后,他从开始怀疑《毛序》之说转向了存《小序》而间为说破,自出新解,在淳熙四年重新修改《诗集解》,到十月便正式序定了《诗集解》。但这时他虽然怀疑《毛序》,而自己反《毛序》的经学思想还没有完全确立,所以丁酉年序定本《诗集解》只是在部分诗的解说上突破了《毛序》,而总体上仍属于《毛序》解经体系,同他的《易》学一样,也具有过渡性质:它是朱熹由主《毛序》作《诗集解》转为黜《毛序》作《诗集传》的过渡

---

[1] 张栻:《张栻全集》卷二三《答朱元晦》书一,长春出版社1999年版,第868页。

之作,既用《小序》又破《小序》,得失相半。丁酉年是朱熹主《毛序》的《诗集解》体系的终结,又是他的反《毛序》的《诗集传》体系的开始,就在第二年夏天,朱熹写信告诉吕祖谦,他要对《诗集解》作全面的改写,主旨是尽破《小序》臆说,跳出《毛序》旧说窠臼。就在这一年他写出《诗集传》第一稿,他因亵渎了千百年来视作圣人遗意所传的《毛序》诗说,竟一时成了众矢之的。然而朱熹却坚定走自己的《诗》学之路,淳熙七年他又进而悟雅郑之辨,发现《诗》中的《郑风》就是"淫声"的郑声,这使他抛弃了传统解《诗》的美刺说,确立了自己经传相分、就经说经的解经原则。在同主《毛序》的吕祖谦的激烈论争中,朱熹不断修改《诗集传》,到淳熙十一年(1184年)春间他写出了《读吕氏诗记桑中篇》,实际就是为他这一年修定成《诗集传》而作,文章全面阐述了他的反《毛序》的《诗》学思想。以丁酉年序定《诗集解》为起点,到淳熙十一年的改定本《诗集传》,终于宣告了他的反《毛序》的一代新《诗》经学思想体系的诞生。

  在丁酉年,朱熹的五经学对其他几经还无著述,但他的惊世骇俗、离经叛道的经学思想都已大致形成。《礼》学上,他在淳熙三年写成《家礼》草稿,但在萧寺被僧童窃去,使他一度中断了对家礼的研究。但是这一年六月张栻在桂林印刻了自己编的《三家昏丧祭礼》,因为只有昏、丧、祭礼而缺冠礼,又只取司马光、程颐、张载三家之说,同朱熹的《家礼》思想不合,朱熹便以张栻这本书为底本,增益了冠礼,又加上吕氏一家之说,取名为《四家礼范》,由刘玕在淳熙四年印刻于建康。这本书代替朱熹遗失的《家礼》为他的家礼思想作了一次总结。他的《春秋》学也在不断修订《通鉴纲目》中升华。他的《尚书》学疑《孔传》、《孔序》与《古文尚书》为伪的思想基本形成。他的《孝经》欲分经、传而删改经文的想法，也在酝酿中。尽管丁酉年他对自己五经学的总结还是不全的，同他的四书学比起来，也表现出较多终结告别旧说的性质，然而它已经显示出了朱熹特有的变古怀疑的经学精神，他的五经学比他的四书学更多具有少傍依理学先辈之说、多独出己见的特点，更能以一种明晰的理性批判精神审视儒家传统的经学文化遗产。

朱熹的四书学与五经学体系都有待于进一步总结发展，可是当他在丁酉年刚刚完成巍峨的理学圣殿的基础工程时，一股反道学的旋风，打破了他山中倡道著述的平静生活，把他卷进了朝中政治党争的旋涡，把他对自己经学思想与理学思想的全面新总结一直推迟到了淳熙十四年。

第五章
在南康军

第一节 "见儒者之效"

反道学在淳熙年间的兴起，是因为道学清议的排击近习惑主弄权，在赵眘庇佑宠信下的曾觌、王抃、甘昇三巨头权幸集团密网四布，从宰辅到台谏要路都安插下他们反道学的亲信党羽。道学清议的排击近习权幸从淳熙三年龚茂良奏论钱良臣侵吞数十万大军钱粮开始，遭到惨败，龚茂良死于贬所，赵眘竟以内批除曾觌党羽谢廓然为殿中侍御史。淳熙五年正月，谢廓然便上疏攻击道学清议说："近来掌文衡者，主王安石之说，则专尚穿凿；主程颐之说，则务为虚诞。虚诞之说行，则日入于险怪；穿凿之说兴，则日趋于破碎。请诏有司，公心考校，无得徇私，专尚王程之末习。"谢廓然这道上奏就是后来发展成为伪学党禁文化专制的大反道学的开场锣鼓。张栻马上写信告诉朱熹说："近见台臣论程学云云，如伯恭在彼，尤不应恝然也。"[1] 就在朝中升起反道学的乌云下，史浩在淳熙五年三月除右相，他想引天下有名望的正人端士以自重，遏制近习权幸势力，一下子荐引了吕祖谦、张栻、辛弃疾、王希吕一批名流。他的第一个目标还是大儒朱熹，他一入朝便对吕祖谦、石天民说："某老矣，勉强再来，盖事有未尽者，第一欲起朱元晦，次荐引诸贤令。"[2] 但是他又害怕朱熹入朝评议时政，犯颜直谏，给他惹是生非。参政赵雄提出两全其美之计

---

[1]《张栻全集》卷二四《答朱元晦》书六，第882页。
[2] 真德秀：《西山先生真文忠公文集》卷四一《刘焞神道碑》，《宋集珍本丛刊》本，第76册，第421页。

说:"不若姑以外郡处之,待之出于至诚,彼自无词。然其出必多言,姑安以待之可也。"[1] 八月十七日朝廷除朱熹知南康军。十月又命朱熹径直赴南康任,不准他来临安奏事。

朱熹两次上状,乞请奉祠不允。吕祖谦一再写信劝他出山,说他作为一代儒宗是"使世少见儒者之效"的时候了。但史浩上台只当了七个月的右相就因得罪王抃滚下台,继登右相宝座的赵雄一面靠交结近习巩固相位,一面又不敢得罪道学清议,更加紧催促朱熹赴任。朱熹违抗朝命达半年之久,又接连上状辞免无用。当代儒宗的出山已经举世瞩目,诗人王质在一首诗中吟道:"晦庵今年登五十,鬓华未改目光力。徘徊吴楚已多年,晦庵不急苍生急。"[2] 朱熹勉强在淳熙六年正月一面再上状乞宫观,一面在二十五日启程到铅山崇寿寺待命。一直到三月朝廷再命下催促,他才继续上路,于三月三十日到达南康。

朱熹要"见儒者之效"的勃勃雄心终于炽燃起来。南康军背负庐山云峰,前跟茫茫彭蠡,青山绿水甲秀天下,可是南渡以来成了土瘠民贫、荒凉凋零之地。朱熹一到任,就在第一道榜文中宣布了宽民力、敦风俗、砥士风三条施政大纲,雷厉风行。宽民力是从"爱养元元"的仁政出发,除去役烦税重的苛政,解决民力日困的严重社会问题。然而各种阻力压顶而来,淳熙六年六月他上状乞请减星子县三五百匹和买,淳熙七年二月又上状乞请蠲免星子县绅绢一千五十余匹,钱二千九百余贯,却遭到上自朝廷大臣、下至漕司的反对。以后他又先后六次抗论星子县减税事,

---

[1] 李心传:《建炎以来朝野杂记》乙集卷八《晦庵先生非素隐》,《丛书集成初编》本,第839册,第4页。

[2] 王质:《雪山集》卷一二《赠黄君》,《丛书集成初编》本,第1998册,第150页。

第五章 在南康军

朝廷始终都不予理睬。在都昌县的木炭钱上，朱熹先奏请裁减，后又上札乞按旧法以本色木炭交纳，不折钱绢。泉司拖延不睬，漕司从中作梗，朱熹四处碰壁，气得他几乎要作书大骂这些庸朽冷酷的官僚。在减免淳熙六年的秋税上，他也做了努力。由于县衙胥吏的营私作弊，滥加滥增，地方每年征收的秋税，每一石米连加耗共须纳一石七斗六升，细民百姓无力交纳，年年拖欠。朱熹上札奏请将淳熙三年、四年、五年未起发的亏欠秋税悉从蠲免，漕司的回答却是一粒不能少，朱熹束手无策。在免役上也遭到了失败。无名烦役南渡以来花样翻新，层出不穷。农民被追呼骚扰，离家失业，转死沟壑。在朱熹来南康前，枢密院就盲目下令各州郡打造兵甲，接着又下令南康一军招募一千名禁军。百里弹丸之地都昌县已立营寨五处，提刑司却又下令再建一处营寨。一个袁州姓曹的官员忽然心血来潮，奏请将南康军军治移到湖口县，重组新的南康军，朝廷竟同意了这一劳民伤财而又不切实际的移军治工程。对朱熹所有这些免役的奏请陈诉，朝廷都无动于衷，下面地方县官依旧乱派夫役，借公行私，妨碍农事，成为民户大害。朱熹只有用他刚愎的道学性格，以严刑峻法打击那些为非作歹的贪官奸吏、强宗豪右，结果销骨之毁四起。有一个儒林败类学夏楚是名讼棍，专同皇家宗室和江州官吏勾结作恶，朱熹不顾同僚的说情，将这个"健讼假儒"杖脊编管。还有一个世家贵胄弟子耀武扬威，在大街上骑马踏死一百姓家小孩，引起民愤，可是他在朝廷官府有靠山，一向如狼似虎的官吏对他不敢动一根毫毛。朱熹亲自在谯楼下命令吏人杖脊这个不法的纨绔子弟，结果四处响起了朱熹"治财太急，用刑过严"的流言蜚语。有一次他仅仅因为征收了一名江姓官员亲戚的船税，差一点被上面论劾。江州贪官李峰带头造谤上告，为强豪游说，散布说朱熹是有意"抑强"。连吕祖谦也劝他在打击豪强上要谨慎小心。朱熹不少富家豪右出身的弟子也纷纷反对他的做法,陈克己写信给他,开列了他"烦刑暴敛"的罪状,刘清之同他当面争辩,认为世家弟子马踏小孩可不受罚,蔡元定、杨方也跑到南康军来指责他的"苛政"。一时之间,"四方士友贻书见责",堆满了他的案几。朱熹毫不动摇,他干脆把陈克己开列他罪状的信寄给枢密使王淮,要求罢免,"但得脱去为上,更不论此是非虚实也"。

朱熹转而大力敦厉民风士气。他感到民风的败坏在于士风的堕落,士风的堕落又在于学风的沦丧,他想通过全力整顿学校和教育制度来向士子灌输周程理学思想。他首先整饬了福星门内的军学,在周濂溪祠中挂起了周敦颐像,重行校定印刻了《太极通书》发给诸生。推荐有志于学的乡党子弟入学,选用德才兼备的名流担任学职,把好穿凿经义断章出题的教官下放到郡学中去。朱熹自己常同学官讲论经旨,每隔四五天就到学宫中亲自讲说传授《大学章句》、《论语集注》。在遍布全国的充斥腐烂举业气的郡学中,南康军学以标举周程理学的与众不同的面目出现了。

朱熹很快又修复了白鹿洞书院。白鹿洞在庐山五老峰南二十余里,唐末李渤避兵荒马乱,来到五老峰下隐居读书,养蓄白鹿相伴自娱。南唐升元中便在这里建立了学馆,号称庐山国学,任命国子监九经李善道为白鹿洞洞主。北宋时庐山国学改称白鹿洞书院,生员经常有数十百人,同登封嵩阳书院、长沙岳麓书院、商丘应天书院并称为宋代四大书院。可是南渡以来屡遭兵燹战火,书院屋宇已经焚毁不存,基址埋没在荆榛草莽中。朱熹一到任就四处寻访,到淳熙六年十月十五日下元节他行视陂塘时,才在樵夫指点下在李家山找到了白鹿洞书院的废址。在他的弟子寺簿刘清之、杨方赞襄下,由教授杨大法和星子县令王仲杰负责,到淳

第五章 在南康军

熙七年三月白鹿洞书院修复,共有学舍二十余间,先招收生员二十名,增置建昌东源庄田为学田赡养学员,朱熹自任洞主,九月又任命了学录杨日新为书院堂长。在书院彝伦堂上,他手书了一副对联:

> 鹿豕与游,物我相忘之地;
> 泉峰交映,智仁独得之天。

在书院建成以后,朱熹又办了两件事:一是仿效宋太宗时的江州守周述,奏请朝廷以国子监九经赐白鹿洞书院,在淳熙八年春又向朝廷奏请赐白鹿洞书院洞额、高宗赵构手书石经和印板本《九经疏》、《论语》、《孟子》等书。二是为书院向各路广求藏书,除了投札向江西各郡求藏书,还派人专往金陵向江东帅陈俊卿求书。著名大诗人、江西提举陆游也为白鹿洞书院藏书倾力相助。三月十八日白鹿洞书院正式开讲那天,朱熹亲自给诸生讲授了自己的《中庸章句首章或问》。以后每逢休沐他都要到白鹿洞书院同诸生一起研讨论辩,亲自给诸生出策问。朱熹主办白鹿洞书院是为了振兴儒学,以程学反对王学,以儒学反对佛学。他把自己的理学教育思想凝聚成为著名的《白鹿洞书院学规》:

> 父子有亲,君臣有义,夫妇有别,长幼有序,朋友有信——右五教之目。尧舜使契为徒,敬敷五教,即此是也,学者学此而已。而其所以学之序,亦有五焉,其别如左。
> 博学之,审问之,谨思之,明辨之,笃行之——右为学之序。学问思辨,四者所以穷理也;若夫笃行之事,则自修身以至于处事接物,亦各有要,其别如左。

言忠信，行笃敬；惩忿窒欲，迁善改过——右修身之要。

正其义不谋其利，明其道不计其功——右处事之要。

己所不欲，勿施于人；行有不得，反求诸己——右接物之要。[1]

朱熹制定的书院学规，同当时作为科举奴婢的官学中的教育制度针锋相对，他深感到这种腐败科举下的学校只能培养一些学文干禄的嗜利之徒，教官所教，学生所习，都是忘本逐末，怀利去义，所以他主张学以明人伦为本，以德行为先，他把"正其义不谋其利，明其道不计其功"作为社会的最高道德原则，极大地张扬突出了儒家的伦理理性精神，学规的"五教"尤其体现了他对社会以伦理道德为本位的基本教育思想。他用敬知双修的原则统一了大学与小学、德育与智育、致知与力行，学规贯穿了他的"穷理以致其知，反躬以践其实"和"读书则实究其理，行己则实践其迹"的知行统一精神，使它后来成了中国封建社会后期的通行教育准绳和法规。

朱熹是白鹿洞书院没有知军架子的老师，对诸生的质疑问难，诲诱不倦。到他去任离开南康后，他还给下任知军钱闻诗三十万钱，为白鹿洞书院修建了一座礼圣殿。礼圣殿是白鹿洞书院的主体建筑，礼敬"至圣先师"孔子的大殿。钱闻诗在殿上塑了一尊孔子坐像，供人礼敬祭祀。朱熹发现孔子塑像完全不符古人坐的规矩，专门写了一篇《跪坐拜说》，揭示礼圣殿的孔子塑像的坐法是"千古之谬"，要求把他这篇文章"揭之庙门之左"。朱熹对白鹿洞书院细大不捐的关心，得到了诸生们的爱戴和敬重，在礼

---

[1]《朱文公文集》卷七四《白鹿洞书院学规》，第1372页。

圣殿完工以后，朱熹的弟子们竟要为朱熹建一座生祠，朱熹叫他们改成了宗儒祠。但是朱熹修复白鹿洞书院却遭到了反道学派的讥笑，当作咄咄怪事传播，大肆嘲讽。后来朱熹在淳熙八年入都奏事，在延和殿上对着赵眘皇帝愤然说："讥笑者之言，殆必以为州县已有学校，不必更为烦费耳……今老佛之宫遍满天下，大郡至逾千计，小郡亦或不下数十，而公私增益，其势未已；至于学校，则一郡一县仅一置焉，而附廓之县，或不复有，其盛衰多寡之相绝至于如此，则于邪正利害之际亦已明矣。"[1]

从减税免役宽裕民力到建白鹿洞书院振兴儒学，朱熹都遭到了来自反道学势力方面的阻挠和压制。当朱熹在南康致力于他的"见儒者之效"时，朝中反道学势力正在抓紧时机向宰辅进军，到淳熙七年，钱良臣高登参知政事，谢廓然也荣擢签枢密院事。在这一年六月，秘书郎赵彦中上了一道反道学的奏章，指斥道学是"以浮言游词相高"，是"饰怪惊愚，外假诚敬之名，内济虚伪之实"。这都首先是指朱熹。朱熹决意给以回击。在经历了一番南康官场浮沉和碰壁后，他更感到自己的点滴更革弊政不过是事后头痛医头、脚痛医脚的应急补救，"如以杯水救一车薪之火"。他从地方吏治的败坏中看到根子通到以赵眘为代表的腐败小朝廷，赵眘好佛老，素来不喜正心诚意的道学，朱熹预感到这股反道学逆风来势汹汹，他禁不住又要"骂"皇帝了。正好在淳熙七年三月十九日，赵眘故作姿态地下令地方监司郡守条陈民间利病上闻，给朱熹一个难得的机会，他便在四月二十一日上了一道封事。

---

[1]《朱文公文集》卷一三《延和奏札七》，第197页。

第二节　在赈荒救灾中

朱熹的庚子封事，是他自隆兴奏事以来经历十八年人世忧患后的又一次上书，在这十八年中赵昚也变成了一个最厌恶道学清议的苟安守成皇帝。朱熹料定他的骂皇帝的上书会招致赵昚雷霆之怒，他先打好了三五担行李，做好了"严谴"的准备。他写信坦然告诉吕祖谦说："业已致身事主，生死祸福，唯其所制，非已所得专也。此间只有三五担行李，及儿甥一两人，去住亦不费力，但屏息以俟雷霆之威耳。"[1]

朱熹的社会政治思想的真实灵魂，是一个由安民—治官—正君三大环节构成的更革弊端政治体系，施仁政宽民力、打击贪官近习和要帝王正心诚意便构成了道学清议的三大政治主张，也成了朱熹每次封事上书的主要内容。在这次封事中，朱熹首先对治理南宋整个社会提出了一个基本看法："天下国家之大莫大于恤民；而恤民之实在于省赋；省赋之实在于治军；若夫治军省赋以为恤民之本，则又在夫人君正其心术以立纲纪而已矣。"[2] 由此他指出由于统治者不知恤民地横征暴敛，天下百姓已经到了"憔悴穷困""元气日耗，根本日伤"的地步，再不加隐恤，"剥肤椎髓之祸"必将愈演愈烈，不可救药。要恤民只有省赋一法，但百姓赋重又主要是因为军费浮冗，他提出了三条解决办法："选将吏，核兵籍，可以节军费；开广屯田，可以实军储；练习兵民，可以益边备。"朱熹认为将帅所以贪婪跋扈，是因为有权幸结托内

---

[1]《朱文公文集》卷三四《答吕伯恭》书三十四，第546页。
[2]《朱文公文集》卷一一《庚子应诏封事》，第65页。

援,有赃官朋比为奸。他直接揭露堂堂参政钱良臣的丑行说:"至于总馈输之任者,亦皆负倚幽阴,交通贿赂,其所程督驱催东南数十州之脂膏民髓,名为供军,而辇载以输于权幸之门者,不可以数计。"封事最后把整个社会民穷赋重军弱的根源归到了帝王一心上,尖锐批评赵昚"欲恤民,则民生日蹙;欲理财,则财用日匮;欲治军,则军政日紊;欲恢复土宇,则未能北向以取中原尺寸之土;欲报仇雪耻,则未能系单于之颈而饮月氏之头",根本原因就在于"宰相台省师傅宾友谏诤之臣皆失其职,而陛下所与亲密、所与谋划者,不过一二近习之臣也"。朱熹在封事中痛揭赵昚皇帝宠信近习权幸的恶习说:

> 此一二小人者,上则蛊惑陛下之心志,使陛下不信先王之大道,而悦于功利之卑说;不乐庄士之谠言,而安于私亵之鄙态。下则招集天下士大夫之嗜利无耻者,文武汇分,各入其门。所喜则阴为引援,擢寘清显;所恶则密行謴毁,公肆挤排。交通货赂,则所盗者皆陛下之财;命卿置将,则所窃者皆陛下之柄。虽陛下所谓宰相、师保、宾友、谏诤之臣,或反出入其门墙,承望其风旨……势成威立,中外靡然向之,使陛下之号令黜陟不复出于朝廷,而出于此一二人之门,名为陛下之独断,而实此一二人者阴执其柄……

"一二小人"就是指曾觌、王抃、甘昇权幸三巨头,他们倚仗帝宠,文臣武将都纷纷来投靠,门庭若市。像叶衡靠曾觌援引,十年中从小官升到宰相。徐本中借曾觌内荐,也很快由小使臣升到枢密都承旨。甚至同朱熹有私交的赵雄、周必大也都要同曾觌妥协共处,才得以平步青云跻身宰辅之列。朱熹在上封事前就想联络宰相和台谏力量,奏论近习权幸,他特地致书刚除侍御史的黄洽,要他能联合台谏同列一起论劾近习竖臣。在上封事后他又致书黄洽,希望台谏之官能抢在权幸之前先发其机,"四方忠义之士必有闻风而兴起者"[1]。他甚至还写信给在朝的吕祖谦,要他力劝新入参的周必大不能再"暗默",他忧心如焚地说:"新参(周必大)近通问否?大承气证却下四君子汤,如何得相当?……老兄与之分厚,须痛箴之。吾辈百万生灵性命,尽在此漏船上,若唤得副手梢工,不至沉醉,缓急犹可恃也。"[2] 其实这里都透露了朱熹自己所以要上封事的真正目的。但是胆小的周必大对权幸畏之如虎,谏台之官对权幸噤若寒蝉,就连吕祖谦在都下竟也有媚事近习以求升官之心,朱熹的上书得不到在朝的回应,他的横流独抗也失败了。

朱熹的庚子封事,是对赵昚近二十年来的统治作了最激烈大胆、最肆无忌惮的直言批评,触犯了赵昚神圣的帝王尊严,捅破了南宋小朝廷表面的歌舞升平气象,赵昚忍受不了这个区区庶官狂妄自大、目空一切的上书,要罢朱熹的官,对着宰辅们大发脾气说:"是以我为妄也!"老练圆滑的右相赵雄出来诡词援救说:"欺世盗名,陛下恶之是也。虽然,上疾之愈甚,则下誉之愈众,以天子之贵,而切切焉反与之角,若惟恐不能胜者,无乃适所以高之乎?不若因其长而用,彼渐当事任,则能否自露,谬伪自乖,虚名败矣,何必仰劳圣虑。若摈而不用,则徒令以不遇为藉口耳。"[3] 参政周必大和吏部侍郎赵汝愚出面一再说情,赵昚才压下了怒火。朱熹的知军保住了,但赵昚对他的奏事弃之不顾。

---

[1]《朱文公文集》卷二六《与台端书》,第 405 页。
[2]《朱文公文集》卷三四《答吕伯恭》书三十五,第 548 页。
[3]《建炎以来朝野杂记》乙集卷八《晦庵先生非素隐》,第 446 页。

第五章 在南康军

朱熹便不断地上章请祠,渴望早日跳出这是非烦恼的尘网。但是在上封事后南康军发生了特大旱灾,从五月到七月滴雨未下,土田龟裂,禾苗枯焦,小民百姓又面临着转死沟壑的命运。朱熹在给黄榦信中愤怒而痛苦地说:"此间今年枯旱可畏,有弥望数十里而无一穗之可收者。恶政所招,无可言者,然不敢不究心措置。"[1] 朱熹正好借着这来势汹汹的灾情,推行他原来各种为朝廷所阻挠不许的减赋免税,实施他在封事中的主张。他从免税和赈济两方面展开了救灾。

朱熹在减税上抓住时机,环环紧扣,在初秋旱象刚露时就先上了《乞放租税及拨米充军粮赈济状》,得以使朝廷同意南康检放苗米八分以上,共三万七千余石。接着,他又连上状奏请将淳熙三年以前州县积欠的官物三万四千余贯石匹全面蠲免。将淳熙七年三等以下人户零欠的夏税权行搁置,到明年蚕麦成熟时再随新税一起交纳,实际到淳熙八年离任前他又奏请将这些夏税悉与蠲免。然后他又奏请除豁检放苗米和倚阁畸零夏税的经总制钱九千二百余贯;蠲免淳熙七年九月至十二月收缴不足的月桩钱六百二十余贯。在赈济上,朱熹身为知军手头没有一粒救济粮,吝啬的朝廷也不肯拨给他一粒救济粮,他只有想法通过各种渠道征集赈粜米粮:一是上《乞截留米纲充军粮赈粜赈给状》,将淳熙六年未起的米纲五千石和淳熙七年合起的米纲九千余石,留充作军粮和赈粜之用;二是奏请先挪借上供官钱二万四千余贯,趁米价涌涨之前往外郡未熟之地籴米一万一千余石,用以赈粜饥民;三是奏请将转运、常平两司所管的常平义仓米也用来应付军粮;四是悬赏劝谕上等富户助出赈粜米谷,按出粟的多少分等授官,共得

---

[1]《朱文公文集·续集》卷一《答黄直卿》书三,第1795页。

米一万九千石；五是多方招引熟州郡的客贩米船来南康任便出粜。

朱熹的救灾措施十分严密，可是他又遇到种种意想不到的阻力。南康本有乾道六年大旱时高价进的常平米，朝廷却规定一定要按原价出粜，使朱熹无法用来赈济。他不得不同大大小小的官僚们往返讨价还价，周旋出入于宰辅、监司、郡守之间。南康军桩管的七千石米，转运使每年都传下文字不准动用一粒，其实都被下面侵盗支用，成为一笔空头账，每当监司派要员下来检查，州郡贪官都用重金贿赂他们，骗得他们回去。在这场旱灾中，江东提举颜鲁子、转运判官王师愈又煞有介事地下达文字，叫朱熹不得动用桩管的米谷。朱熹回信不无嘲讽地说："累政即无颗粒见在。虽上司约束分明，奈岁用支使何？今求上司，不若为之豁除其数。若守此虚名而无实，徒为胥吏辈贿赂之地。又况州郡每岁靠此米支遣，决不能如约束，何似罢之？"[1] 朱熹主张给以豁除，上司互相推诿，颜鲁子推给王师愈，王师愈推给颜鲁子，朱熹干脆自行其是。他靠了同参知政事周必大、江东帅陈俊卿的私交，才得以打通上上下下的关节，减免了一部分正税和无名苛赋，得到了供给南康一军二十余万饥民半个月吃的救济粮。

在灾荒中，猾吏、豪右、奸商都纷纷趁火打劫。富豪向贫民逼债，放高利贷。奸吏侵吞官物，巧立名目克减赈米。外郡客贩的米船来到南康，牙侩拦阻，多抽牙钱，勾结税务专栏收力胜钱。富豪势力家大肆抢米，不让穷困小民购粮，尽数收籴，囤积居奇。商贩的米船也遭到上流州郡的遏阻，不许他们出境，各地官吏也当路把截，加收税钱，使商贾不肯贩米来南康。朱熹用重法打击这些民蠹，三令五申，以免在城税钱三分的优惠，招引商贩米船

---

[1]《朱子语类》卷一〇八，第2682页。

第五章 在南康军

来南康。又立赏定法,严禁牙侩的盘剥和富豪的收籴。他通过参政周必大和江西帅张子颜的支持帮助,制止住了上流的遏籴闭籴。在正式开始济粜之前,朱熹又奏请拨下钱粮征民夫修筑沿江石堤,将旧堤增高三尺,开浚淤塞,在闸内凿地引泉,让受灾饥民就役,解决他们的缺粮缺钱,堤建成后既可保证舟船停泊,又可蓄水防旱。后来这道石堤称为紫阳堤。

淳熙八年(1181年)正月,朱熹在星子县设场七处,都昌县设场十一处,建昌县设场十七处,在元旦开始开场济粜。选派精明得力的官员各监一场,另再派官员巡场监察,防止猾胥奸吏营私舞弊。从正月初一开场到闰三月十五日收场,饥民度过年关与春荒,二麦和早稻收割在望,赈荒才告结束。短短几个月中,他以过人精力亲自抓赈灾,写了数以百计的奏状、札子、榜文、布告,制定了一套周密的救荒措施,以他道学家的雷厉风行、刚勇不挠的作风使南康一军度过了这场天灾。在遍布天下大小州县的苟安庸惰的官吏中,像他这样竭尽全力为小民百姓做点好事的精明不苟的州官可以说是凤毛麟角。这次救灾"凡活饥民大人一十二万七千六百七口,小儿九万二百七十六口"[1],他的其实并不很大的赈荒政绩在朝廷上下一片苟安腐败之下居然显得分外辉煌,万口皆碑了。江西著名诗人章泉赵蕃在四首赞美诗中,特地把他同那班庸官奸吏作了对比:一面是"赈米多虚上,蠲租岂尽损。处心诚昧己,受赏更欺天",一面是"敢谓皆如此,其间盖有贤。大江分左右,万口说朱钱"[2]。"钱"指江西转运使钱佃,"朱"指南康知军朱熹。鄂州太守、词人赵善括在宴席上作了一首《满

---

[1]《朱文公文集》卷一六《缴纳南康任满合奏禀事件状》,第240页。
[2] 赵蕃:《章泉稿》卷二《春雪四首》,《丛书集成初编》本,第2026册,第48页。

江红》,称颂朱熹的赈荒政绩:

> 腾茂飞英,分忧愿,自然风力。千里静,江山改观,羽旄增色。林下风清公事少,笔端雷动奸豪息。听宴香,深处笑声长,文章客。 丹诏自,天边得。宣室对,君心忆。趁良辰高会,履珠簪碧。和气回春征酝酿,政声报最惟清白。看挥毫,万字扫云烟,吴笺湿。[1]

朱熹所以能"政声报最惟清白",是因为他"笔端雷动奸豪息"。江东提举尤袤把他的赈荒之法推广到了其他各郡。他的一套严密的荒政设施,也"人争传录以为法"。当朱熹罢南康军任南归时,诗人尤袤专门赶来送行,作了一首《送朱晦庵南归》,对他在南康军的政绩作了最好的总结:

> 三年摩手抚疮痍,思与庐山五老齐。
> 合侍玉皇香案侧,却持华节大江西。
> 鼎新白鹿诸生学,筑就长江万丈堤。
> 待哺饥民偏恋德,老翁犹作小儿啼。[2]

第三节 白鹿洞之会

在朱熹赈荒接近尾声的时候,淳熙八年(1181年)二月,陆

---

[1] 赵善括:《满江红(坐间用韵赠朱守)》,《全宋词》第3册,第1982页。
[2] 尤袤:《梁溪遗稿·诗钞》,《宋集珍本丛刊》本,第76册,第483页。

第五章 在南康军

九渊来南康同朱熹相会,讲论学问,成为闽浙赣士子注目的盛事。

白鹿之会有着十分微妙的思想背景。在鹅湖之会后,朱陆之间保持了一段时间的不快沉默和旁攻侧击,到淳熙四年陆九龄写信给朱熹询问礼制,淳熙五年夏陆氏兄弟又两次致朱熹"自讼前日偏见之说",双方恢复了往来。最初播下和解气氛的,是二陆的高弟子刘淳叟释褐归乡,经吕祖谦的荐引,在淳熙五年秋七月来崇安屏山访朱熹,讲论数日。这是二陆弟子中第一次有人来向朱熹问学,朱熹偕同蔡元定、江德功、廖子晦、方伯休、刘彦集一班弟子道友陪刘淳叟登天湖,览云谷,游武夷,唱酬共论,显得异常融洽,为陆九龄与朱熹的相晤先备下了良好气氛。于是很快在淳熙六年二月朱熹赴南康任途中寓居在信州铅山崇寿寺时,陆九龄便再偕刘淳叟在三月从抚州来访,与朱熹会见于铅山观音寺,相谈了三天。这次观音寺之会两人都有些自我批评,但显然主要是陆九龄受到了朱熹的影响,相见后陆九龄基本上倾向了朱熹。朱熹后来在《祭陆子寿文》中提到陆九龄在观音寺之会中的这种思想变化说:"别来几时,兄以书来,审前说之未定,曰子言之可怀。逮予辞官而未获,停骖道左之僧舍,兄乃柱车而来教,相与极论而无猜。自是以还,道合志同……至其降心以从善,又岂有一毫骄吝之私耶!"[1] 所以朱熹在相会中也乐于为四年前鹅湖之会上二陆写的诗作了一首和诗:

> 德义风流夙所钦,别离三载更关心。
> 偶扶藜杖出寒谷,又柱篮舆度远岑。
> 旧学商量加邃密,新知培养转深沉。

---

[1] 《朱文公文集》卷八七《祭陆子寿教授文》,第1577页。

却愁说到无言处，不信人间有古今。[1]

旧学加邃密，新知转深沉，都清楚道出陆九龄思想的转变：从反对读书讲学的"空疏"转为邃密深沉的"就实"。在观音寺之会上，陆九龄同意了"著实看书讲论"，朱熹同意了"就简约上做工夫"。在观音寺之会后，陆九龄又往吕祖谦处相聚讲论了二十天，吕祖谦告诉朱熹说："陆子寿前日经过，留此二十日，幡然以鹅湖所见为非，甚欲著实看书讲论，心平气下，相识中甚难得也。"[2]

在观音寺之会后，陆九渊显然受到陆九龄的影响，也做出了自我检讨的姿态，承认读书讲学的不可偏废。就在陆九龄回抚州后不久，九月朱熹在给吕祖谦信中说："子静近得书。其徒曹立之者来访，气象尽佳，亦似知其师说之误。持子静近答渠书与刘淳叟书，却说人须是读书讲论，然则自觉其前之误矣。"[3] 到淳熙七年，陆九渊自己也幽居到南五里的滋兰潜心读起书来。三月朱熹在给吕祖谦信中说："子寿学生又有兴国万人杰、字正纯者，亦佳，来此相聚，云子静却教人读书讲学。亦得江西朋友书，亦云然。"[4] 而吕祖谦也在六月把同样的消息告诉朱熹说："陆子静近日闻其稍回……渠兄弟在今士子中不易得，若整顿得周正，非细事也。"[5] 同一月陆九渊主动约定在秋间来南康相会，共游庐山，朱熹在六月七日有信告诉吕祖谦说："子寿兄弟得书，子静约秋凉来游庐阜……闻其门人说，子寿言其'虽已转步，而未曾移

---

[1]《朱文公文集》卷四《鹅湖寺和陆子寿》，第103页。
[2]《吕东莱文集》卷四《答朱元晦》书八，第15页。
[3]《朱文公文集》卷三四《答吕伯恭》书二十八，第542页。
[4]《朱文公文集》卷三四《答吕伯恭》书三十二，第545页。
[5]《吕东莱文集》卷四《答朱元晦》书八，第15页。

第五章　在南康军

身，然其势久之亦必自转'。回思鹅湖讲论时，是甚气势，今何止什去七八耶！"[1] 这不仅可看出陆九龄早已转到朱熹一边在说话，在推动着陆九渊，而且陆九渊也有意跟在陆九龄之后"转步"。

朱熹和陆九渊的白鹿之会，就是在这种双方都在反思靠拢、陆九龄"转身"而陆九渊"转步"的微妙背景下发生的。淳熙八年二月，陆九渊带领朱克家、陆麟之、周清叟、熊鉴、路谦亨、胥训一班弟子由金溪来南康访朱熹。相见气氛显得前所未有的融洽愉快。陆九渊请朱熹书写了《陆九龄墓志铭》，两人携弟子泛舟落星湖，畅游了庐山名胜之地，朱熹竟如得知己似的有些陶醉地自叹："自有宇宙以来，已有此溪山，还有此佳客否？"[2] 二月二十日，朱熹请陆九渊到白鹿洞书院，登堂升席为僚友和诸生开讲，"得一言以警学者"。陆九渊慷慨激昂地讲说了《论语》中的"君子喻于义，小人喻于利"一章，娓娓大谈义利之辨说：

> 志乎义，则所习者必在于义；所习在义，斯喻于义矣。志乎利，则所习者必在于利；所习在利，斯喻于利矣。……
> 科举取士久矣，名儒巨公皆由此出。今为士者固不能免此。然场屋之得失，顾其技与有司好恶如何耳，非所以为君子小人之辨也。而今世以此相尚，使汩没于此而不能自拔，则终日从事者，虽圣贤之书，而要其志之所向，则有与圣贤背而驰者矣。……诚能深思是身，不可使之为小人之归，其于利欲之习，怛焉为之痛心疾首，专志乎义而日勉焉，博学、审问、慎思、明辨而笃行之。由是而进于场屋，其文必皆道

---

[1] 《朱文公文集》卷三四《答吕伯恭》书三十六，第492页。
[2] 《陆九渊年谱》，《陆九渊集》卷三六，第492页。

其平日之学、胸中之蕴，而不诡于圣人。……[1]

陆九渊联系科举之弊对义利君子小人的严辨，使诸生听得汗出泪下，陆九渊自己也颇自得意说："当时说得来痛快，至有流涕者。元晦深感动，天气微冷，而汗出浑扇。"朱熹当场起身离席说："熹当与诸生共守，以无忘陆先生之训。"一再表示："熹在此不曾说到这里，负愧何言！"[2]他便请陆九渊书写了《讲义》刻碑立于白鹿洞书院，还亲自为这篇讲义写了一跋，称赞"其所以发明敷畅，则又恳到明白，而皆有以切中学者隐微深痼之病，盖听者莫不悚然动心焉"[3]。

这就是陆学弟子们后来大肆渲染的陆九渊在白鹿洞书院的一次巨大成功，实际上他们没有读懂《白鹿洞书院讲义》和陆九渊、朱熹的苦心。陆九渊其实是根据朱熹的《白鹿洞书院学规》发挥义利说，借义利说阐述了尊德性、道问学的思想，"博学、审问、慎思、明辨而笃行之"，等于不言而喻地已经承认了读书讲学的不可废，这才是朱熹所以大为赞赏这篇《讲义》的真正原因。所以《讲义》与其说是显示了陆九渊的巨大成功，不如说恰是证实了他的思想"转步"的一面。白鹿洞书院讲学表面的一致掩盖了两人心学与理学的根本矛盾，在书院讲席上两人可以同心感动叹赏，一下了书院讲席两人却又展开了互不相让的争论。当陆九渊还没有离开南康时，朱熹就写信告诉吕祖谦说："子静近日讲论比旧亦不同，但终有未尽合处。"[4]这未尽合处的争论，朱熹在

---

[1]《陆九渊集》卷二三《白鹿洞书院论语讲义》，第276页。
[2]《陆九渊年谱》，《陆九渊集》卷三六，第492页。
[3]《朱文公文集》卷八一《跋金溪陆主簿白鹿洞书堂讲义后》，第1478页。
[4]《朱文公文集》卷三四《答吕伯恭》书四十四，第551页。

四月给吕祖谦的信中有所透露：

> 子静旧日规模终在，其论为学之病，多说如此即只是"臆见"，如此即只是"议论"，如此即只是"定本"。熹因与说："既是思索，即不容无意见；既是讲学，即不容无议论；统论为学规模，亦岂容无定本？便随人材质病痛而救药之，即不可有定本耳。"渠却云："正为多是邪意见、闲议论，故为学者之病。"熹云："如此即是自家呵斥，亦过份了。须是著邪字、闲字，方始分明不教人作禅会耳。又教人恐须先立定本，却就上面整顿，方始说得无定本底道理。今如一概挥斥，其不为禅学者几希矣。"渠虽唯唯，然终亦未竟穷也。……子静之病，恐未必是看人不看理，自是渠合下有些禅底意思。[1]

这里已包含了两人从方法论到世界观的对立。在陆九渊看来，既然心即理，一心已备众理，那么人只须保此"本心"，发明"本心"，读书讲学虽不能废，但它们总会不可避免地产生"意见""邪见"，使"本心"反受蒙蔽，所以他主张"无意"，即取消一切蔽心的"意见"。佛教也宣扬本性圆满具足，也主张"无意"、"无念"，《三慧经》说："无意无念，万事自毕；意有百念，万事皆失。"《顿悟入道要门论》也说："问：此顿悟门，以何为宗，以何为旨，以何为体，以何为用？答：无念为宗，妄心不起为旨，以清净为体，以智为用。问：即言无念为宗，未审无念者无何念？答：无念者，无邪念也。"显然朱熹说陆九渊的"无意"

---

[1]《朱文公文集》卷三四《答吕伯恭》书四十五，第551页。

说"有些禅底意思"不是凭空捏造，他直接指出"无意"说的要害就是"陆先生不取伊川格物之说"[1]。陆九渊这种同格物读书讲学相排斥的"无意"说，表明在白鹿之会前后他的心学体系还没有成熟，后来他修正了自己这一自我矛盾的说法，提出通过师友讲学琢磨和优游读书可以剥落"意见"之蔽，就不能不说是朱熹在白鹿之会上对他的反面推动了。

在白鹿之会讲学中，两人思想的分歧矛盾甚至还表现在义利之辨上。陆九渊一向以公私义利判儒释。还在淳熙六年三月朱熹同陆九龄的观音寺之会上，陆九龄就带给朱熹一封陆九渊的信，其中大谈用义利的道德标准来划判儒释，已道出了他后来所以来白鹿洞书院选《论语》"君子喻于义，小人喻于利"章大谈义利之辨的真实用意。朱熹立即回信作了批驳，他后来提起这件事说：

> 向在铅山，得他（陆九渊）书云："看见佛之所以与儒异者，止是他底全是利，吾儒止是全在义。"某答他云："公亦只见得第二著。"……看来这错处，只在不知有气禀之性。[2]

陆九渊讲"意见"，朱熹讲"气禀"，两人的分歧已发展到人性论上。陆九渊"只信此心"，心中流出的都自然是天理，所以他否认有什么气质之性。而朱熹却认为他的发明本心的心学最根本的错误恰在这里，说："陆子静之学，看他千般万般，只在不知有气禀之杂。"[3] 朱熹承认人有气质之性，所以主张读书讲学变

---

[1]《朱子语类》卷一八，第393页。
[2]《朱子语类》卷一二四，第2977页。
[3]《朱子语类》卷一二四，第2977页。

第五章 在南康军

化气质；陆九渊否定气质之性，认为心天然皆是理，所以读书讲学的外求反蔽本心。两人在白鹿洞书院相见讲学时便围绕着告子说的"仁内义外"和朱熹"不得于言勿求于心"一章的解说展开了这方面的论辩，双方都各指责对方是"告子"。后来两人都提到这方面的论辩说：

> 尝与金溪辨"义外"之说，某谓："事之合如此者，虽是在外，然于吾心以为合如此而行，便是内也。且如人有性质鲁钝，或一时见不到；因他人说出来，见得为是，从而行之，亦内也。"金溪以谓："此乃告子之见，直须自得于己者方是，若以他人之说为义而行之，是求之于外也。遂于事当如此处，亦不如此。"不知此乃告子之见耳。[1]
>
> 向在南康，论兄所解"告子不得于言勿求于心"一章非是，兄令某平心观之。某尝答曰："甲与乙辨，方各是其说，甲则曰愿某乙平心也，乙亦曰愿某甲平心也。平心之说，恐难明白，不若据事论理也可。"[2]

朱熹在《孟子·告子》首四章的解说中，正是用天命之性与气质之性的思想批判了告子，把他的性说直斥为类似"近世佛氏所谓作用是性者"，已经包含了对陆九渊向内不向外的心学的尖锐批判，认为"陆氏只是要自渠心里见得底，方谓之内；若别人说底，一句也不是，才自别人说出，便指为义外如此，乃是告子之说"[3]。"自渠心里见得底"便是主张发明本心，"别人说底"便

---

[1]《朱子语类》卷一二四，第2977页。
[2]《陆九渊集》卷二《答朱元晦》书一，第25页。
[3]《朱子语类》卷一二四，第2977页。

是反对读书讲学,这暴露了鹅湖之会以后这两方面在陆九渊的心学中始终处在对立中,终于又成为这次朱陆白鹿之会的论战主调。

白鹿之会表明陆九渊心学和朱熹理学之间存在难以调和的矛盾。白鹿之会后,陆九渊停止了"转步",朱熹对陆九渊的期望也开始冷却,他固然仍没有抛弃兼取两家之长的想法,但他视陆学为禅学的看法已经固定不变。而陆九渊也从此一无顾返地沿着自己的心学之路走了下去。陆九渊的心学方法论走了一个之字形的曲折的三步:在鹅湖之会以前,他主张易简工夫而激烈反对读书讲学;从鹅湖之会以后到白鹿之会,他进而承认读书讲学,但又认为它们易产生邪意见蒙蔽本心;白鹿之会以后,他转而承认读书讲学可以除意见,却心蔽,同他发明本心的易简工夫内外合一。他每走一步,他就离朱熹越远,直到淳熙十年以后两人矛盾终于不可避免地激化,这就是果斋李方子说的"其后子寿颇悔其非,而子静终身守其说不变"[1]。

---

[1] 王懋竑:《朱熹年谱·考异》卷二,第330页。

第六章
浙东提举

第一节　辛丑延和奏事

就在白鹿之会后不久,由于朱熹在南康军赈灾有功,淳熙八年三月二十五日,朝廷除朱熹提举江南西路常平茶盐公事。朱熹在四月十九日归家待次,又开始了中断数年的著述生活,他忙于修订整理《四书集注》、《通鉴纲目》旧稿,在不到半年时间中就重新修订成《中庸章句》、《孟子集注》、《古今家祭礼》,还同刘清之商定了《近思续录》。但是这时浙中发生了特大水旱灾,新任右相王淮看中了赈灾有方的朱熹,荐举他前往浙东赈荒。九月二十二日,朝廷改除朱熹提举浙东茶盐公事。朱熹对浙东严重的灾情早有所闻,他从南康刚归家就在给吕祖谦信中忧叹说:"闻浙中水潦疾疫,死者甚众,闻之使人酸鼻。诸公直是放得下,可叹服也!"[1] 提举的美差这时被爱财庸官看成了凶险的畏途,避之唯恐不及,而朱熹改除一下,他却抱着"上轸宸虑"和拯民水火的焦灼单车上道。但是他却向朝廷提出了最使赵眘和宰辅大臣头痛的要求:赴任前入都奏事。这固然又是他的天下不治根源在皇帝一心不正、地方灾荒原因在朝廷腐败的道学思想在驱使他要这样做,但是却还有更具体的原因,一是淳熙七年上的封事如石沉大海,赵眘依旧故我;二是朝廷自食了原来朱熹南康任满入都奏事的诺言;三是南康任上许多奏请至今还是一纸空文,他要面奏解决;四是他凭着南康的经验预料到浙东赈荒会遇到重重困难和

---

[1]《朱文公文集》卷三四《答吕伯恭》书四十五,第551页。

阻力，他要当面向赵眘直陈面恳，详论救荒之策，借得"尚方宝剑"好自行其是。朝廷拖到十月二十八日才同意了他入都奏事的要求。

十一月二日，朱熹在他的女婿黄榦陪同下启程入都。诗人章泉赵蕃寄诗壮行，把他比之为苍生而起的谢安：

寄晦庵二首

道大谁能与？才难圣所叹。
浮云虽暂掩，宝气不终蟠。
走卒称司马，苍生起谢安。
纵无临贺送，当有翰林观。
张胆言何壮，擎天志未摧。
真成一夔足，何有万牛回。
感兴能无句，忧时漫举杯。
江湖嗟旅役，中屡阻频陪。[1]

朱熹这时也过于相信自己在南康任上赈荒的经验，没有预料到前路的凶险，刚一拜受提举就投书各郡，以蠲免征税的待遇广募米商客舟来浙东出粜。在入都经衢、婺、绍兴时又详细探询了各郡灾情，对赈荒措置先已了然在胸。十一月二十七日，在新造的延和殿上，朱熹向赵眘面奏了七札。

七札共分三部分，一、二札论赵眘君心不正，三、四、五札论浙东赈荒救灾事宜，六、七札论南康军任后事。奏事的重点是在一、二札，朱熹为防泄漏，亲自手书了这两札。他也深知赵眘

---

[1] 赵蕃：《淳熙稿》卷九《寄晦庵二首》，《丛书集成初编》本，第 2258 册，第 186 页。

第六章 浙东提举

对他正心诚意的谏诤说教拒纳不采,偏有意把去年在南康所上封事重新缮写成册,再由阁门投进。在第一札中,他批评了赵昚一贯独断专决的作风和拒谏听谗、文过饰非的恶习,借着连年饥馑、天垂谴象要赵昚"以灾异求言","反躬引咎,以图自新"。在第二札中,他更指责赵昚未能存天理,灭人欲,一味宠信权幸近习,认为赵昚即位二十年的统治只造成"陛下之德业日隳,纲纪日坏,邪佞充塞,货赂公行,兵怨民愁,盗贼间作,灾异数见,饥馑荐臻",原因就在于近习小人的欺主弄权,但根本还在赵昚君主一心的不正。朱熹这种貌似道学的说教其实都是针对现实而发。就在淳熙八年初,内侍陈源褒宠有加,添差浙西副总管,参预一路军政。其他内侍也多现带兵官,招权纳赂。陈源的党羽都是权倾一时的巨蠹,包括从充当陈源管家发迹的武略大夫徐彦达父子四人,由陈源厮役晋升武校尉的甄士昌,靠溜须拍马进补高官的临安府都吏李庚等狡狯小人。另一名赵昚宠爱备至的幸臣王抃进登枢密都承旨,预政弄权,几乎就在朱熹奏事同时,赵昚还命他奉旨前往金国同金使交涉。稍后在淳熙九年正月王抃被赵汝愚攻罢,但赵汝愚也因此离朝出帅福建。朱熹二札所指责的赵昚的独断专决和宠信近习,正是封建君权下必然伴随帝制俱来的两大"帝病"。赵昚坐在延和殿上漠然听他慷慨动情地读着二札,竟一言不答,仅对朱熹提及星变感到些许恐惧,自我辩白说:"朕见灾恐惧,未尝不一日三省吾身。"直到朱熹读起浙东赈荒三札,赵昚才以悲天悯人的姿态对朱熹紧追不舍的面恳作出模棱两可的允准。实质性的问题在第三札,朱熹奏请及早检放,从实蠲减,赵昚含糊回答说:"连年饥歉,朕甚以为忧,州县检放,多是不实。"朱熹又奏请给献米助赈者推赏,赵昚只回答说:"至此却爱惜名器不得。"朱熹又奏请多拨米斛救济,赵昚也只回答一句:"朕并无所惜。"

朱熹又奏请预放来年身丁钱，赵眘还是只回答一句："朕方欲如此宽恤。"[1] 到了第四札奏请今后水旱灾三分以上第五等户免检全放，五分以上第四等人户免检全放，第五札奏请豁免浙东路和买，第六札奏请减免星子县税钱，赵眘就都不置一词了。其实赵眘这些口头"皇恩"都是空话，朱熹还得去向朝廷户部苦求，同监司郡守力争，与大大小小贪官赃吏抗斗。按照朱熹最好的估计，浙东赈济灾民最少也须二百万缗，朝廷却在十二月一日只拿出南库钱三十万缗给朱熹赈粜，无异是杯水车薪。朱熹在第四札中奏请行社仓之法，是一个从长远考虑的备荒措施，为此朱熹同时还上了《社仓事目》的条例。赵眘在十二月二十二日诏下朱熹社仓法在全国各路推行，后来正统史家都看成了既成事实大书于史册，其实这不过是一纸具文，朱熹后来到庆元二年还在《建昌军南城县吴氏社仓记》中感慨社仓之法"吏惰不恭，不能奉承，以布于下。是以至今几二十年，而江浙近郡田野之民，犹有不与知者，其能慕而从者，仅可以一二数也"[2]。

但辛丑延和奏事对朱熹又毕竟不失为一次成功的奏事，那就是他终究得以向九重之上的赵眘面陈了自己赈荒的具体办法，可以以赵眘的一些当面"恩准"作靠山往浙东放心大胆自行其是，并借赵眘的"尚方宝剑"去打"鬼"。对朱熹来说，这次奏事最有现实意义的真实意图还是第三札中奏请的总的赈荒设想：

救荒之政……全在官吏遵奉推行，然后被实惠。……欲乞圣慈特降指挥，戒敕本路守令以下，令其究心奉行，悉意推广。其故有违慢不虔之人，俾臣奏劾一二，重作施行，以

---

[1] 毕沅：《续资治通鉴》卷一四八，上海古籍出版社1987年版，第815页。
[2] 《朱文公文集》卷八〇《建昌军南城县吴氏社仓记》，第1463页。

第六章 浙东提举

警其余。其有老病昏愚，不堪驱策者，亦许具名闻奏，别与差遣，却选本路官吏恻怛爱民、才力可仗者，特许不拘文法，时暂差权，仍依富弼、赵抃例，选择得替、待阙、宫庙、持服官员，时暂管干。事毕，具名申奏，量与推赏。[1]

这是一个大胆的奏请，表明在赈灾上朱熹不仅重荒政之"法"，而且更重荒政之"人"。这条面奏是他请得的最重要的"尚方宝剑"，他在浙东任上赈荒的全部作为都是建立在这条奏请上的。而后来赵昚也恰恰违背了这条面允的奏请，使身为"钦差大臣"的朱熹在赈荒上处处碰壁。

十二月六日，朱熹往浙东路萧山县接任职事，视事西兴。参知政事周必大亲自致札送他，说：

学道爱人，中外信服，前已试活人之手于千里，今又扩而充之，及于列城，斯民幸甚！咫尺末由再晤，伏几顺令保啬，政成来归，益摅素蕴，兹固士大夫之公愿也。[2]

新上任的朱熹这时在皇帝赵昚和宰辅王淮、周必大眼里还笼罩在一重南康赈荒胜利的光轮中，被寄予重望。在淳熙八年被劾罢归山阴镜湖的陆游，也急不可耐地寄了一诗给朱熹，盼他早来施赈：

寄朱元晦提举

市聚萧条极，村墟冻馁稠。

---

[1]《朱文公文集》卷一三《辛丑延和奏札》三，第 195 页。
[2]《文忠集》卷一九三《答朱元晦待制》书一之一，《四库全书》本，第 1149 册，第 189 页。

劝分无积粟，告籴未通流。

民望甚饥渴，公行胡滞留。

征科得宽否，尚及麦禾秋。[1]

陆游所居的绍兴遭灾最重，八邑中余姚、上虞受灾五分，新昌、山阴、会稽受灾八分，嵊县受灾九分，萧山、诸暨几乎颗粒无收。朱熹虽带着三十万缗南库钱赴任，却仍有"空手过江"的感觉。他接连上了《奏救荒事宜状》和《乞赈粜赈济合行五事状》，指出单绍兴六县灾民共有一百四十万，而他手头的赈济钱只能折合米八万多石，即使朝廷一粒不征，六县灾民平均每天也只有一二合的口粮，而地方官吏在朝廷严令下依旧如凶神恶煞般在催交赋税。他明确提出了三大赈荒急务："绍兴府今年饥荒极重……惟有蠲除税租、禁止苛扰、激劝上户，最为急务。"[2] 他就向赵眘一手不断奏请要钱拨粮，一手不断奏请免税住催，展开了一路七州的赈粜赈济。

在蠲除税租、禁止苛扰上，朱熹接二连三的奏请到了赵眘和朝廷无法忍受的地步，这些奏请有：将淳熙八年四等、五等下户的夏秋残欠一并住催；将绍兴府山阴、会稽、嵊县、诸暨、萧山五县四等、五等下户夏税秋苗丁钱一并住催，其余各州县逐都给以检放，旱灾达五分以上县五等户住催，七分以上县连同四等户一并住催；将被灾州县积年旧欠住催，到秋冬收成以后再逐料带纳；将淳熙八年人户理应蠲阁而先期误纳的夏税，折成淳熙九年的新税给以蠲豁；将台州五县第五等下户淳熙九年的丁绢全予蠲

---

[1] 陆游：《剑南诗稿》卷一四《寄朱元晦提举》，《四部备要》本，第 495 册，第 4 页。

[2] 《朱文公文集》卷二一《乞赈粜赈济合行五事状》，第 322 页。

第六章　浙东提举

放；将被灾倒人户苗米五斗以下不等检踏先予蠲放，以免下户细民遭受督逼苛扰之苦；严禁州县官吏对兴犯货物、出粜米谷的商船邀阻抽税，设卡渔利；将本路淳熙九年受灾县人户夏税权行住催，到秋成以后再将夏税按照秋苗分数蠲减；减免绍兴府数目浩大的和买……但朱熹这些可怜的宽免奏请，朝廷几乎一条也不肯"恩准"。夏税绵绢起催期限本在五月十五日，朱熹奏请展限两月，州县官却依旧追呼督催不止。特别是在将在淳熙八年先期误收的夏税折成淳熙九年新税蠲减上，起初赵眘总算点头同意了，却又被户部阻挠不行，朱熹在《奏救荒画一事件状》中痛心地说："户部巧为沮难，行下本府，催督愈峻。今来既是复有灾伤，岂是追呼箠挞催督赋税之时！"[1]

和买是朝廷巧取豪夺的无名之赋，起初还是先支现钱，后纳䌷绢，后来官司故意压价，或高抬其他物价纽折，到最后干脆不支现钱，无异公然劫掠抢盗民户䌷绢。浙东七州除温州外，六州共和买二十万余匹，绍兴一州就要输十四万余匹。像会稽一县原来科纳一匹，现增为二匹半。年年朝廷大小官员都煞有介事地研究和买之弊，朱熹在《奏均减绍兴府和买状》中一语道破问题症结说："和买之议所以汹汹累年，而和买之害固未尝有一毫之损也。然窃尝深究其受病之原，则无尤他为，直以原额之太重而已！"[2] 朱熹是南宋有勇气喊出减免苛重的和买的第一人，无怪那些巧立名目加赋增税的宰辅大臣和户部要员个个对他金刚怒目了。

台州丁绢也正同绍兴和买一样，本来规定人户每年一丁纳本色绢三尺五寸外加钱七十一文，台州官府却把七十一文钱也加倍

---

[1]《朱文公文集》卷一七《奏救荒画一事件状》，第 255 页。
[2]《朱文公文集》卷一八《奏均减绍兴府和买状》，第 267 页。

纽折成本色绢三尺五寸强令人户输纳。朱熹采取了先斩后奏的办法，借着建炎三年的朝廷指挥作掩护，先令台州各县将纳绢三尺五寸改为纳钱七十一文，然后再申奏朝廷。这使他同朝廷与州县官吏又结下一重深深的怨毒。结果他到浙东提举任上不到三个月，已经处在上自朝中权贵、下至地方官吏与豪强大族的一片谩骂攻讦的包围中。

　　朱熹分拨钱粮到各州县，却遭到了地方官吏的侵吞中饱，他的救济赈灾也遭到了强宗奸豪的抵制阻挠。他决定亲自下去到各州各县实地巡历，视察赈灾详况，惩办那些阻挠破坏赈荒的贪官奸豪。淳熙九年正月，他从会稽出发，由嵊县、诸暨巡历到婺州浦江、义乌、金华、武义、兰溪，再转入衢州龙游、西安、常山、开化、江山，一路拨钱施粮，检查救济米场。他发现尽管会稽提举司钱粮不断拨下，乡间依旧到处道殣相望，有的一村断烟，有的全家无粮。地方贪官奸吏即使在灾荒中也依旧草菅人命，乘机贪盗，漏报饥民人数。像会稽、山阴两县，朱熹一下子查出抄札漏报二十五万余饥民。他巡历到嵊县，就先奏劾了偷盗官米的绍兴指使密克勤。这个密克勤大量侵吞拨给上虞、新昌、嵊县的赈济米，然后用糠泥拌和，用小斗斛量米赈给灾民。朱熹亲自抽样检查，一石米就少了九升，一斗米中可以筛出泥土一升二合，糠一升一合。一万三千石赈济粮共少了四千一百六十石。在婺州金华县，他又奏劾了不伏赈粜的富豪朱熙绩。按照朱熹的赈济办法，是劝谕上户献米，加上朝廷所拨料，在城乡各处设米场粜济，每天煮粥救济艰食灾民。朱熙绩是金华极等上户，家有高房大屋三百余间，田亩物力称雄一郡，朱熹命他在第十二都朱二十一家设场粜济，他仗着朝中有姻亲靠山，竟躲匿不从，不发一粒米。朱熹巡历到金华，他又诡称已在第十七都设场出粜，实际只是发放

第六章　浙东提举

点霉湿糙米，用小斗克减斤两，每七升变成了四升，散粥救济竟是拿一点米用泥水浆煮成稀粥，饥民吃了狼狈呕吐。朱熹令金华县尉追唤朱熙绩，他又公然抗拒不来。在衢州，朱熹又奏劾了不勤荒政、不恤民隐的衢州守李峄和检放旱灾不实的监户部赡军酒库张大声、龙游县丞孙孜。衢州是检放灾伤最不实的一州，特大水灾以后，李峄竟好大喜功谎报"民不阙食，未至流移"。常山县受灾八分，他却只作一分六厘减放，灾民饥饿冻死遍野，他依旧一味差人下县督催财赋急如星火，而朱熹拨给衢州的六万石救济米，他又一粒不分拨下县。张大声、孙孜都只知观望李峄的意旨颜色行事，甚至把开化县受灾八分只作一厘减放，造成朱熹说的"被灾人户困于输纳、追呼、监系、决罚之苦，流移四出，而贫下之民无从得食，岁前寒雨，死亡甚众"[1]。

　　朱熹在巡历中的这些奏劾不仅没有能奏倒一人，反而给自己惹来了不测之祸，他人还没有回到绍兴府提举司，那班被劾赃官奸豪的造谣中伤已纷纷飞入临安朝内。回府后，他愤然上了一道《乞赐镌削状》说："臣昨以职事横被中伤……然前日之罪已在不赦之域，加以踪迹孤危，风采销夺……只乞圣慈且将臣见在官职先次镌削，候救荒结局日，另行窜责，庶允公议。"[2] 他已经意识到朝中专揽大权的宰相王淮在阻梗，便在六月八日向王淮上了一道口词激烈的长札，严厉批评王淮说："今祖宗之仇耻未报，文武之境土未复……民贫民怨，中外空虚，纲纪陵夷，风俗败坏……为大臣者乃不爱惜分阴，勤劳庶务……顾欲从容偃仰，玩岁愒日，以侥幸目前之无事。殊不知如此不已，祸本日深。"认为"大抵朝廷爱民之心不如惜费之甚，是以不肯为极力救民之事；明

---

[1]《朱文公文集》卷一七《奏张大声孙孜检放旱伤不实状》，第248页。
[2]《朱文公文集》卷一七《乞赐镌削状》，第249页。

公忧国之念不如爱身之切,是以但务为阿谀顺指之计"[1]。朱熹没有料到,正是这封上王淮宰相书,决定了他后来在浙东赈灾救荒的最终失败。

在他上书王淮前后,浙东各州又发生了少有的旱灾、蝗灾,疫气跟着蔓延流行。陈亮在五月致信朱熹谈到这场旱灾疫疠初来的凶猛势头说:"婺州亦复大疫。衢州米价顿涌,四千七百文一石,祸将浸淫于婺……疫气流行,人家有连数口死,只留得一两小儿,更无人收养者。闻赵倅已处置收养五六十人在州。"[2] 七月,朱熹乘船出城亲往会稽县广孝乡田头视察,只见群蝗飞舞,咬食稻苗,弥眼一片黄赤,下户细民多在采稗子充饥。朱熹一面广发榜文到两广八闽招诱米船入浙,到丰熟地区广籴米谷,一面不断上奏朝廷住催蠲免各种苛赋。但是下面州县官吏却依旧一阵紧似一阵催税逼赋,贪污盗窃赈灾钱粮更加猖狂。朱熹虽然得不到宰相王淮的回复,还是决计往下进行一次更大规模的巡历。

第二节　六劾唐仲友

七月六日,朱熹奏劾坐视旱灾不救的江山知县王执中,为他的第二次巡历制造声势。七月十六日,他从绍兴府白塔院出发,由会稽、上虞、嵊县巡历到新昌,二十一日入台州、宁海,一路

---

[1] 《朱文公文集》卷二六《上宰相书》,第419页。
[2] 陈亮:《陈亮集》卷二八《又壬寅夏书》,河北教育出版社2003年版,第265页。

第六章 浙东提举

督促赈荒,奏蠲赋税,论劾那些趁灾侵盗自肥的赃官奸吏。在上虞,一天之中就先后有七百人拦道投状,哭诉县吏催逼赋税横暴贪婪,竟公然强令民户都要多交一百文的孝敬钱,不交便差人下乡追促拷掠。朱熹严厉惩处了这些贪酷胥吏。在宁海,他又奏劾了不修荒政、听任灾民流离逃亡的知县王辟纲。然而当他巡历到台州时,他却遇到了一个在宰相王淮庇翼下的知州唐仲友逍遥横行的贪污王国。

唐仲友字与政,号悦斋,以鼓倡经制之学而同金华学、永嘉学、永康学喧腾并起于浙东,但他也深受官场功利风气的熏染而生就了一副地主缙绅的贪官嘴脸。朱熹还在七月十六日启程时便一路不断看到台州灾民扶老携幼逃荒的惨景,听到这个披着儒臣外衣的"清望官"唐仲友贪酷淫恶的大量事实。所以十九日朱熹人还未入台州界,便先写出了劾仲友第一状,说:"知台州唐仲友催督税租,委是刻急……急于星火,民不聊生。又闻本官在任,多有不公不法事件,众口谨哗,殊骇闻听。"[1] 这是一开始就指明了唐仲友的罪状有二:一是灾荒中依旧刻急催督税租,二是在任上多有不公不法之事。可以说朱熹后来的全部奏劾都不过就是沿着这两方面展开的。二十三日一到台州,他又写了劾唐仲友第二状,专门揭露唐仲友的第一条罪行。朝廷原来规定民户交纳夏税期限在八月三十日,户部却擅自改为七月尽数到库,唐仲友更不顾灾荒强令各县六月底以前全部如数收齐,委派了酷吏干官四出坐镇各县催督。像天台县到六月下旬已纳到夏税绢二分之一,钱三分之二以上,唐仲友依旧差人把天台知县赵公植捉押赴台州作人质,勒令民户十日内将夏税交齐,才放回赵公植。二十七日,

---

[1]《朱文公文集》卷一八《按知台州唐仲友第一状》,第271页。

朱熹进一步上了劾唐仲友第三状，对唐仲友的罪行进行了全面详细的揭露。劾状一共有二十四条，实际是奏劾了唐仲友残民、贪污、结党和淫恶四个方面的罪行。

在残民上，唐仲友的手段无所不用其极。淳熙八年民户上纳的秋苗糙米，本来要到十月半后开场征收，唐仲友采用加倍收取加耗等办法，不到半月已将糙米如数收足，然后将未纳糙米高价折钱强令民户交纳，迫使民户只好贱价粜米，高价纳官。夏税和买绢，唐仲友也高价折钱，贫民无钱可纳，便增起丁税，"以无为有，为一州无穷之害"，灾年五县丁绢反比常年增多几千匹。唐仲友又擅自以公使库卖酒，官府榷利，收息尽入自己腰包。不准民间百姓造酒粜糯，犯者不论轻重籍没资产，囚系囹圄，两年中竟有二千余家民户破产，死于狱中百余人。在贪污上，唐仲友的本领令人叹为观止。他委托心腹爪牙赵善德掌握公库和籴本库，随意盗用库钱，一次以收买物料为名，从公库支出二万贯。又一次以"移寄他库"为名，从籴本库支出十余万贯，全被唐仲友贪污。公使库中有前任积下的十余万贯钱，也成了他猎取的目标，同众多心腹密谋，将库钱装入竹笼偷偷搬藏进私宅，然后再装担运往金华故里，先后有几万贯就这样被他偷盗。到他荣除江西提刑锦衣归里时，光行李就有几百担，真是一任清知府，百万雪花银。朱熹离南康任时行李不过五六担，相比之下真是一副道学寒酸相了。唐仲友又把官库变成自己的私人金库，用来开设商铺。朱熹劾状中就提到他在婺州老家开有彩帛铺、鱼鲞铺、书坊等，都是靠偷盗搜刮来的官库钱开办的。朱熹说他贪婪到连用官库钱私造弓弦用的生丝，"并发归本家彩帛铺，机织货卖"。用官库钱私自印书时也不忘"乘势雕造花板，印染斑襈之属，凡数十片，发归本家彩帛铺，充染帛用"。盗用公使库钱到自家彩帛铺高价购买暗花罗分赠给得宠营妓时,也没有忘记再把剩余的"所染到真红紫物帛,并发归婺州本家彩帛铺货卖"。私家印书卖书也是先在台州用公帑募刻字工匠雕板,板刻成后搬回婺州书坊,"凡材料口食纸墨之类,并是支破官钱"。在结党贪盗虐民上,唐仲友精心编结了一张姻党与私党的网。唐仲友弟妇王氏是宰相王淮之妹,王淮成了他在朝中最大的保护伞。他特地把王氏请来台州坐镇。唐仲友的三子、甥、侄、表弟等,都出入台州府衙,预政纳贿。唐仲友妻何氏的亲兄,有何知县、何教授、何宣教三兄弟。唐仲友长子唐士俊妻曹氏之父为曹宣教,是临海县丞曹格的堂兄,而曹格之妻又同临海县漕官范杉有联姻。那些在朝纷纷举荐唐仲友的侍从大臣、台谏要员,都同这些人有远远近近的亲戚关系。这种姻党勾结、亲亲相护,即使在做官避亲极严的宋代也是触目惊心的。唐仲友培植的私党更是盘根错节,州县官吏几乎全是他的心腹打手。像贩香牙人应世荣家资丰厚,唐仲友提拔他为市户,应世荣竟为唐仲友建立生祠。司户赵善德,使臣姚舜卿,人吏郑臻、马澄、陆侃、陈忠、杨楠、王子纯、俞实、张公辅、吴允中等,都是唐仲友贪污偷盗的同伙,唐仲友正是靠了他们的内外结援才能"妄用钱物甚于泥沙"。在淫恶上,唐仲友堪称一名丧尽廉耻的狎妓淫棍,天台营妓成了唐氏父子四人的专利品。他们用偷偷落籍的办法把她们占为己有,允许她们幕前幕后预政,馈赠贪污偷盗的官钱官物给最得宠的色妓严蕊、沈芳、王静、沈玉、张婵、朱妙,而这些营妓侯门卖笑,也为虎作伥,徇私受贿,交通关节,恃宠残害小民。朱熹在劾状中一再揭露她们的丑恶嘴脸说:"近来(唐仲友)又与沈芳、王静、沈玉、张婵、朱妙等更互留宿宅堂,供直仲友洗浴。引断公事,多是沈芳先入私约商议既定,沈芳亲抱仲友幼女出厅事劝解,仲友伪作依从形状,即时宽放。如应扬犯奸等事,并是临时装点此等情态。"[1]

朱熹在劾章中揭露的唐仲友罪状证据确凿,但是三道劾状进入临安朝中,都被宰相王淮扣下,藏匿不报。与此同时,朝中王淮党却掀起了一个纷纷举荐唐仲友的闹剧,对抗朱熹奏劾唐仲友的独唱。他们主要有吏部尚书郑丙,唐仲友志同道合的密友,后来王淮正是用他敲响了大反道学的开场锣鼓。还有侍御史张大经,朱熹所奏劾惩处的人中有他的亲戚张大声。另外还有右正言蒋继周、给事中王信之流。朱熹后来在劾唐仲友第五状中揭露说:"仲友近日又为吏部尚书、侍御史所荐,而其支党共为贪虐之人,又皆台省要官子弟亲戚。"朱熹等待了十多天毫无动静,八月八日,他又上了劾唐仲友第四状,开首就指出朝中大臣的包庇阻梗说:"臣窃见仲友本贯婺州,近为侍御史论荐,又其交党有是近臣亲属者,致臣三奏,跨涉两旬,未奉进止。"第四状是奏劾唐仲友的高峰,但仍同第三状一样,是提供大量新的事实进一步揭露唐仲友催逼税租、贪虐残民、植党淫恶的罪状。为消灭贪污罪迹,唐仲友已将台州公库簿历全部藏匿销毁,但朱熹却查到了部分草簿,其中笔笔记载唐仲友在淳熙八年二月到淳熙九年四月共偷盗近三万贯,不少都是支给姻党。盗库钱已不能满足他的无底厌求,竟把伪造官会的罪犯蒋辉藏匿在家,胁迫他为自己雕造假官会。连分发给兵士的冬衣,唐仲友也要先把上好的夏税绵绢装回老家开的彩帛铺,换成粗绵纯绢做军衣,士兵无不怨声载道。其他科罚虐民、促限催税、不恤饥民、狎妓淫滥、营妓受贿作恶、姻党横行霸道、盗用官钱、滥刑枉法等,无奇不有。

朱熹的第三、四状猛烈震动了朝廷上下,朱唐交奏的事远近

---

[1]《朱文公文集》卷一八《按唐仲友第三状》,第277页。

第六章 浙东提举

飞传，连赵眘皇帝也知道了，到这时王淮才感到纸包不住火，但狡猾老练的他依旧压下了笔笔条陈唐仲友累累罪行、言之凿凿的第二、三、四状，只把寥寥二三百字的第一状同唐仲友详细的自辩状一起送给赵眘看，造成"唐苏学、朱程学"、"秀才争闲气"的假象，蒙骗赵眘。同时发下指挥，说要另委派浙西提刑来专究此案，催促朱熹起离台州，这实际上是要束缚住朱熹的手脚，不准他再查办唐仲友一案。所以严格说朱熹在上了第四状后，已经无权再过问这一要案了，他先后能被准处理这一要案的时间还不到二十天。本已绝望的唐仲友抢先从王淮那里得到内部消息，又重行骄横不可一世，竟派吏卒突入州司理院大打出手，甚至无耻地抬出宰相王淮之妹王氏这具僵尸压人，在辩状中说朱熹"搜捉轿担，惊怖弟妇王氏，心疾甚危"。朱熹横流独抗，偏在八月十日又再上了劾唐仲友第五状，指出唐仲友的气焰嚣张是"有人阴为主张，摘语消息"，揭露了从宰相、侍从、台谏直到台州的"台省要官子弟亲戚"的上下串通勾结，径直提出要么将唐仲友"早赐罢黜，付之典狱，根勘行遣，以谢台州之民"；要么"议臣之罪，重置典宪，以谢仲友之党，臣不胜幸甚"[1]。表示了他破釜沉舟的奏劾决心。九月十三日是朝廷大享明堂的大典日子，要大赦天下，推恩子弟，朱熹在八月十四日再上了一道《乞罢黜状》，尖锐指出所谓另差浙西提刑来体究是一个阴谋，真意在于"只是欲与拖延旬日，等候赦恩，且令奏荐子弟，然后迤逦从轻收杀"。

朱熹自然还是把王淮之流的阴险奸刁估计得过低了，王淮为唐仲友早已营造好了狡兔三窟。他先在八月十四日通过朝廷正式发布唐仲友一案由浙西提刑来究办，命令朱熹离台州继续前往巡

---

[1]《朱文公文集》卷一九《按唐仲友第五状》，第287页。

历；接着在十七日又罢唐仲友江西提刑的新任。这一方面固然是迫于舆论压力，但另一方面却是要把罪不容赦的唐仲友保护起来，从宽处理；然后又在十八日改除朱熹为江西提刑，彻底斩断了他同浙东台州案子的关系，同时也给不明真相的世人造成一种朱熹劾唐仲友是为了夺取他的江西提刑新任的假象。朱熹奏劾唐仲友事实上已经无法再进行下去了。

这些朝命一时还没有传到台州，朱熹仍被蒙在鼓里，半信半疑地期待着浙西提刑来公正审案，他便根据检正左右司所申在八月十八日离台州，继续巡历，还不知道正是这一天他已被剥夺了作为浙东提举巡历的权力。八月二十二日他巡历入处州缙云县境，又上了一道《又乞罢黜状》。就在这时，他得知永嘉州学中居然至今还建有秦桧祠，塑着这个大卖国贼的像，便移文永嘉毁掉了秦桧祠。八月底他巡历到了处州后，又根据处州的现状接连上了《奏盐酒课及差役利害状》、《奏义役利害状》、《论差役利害状》，俨然还自以为是一个"钦定"的浙东提举。直到九月四日巡历到处州遂昌县，他才风闻自己早已改除江西提刑，被剥夺浙东提举半个多月了。这时他才如梦方醒，发觉这是一场彻底的骗局。尤使他不寒而栗的是，恰好也是这一天朝命下到，说他赈荒劳苦功高，"进职二等"，除直徽猷阁。王淮硬软兼施的文武套路确实身手不凡，如果朱熹真是嗜名好利之徒，他就会接受这清贵的显职，从此缄默不语，甚至还可同唐仲友握手言欢，而王淮、侍御、台谏之官包庇唐仲友、欺君罔上之罪也都可以掩盖起来。然而王淮对朱熹用儒家文化精神铸造出来的倔傲的道学性格又估计太低了，朱熹不仅当即上了一道辞免进职状，而且抢在改除江西提刑朝命正式下到处州以前上了劾唐仲友第六状，更进一步揭露唐仲友的贪污偷盗和伪造官会两大罪状。朱熹这时已失掉了奏劾唐仲友的

第六章 浙东提举

权力,他再上劾唐仲友第六状,实际是他对王淮除他直徽猷阁的愤怒回答,表明自己绝不屈服低头的决心。

朱熹的第六劾状自然也不过是一张废纸,唐仲友的罪恶再大,赵眘和王淮都保定了,改除为江西提刑的朱熹只有用弃官归隐表示最后的抗议。九月十二日他巡历到衢州常山县境时,改除江西提刑的朝命也正好到达,是填现阙的美差,不必入都奏事,直接赴任。朱熹从常山赴江西只是举步之劳,他却当日上了辞状,认为"填唐仲友阙,蹊田夺牛之诮,虽三尺童子,亦皆知其不可"。乞请罢免或奉祠。就在这一天他飘然南归了,他不断写信给三山放翁陆游,告诉他说:"以罪戾远行,迤丽南归。"决计从此"杜门读书,毕此数年为上策,自余真可付一大笑!"[1] 这正是赵眘和王淮所求之不得的,就在朱熹两脚一跨出浙东,他们便宣布不须差浙西提刑"体究",蒋辉等一干犯人全部无罪释放了。充满最后胜利喜悦的是风流贪官唐仲友,同党们为他设宴庆祝,一名宠姬歌一曲《大圣乐》,当唱到最后"休眉锁,问朱颜去了,还更来么?"这个前任太守竟陶醉得翩然起舞了。[2]

朱熹奏劾唐仲友最终失败了,因为他敌不过用宗法血缘的姻党和官僚特权的政党两股力量绞合编织出来的一张官官相护的封建巨网。他自己在《辞免江东提刑奏状三》中描写这可怖的巨网说:"臣所劾赃吏,党羽众多,棋布星罗,并当要路。自其事觉以来,大者宰制斡旋于上,小者驰骛经营于下……其加害于臣,不遗途力,则远而至于师友渊源之所自(按:指主程学),亦复无故

---

[1] 吴宽:《匏翁家藏集》卷五五《跋朱文公三帖》,《四部丛刊初编》本,第 256 册,第 10 页。
[2] 《轩渠后录·大圣乐》,《历代词话》卷八,《词话丛编》本,中华书局 1986 年版,第 2 册,第 1242 页。

横肆抵排。向非陛下圣明,洞见底蕴,力赐主张,则不惟不肖之身久为鱼肉,而其变乱白黑,诖识圣朝,又有不可胜言者。"[1] 在这张巨网面前,朱熹注定是个失败者,但他却是一个被公论所同情的失败者。陆九渊在给陈倅的信中称赞说:"朱元晦在浙东,大节殊伟,劾唐与政一事,尤快众人之心。百姓甚惜其去,虽士大夫议论中间不免纷纭,今其是非已渐明白。"[2] 小民百姓的公论正如陈亮所说:"物论皆以为凡其平时乡曲之冤一皆报尽。"[3] 他在给朱熹信中用"震动"二字来概括六劾唐仲友的巨大影响说:

> 台州之事,是非毁誉往往相半,然其为震动则一也。世俗日浅,小小举措已足以震动一世,使秘书得展其所为,于今日断可以风行草偃……去年之举,《震》九四之象也。[4]

然而六劾唐仲友的这种"震动"也只如死水表面的微澜转瞬即逝,留下的却是另一种反面的"震动"——王淮党起来大反道学了。

第三节 与浙学陆学的交流

朱熹在六劾唐仲友上遭到失败,但是他的朱学却在浙东得到

---

[1]《朱文公文集》卷二二《辞免江东提刑奏状》三,第347页。
[2]《陆九渊集》卷七《与陈倅书》,第97页。
[3]《陈亮集》卷二八《又癸卯秋书》,第267页。
[4]《陈亮集》卷二八《又癸卯秋书》,第266页。

第六章 浙东提举

了传播。在浙东,浙学各派后进新秀在淳熙八年吕祖谦和郑伯熊两大前辈死后都一下子脱颖而出,形成一股势不可挡的潮流,他们主要有金华的吕祖俭,四明的杨简、沈焕、舒璘、袁燮四先生,永康的陈亮,永嘉的陈傅良、薛叔似、叶适等,朱熹在浙东同他们几乎都有广泛的接触和面论,使他对浙学及其现实弊病有了一个全面的了解。

朱学与浙学在文化精神上的基本对立,可以归结为以道德拯世与以事功用世的不同。在浙东,朱熹同永康学派的陈亮进行了初步的交锋。他在淳熙九年一月第一次巡历到金华时,曾在十七日往武义明招山哭祭了吕祖谦之墓,同吕氏子弟和潘叔度、潘叔昌以及聘入潘氏塾馆的浙东学者进行过讲论,还商谈了印刻吕祖谦校定的《周易古经》等书。陈亮就在这时从永康龙窟赶来武义明招同朱熹见面相识。以后两人乘篮舆一路讲论,陈亮陪他巡历,一直来到永康龙窟陈亮家中,又聚谈了几天,朱熹才离永康乘舟直往兰溪继续巡历。这次初会两人大有相见恨晚之感,别后朱熹还邀他和陈傅良同来绍兴府再聚,并把《战国策》、《论衡》和自注的《田说》寄给了他。陈亮也在回信中说:"山间获陪妙论,往往尽出所闻之外。世途日狭,所赖以强人意者,惟秘书一人而已。"[1] 也把自己类次的《文中子》、《经书发题》和十篇问答《杂论》、二篇《策问》寄给了朱熹,两人的王霸义利论战拉开了序幕。武义明招堂和永康龙窟陈亮宅是他们进行论辩的主要地方。在面论中,两人在对时政、荒政的看法上是一致的,陈亮后来还替他出主意上奏乞留婺州通判赵善坚协助婺守钱佃措置赈济;在经学上两人也能相合,朱熹怀疑《古文尚书》和孔《序》为伪,

---

[1]《陈亮集》卷二八《壬寅答朱元晦秘书》,第263页。

竟在陈亮那里找到了第一个知音，陈亮的《经书发题》也完全是用一种地地道道的道学家的口吻在发经义，所以朱熹称赞他说："《书义破题》真张山人所谓'著相题诗'者，句意俱到，不胜叹服。"[1] 但是在对社会历史的基本看法上两人暴露出了严重分歧。明招堂上的论辩，朱熹后来在淳熙十一年给吕祖俭信中有所透露说："……所谓秦汉把持天下有不由智力者，乃是明招堂上陈同甫说底。"[2] 他在给陈亮信中说的"《策问》前篇，鄙意犹守明招时说"，也就是指这次明招堂的初会面论。这正是他们后来的义利王霸之辩的重要争论之一。在分手以后两人的论辩一度稍有所展开，陈亮读了朱熹所注的《田说》，在复信中作了尖锐批判。陈亮鄙薄那些"羞道功利"的腐儒，认为"论说"不等于"实行"，成天下大功须靠自家气力。他既反对安坐感动的拱手空谈，又反对饾饤发施的繁琐著述，已经亮出了他的事功之学的基本观点。朱熹在读了他的前五论后不无微讽地惊叹说："新论奇伟不常，真所创见。惊魂未定，未敢遽下语，俟再得余篇，乃敢请益耳。"他用"义利双行、王霸并用"来概括陈亮事功之学的灵魂，两人的义利王霸论战已经箭在弦上，只是朱熹因劾唐仲友很快罢逐，才使这场论战暂时中断。

浙学其实并不是清一色的学派共同体。由于陆九渊在浙东影响的增长，到朱熹来到浙东时出现了朱学、陆学和浙学错综复杂的交叉渗透，浙学作为学派的集合体也开始发生新的分化。陆学与浙学相互影响，一方面是功利学向江西进军，同陆学合流，产生了以陈刚、刘尧夫这样的人物为代表的一股思潮，他们的特点是把陆学的默坐澄观、发明本心同浙学的推尊事功、功利至上结

---

[1]《朱文公文集》卷三六《答陈同甫》书二，第577页。
[2]《朱文公文集》卷四七《答吕子约》书二十三，第823页。

第六章 浙东提举

合起来；另一方面是陆学向浙东进军，不只在四明出现了一个以杨简、沈焕、舒璘、袁燮"甬上四先生"为首的陆学分派，比槐堂弟子更彻底地把心学发挥到了极端，同时在浙东也涌现出一批既专好标榜事功又笃信陆学默坐澄观、发明本心的特殊学者，具有陆学与浙学的二重面目。朱熹对陆学在浙东的深入虽然不满，但他还是从现实出发把它看成是一种用道德对抗功利的文化平衡力量，在浙东同甬上四先生和陆学其他弟子保持密切的交往关系，想要用自己的影响去争取他们。

严格说甬上四先生各有自己的面目，在某些方面已经离开了陆氏心学的轨道。如果说杨简更多具有了赤裸裸的佛禅面孔，那么到袁燮那里已经明显表现出杂糅浙东事功学的倾向，而沈焕、舒璘也各具有着折中朱陆、兼取多家的色彩。朱熹到浙东时，杨简这时正好任绍兴府司理，得到了朱熹的重用，朱熹多委托杨简办理官司讼案。杨简一家也曾协助朱熹在慈溪的施赈救灾，还在淳熙八年冬杨简兄杨篆就来拜访朱熹，朱熹后来有信给他谈到了严禁慈溪"胥辈"追逼民赋的事。[1] 朱熹很快荐举了杨简，在荐状中称他"学能治己，材可及人"[2]。另一名甬上先生舒璘却可以称得上是朱熹的弟子。他早年辗转问学于张栻、陆九渊之间，大概在隆兴元年朱熹到婺州与吕祖谦讲学时，他又徒步往婺州受学，在家书中说自己这次从师问道是"敝床疏席，总是佳趣；栉风沐雨，反为美景"[3]。淳熙八年冬他又与弟舒琪到绍兴抠衣晋谒朱熹，这次相见舒璘自己说朱熹对他"与进循诱，色温而气和，

---

[1]《雍正慈溪县志》卷一五《与杨淳仲贡士柬》，《中国方志丛书》本，第191册，第930页。
[2] 钱时：《慈溪先生行状》，《慈湖先生遗书》卷一八，《孔子文化大全》本，山东友谊书社1991年版，第921页。
[3]《宋史》卷四一〇《舒璘传》，第12339页。

情亲而礼厚,饮食教裁,不啻父兄之诏告夫子弟也"[1]。第二年三月他又投书给朱熹,以一种弟子口吻推崇他说:

……师友道缺绝久矣,比年哲人凋丧,言之恻然凄怆。念今所赖任重斯文者,咸以执事为首称……惟执事以刚大纯全之气,恢博贯通之觉,涵养成就又非一日之积,绥斯来,动斯和,此愚知贤不肖所共景仰,固不可少,有如愚虑所及者。然兢兢业业,惟尧舜不敢自已。望执事益进此道,以无负四海祈向,实鄙夫惓惓之心也。[2]

这都可以看出朱熹在浙东对舒璘的影响之深,后来连杨简也不得不说舒璘是"自磨厉于晦翁、东莱、南轩及我象山之学,一以贯之"。

另外两名甬上先生沈焕、袁燮,朱熹在浙东虽没有同他们见过面,但却保持着学术友好交往的关系。沈焕丁忧家居,袁燮待次里中。沈焕对朱熹最为推重,认为晦翁"进退用舍关时轻重者,且愿此老无恙"[3]。甚至以墓铭相托。朱熹也曾大书"静廉"二字赠他,在他死后还作了一篇祭文。袁燮在甬上四先生中因较多接受事功之学而同朱熹关系较疏,但朱熹对他也十分赏识,袁燮后来在《题晦翁帖》中回忆说:"淳熙辛丑(按:原作己丑,误)之岁,四明大饥,某待次里中。晦翁贻书郡守谢侯,谓救荒之策,合与某公讲之。某虽心敬晦翁,未之识也。久而吕子约为仓官,

---

[1] 舒璘:《舒文靖集》卷上《答朱晦翁》,《四库全书》本,第1157册,第508页。
[2] 《舒文靖集》卷上《答朱晦翁》,第508—509页。
[3] 沈焕:《定川先生遗书》卷二《定川言行编》,《续四库全书》本,第1318册,第508页。

第六章 浙东提举

晦翁屡遗之书，未尝不拳拳于愚不肖。自念何以得此，或者过听，以为可教耶？……"[1] 在席卷浙东的功利汹涌学术潮流中，甬上四先生犹如泛起的一片静谧深沉的道德涟漪，朝朱熹发出诱人的微笑。所以他一离浙东归闽还念念不忘地对弟子滕璘说："四明多贤士，可以从游。不惟可以咨决所疑，至于为学修身，亦皆可以取益。熹所识者杨敬仲（简）、吕子约（监米仓），所闻者沈国正（焕）、袁和叔（燮），到彼皆可以游也。"[2] 朱熹通过同甬上四先生的交往争取了陆学弟子。余姚士子孙应时最初师事陆九渊，同陆学的甬上四先生和永康学的石斗文、学于吕陆二家的石宗昭关系密切，是一个有陆学与事功学二重面目的典型浙东学者。但是当朱熹来浙东任提举时，任黄岩尉的孙应时得到了他的器重，很快转向朱学。朱熹特地荐举了他，把他塑造成了朱学面目的弟子，第二年他就盛赞孙应时说："大抵学者专务持守者，见理多不明；专务讲学者，又无地以为之本。能如贤者兼集众善，不倚于一偏者，或寡矣。"[3] 项安世入浙起初十分自信地投归陆门，但是不久也渐渐向朱熹转步。朱熹同样荐举了项安世，他告诉刘爚说："张宪（诏）到未？向在浙东同官，甚好士。某所荐杨敬仲、孙季和、项平父，渠皆荐之。"[4] 朱熹在浙东荐举的三个人是颇有象征性的：杨简代表标准的陆学弟子，孙应时代表有陆学与浙学二重面目的学者，项安世代表学步于陆学与朱学之间的文士。朱熹引导项安世踏入朱学门户的要诀，是他的敬义夹持、诚明两进、敬知双修的理学大旨。项安世后来便主要向朱熹问学，朱熹

---

[1] 袁燮：《絜斋集》卷八《题晦翁帖》，《丛书集成初编》本，第2028册，第126页。
[2] 《朱文公文集》卷四九《答滕德粹》书十一，第857页。
[3] 《朱文公文集·别集》卷三《答孙季和》书三，第1896页。
[4] 《朱文公文集·续集》卷四《答刘晦伯》书五，第1827页。

也借他向陆学弟子宣扬朱学尊德性与道问学的两不偏废,到项安世晚年写出《周易玩辞》,已经是义理象数兼重的地道的朱学解经路数。

在浙东,朱熹能以一种综罗百家、兼取众善的恢宏气魄对待各家各派的学者,甚至在实际政事中锐于重用自己的论敌和反对派中的学者。他所在的绍兴成了四方学子来朝拜的圣地。婺源县学几十名弟子联名作书来请他为县学周程三先生祠作记。四明名士攻媿楼钥到绍兴向他问学,"获侍博约之诲",十二年后犹以未能入弟子之列为恨。[1] 朱熹属下被他重用的州官县吏几乎包括了吕学、陆学、永康学、永嘉学各派的弟子。台州司户参军谢雩是一名永嘉学者,同张淳、郑伯熊、薛季宣、陈傅良交游讲学,朱熹"一见君如故交,留语或至终夕。属以荒政及滞讼"[2]。甚至慕好无垢学的嵊县知县季光弼,也得到朱熹的倍加称誉和重用,楼钥后来描述说:"秘丞朱公熹力举一道荒政,尤详于越。君求哀诸司,得米四万斛。县有二十七乡,凡为赈粜场、赈济场、养济坊三十余所,戴星出入,以课督之。数月之后,须发为变。朱公每贻书劳勉曰:'省刑缓赋,以回天意,非体国爱民之切,不及此也!'"[3] 朱学首先在绍兴一府留下了坚实的影响。山阴有同他论诗说《易》的诗坛盟主陆游。余姚的孙应时成为他联系甬上四先生和永康学者的桥梁。上虞有他的孙邦仁、潘友端、潘友恭等弟子,朱熹在往上虞、余姚措置荒政时都过访他们,在同他们讲论学问的地方后来建起了月林书院、泳泽书院。新昌县是一个糜

---

[1] 楼钥:《攻媿集》卷六六《答朱晦庵书》,《四部丛刊初编》本,第188册,第3页。
[2] 《攻媿集》卷一〇九《谢君墓志铭》,第189册,第7页。
[3] 《攻媿集》卷一〇〇《季君墓志铭》,第189册,第7页。

第六章 浙东提举

集三家学派名士的地方,那里有绳趋朱学的石䃤,有追随永康学的石斗文、任氏兄弟,也有折中吕学和陆学的石宗昭、叶公谨。婺州通判石斗文,一个敢于抗论权震一时的巨珰甘昪夺地造西湖别墅的文士,成了朱熹施行荒政在婺州的得力助手。朱熹在淳熙九年正月巡历到嵊县、新昌一带时,曾同新昌这些学者们讲论,登览了万山嵯峨之上银瀑飞泻的水帘洞,作了一首和石䃤水帘洞的诗:"水帘幽谷我来游,拂面飞泉最醒眸。一片水帘遮洞口,何人卷得上帘钩?"[1] 他还即兴大书了一首《题任氏壁》:

> 舟兮子猷剡溪也,屐兮谢安东山也,不舟不屐,其水帘乎?水帘其人乎,人其水帘乎?任公成道游于斯,咏于斯。朝而往,暮而归,其乐岂有涯哉![2]

朱学同样在金华确立了自己的地位,婺州本来就是浙东众多林立的学派矛盾的漩涡中心,文化思潮交汇的焦点,吕祖谦、唐仲友都住在金华,授徒讲学相抗,陈亮在永康则天然沟通着吕学和永嘉学。吕祖谦的丽泽书院和明招堂培养出了芸芸吕学弟子,但也向来是陆学、永康学、永嘉学的学者们纷纷前来朝拜的圣地,各派的弟子营垒和界限并不明朗,到吕祖谦死后吕氏弟子的各投师门和学派的重新组合也就势所必然,在以事功作为浙东各派都可以接受的总的学术旗帜下,陈亮、陈傅良和叶适成了相继并起的三颗巨星。对事功之学在吕祖谦死后在金华学者中间的传播流行,朱熹用金华著名先儒香溪范浚的心学来作为解弊救偏的良药,

---

[1]《万历新昌县志》卷三《水帘洞》,《天一阁藏明代方志选刊》本,第19册,第19页。

[2]《万历新昌县志》卷三《水帘洞》,第19页。

有意作了一篇《范浚小传》委婉批评他们说：

> ……近世言浙学者，多尚事功，浚独有志圣贤之心学，无少外慕。屡辞征辟，不就。所著文辞多本诸经，而参诸子史，其考《易》、《书》、《春秋》，皆有传注，以发前儒之所未发……熹尝屡造其门，而不获见。[1]

显然这是针对浙学，特别是针对金华学者与吕学弟子而发，一批评他们的驰骛功利，二批评他们的重史轻经。但在浙东他主要是靠自己的影响去争取吕学和永康学的学者。在武义，他还把上蔡谢良佐的话变化成处世格言大书在王臣厅壁上：

> 脱去凡近，以游高明。勿为婴儿之态，而有大人之志；勿为终身之谋，而有天下之意；勿求人知，而求天知；勿求同俗，而求同理。[2]

显然他是有意要写给金华学者们看的，生动道出了他的"正其义不谋其利，明其道不计其功"的反功利立场。朱熹就这样吸引了不少金华学者，使他甚至在一些永康学的学者眼里也有如众星拱仰的北斗。永康徐木（子才）是一个追随陈亮的著名文士，朱熹同陈亮来到永康时曾登门拜访他，在厅壁上特为他手书了《家人》卦辞。徐木也成了朱熹施行荒政的重要谋士，朱熹后来提到他的一次献策说：

---

[1]《光绪兰溪县志》卷五《范浚》，《中国方志丛书》本，第178册，第891页。
[2] 阮元：《两浙金石志》卷一三《宋朱子格言石刻》，《续四库全书》本，第911册，第122页。

第六章 浙东提举

> 向时浙东先措置,分户高下出米,不知有米无米不同。有徐木者献策,须是逐乡使相推排有米者。时以事逼不曾行。今若行之一县,甚易。[1]

这就是陈亮对朱熹说的"徐子才不独有可用之才,而为学之意方笃"。所以当朱熹因劾唐仲友失败离台归闽时,徐木竟喊出了"须赶到缙云相从"的朝觐似的由衷归仰。另一名先后问学于陈亮和叶适的永康学者云溪吕皓因献米助赈,被朱熹荐举授官,后来他汇编了朱熹与陈亮两人义利王霸论辩的书札,条分缕析,写成万言疏解,却采取了折中两家的态度。

朱学真正成为扫过浙东的旋风却是借着他在台州六劾唐仲友的巨大震动引起的。第二次巡历成了他一路向台州、处州、衢州播散朱学的巡历。在仙居,湖山居士吴芾身穿野服同他在希白堂的论诗讲道十分投机,吴芾竟以墓铭相托。后来朱熹归闽,这个追慕白乐天和陶渊明的湖山诗人吴芾寄一首诗颂他说:

> 我爱朱夫子,处世无戚欣。渊明不可见,幸哉有斯人!
> 奈何不苟合,进用苦无因。夫子于此道,妙处固已臻。
> 尚欲传后学,使闻所不闻。顾我景慕久,愿见亦良勤。
> 第恨隔千里,无由能卜邻。安得缩地杖,一到建溪滨。[2]

天台的士子们也膜拜起这个当代"夫子"。曾任明州定海主簿的天台名士黄宜,丁忧在家,成为朱熹委以荒政的精明助手。

---

[1] 《朱子语类》卷一〇六,第2644页。
[2] 吴芾:《湖山集》卷一《和陶示周续之祖企谢景夷韵寄朱元晦》,《四库全书》本,第1138册,第450页。

朱熹特别喜好交结天台山林中的奇士逸豪。有一个善填词的隐士徐逸（无竞）号抱独子，又自称"汝阳被褐公"，朱熹登门造访，谈论通宵才别，后来还托他代作谢恩表。朱熹听到东横山上有一个逸士竹溪徐大受（季可）建学舍授徒讲学，穷研六经佛老，薄于宦情，便去寻访他。在学舍中徐大受给学子讲解"三月不违仁"，信口发挥说："即杜诗所谓'一片花飞减却春'耳。"朱熹听了击节赞叹。[1] 徐大受早年也曾泛滥释老近二十年，后来皈依儒门，与朱熹的结识促成了他这种思想转变，所以后来他在给朱熹的信中说："淡于世味，薄于宦情，年十二三即有意求道。研穷于六经，泛滥于释老，几二十年，未正有道，窃不自安。斋心服形，昼思夜索，十余年间，始于吾门脱然信之。因得高视阔步于坦途，旋而视履，则向之所步，皆旁蹊曲径，荒芜榛莽，不可著足之地也。"[2] 朱熹在临海特地去凭吊了名闻东瓯的"二徐先生"徐中行、徐庭筠之墓，是有深意的。他亲自立墓表大书"有宋高士二徐先生之墓"，作了一首《谒二徐先生墓》：

　　道学传千古，东瓯说二徐。门清一壶水，家富五车书。
　　但喜青毡在，何忧白屋居。我怀人已远，挥泪表丘墟。[3]

徐庭筠在淳熙七年卒后由孙应时作行状和石𢒉作墓铭，朱熹从他们那里早已慕仰东瓯二徐大名。徐中行从安定胡瑗的高足刘彝受胡氏学，又同陈瓘交游。徐庭筠继承家学，治经授徒。来任

---

[1] 金贲亨：《台学源流》卷二《徐竹溪》，《续四库全书》本，第515册，第249页。
[2] 《民国台州府志》卷一〇四，《中国方志丛书》本，第74册，第1452页。
[3] 林表民：《天台续集·别编》卷五《谒二徐先生墓》，《四库全书》本，第1356册，第585页。

第六章 浙东提举

黄岩尉的永嘉学大家郑伯熊曾向他问学,去任离黄岩时,徐庭筠告诫他说:"富贵易得,名节难守。愿安时处顺,主张世道。"[1] 所以二徐被认为是上承安定胡瑗、中启永嘉郑伯熊、下开台州杜范的道学人物,沟通了永嘉之学和台州之学,二徐之学"实为永嘉学问所从出"。但是二徐之学以"诚敬为主",正同程学和朱学一致,而反同永嘉功利之学相左,朱熹推尊二徐为道统中的传人,称赞是"道学传千古,东瓯说二徐",正包含了肯定二徐学而否定永嘉学、肯定永嘉学中郑伯熊的程学正脉而否定薛士龙的事功别派的用心。一批黄岩士子投到了他门下。林鼐、林鼒兄弟先后奔投于叶適、陆九渊门下说不能合,不知所从,一见朱熹却甘执弟子礼相随,同武学博士蔡镐一起成了受朱熹重任兴修黄岩水闸的主持官。杜烨、杜知仁兄弟也经克斋石䇒的介绍来从学朱熹,杜知仁遍读当代理学先生的经学四书学著作无所服膺,一读到朱熹的书,竟拱手说:"道在是矣!穷理求仁,吾知所止。"[2] 另外一对赵师渊、赵师夏兄弟后来都成了朱熹的入室弟子,同他结成了姻亲。他也好同那些深受永嘉影响的诗人丁希亮、丁木等唱酬讲学,在林壑奇诡的松山有丁少云丁木父子构建的布列七十多处池阁台榭胜景的丁园,丁木赴青阳县令任时,朱熹还为他的东屿书房题了一诗:

> 书房在东屿,编简乱抽寻。曙色千山晓,寒灯午夜深。
> 江湖勤会面,坐卧独观心。秋浦瓜期近,何当寄此吟?[3]

---

[1]《宋史》卷四五九《徐中行传》,第13458页。
[2]《乾隆浙江通志》卷一七六《杜知仁》,《四库全书》本,第523册,第604页。
[3]《嘉靖太平府志》卷八《丁园》,《天一阁藏明代方志选刊》本,第17册,第4页。

朱学旋风就这样随着他的巡历从绍兴一路吹到了台州。当他因劾唐仲友失败离台行进在处州、衢州路上时，一路都有学子慕名来拜谒他。在括苍福安寺，出现了王光祖执弟子礼来见朱熹这样奇特的一幕：

> 朱文公提举时，（王光祖文季）邂逅邑（松阳）之福安僧舍，文季拱立规掌如太极状，公异之，曰："王子胸中自有太极。"间以传注质之，文季曰："公注《中庸》'不使滋长于隐微之中'，愚意当加'潜暗'二字。"公深然之。后寄孙烛湖（应时）书曰："吾到括，止得士友王文季一人而已。"[1]

从后来王光祖给朱熹的一首诗中，可以看出朱熹在处州留下的影响：

答 朱 晦 庵

尺纸书来训诲深，孔门希瑟孰知音？
一经品题便佳士，万有感荣铭此心。
善利几当严界限，日新功在惜光阴。
个中受用为真实，敢把工夫向外寻？[2]

真正成为朱学在浙东角逐胜利象征的，是他在离浙东前夕同浙东各派学者在衢州的一次相聚讲学胜会。在九月四日他到达遂

---

[1]《乾隆浙江通志》卷一七七《王光祖》，第523册，第629页。
[2]《乾隆松阳县志》卷一一《艺文志》，《中国方志丛书》本，第190册，第1064页。

第六章 浙东提举

昌得知改除江西提刑的第二天,他给在金华的长子朱塾写去一信,邀约浙东各派学者来玉山相会,信中提到的人大多数是金华吕学弟子。除玉山汪逵(季路)是江西学者,吕祖俭、潘叔昌是吕学学者兼又慕好永康学。潘叔度为吕祖谦弟子而习佛学。叶適是永嘉学的新星,这时还是刚出茅庐不久。所以这是一次朱熹同浙东学者声势颇壮的大聚会,实际的时间地点是九月十日前后在衢州常山。他们在学术上也展开了交流。朱学浙学在基本分歧上的讨论,可以从朱熹把自己的《虞帝庙迎送神乐歌词》书赠给吕祖俭透露出一些消息,后来胡翰在《朱文公书虞帝庙乐歌跋》中提到这一重要事实:

> 桂林有虞帝庙……宋淳熙初张宣公典郡,因而新之。朱文公记于石,《乐歌》二章,则其所系之辞也。九年文公过常山,书赠吕子约。子约,成公母弟也,时佐治于衢(按:此说误,非佐治于衢,而应即来衢聚会)。故人倾盖,酒酣意适,洒然见之翰墨间……[1]

朱熹以乐歌旧作抄赠,固然是因为乐歌唱的"渺冀州兮何有,眷兹土兮淹留。皇之仁兮如在,子我民兮不穷。以爱沛皇泽兮横流,畅威灵兮无外",正象征了他自己在浙东特别是台州的所作所为,但更重要的是因为他把尧舜时代看成是天理盛行的世界,以同汉唐以来的人欲横流世界相对。他在乐歌中形象道出了《虞帝庙碑》中说的"天降生民,厥有常性,仁义礼智,父子君臣,爰及昆弟,夫妇朋友。是曰天叙,民所秉彝……惟帝躬圣,诚明自

---

[1] 胡翰:《胡仲子集》卷八《朱文公书虞帝庙乐歌跋》,《丛书集成初编》本,第2109册,第114页。

然,慈孝于家,仁敬于邦,友弟刑妻,取人与善"的人伦极则,正反映了朱学与浙东事功学在史学上的矛盾焦点。聚会上吕祖俭又带来了丘崈的一封信,要朱熹为他们两人在江西隆兴刻板的《吕氏家塾读诗记》作序。朱熹正好借作序的机会正式发表自己反《毛序》的《诗》学思想。在《后序》中他委婉谈到自己同吕祖谦在《诗》学上的对立说:"此书所谓'朱氏'者,实熹少时浅陋之说,而伯恭父误有取焉。其后历时既久,自知其说有所未安。如雅郑邪正之云者,或不免有所更定,则伯恭父反不能不置疑于其间,熹窃惑之。方将相与反复其说,以求真是之归,而伯恭父已下世矣。"[1] 朱熹在后序中第一次公开了他同吕祖谦在《诗》学上的分歧和自己黜《毛序》的《诗》学思想。所以这次三衢聚会,又预示着朱熹同浙学展开理学经学全面论战的到来。

在这次三衢大聚会后,朱熹又在玉山和上饶同江西学者两次聚会。当他在弟子簇拥下来到玉山,徐斯远、徐彦章、段元衡、赵成父一批江西学者与诗人都来杖履相陪,远在长沙的著名诗人章泉赵蕃,也写来诗吐露了不能以弟子追随南山相聚的深憾:

成父书来,报朱先生过玉山,留南山一日,且有题名。
余不及从杖履为恨,辄成鄙句,寄斯远、彦章,且示成父。

闻道朱夫子,南山尽日留。
经行还阻见,会合信难谋。
湛辈我无与,颜徒君好修。
题名凡几字,好为刻岩幽。[2]

---

[1] 《朱文公文集》卷七六《吕氏家塾诗记后序》,第1399页。
[2] 赵蕃:《淳熙稿》卷一〇,《丛书集成初编》本,第2258册,第203页。

> 段元衡出示与晦翁九日登紫霄峰诗及手
> 帖及贾十八兄诗,既敬读之,得三绝句。
> 紫霄峰上登高节,想见笑谈宾主间。
> 我亦于今有遗恨,不随巾履上南山。
>
> 晦翁比自浙东归,过玉山留数日。
> 文章定价如金玉,入手可知高与低。
> 今代师儒晦庵老,许君先达并江西。
> 　　晦翁与元衡帖,见示佳句,有"正使江西诸先达在,不过如此"之语。[1]

这些人大多是深受陆学熏陶和学步江西诗派的学者与诗人,赵蕃就称徐斯远"文得南涧赏,经从晦翁传,味有陆子同"[2]。由于朱熹的"过化",在江西除了出现一批纯朱学面目的弟子外,也产生了不少理学上崇奉陆九渊而经学上传法朱熹的亦朱亦陆型的学者士子。

更富有历史象征性的还是上饶四老胜会。朱熹从玉山来到上饶,先拜访了家居南涧的著名诗人韩元吉。然后两人又邀约诗人兼词人徐安国共游名响遐迩的南岩奇境,辛弃疾也载酒翩然而至。四老诗翁笑谈吟唱,朱熹弟子余大雅、西岩名士汤铃和其他后学士子拥行。南岩高耸百仞,一滴泉丁冬东出,南岩下穿隆幽邃,天然形成一方世外洞天,坐落着唐代草衣禅师兴建的南岩名刹。朱熹云殿踏步,峰头伫立,吟了一首:

---

[1] 赵蕃:《淳熙稿》卷一九,第2259册,第434页。
[2] 赵蕃:《淳熙稿》卷三《斯远生日》,第2257册,第52页。

咏 南 岩

南岩率兜境，形胜自天成。崖雨槛前下，山云殿后生。
泉堪清病目，井可濯尘缨。五级峰头立，何须步玉京。[1]

在游观了一滴泉后他又吟了一首：

咏 一 滴 泉

遥望南岩百尺岗，青山叠叠树苍苍。
题诗壁上云生石，入定岩前石作房。
一窍有灵通地脉，半空无雨滴天浆。
鹅湖此去无多路，肯借山间结草堂？[2]

这两首诗朱熹都大书在古刹法堂壁上。在岩穴壁上四翁题了字。十八年后朱熹去世时，韩南涧之子涧泉韩淲还来荒凉的南岩凭吊，摩挲题字，追忆四翁诗酒笑谈的盛事说：

访南岩一滴泉

僧逃寺已摧，唯余旧堂殿。颠倒但土木，仿佛昔所见。
山寒少阳焰，崖冷尽冰线。曾无五六年，骤觉荒凉变。
遗基尚可登，一滴泉自溅。忆昨淳熙秋，诸老所闲燕。
晦庵持节归，行李自鑾甸。来访吾翁庐，翁出成饮饯。
因约徐衡仲，西风过游衍。辛帅倏然至，载酒具肴膳。

---

[1]《同治上饶县志》卷五《南岩》，第68页。
[2]《同治广信府志》卷二之一《南岩院》，《中国地方志集成》本，第20册，第160页。

第六章 浙东提举

四人语笑处,识者知叹羡。摩挲题字在,苔藓忽侵遍。[1]

玉山上饶铅山一带地处闽浙赣的交汇点,朱学、陆学和浙学也在这里绞成一股文化学术的旋涡。淳熙八年朱熹入都奏事经上饶时曾同辛弃疾相见面论,游览了他的带湖新居。徐安国字衡仲,号西窗,却是一个独崇南轩、晦庵之学的词家,乾道九年他在古梁的一乐堂建成,就由张栻为他作记,朱熹题了书匾。韩元吉因是吕祖谦的岳丈而慕敬浙学,但又受陆学风气习染,也对佛学抱有一种特殊的嗜好,他的稍出于江西派藩篱的清淡诗风也深得朱熹推重。四诗翁南岩胜会是朱陆浙三家之学的历史角逐在诗坛的曲折回响,同时代各领风骚称雄一世的诗歌大师与理学大师们在思想上也既相交锋又相交流,在南岩胜会后,辛弃疾、徐安国、韩元吉都对朱学表现出了更大的倾心,朱学在江西文士诗人中间扩大了影响。从后来一名问学朱熹的玉山学者刘允迪谈及徐安国的信中,还可以清晰看到南岩胜会留下的这种历史印迹:

夫学不可一日而不讲,惟讲学则有切磋之功。(按:讲学正是朱学反对陆学的口号)余资朱晦翁、张南轩、徐西窗,友谊日深,然西窗笃而纯,每会怀玉,考道论德,而西窗真有无愧于心者。时晦翁、南轩嘉之,余慕之,天假数年,又觉有充然者。[2]

---

[1] 韩淲:《涧泉集》卷二《访南岩一滴泉》,《宋集珍本丛刊》本,第70册,第309—310页。
[2] 《同治玉山县志》卷九《与徐安国书》,《中国地方志集成》本,第23册,第777页。

朱熹在浙东提举任上的大半年时间，是以一个当代"夫子"的姿态纵横驰骋于浙东，在现实中试验了一下自己理学的拯人心、挽世道的力量。出闽入浙使他对南宋社会不可救药的腐败和危机有了更深切的认识，也使他目睹了浙东功利思潮的泛滥，清醒认识到功利败坏人心，唯有道德才能拯世。正是抱着这种信念，他把浙东事功学看成是一种比江西陆学更危险的文化思想，推动他重新回到精舍书斋，同浙学陆学展开论战——他的不平静的六年武夷精舍讲学著述生活开始了。

第七章
武夷山中

第一节 武夷精舍

朱熹在淳熙九年（1182年）十月一回到潭溪，王淮一手导演的反道学已从朝中掀起。表面上朝廷在十一月改除朱熹为江东提刑，催促他赴任，可是就在同一天，唐仲友的密友吏部尚书郑丙受王淮指使上了一道奏疏，攻击"道学"说："近世士大夫有所谓道学者，欺世盗名，不宜信用。"[1] 这当然首先针对朱熹，是密切配合朝廷在同一月将唐仲友案犯全部无罪释放所采取的行动。到淳熙十年六月，王淮又亲擢太府寺丞陈贾为监察御史，密授他向赵昚皇帝进上了反道学的奏章：

> 臣伏见近世士大夫有所谓道学者，其说以谨独为能，以践履为高，以正心诚意、克己复礼为事。若此之类，皆学者所共学也，而其徒乃谓己独能之，夷考其所为，则又不大然，不几于假其名以济其伪者邪！臣愿陛下明诏中外，痛革此习，每于听纳除受之间，考察其人，摈斥勿用，以示好恶之所在，庶几多士靡然向风，言行表里，一出于正……[2]

郑丙、陈贾第一次从反程学转为提出反"道学"，这是南宋统治者从反对历史上的程学进而到反对现实中的朱学的历史转变。

---

[1]《宋史纪事本末》卷八〇《道学崇黜》，《历代纪事本末》本，中华书局1997年版，第1497页。
[2]《宋史纪事本末》卷八〇《道学崇黜》，第1497页。

王淮党把朱熹作为道学党来打击，朱熹刚回到五夫里，已经有人伪印道学图榜散发，上面列有朱熹、刘玶等人名衔，给世人造成一种道学们朋党勾结的假象，以便随时设谤加罪。果然建昌一名反道学的士子便把朱熹的旧诗《斋居感兴》拿来，逐句加以注释，向台谏告发，说这首诗是谤议朝政。朱熹处在了一种光怪陆离的反道学氛围的笼罩下。他有志推行儒家之道，但南康和浙东的两次"自试"使他感到"吾道难行"，王淮党打击道学使他寸步难行，他决计隐居深山，杜门不出。淳熙十年（1183年）正月他请祠得遂，主管台州崇道观，开始了他隐居武夷山中讲学著述的生活。诗人放翁陆游寄来五首诗，担心他从此真的要敛影穷山，做杜门自修、与世相忘的畸人高士：

寄题朱元晦武夷精舍

先生结屋绿岩边，读易悬知屡绝编。
不用采芝惊世俗，恐人谤道是神仙。

蝉脱岩间果是无，世人妄想可怜渠。
有方为子换凡骨，来读晦庵新著书。

身闲剩觉溪山好，心静尤知日月长。
天下苍生未苏息，忧公遂与世相忘。

齐民本自乐衡门，水旱哪知不自存。
圣主忧勤常旰食，烦公一一报曾孙。

山如嵩少三十六，水似邛崃九折途。

第七章 武夷山中

<blockquote>我老正须闲处看,白云一半肯分无?[1]</blockquote>

朱熹作了一首《感春赋》来表示他"忧世之意未尝忘也"。赋吐露了他自浙东归来后的情怀和幽抱,搏动着他在恬然淡泊的醇儒外貌下的彷徨苦闷而又不平难抑的灵魂。《感春赋》成了他转向武夷精舍讲学著述生活的内心独白。

武夷精舍图

淳熙十年四月,朱熹在武夷九曲溪上构建的武夷精舍落成。在武夷山一柱耸立的大王峰下,有一条萦回如带的九曲溪,在第五曲处有一峰如巨屏拔地而起,这就是大隐屏,武夷精舍建在大隐屏下的平林洲上。中构仁智堂,左建隐求斋,右建止宿寮。另辟竹坞,累石为门,坞内建观善斋,让四方学子群居,门西筑寒栖馆,给羽客道士栖集。山巅建晚对亭,临溪构铁笛

---

[1]《剑南诗稿》卷一五《寄题朱元晦武夷精舍》,第495册,第10—11页。

亭。精舍堂上挂起了伏羲像，山口柴扉上挂起了"武夷精舍"的匾额。诗人南涧韩元吉在《武夷精舍记》中描写武夷精舍的建造过程说：

> 吾友朱元晦居于五夫里，在武夷一舍而近，若其外圃，暇则游焉。与其门生弟子挟书而诵，取古《诗》三百篇及楚人之词，哦而歌之，得酒啸咏，留必数日。盖山中之乐，悉为元晦之私也，余每愧焉。淳熙之十年，元晦既辞使节于江东，遂赋祠官之禄，则又曰："吾今营其地，果尽有山中之乐矣！"盖其游益数，而于其溪五折，负大石屏，规之以为精舍，取道士之庐犹半也。诛锄草茅，仅得数亩，面势清幽，奇木佳石，拱揖映带，若阴相而遗我者。使弟子具畚锸，集瓦竹，相率成之。元晦躬画其处，中以为堂，旁以为斋，高以为亭，密以为室，讲书肄业，琴歌酒赋，莫不在是……[1]

就在这简陋的武夷精舍中，朱熹开始了他后半生的读书、讲学、著述和论战的不平静的生活。淳熙十年四月他作的一组《武夷精舍杂咏》，成了他长达十余年的武夷精舍讲学著述时期生活的自我写照：

精　舍
琴书四十年，几作山中客。一日茅栋成，居然我泉石。

仁　智　堂
我惭仁智心，偶自爱山水。苍崖无古今，碧涧日千里。

---

[1] 祝穆：《古今事文类聚·续集》卷八《武夷精舍记》，《四库全书》本，第927册，第170页。

第七章 武夷山中

隐求斋
晨窗林影开,夜枕山泉响。隐去复何求,无言道心长。

止宿寮
故人肯相寻,共寄一茅宇。山水为留行,无劳具鸡黍。

石门坞
朝开云气拥,暮掩薜萝深。自笑晨门者,那知孔氏心。

观善斋
负笈何方来,今朝此同席。日用无余功,相看俱努力。

寒栖馆
竹间彼何人,抱瓮靡遗力。遥夜更不眠,焚香坐看壁。

晚对亭
倚筇南山颠,却立有晚对。苍峭矗寒空,落日明影翠。

铁笛亭
何人轰铁笛,喷薄两崖开。千载留余响,犹疑笙鹤来。

钓矶
削成苍石棱,倒影寒潭碧。永日静垂竿,兹心竟谁识?

茶灶
仙翁遗石灶,宛在水中央。饮罢方舟去,茶烟袅细香。

渔艇
出载长烟重,归装片月轻。千岩猿鹤友,愁绝棹歌声。[1]

朱熹在武夷精舍中以一个"万世师表"的理学夫子从事讲学授徒的儒家教育。武夷精舍的教育贯彻了他的《白鹿洞书院学规》的精神,在"讲明义理以修其身"的道德至上教育旗帜下,

---

[1]《朱文公文集》卷九《武夷精舍杂咏》,第147—148页。

要学生做到穷理格物与修身笃行的统一，以德义为路，仁礼为门，磨砺孝悌忠信礼义廉耻的道德气节，从博学一直贯彻到笃行。武夷精舍中的学子生活像清教徒一样清苦，朱熹也要学子们参加劳动，简陋的武夷精舍就是弟子们荷锸挑担、搬瓦累石建造起来的。福建安抚赵汝愚派兵丁民夫来帮他修造学舍，富有的朋友同道也要资助出力，他都拒绝了。他同学徒们一起过着粗饭淡羹的生活，诗人秋塘陈善在送朱熹弟子辅广的诗中说："闻说平生辅汉卿，武夷山下啜残羹。"[1] 正写出了朱熹弟子在武夷精舍中的清苦生活。学生平时吃"脱粟饭"（糙米），到茄子成熟时便"用姜醯浸三四枚共食"[2]。有一个叫胡纮的来武夷求学，不惯于同学徒们一样吃"脱粟饭"，牢骚满腹说："此非人情，只鸡尊酒，山中未为乏也。"[3] 后来在庆元党禁中，胡纮起草劾朱熹六大罪状的章疏，说朱熹"开门授徒，必引富室子弟，以责其束脩之厚。四方馈赂，鼎来踵至，一岁之际，动以万计"，是很可笑的。朱熹办学有教无类，富室子弟和贫家子弟都一样招收，精舍授徒并没有什么收入，他主要靠奉祠拿半禄维持生活，有时因为祠秩满再请乞祠，等待祠禄，生计陷于窘困。正是在武夷精舍建成后不久，淳熙十二年二月他祠秩满，为解决生计，竟生发了要往淮上买田耕荒的奇想，他在给广西安抚詹仪之的信中说："祠禄已满，再请未报……居闲本有食不足之患，而意外之费，复尔百出不可支。吾亲旧躬耕淮南者，乡人多往从，亦欲妄意为之，然尚未有买田雇夫之资。方

---

[1] 张端义：《贵耳集》卷上，《丛书集成初编》本，第 2783 册，第 17 页。
[2] 叶绍翁：《四朝闻见录》甲集《胡纮李沐》，《丛书集成初编》本，第 2763 册，第 14 页。
[3] 《宋史》卷三九四《胡纮传》，第 12023 页。

此借贷，万一就绪，二三年间或可免此煎迫尔。"[1] 当时宋金划淮为界，淮上多有田地抛荒，但朱熹终因乏资而作罢。

武夷精舍清苦卓绝的教育方式，是同腐败的官方学校教育相对立的。就在武夷精舍建成的同时，淳熙十年五月他写了一篇《韶州州学濂溪先生祠记》，概括了他在武夷精舍讲学授徒中贯彻的教育思想。他对传统教育直至传统文化作了深刻的批判，认为："秦汉以来，道不明于天下，而士不知所以为学。言天者，遗人而无用；语人者，不及天而无本；专下学者，不知上达而滞于形器；必上达者，不务下学而溺于空虚；优于治己者，或不足以及人；而随世以就功名者，又未必自其本而推之也。夫如是，是以天理不明而人欲炽，道学不传而异端起，人挟其私智以驰骛于一世者，不至于老死则不知，而终亦莫悟其非也。"他追求的是"天"（理）与"人"的合一，"下学"与"上达"、"器"与"道"的统一，"治己"与"及人"的一致——这也就是他的理学教育的基本原则。他把理学开山周敦颐"上接洙泗千岁之统，下启河洛百世之传"的历史功绩归结为三条：一是"阐夫太极阴阳五行之奥，而天下之为中正仁义者，得以知其所自来"；二是"言圣学之要，而下学者，知胜私复礼之可以驯致于上达"；三是"明天下之有本，而言治者，知诚心端身之可以举而措之于天下"。这也就是朱熹自己的天人合一、下学上达统一、治己及人一致的三条理学文化原则："天人合一"是他的"我"与"道"合一的本体——哲学原则，"下学上达统一"是他的"德"与"知"统一的认识——修养方法论原则，"治己及人一致"是他的"德"与"行"统一的

---

[1]《万历遂安县志》卷四《与仪之书》，《中国方志丛书》本，第 571 册，第 454—455 页。

道德——政治论原则。他的理学文化思想体系的内在结构，就是以建立在道器相即、理气相即之上的"理一分殊"思想为基础，而以天人合一（我道统一）、下学上达统一（德知统一）、治己及人一致（德行统一）作为哲学的、认识的与道德的三维构架而成的。在武夷精舍中他就向四方学子传授着这种理学思想体系，白鹿洞书院学规也成了武夷精舍的学规，他的理学著作，从《小学》到《四书集注》，成了武夷精舍学子的读本和教科书。

淳熙十年以后朱熹转向武夷讲学著述，标志着他的朱学从一种学派思想变成了普遍的理学文化思潮，迅速向整个社会传播，武夷精舍成了理学教育的中心，士子纷纷来学。淳熙十一年九月，铅山克斋陈文蔚随同余大雅一起来武夷精舍，以弟子礼首谒，朱熹要他们勇于实做笃行，说："大抵为学，须是自家发奋振作，鼓勇做去，直是要到一日须见一日之效，一月须见一月之效。诸公若要做，便从今日做去；不然，便截从今日断，不要务为说话，徒无益也。"[1]陈文蔚在武夷精舍受教有得，他作诗颂扬这个高卧瓯闽第一州的道学夫子说：

> 甲辰九月初访晦庵先生大安道中和余正叔韵
> 潇潇风露菊花秋，人在瓯闽第一州。
> 少日已尝怀壮志，今朝端不负清游。
> 陪君数日从容语，洗我平生散乱愁。
> 从此归来复何事，风涛虽险奈虚舟。

> 归铅山正叔复用前韵和答之
> 敛藏先用肃如秋，次第阳和遍九州。

---

[1]《朱子语类》卷一一三，第2750页。

第七章 武夷山中

> 岁月正缘闲里度，纷嚣那得静中游。
> 明知与点有真乐，未足希颜却自愁。
> 讽咏棹歌思九曲，与君重约泛扁舟。[1]

朱熹对余大雅说他是"为君立得一基址"，其实他也是为江西所有信奉朱学的学者"立得一基址"。陈文蔚很快成为朱学在豫章的代表，以他为中心，形成一个由徐子融、吴伯丰、李敬之组成的豫章朱学派。与此同时，在庐陵也形成了一个以刘清之为首的朱学别派。淳熙十一年刘清之从鄂州倅任满归后，便同庐陵士子杨炎正、黄豹、李如圭、曾祖道以及刘公度、许景阳、刘季章等三十余人，终日讲学论辩于槐阴精舍，与朱熹通信问学往还。后来刘清之汇集了他们槐阴问辨答问的一百余篇书札，编成《槐阴问答》，请朱熹批注。

朱熹在武夷精舍讲学，对江西陆学和陆学弟子聚集的大本营建昌也直接形成冲击，连一向激烈反对读书讲学而笃信一朝顿悟的建昌士子包显道，竟也同兄弟包详道、包敏道接连在淳熙十年、十一年、十二年来武夷精舍，执弟子礼受学。福州闽县的士子黄榦，早年往从刘清之受学，刘清之对他说："子乃远器，时学非所以处子也。"[2] 便将他转荐给朱熹。他在淳熙三年初冒风雪来潭溪晋谒朱熹受学。从此他在精舍中苦读，夜不设榻，睡不解带，常通夜微坐达旦。淳熙九年，朱熹把次女嫁给他，馆于紫阳书堂。从此他在武夷精舍同蔡元定切磋参道，同蔡元定、陈淳、蔡沈一起成为朱门的四大传人。

从武夷山中升起的理学文化思潮从闽、赣、浙一直卷进了吴

---

[1] 《陈克斋集》卷五，《丛书集成初编》本，第2038册，第81页。
[2] 陈义和：《勉斋先生黄文肃公年谱》，《勉斋先生黄文肃公文集》后附，《北京图书馆古籍珍本丛刊》本，第90册，第814页。

中。润州丹阳的布衣寒士窦从周也抛弃了举业与家事,千里迢迢徒步入闽,在淳熙十三年四月五日到武夷精舍受学。朱熹同这个生平第一个吴中弟子进行了意味深长的谈话:

"从何来?"

"自丹阳来。"

"仙乡莫有人讲学?"

"乡里多理会文辞之学。"

"公如何用心?"

"收放心。慕颜子克己气象。游判院(诚之)教某常收放心,常察忘与助长。"

"固是。前辈煞曾讲说,差之毫厘,谬以千里!今之学者理会经书,便流为传注;理会史学,便流为功利;不然,即入佛老。最怕差错。公留意此道几年?何故向此?"

"先妣不幸,某忧痛无所措身。因读《西铭》,见说'乾父坤母',终篇皆见说得是,遂自弃科举。某十年愿见先生,缘家事为累。今家事尽付妻子,于世务绝无累,又无功名之念,正是侍教诲之时。"

"公已得操心之要。"[1]

朱熹在这里无异宣布,他的朱学的理学文化思潮的兴起,一是反对流为传注的汉唐古典经学,二是反对以浙学为代表的功利文化思潮,三是反对佛老思想以及深得佛老真髓的无垢禅学、陆氏心学。武夷精舍中的朱熹成了士子心目中千灯相传的道统圣人。

---

[1]《朱子语类》卷一〇四,第2764页。

大约在淳熙十四年秋间,有一个惠安的张栻弟子张巽也迢迢来武夷精舍问道于朱熹,离别时他作了一首诗,把朱熹作为当代道统圣人来颂扬:

武夷留别朱晦翁先生

千灯圣道谁能几,苦卓先贤问一遗。
岳麓清扬知广大,石钟自况示精微。
山中夜冷雪客立,洞口秋深雁望飞。
此际殷勤分手去,明春策杖扣仙扉。[1]

"岳麓清扬知广大"指张栻作的《岳麓书院记》,"石钟自况示精微"指朱熹作的《石鼓书院记》。朱熹在分手时指点张巽说:"南轩记岳麓,某记石鼓,合而观之,知所用力矣。"[2]在淳熙十四年春作的《石鼓书院记》中,朱熹提出"养其全于未发之前,察其几于将发之际,善则扩而充之,恶则克而去之",就是他向道德沉沦的世人指示的一条通往"圣人之道"的拯救之路。为了推行这条朱学的拯救之路,武夷精舍中的朱熹又不得不同反道学派与各种学派展开了论战。

第二节　朱陈义利王霸之辩

在武夷精舍中,朱熹讲学之余,同各种学派展开了论战,为

---

[1]《惠安县续志》卷一一。
[2]《宋元学案》卷七一,第858页。

他已酉年的第二次学问著述的总结奠定了基础。作为这些论战的中心主轴的，便是他同永康学派陈亮展开的义利王霸之辩。

在淳熙八年金华学的领袖吕祖谦死后，出现了朱熹说的"诸贤死后，议论蜂起"的情势。自称"四海相知惟伯恭一人"的陈亮在《祭吕伯恭文》中借吕祖谦抨击守仁义的"世儒"和逞智辩的"豪士"，隐含了对朱熹的批评。朱熹一读到这篇祭文，就写信给婺中学者说："诸君子聚头磕额，理会何事，乃至有此等怪论！"[1] 这已经显露了两人义利王霸之辩的苗头。到淳熙九年朱熹在浙东提举任上，陈亮从永康龙窟来到武义明招堂，同朱熹进行了当面的论辩。两人的分歧首先从史学的对立上展开，陈亮把自己的十篇《论》与二篇《策问》寄给朱熹，这是他对几千年历史所作的一组独特的功利反思。他认为儒道是大本，主张儒道而反对霸道；但他又认为儒道德化有余而事功不足，"世儒"、"拘儒"恰是死守其德化而蔑弃其事功。因此他主张变革儒道之弊，从事功的方面来济儒道。在他看来，道德的动机可以以非道德的功利手段来实现，功利的做法可以具有非功利的道德效果；相反，道德的手段也可以包藏着非道德的功利目的，功利的效果也可以是出自非功利的道德做法。因此道德与功利是同一的，他否定了理学家的"三代专以天理行，汉唐专以人欲行"的历史观点。朱熹用"义利双行，王霸并用"来概括他这事功之学，在复信中认为这种功利之说是大有害于三纲五常的异说。因为陈亮遭到囚系囹圄的横祸，两人的论战一度中断。到陈亮出狱后，他在淳熙十一年九月寄给朱熹两首寿词，在信中全面反驳了朱熹。他把自己归为开拓事功的智勇的英雄豪杰，同朱熹效行的谨守仁义道德的

---

[1] 岳珂：《桯史》卷一二《吕东莱祭文》，《丛书集成初编》本，第2870册，第93页。

儒者相对立，认为义与利、德与功是统一的，都本于道、天理。道永恒长存，汉唐也是以道治天下，也是以天理行。同朱熹以"儒"自律对立，他提出了"成人之道"，主张"学以成人"，用做"人"代替做儒。朱熹用他的道德主义和实践理性批判陈亮的功利行道，他在九月的回信中坚持认为汉唐以来的一千五百年是以人欲行，把一二千年的大大小小封建君主统统视为假仁借义行私的人欲皇帝。汉唐以人欲行与汉唐以天理行的对立，做儒与成人的对立，实际还是一个"人"与"道"的关系问题，所以朱熹把他同陈亮的矛盾归结为"人"能不能预"道"的争论。

淳熙十二年春，刚养好病伤的陈亮复信回答了朱熹的诘难，肯定人能预道，舍人则无道，因此他进一步提出"人为"的思想，强调人要尽心之用以行道。这种积极进取的人能预道的"人为"思想构成了他的事功学的真正灵魂，是对儒家一味消极内向追求的道德自我修养的反拨。然而他却把人能预道的思想发挥到极端又走向了反面：一方面他强调道赖人才能存，甚至道的存亡取决于英雄贤君，走向了主观唯心主义；另一方面他又强调道永恒长存，如赫日当空，无所不在，人只要去做，便无不是道，这又走向了绝对功利主义。朱熹抓住了陈亮思想中的这种矛盾，也在春间回了一信，针锋相对地提出了人非能预道的思想。他所说的人非能预道并不是指可以舍人为道，而是说道是客观存在，不依人的意志为转移，不因人的主观自我的丧失而消亡，"非谓苟有是身，则道自存；必无是身，然后道乃亡也"。汉唐千百年来所以道不行而人欲盛，是因为这里有一个人认识道和行道的问题，"道未尝息，而人自息之"[1]。绝不如陈亮所说的只要道永恒长存普

---

[1]《朱文公文集》卷三六《答陈同甫》书八，第581页。

照,人就一定合道而行,人只要去做去行去用,就一定是道。朱熹更注重的正是这一人的体道工夫,他针对陈亮的"人为本领",提出了"根本工夫"。"人为本领"是功利的,"根本工夫"是道德的,于是两人"成人"与"做儒"的对立也就转化为"人为本领"与"根本工夫"的对立,也就是"用道"与"体道"的对立。朱熹提出的"根本工夫"便是正心诚意的道德修养工夫,通过"人心惟危,道心惟微,惟精惟一,允执厥中"的十六字秘诀使道心战胜人心,天理战胜人欲,实现向善的人性的复归,从而建立一个天理主宰、仁义统治的社会。朱熹的"根本工夫"与陈亮的"人为本领",从心理的深层结构上展示了两人思维模式与价值取向的差异:"根本工夫"是强调心之正,从正心上下工夫,所以要求"惟精惟一";"人为本领"是强调心之用,从用道上使本领,所以要求"宏大开廓"。"根本工夫"是主张循序渐进从"心"体上做起,由正心诚意达于治国平天下,这是由心推及道,由主观到客观,由动机到效果,由义到利;"人为本领"却是主张超前从"道"用上做起,由成功济业检验人心的公私义利,这是由道返观心,由客观到主观,由动机到效果,由利到义。

朱熹与陈亮一主道德一主功利的文化对立在春间的论战中明朗化,陈亮明确宣称自己"非专徇管萧以下规模也,正欲搅金银铜铁熔作一器,要以适用为主耳"。朱熹在复信中批判说:"观其所谓学成人而不必于儒,搅金银铜铁为一器而主于适用,则亦可见其立心之本在于功利,有非辨说能文者矣。"[1] 到淳熙十二年夏秋间,两人进一步围绕功利与道德的对立展开论战。陈亮径直

---

[1]《朱文公文集》卷三六《答陈同甫》书八,第 582 页。

宣扬他的功利思想,借管仲发挥说:"说者以为孔氏之门五尺童子皆羞称五伯,孟子力论伯者以力假仁,而夫子称之如此所谓'如其仁'者,盖曰似之而非也。观其语脉,决不如说者所云。故伊川所谓'如其仁'者,称其有仁者之功用也。"[1] 朱熹回信反驳说:"管仲之功,伊吕之下谁能及之?但其心乃利欲之心,迹乃利欲之迹。是以圣人虽称其功,而孟子、董子皆秉法义以裁之,不少假借。"[2] 陈亮以效果为衡量标准,认为管仲能一匡天下,有仁的功用,故是仁义而非利欲,是王道而非霸道;朱熹则以动机为衡量标准,认为管仲是出于利欲之心,虽有功而不得谓仁,故是利欲而非仁义,是霸道而非王道。朱熹批判陈亮的以功用判别仁义利欲是"点功利之铁,以成道义之金"。论战又回到对三代汉唐历史的看法上来。朱熹坚持认为"汉唐之君或不能无暗合(道)之时,而其全体却只在利欲上"。"古之圣贤从根本上便有惟精惟一功夫,所以能执其中,彻头彻尾无不尽善。后来所谓英雄,则未尝有此功夫,但在利欲场中头出头没。其质美者乃能有所暗合,而随其分数之多少以有所立;然其或中或否,不能尽善,则一而已。"这就是他对整整一部几千年华夏历史的否定的道德价值评判。而陈亮坚持认为:"本领宏阔,工夫至到,便做得三代;有本领无工夫,只做得汉唐……天地之间,何物非道,赫日当空,处处光明……不应二千年之间有眼皆盲也。"[3] 这就是他对整整一部几千年华夏历史的肯定的功利价值评判。两种截然对立的评判,成为两人义利王霸论战的结论。

朱陈义利王霸之辩断断续续拖延了四年,在淳熙十二年秋以

---

[1]《陈亮集》卷二八《又乙巳春书》之二,第276页。
[2]《朱文公文集》卷三六《答陈同甫》书九,第582页。
[3]《陈亮集》卷二八《又乙巳秋书》,第279页。

后陈亮还想继续同朱熹论战下去，朱熹却认为已经可以收场，他回信认为"如今日计，但当穷理修身，学取圣贤事业，使穷而有以独善其身，达而有以兼善天下，则庶几不枉为一世人耳"[1]。因此他一再拒绝了陈亮要他为自己作《抱膝吟》的恳请，在他眼里，利欲熏心的陈亮是做不得躬耕陇亩、抱膝长啸的孔明一类人物的。作为回答，陈亮在这一年十一月修改了乾道九年的《类次文中子引》草稿正式发表，其中特意补定了一段：

> ……齐桓一正天下之功大矣，而功利之习，君子羞道焉。及周道既穷，吴越乃始称伯于中国。《春秋》天子之事，圣人盖有不得已焉者。战国之祸惨矣，保民之论，反本之策，君民轻重之分，仁义爵禄之辩，岂其乐与圣人异哉？此孟子所以通《春秋》之用者也。"故事半古之人，功必倍之。"……故夫功用之浅深，三才之去就，变故之相生，理数之相乘，其事有不可不载，其变有不可不备者。[2]

这不啻是以重新修定《类次文中子引》宣告了他同朱熹义利王霸之辩的结束，决心在"文中子"的旗帜下走自己永康学的功利道路了。

朱熹的"暗合"说实际本自五峰胡宏，胡宏在给樊茂实的信中曾说："天理纯而人欲消者，三代之兴王是也；假天理以济其人欲者，五霸是也；以人欲行而有暗与天理合者，自两汉以至于五代之兴王盛主是也。存一分之天下而居平世者，必不亡，行十分

---

[1]《朱文公文集》卷三六《答陈同甫》书十，第583页。
[2]《陈亮集》卷二三《类次文中子引》，第200页。

之人欲而当乱世者，必不存。"[1]所以他的思想得到了湖湘学派的支持，而永嘉学派却站在陈亮一边。永嘉学巨子陈傅良在给陈亮的信中评论朱陈论战的得失，毫不掩饰地从自己的事功学立场批评了朱熹的"暗合"说，认为："且汉唐事业，若说并无分毫扶助正道，教谁肯伏！……'暗合'两字，如何断人？识得三两分，便有三两分功用……决无全然不识，横作竖作，偶然撞着之理。"[2]

朱陈义利王霸之辩是一次关于"人"的特殊文化论战，他们都以"人"为审视社会与历史的中心与起点，不同的是朱熹主张通过人性的返归、异化之我的复得拯救衰世，这是一种伦理的人本主义，其弊又流于人的主体性的丧失；陈亮却主张通过人的主体性的发扬、大我的顺道有为积极用世，这是一种功利的人本主义，其弊却又流于人性的被利欲戕害。历史的前进与社会的变迁本是交织着无限复杂的因果关系网络的共时系统与历时进程，但朱熹和陈亮对历史与社会都采取了一种单维的文化批判观念：朱熹的文化批判是道德主义的，它视人的一切社会行为都纯粹依赖于内在的价值观；陈亮的文化批判却是功利主义的，它把人的一切社会行为都归源于实际功利的外在追求。朱熹伦理地强化了儒家正心诚意的一面，陈亮功利地发展了儒家治国平天下的一面。朱熹以克服人性异化入手拯世，陈亮则从昂扬主体精神入手用世。正因此，朱陈义利王霸之辩造成的现实回响，反而是极大发展了朱熹与陈亮各自思想的流弊方面，在论战结束以后出现了两股畸形文化潮流的泛滥：一面是家家谈王说霸的潮流，孕育着一批批

---

[1] 胡宏：《五峰胡先生文集》卷二《与樊茂实书》，《宋集珍本丛刊》本，第43册，第301页。
[2] 《陈亮集》卷二九附《再致陈同甫书》，第312页。

急功求利、好大喜功的无耻士子;一面是人人谈性说命的风气,造就着一批批拱谈道德、绳行规步的空头儒生。正如后来陈傅良在给朱熹信中总结这场论战的影响说:"如永康往还,动数千言。更相切磋,未见其益。学者转务夸毗,浸失本指。盖刻画太精,颇伤易简;矜持已甚,反涉吝骄。"[1]

第三节　同浙学与陆学的论战

朱熹与陈亮的义利王霸之辩其实还只是朱熹全面论战的序曲。从浙东归来后,朱熹对浙学和陆学展开了全面的批判。在同浙学的论战中,朱熹批判的主要目标甚至还不是陈亮,而是吕学弟子,想要通过争取业已瓦解的吕学来遏止永嘉永康学的事功思潮,阻挡浙学与陆学的合流。在吕祖谦死后,吕学学派开始四分五裂,吕学弟子们大致形成了三种思想走向:一种是纷纷转上永康学与永嘉学的事功轨道,一种是向老佛思想中寻找用世的妙谛真力,还有一种是从陆氏心学中追求顿悟顿功的捷径。这就是朱熹一再惊呼的吕祖谦死后"议论蜂起""百怪俱出"。他在淳熙十二年给吕祖俭信中提到这股汹涌的畸形思潮说:"但见顷来议论一变,如山移河决,使学者震荡回挠,不问愚智,人人皆有趋时徇势、驰骛功名之心,令人忧惧。"[2] 在吕学弟子心目中,陈亮渐渐代替了吕祖谦的地位,喜好借着吕祖谦的嘴巴说着陈亮的话,使朱熹

---

[1]　陈傅良:《止斋集》卷三八《与朱元晦》书二,《四部丛刊初编》本,第183册,第4页。
[2]　《朱文公文集》卷四七《答吕子约》书二十六,第826页。

第七章 武夷山中

不得不把论战批判首先对向他们。

在吕祖谦死后,吕祖俭成了吕学的当然代表,但他也处在永康功利学与江西陆学的两面冲击中。一方面他追随陈亮,大煽功利之风;另一方面他对陆学虽从总体上激烈否定,却又倾心玩好它的直觉顿悟的捷径。朱熹在给潘端叔信中批评吕祖俭在这股山移河决的怪论新潮中起的领袖作用说:"其论甚怪,教得学者相率而舍道义之途,以趋功利之域,充塞仁义,率兽食人,不是小病。故不免极力陈之。"[1] 朱熹把浙学的根本错误概括为三条:"舍六经、《论》、《孟》而尊史迁,舍穷理尽性而谈世变,舍治心修身而喜事功",已经包含了朱学与浙学在理学、经学、史学上的全面对立,论战就从这三方面主要在他和吕祖俭之间展开。

论辩正从对待陆学的分歧上开始。吕祖俭以功利为本,自然对陆学的尊德性、收放心的道德主义全盘否定。朱熹却认为陆学的尊德性敛身心,正是对浙学向外驰骛功利的救病良药,这已经包含了对吕祖俭功利思想的否定。浙学一向主张经史一贯,实际上却有重史轻经、以史说经的倾向,把司马迁抬高到孔子的地位,《史记》也就成了他们的圣经。在淳熙十一年正当朱陈义利王霸论战达到高潮时,吕祖俭也以《史记·礼书》的"洋洋美德乎,宰制万物,役使群众,岂人力也哉"四句为经典依据,唱起"秦汉把持天下有不由智力"的调子应和陈亮。他甚至以功利精神发展了《毛序》以史说诗的传统说诗原则,在自己一本于《毛序》作的《诗说》中贯彻了浙学的史学观点,要从《诗经》中探求"世变"。朱熹致书他批评这是"舍圣贤经指,而求理于史传",是"向外底意思多,切己底意思少",这只能使人"流而入于功

---

[1]《朱文公文集》卷五〇《答潘端叔》书二,第862页。

利变诈之习"[1]。他劝吕祖俭由史返经，去读《四书》，多作正心切己的道德自我修养工夫。吕祖俭表示要听从他读经的劝告，但是他接着寄给朱熹的《中庸》、《诗颂》、《西铭》的解说依旧故我。朱熹把他们两人的分歧归结为轻内重外与主内辅外的对立，认为吕祖俭的错误就在于不能以向内的尊德性、求放心为本，却以向外的通古今、考世变为重，结果浙学与陆学都在不注重读经上殊途同归。朱熹否定了吕祖俭的积极以事功救世的说教，认为吕祖俭据《史记·礼书》立功利之说，关键就错在"指人欲为天理"，正是"心术之大患"，生在眼下"当路如醉如梦"而又"百怪竞出"的时代，朱熹认为唯有一面自"修其本以胜之"，一面收拾"平生文字训说"成书以"公传道之则"。这就是他的消极的以个人道德修养为本位的救世之方，他的悲观伤感的道德拯世同浙学乐观自信的事功用世形成了鲜明对比。

到淳熙十二年朱陈义利王霸之辩已开始冷落收场时，朱熹却把他同吕祖俭的论辩扩大成为一场同浙学的广泛论战，先后同他展开论辩和被他批评的浙学学者有潘景宪、潘景愈兄弟，潘友文、潘友端、潘友恭兄弟以及沈焕、石天民、孙应时、路德章、诸葛诚之、时子云、陈肤仲、康炳道、王季和、周叔谨等人，旁及陈刚、刘清之、滕璘、黄榦、程正思、耿直之等闽、徽、赣名士。大论理欲义利之辨，几乎成了他这一年同所有人通信讲论的主调。他在致路德章的信中说："古之圣贤，以'枉尺直寻'为大病；今日议论，乃以'枉尺直寻'为根本。"[2] 孟子反对一屈而致王霸，因为枉尺直寻是出于利欲之心。朱熹正是以《孟子》中的

---

[1]《朱文公文集》卷四七《答吕子约》书二十三，第823页。
[2]《朱文公文集》卷五四《答路德章》书一，第969页。

第七章　武夷山中

《滕文公》作为同浙学论战的经典依据，正像陈亮、吕祖俭是以《史记》中的《礼书》与《六国年表》作为同朱学论战的经典依据一样。所以朱熹在这一年秋间给吕祖俭的信中更尖锐地用"枉尺直寻"四字来概括两家论战的根本分歧。吕祖俭便用吕祖谦的大旗来护身，甚至还寄给朱熹两卷读四书五经的心得论文，表示自己已转向做切己工夫。但他却始终不肯降下事功的赤帜，相反到淳熙十三年他又提出了"省节视听"的工夫。朱熹认为："所谓'省节视听'及'闲得心地半时，便是半时工夫'者，却是微有趋静之偏。"[1] 朱熹将这种"省节视听"直指为释家无闻无见无思无虑的坐禅入定，揭露了吕祖俭思想深处另一种因好佛说而与陆氏心学趋同的倾向。其实这时的浙东学者，已多一面狂热地实做着入世的功利俗学，一面又虔诚地践履着超世的直觉顿悟，希冀从功利学与禅学的结合中寻找奇功异效的事功力量。水心叶适就提到余姚有这样一批士子，一个个如醉如痴做着禅定入悟工夫：

> 初，朱元晦、吕伯恭以道学教闽、浙士；有陆子静后出，号称径要简捷，诸生或立语已感动悟入矣。以故越人为其学尤众，雨并笠，夜续灯，聚（胡）崇礼之家，皆澄坐内观……士既成名，无不向重崇礼。[2]

朱熹在同吕祖俭的论战中，就同时特地选取这种亦吕亦陆、亦儒亦释类型的浙学名士作为批判对象，他们主要有潘景宪，代

---

[1]《朱文公文集》卷四七《答吕子约》书二十八，第827页。
[2]《水心文集》卷一七《胡崇礼墓志铭》，《四部丛刊初编》本，第203册，第21页。

表学本吕学而入于佛学型的学者；沈焕，代表学本陆学而有取于浙学型的学者；陈刚，代表学本陆学而皈依陈学型的学者。潘景宪是吕祖谦的弟子，他却好借永康功利学发展了吕祖谦好佛学的一面，在吕祖谦去世后，他同弟潘景愈已经完全跟着陈亮、吕祖俭脚跟转。朱熹对潘景宪兄弟的批评并没有能阻止住潘景宪兄弟随同吕祖俭一起向永康学的转步，到淳熙十六年他只好无可奈何地对程正思说："浙学尤更丑陋，如潘叔昌、吕子约之徒，皆已深陷其中。"[1]

甬上四先生之一的沈焕已经是一个介于陆学与浙学之间的学者。他在淳熙九年以后家居四明，接受了浙东事功学的影响。这种由陆学向浙学的思想延伸、转向，在陈刚那里便得到了畸形的完成。陈刚是陆九渊的早年弟子，但在淳熙中却转投吕门。到吕祖谦去世后，他一面皈依佛说，一面又一变而为陈亮功利学的狂热崇拜者。淳熙十二年秋他也主动站到陈亮、吕祖俭一边同朱熹进行论辩，在给朱熹的信中呵斥董仲舒为"世儒"，讪薄二程的"持敬"之说。朱熹在回信中批评他的根本病痛是在于"不曾透得道义功利一重关"，有"厌平实而趋高妙，轻道义而重功名之心"[2]。甚至认为陈刚的好利求功立场又在吕祖俭之上，朱熹有意把他的信寄给吕祖俭看，认为"陈正己书来，说得更是怕人！"[3]

但是朱熹在整个论战中对浙学往往采取了一种纯道德义愤的谴责态度，很难使浙学学者们心悦诚服。到淳熙十三年，他同吕祖俭为首的浙学的论战已经陷入停顿，他转向了同陆学的论战。

---

[1]《朱文公文集》卷五〇《答程正思》书十六，第876页。
[2]《朱文公文集》卷五四《答陈正己》书一，第968页。
[3]《朱文公文集》卷四七《答吕子约》书二十六，第826页。

第七章 武夷山中

如果说朱熹同浙学是道德与功利两种不同文化价值走向的对立，那么他同陆学却是在同一道德的文化价值走向一致下的矛盾：朱熹主张通过格物致知的"知"达到自我的道德完善与人格建构，把道德修养与认识过程统一起来；陆九渊却主张通过发明本性的"悟"达到自我的道德完善与人格建构，以道德修养消融了认识过程。这就决定了朱陆两家在"尊德性"上的一致与"道问学"上的对立，两人的论战也就不可避免。

朱熹与陆九渊关系出现裂痕，是淳熙十年朱熹作《曹立之墓表》所引起。曹建本是陆氏兄弟的弟子，但他在淳熙六年来南康向朱熹问学，从此他弃陆学而成了朱学弟子，被陆学弟子视为背叛师道的"陆门叛徒"。淳熙十年五月朱熹在为曹建作的墓表中，特意称赞曹建"苟心所未安，虽师说不曲从"，肯定了他的背弃陆学。墓表含蓄地引了曹建的一段批判陆学顿悟心学的话：

> 学必贵于知道，而道非一闻可悟，一超可入也。循下学之，则加穷理之工，由浅而深，由近而远，则庶乎其可矣。今必先期于一悟，而遂至于弃百事以趋之，则吾恐未悟之间，狼狈已甚，又况忽下趋高，未有幸而得之者耶？[1]

其实这也是朱熹自己对陆氏心学的批判。陆九渊起初保持着沉默，勇捍师道的陆学弟子纷纷起来进行回击。陆九渊的弟子像傅梦泉、邓文范等，甚至包括陈刚，都是建昌人，建昌便成了陆学弟子聚集的大本营，从那里发出了一阵阵反朱学的攻骂声。朱熹在给刘清之的信中说："近日建昌说得动地，撑眉努眼，百怪俱

---

[1]《朱文公文集》卷九〇《曹立之墓表》，第1597页。

出。"[1] 他后来自己评论这场意气用事的《曹表》之争说："愚意比来深欲劝同志者，兼取两家之长，不可轻相诋訾……不谓乃以《曹表》之故反有所激……诸贤往往皆有立我自是之意，厉我忿词，如对仇敌，无复长少之节，礼逊之容。"[2] 朱陆弟子的相互攻击越煽越旺，陆九渊也终于站出来，宣称曹建是一个被朱熹所诱惑了的陆门叛徒，对着弟子们说："（曹建）初来见某时，亦是有许多闲言语，某与之荡涤……迨一闻人言语，又复昏蔽……其后因秋试，闻人闲言语，又复昏惑。又适有告之以某乃释氏之学，渠平生恶释老如仇雠，于是尽叛某之说，却凑合得元晦说话。后不相见，以至于死。"[3]

朱熹从认识陆九渊以来，对陆学向来只称"似禅"，"有些禅底意思"。这时他干脆称陆学是"释氏之学"，"端的是异端"。淳熙十二年七月他写信给刘孟容说："建昌士子过此者，多方究得彼中道理，端的是异端，误人不少！"[4] 原来在这一年陆九渊的一名弟子颜子坚忽然削发披缁出家为僧，给了朱学弟子攻击陆学为禅学异端的最好口实。陆九渊赶忙在夏间写信给詹阜民宣布把颜子坚开除出陆门。朱熹便抓住这件事向陆学弟子反击，专门写信给颜子坚说：

> 闻不念身体发肤之重，天序天秩之隆，方特毁冠裂冕以从夷狄之教……闻已得桐曹牒，髡剃有期，急作此附递奉报。愿吾君子于此更入思虑。或意已决，亦且更与子静谋之，必

---

[1]《朱文公文集》卷三五《答刘子澄》书十二，第565页。
[2]《朱文公文集》卷五四《答诸葛诚之》书一，第961页。
[3]《陆九渊集》卷三五《语录下》，第437—438页。
[4]《朱文公文集》卷五三《答刘公度》书三，第940页。

第七章 武夷山中

无异论而后为之。[1]

以陆学为禅学，成为朱熹与陆学论战的基调。甚至对陆九渊在淳熙十一年上的五道奏札，因第四札进呈"悟则可以立改"之说和第五札批语赵眘有"好详"之过，不能"好要"、易简，朱熹也认为充满禅气，在淳熙十二年夏间写信给陆九渊，批评他的奏札"向上一路未曾拨转处，未免使人疑著，恐是葱岭带来耳"[2]。于是在这年冬间，陆九渊的槐堂大弟子傅梦泉上门来见朱熹，进行当面论战。矛盾的焦点在格物穷理与明心见悟上。因为傅梦泉言论举动"类多狂肆"，"多类扬眉瞬目之机"，使朱熹更加相信陆氏心学是禅学，他干脆写信给陆九渊直接点明说：

> 子渊去冬相见，气质刚毅，极不易得，但其偏处亦甚害事……今想到部，必已相见，亦尝痛与砭剂否？道理虽极精微，然初不在耳目见闻之外，是非黑白即在面前，此而不察，乃欲别求玄妙于意虑之表，亦已误矣。[3]

傅梦泉没有接受朱熹批评，反而回信朱熹，指斥朱学"支离"：

> 比在此中追绎去冬教旨，其于天人理欲之数，可谓划然分明，俾学者不致迷误乖方……惟穷理以致其知之事，尚未

---

[1]《朱文公文集》卷五五《答颜子坚》，第992页。
[2]《朱文公文集》卷三六《答陆子静》书一，第571页。
[3]《朱文公文集》卷三六《答陆子静》书二，第571页。

有慊于中者。盖理其目，固不能以揭其纲，必物物而求之，而于一物之中稍有碍累。既曰不可即便放过而寻此一物，而求之多历晦明静虚之神，既增憧扰，而天下万物皆为之阻滞而不得前。岂他物尽通衢坦道，而此一物者独成停渊断渚，终不得放而至于海乎？此中议论尚须更作语言，毋令学者行坐支离，迷头觅项也。[1]

这完全重复了陆氏兄弟在鹅湖之会上说的话。

到淳熙十四年陆九渊从临安回象山讲学，与武夷山形成壁垒对峙。这一年有三件由陆学弟子直接引起的事端终于使朱陆矛盾全面激化。一件就是因傅梦泉的狂肆，朱熹写信给陆九渊批评傅梦泉，陆学弟子都起来回护傅梦泉，陆九渊也致书朱熹为傅梦泉辩解说："渠自云：'闻某（陆九渊）之归，此病顿瘳。'比至此，亦不甚得切磋之。渠自谓刊落益至，友朋视之，亦谓其然。"[2] 陆九渊的掩饰态度更激起了朱学弟子的忿气。第二件是陆学弟子李云也在淳熙十四年夏登门来见朱熹，大谈玄论，不合而去。朱熹在五月二日给了陆九渊一信，借指斥李云批评整个陆学说："李子甚不易知向学，但亦渐觉好高。鄙意且欲其著实，看得目前道理事物分明……若便如此谈玄说妙，却恐两无所成，可惜坏却天生气质。"[3] 由于陆九渊依旧偏袒李云，所以朱熹在这封信中言词特别激烈，竟一反常态，对陆九渊信中批评事功派"利欲深痼"表示不同意见说：

---

[1] 傅梦泉：《复朱晦庵书》，《同治建昌府志》卷九，《中国地方志集成》本，第54册，第399页。
[2] 《陆九渊集》卷一三《与朱元晦》书一，第181页。
[3] 《朱文公文集》卷三六《答陆子静》书三，第571页。

第七章 武夷山中

> 区区所忧，却在一种轻为高论，妄生内外精粗之别，以良心日用分为两截，谓圣贤之言不必尽信，而容貌词气之间不必深察者，此其为说乖戾狠悖，将有大为吾道之害者，不待他时末流之弊矣。

这是太极之辨以前朱熹在信中批判陆学最激烈的一次，也是他把陆九渊心学视为比浙东事功学更危险的学派敌人的信号。第三件是陆九渊"气禀恣睢"的弟子刘定夫一再直接寄攻击文字给朱熹，朱熹回信怒斥说："来书词气狂率又甚往时，且宜依本分读书做人，未许如此胡说为佳。"[1] 陆九渊却在初冬致书朱熹，替刘定夫百般开脱，反指责朱熹的文致其罪以强服人心说："大抵学者病痛，须得其实，徒以臆想，称引先训，文致其罪，其人必不心服。纵其不能辩白，势力不相当，强勉诬服，亦何益之有？"[2] 陆九渊的强硬态度使陆学弟子们更加有恃无恐，在冬间竟又有陆学弟子打上门来，闹到"狂妄凶狠，手足尽露"的地步。淳熙十五年一月十四日朱熹给陆九渊去了一信，也毫不客气地回击陆九渊对刘定夫的回护说："学者病痛，诚如所谕，但亦须自家见得平正深密，方能药人之病，若自不免于一偏，恐医来医去，反能益其病也。"[3] 一场双雄争胜的太极之辨，终于不可避免了。

---

[1]《朱文公文集》卷五五《答刘定夫》书二，第989页。
[2]《陆九渊集》卷一三《与朱元晦》书一，第181页。
[3]《朱文公文集》卷三六《答陆子静》书四，第571页。

第八章
不平静的戊申年

第一节　延和奏事

在武夷精舍中，朱熹同各学派的论战是在王淮反道学统治下进行的，这就使他的学问论辩同朝中的党争纠缠到一起，学术论战卷入了政治斗争。王淮当政，阻断了道学之士进朝入仕之路。淳熙十二年二月，朱熹秩满请祠，再差主管华州云台观。淳熙十四年，他祠秩再满，仍差主管南京鸿庆宫。但这一时期朝中逐渐形成了周必大相党与王淮相党的对峙，预示着王淮反道学统治出现了危机。这一年二月周必大进为右相，长期遭排摈的道学人士相继被他荐引入朝。到十月太上皇赵构驾崩，主战派以为"中兴圣主"赵昚从此可以一无太上皇的掣肘，实现北向之志，一时恢复用兵的呼声又起。周必大依靠的力量主要是道学派，他特别看重把赋闲的朱熹请出来张大自己的声势。在他的支持下，杨万里等朝臣一再荐举，终于突破王淮的阻挠，朝廷除朱熹为江西提刑。淳熙十五年正月尚书省下札，命朱熹先速入临安奏事，然后赴江西提刑任。

三月十八日，朱熹从崇安出发入都奏事，但他对王淮党盘踞朝廷要津仍心存疑虑，在玉山徘徊停留了四十余天不发。直到五月上旬王淮罢相，朝中局势发生了决定性转折，他才离玉山北上。五月下旬到达临安，住进接待院里。令朱熹没有料到的，朝中的王淮余党趁机向他进行了"偷袭"。六月一日，兵部侍郎林栗登门拜访。林栗是王淮党人，朱熹与林栗在学术和政治上向来不合，乾道以来两人就围绕《太极图说》对周敦颐的太极思想进行过论辩。淳熙十三年以后又围绕邵雍先天学与张载《西铭》说展开了论战。到朱熹入都奏事前，林栗有意把自己的《易图》、《易解》、《西铭说》寄给朱熹，朱熹也在二月正式公开合刻了自己久已写成的《太极图说解》和《西铭解》，他在《题太极西铭解后》中说："近见儒者多议两书之失，或乃未尝通其文义而妄肆诋诃，予窃悼焉。因出此解以示学徒，使广其传。""儒者"就主要指林栗和陆氏兄弟。因为朱熹对林栗的《易》说与《西铭》说不屑一答，刚愎自用的林栗便迫不及待打上门来，两人展开了一场舌战。

林栗先问："向时曾附去《易解》，其间恐有未是处，幸见谕。"朱熹马上直斥说："侍郎所著，却是大纲领处有可疑者。"他具体批判说："《系辞》所谓'易有太极，是生两仪。两仪生四象，四象生八卦'，此是圣人作《易》纲领次第，惟邵康节见得分明。今侍郎乃以六画之卦为太极，中含二体为二仪，又取二互体通为四象，又颠倒看二体及互体，通为八卦。若论太极，则一画亦未有，何处便有六画底卦来？如此恐倒说了。兼若如此，即是太极相包两仪，两仪包四象，四象包八卦，与圣人所谓生者意思不同矣！"林栗反驳说："惟其包之，是以能生之，包之与生之实一义尔。"朱熹回答说："包，如人之怀子，子在母中；生，如人之生子，子在母外，恐不同也。"林栗便抓住"太极"转而反问："公言太极一画亦无，即是无极矣。圣人明言'易有太极'，而公言易无太极，何耶？"朱熹哑然失笑，回答说："太极乃两仪四象八卦之理，不可谓无，但未有形象之可言尔。故自此而生一阴一阳，乃为两仪，而四象，八卦又是从此生，皆有自然次第，不由人为安排。然自孔子以来，亦无一人见得。至邵康节然后明其说，极有意趣条理可玩，恐未可忽，更详之。"林栗直言不讳地说："著此书正欲攻康节尔！"朱熹微微一笑说："康节未易攻，

第八章 不平静的戊申年

侍郎且更仔细,若此论不改,恐终为有识者笑也。"林栗恼羞成怒地回答了一句:"正要人笑!"[1]

在邵雍《易》学上无话可争,话锋便转到张载《西铭》上。朱熹断然说:"侍郎未晓其文义,所以不免致疑。其余未暇悉辨,只'大君者,吾父母宗子'一句,全读错了,尤为明白。本文之意,盖曰人皆天地之子,而大君乃其适长子,所谓宗子有君道者也,故曰'大君者,乃吾父母之宗子'尔。非如侍郎所说既为父母,又降而为子也。"林栗反问:"宗子如何是适长子?"朱熹不无嘲弄地回答说:"此正以继祢之宗为喻尔。继祢之宗,兄弟宗之,非父母之适长子而何?此事它人容或不晓,侍郎以《礼》学名家,岂不晓乎?"林栗一时无言以对,只好悻悻而去。[2]

这场舌战实际是一场肯定与否定周敦颐、邵雍、张载三家理学大师之学的论战。在周敦颐学上,两人矛盾的焦点在无极太极上,林栗认为朱熹以太极"一画皆无",就是主张"易无太极",也就是含蓄指斥这是老氏的"无生有"说。这恰好同陆九渊的观点一致,后来朱熹在陆九渊论太极的信中说:"来书又谓'《大传》明言'易有太极',今乃言无,何耶?'此尤非所望于高明者,今夏因与人(按:指林栗)言《易》,其人之论正如此,当时对之不觉失笑,遂至被劾。"[3] 所以朱熹与林栗的这场小型太极争论,成了朱熹同陆九渊展开太极论战的前奏曲。在邵雍学上,两人矛盾的焦点是在八卦生成说上,朱熹主张邵雍加一倍法的先天八卦生成说,林栗主张互体八卦生成说。林栗的互体说实际是步汉上朱震后尘将汉《易》学给以恶性的花样翻新,在臆造附会

---

[1]《朱文公文集》卷七一《记林黄中辨易西铭》,第1295页。
[2]《朱文公文集》卷七一《记林黄中辨易西铭》,第1296页。
[3]《朱文公文集》卷三六《答陆子静》书五,第573页。

上比邵雍走得更远。在张载学上，两人矛盾的焦点是在理一分殊上。从二程到朱熹都把《西铭》中的理一分殊作为划判儒道与佛道的最高哲学原则，而林栗却在《西铭说》中斥张载的"天地之帅吾其性"是"窃取于浮屠所谓佛身充满法界之说"，这就推翻了程朱的理一分殊思想。

林栗的登门论辩，其实是一种政治挑衅，他的咄咄逼人的争论深藏着王淮反道学相党的杀机，朱熹没有想到这场当面论战已为他奏事的失败种下了祸胎。六月四日周必大派人来传达了赵眘的问候。六月七日，朱熹登上延和殿见到了赵眘。奏事在表面君臣推心置腹的融洽气氛中进行。朱熹共出五札。第一札论狱讼，他提出了对民要教、刑兼施的主张，"义刑义杀"，既要教民以三纲，天理民彝，又要明正典刑。第二札论狱官遴选，建议要定选格，对现任州县治狱之官进行全面整顿汰选，提出了对他们取舍去留的具体办法。第三札论诸路提刑司所管的经总制钱，提出了罢除经总制非法无名之赋的要求。第四札论科罚之弊，指出科罚实际已变成了对民的巧取豪夺，主张革除科罚旧弊恶习。第五札以"正心诚意"说赵眘。朱熹这次入都奏事，千言万语，只在这第五札；赵眘最怕最恨的，也是这第五札。朱熹奏事矛头指向了赵眘，激烈抨击帝侧阉竖佞幸与王淮相党两股势力，当面如数家珍的显暴君过使赵眘无法忍受了，两人在殿上发生了争论。朱熹认为赵眘二十七年的统治不过是"因循苟苴，日失岁亡，了无尺寸之效"，既不能内修政事，恭俭勤劳，又不能外攘夷狄，恢复疆土，原因只在于赵眘皇帝一人的君心不正。他列举了赵眘一心人欲未除而导致国是日败的六条"君过"，实际也是对南宋社会的腐败作了全面的揭露分析。在奏札最后，朱熹向赵眘提出了"正心诚意"之法，这就是千圣相传的十六字心传，包含的实际要求

第八章 不平静的戊申年

就是要作为皇帝的赵昚做到无稽之言勿听,弗询之谋勿用,谨乃有位,敬修其可,克己复礼,仁由乎己,放郑声,远佞人等,克服六大君过。

迟暮的赵昚对这一套正心诚意的说教早就听腻了,但他在殿上却故意做出了虚己纳谏的样子,甚至还允准朱熹可以再上封事。其实赵昚根本没有把奏札放在心上,他心里想的却是如何打发这个令他头痛的饶舌老儒。

在奏事后的第二天,忽然降除朱熹为兵部郎官,这完全大出于朝野志士们的意料。朱熹还在入都以前已有将"留中讲读"的说法四处传出,赵昚在奏事开头说"与清要差遣",按理也应是作为经筵讲官"留中讲读"。现在忽然改除兵部郎官,显然是害怕把朱熹作为讲读之官会天天听到他"正心诚意"的道学说教,朱熹从这意外的改除中感觉到赵昚对他的厌恶。方壶汪莘一听到朱熹除兵部郎官,作了一首《戊申六月闻晦庵先生除兵部侍郎》,道出了当时士子普遍的疑虑与担忧:

> 韩范诸公各一时,贤豪久速系安危。
> 从来功业知难就,未敢先赓庆历诗。[1]

他已从这莫名的改除中预感到"功业知难就"。朱熹当然知道兵部正是王淮党羽把持的地盘,兵部侍郎林栗刚刚同他论《易》、《西铭》不合结下怨毒,赴兵部郎官任等于是自投虎口。于是他在改除命下当日,以脚疾大发申省给假调理,暂不供职。林栗竟还是迫不及待地跳了出来,当天晚上他就叫部吏抱兵部郎

---

[1] 汪莘:《方壶先生集》卷二《戊申六月闻晦庵先生除兵部侍郎》,《宋集珍本丛刊》本,第69册,第274页。按:"侍郎"当作"郎官"。

官大印到朱熹住处强行交割。朱熹以已申乞假，并未拜命供职，认为不能领受大印。双方僵持了一个晚上，谁知第二天一早林栗已上了弹劾朱熹的奏章。

林栗奏劾朱熹，实际是代表了王淮罢相后在政治上失势的反道学王淮余党出来挑起事端的。他的劾章在朱熹不肯供职上做文章，说朱熹"只欲回就江西提刑"，"不肯赴部供职"，"傲睨累日，不肯供职，以为作伪，有不可掩"。他把朱熹的不供职硬同"道学"扯到一起，说："熹本无学术，徒窃张载、程颐之绪余，以为浮诞宗主，谓之'道学'，妄自推尊……绳以治世之法，则乱人之首也。"[1] 可见林栗劾朱熹不肯供职是假，借劾朱熹以攻道学是真。

朱熹得知林栗上劾章时，朝中已一片沸沸扬扬。他只好在当天上了一道乞宫观札子，要求奉祠回避。赵眘明显有偏袒林栗意，十一日命下朱熹依旧持节江西，立即放行。赵眘这一除命等于默认了林栗对朱熹的弹劾，如同一纸逐令将朱熹请出国门。六月十二日，朱熹离开了临安。他到衢州时，上了一道辞免江西提刑状。在辞状中他不乞宫观，而要朝廷详审罪状，自己回武夷山待罪，采取了不屈的强硬态度。

周必大相党的朝士都把朱熹的被逐看作是整个道学派的耻辱和失败。同朱熹上辞免江西提刑相呼应，在六月二十日前后，太常博士叶適愤上了一道《辩兵部郎官朱元晦状》，对林栗劾章逐一驳斥，揭露林栗的徇私欺君，诬奏不实。林栗恼羞成怒，要求同叶適进行廷辩，又把争论扩大到大肆攻击朱熹心目中的道统圣人张载，终于又激恼了两名道学人物起来回击。七月间，先有左

---

[1]《建炎以来朝野杂记》乙集卷七《叶正则论林黄中袭伪道学之目以废正人》，《丛书集成初编》本，第 839 册，第 433 页。

补阙薛叔似奏援朱熹,后有侍御史胡晋臣论劾林栗。参政留正向赵眘提出了两罢之法。七月二十五日,札下林栗出知泉州。二十六日,除朱熹直宝文阁,主管西京嵩山崇福宫。朝中一场持续了一个多月的党争鏖战,终于以相攻双方的罢任出朝收场。朱熹依旧跧伏穷山,又靠祠禄继续过"吃咬菜根"的日子。

第二节　朱陆太极论战

朱熹奉祠家居,却使他有时间同陆九渊展开了太极论战。

太极之辨由陆九渊在淳熙十四年正式挑起,但最早可上溯到淳熙十二年陆九韶和朱熹的论战,而朱熹在南康任上同陆学弟子刘尧夫论辩太极无极,更可以看作朱陆太极论战的滥觞。名僧居简在《无极序》中提到这一事实说:"昔游康山卧龙庵,见刘淳叟擘窠大书亭柱曰:'是日与朱南康论太极无极。'"[1] 论辩的焦点是在"无极"上。宋以来的理学家,是周敦颐第一个把道家的"无极"引进了儒家体系;又是朱熹第一个充分论证了周敦颐的"无极"与"太极"是同一的先验本体。这一离经叛道之说遭到了陆学的批判。淳熙十二年上半年陆九韶以居士应诏赴临安,路经崇安特地同朱熹相见,当面指斥《太极图说》之非。他的看法主要是认为《太极图说》的"无极而太极"与《通书》不合,《通书》只说"太极"而不说"无极",《易大传》也只说"太极"而不说"无极","太极"之上加"无极"是老氏之学。两

---

[1] 居简:《北磵文集》卷五《无极序》,《宋集珍本丛刊》本,第 71 册,第 377 页。

人面论不合,陆九韶到临安后便将有关面论情况告诉了陆九渊,他的第一封致朱熹论无极太极的书就是在临安同陆九渊商讨过的。陆九渊在给陶赞仲信中提到这次面论说:"《太极图说》,乃梭山兄辨其非是……梭山曾与晦翁面言,继又以书言之,晦翁大不谓然。"[1] 可见陆九渊在直接出面同朱熹展开太极论战之前,已经在旁助陆九韶同朱熹进行太极论辩了。

陆九韶不久因丧从临安回江西后,在夏间寄给朱熹一信,专攻《太极图说》的"无极而太极"和《西铭》的乾坤父母之说,认为"《太极图说》与《通书》不类,疑非周子所为……假令《太极图说》是其所传,或其少时所作,则作《通书》时,不言'无极',盖已知其说之非矣"[2]。陆九韶的这一说法,得到了陆九渊的高度称赞,八月二十四日,陆九渊特地复信陆九韶说:"见所与元晦书稿,甚平正。同官沈正卿见之,不能去手,嘉叹至于再三。"[3]

朱熹在这年冬间收到陆九韶的信后,立即回信反驳,坚持认为"无极而太极"是说太极无形而有理,"不言无极,则太极同于一物,而不足为万化之根;不言太极,则无极沦于空寂,而不能为万化之根"[4]。淳熙十三年,陆九韶再回信朱熹,依旧认定"无极而太极"是道家之学。朱熹在这年年底的复信中进行了详细的驳斥,认为:

> 谓"著'无极'字,便有虚无好高之弊",则未知尊兄

---

[1] 《陆九渊集》卷一五《与陶赞仲》,第192页。
[2] 《陆九渊集》卷二《与朱元晦》书一引,第22页。
[3] 岳珂:《宝真斋法书赞》卷二七《陆文安书稿》,《丛书集成初编》本,1630册,第399页。
[4] 《朱文公文集》卷三六《答陆子美》书一,第569页。

> 所谓太极是有形器之物耶？无形器之物耶？若果无形而但有理，则无极即是无形，太极即是有理明矣，又安得为虚无而好高乎？[1]

淳熙十四年两人又有一次相互通信论辩，并没有再提出新的看法，陆九韶已有招架不住之势。一直站在陆九韶背后的陆九渊忍不住跳出来替陆九韶助战，他只在陆九韶沉默了几个月后，便在这年秋间给朱熹一信，说朱熹与陆九韶论太极的信"辞费而理不明"，正式向朱熹提出了挑战。配合老师的挑战，陆九渊的弟子也在淳熙十四年冬间打上门来，与朱熹论战，迫使朱熹在淳熙十五年正月接受了挑战。他在给程端蒙信中谈到自己这种态度的转变说：

> 盖缘旧日曾学禅宗，故于彼（按：指陆九渊）说虽知其非，而不免有私嗜之意……去冬因其徒来此，狂妄凶狠，手足尽露，自此乃始显然鸣鼓攻之，不复为前日之唯阿矣。[2]

陆九渊在四月十五日写了一篇二千余字的长信，详细论述了自己对无极太极的看法。针对朱熹说的"不言无极，则太极同于一物"，"不言太极，则无极沦于空寂"，认为《易大传》、《洪范》上均不言"无极"，"太极者，实有是理……其为万化根本固自素定，其足不足，能不能，岂以人言不言之故耶？"针对朱熹的"无极"即"无形"，"太极"即"有理"，认为"《易》之《大

---

[1]《朱文公文集》卷三六《答陆子美》书二，第570页。
[2]《朱文公文集》卷五〇《答程正思》书十六，第876页。

传》曰：'形而上者谓之道'，又曰'一阴一阳之谓道'，一阴一阳已是形而上者，况太极乎？"他于是把"极"训解为"中"，认为"盖极者，中也，言无极则是犹言无中，是奚可哉？"由是他断定"无极"是老氏希夷之学，《太极图说》不是周敦颐的著作。[1]

这时朱熹因为赴临安奏事，他到十一月八日才写了论辩复信寄陆九渊。他在信中提出的七条反驳，构成了自己完整的太极思想体系："太极"之"极"是"至极"之意，不当训"中"；《通书·理性命章》所说"一"即"太极"，"中"指"气禀之得中"，与"太极"无关；"无极"是周敦颐"灼见道体"，"真得千圣以来不传之秘"；"太极"为形而上之道，"阴阳"是形而下之器，"无极"是指道"无方所，无形状"，以"阴阳"为形而上是"昧于道器之分"；"太极"又称"无极"，是为了将"道"的"无形"与"有理"的二重性"两下说破"，以防"闻人说有，即谓之实有；见人说无，即以为真无"；"无极"不是说无"太极"，与《易大传》"易有太极"并不矛盾；老庄说的"无极"是"无穷"的意思，与周敦颐的"无极"本体范畴有本质不同。朱熹显然扩大了这场太极论战的范围和意义，不仅暴露两人在理本体论上的分歧，而且使这场太极之辨超越了"太极"本体论的范围，具有了更普遍的方法论意义。但朱熹的回信在陆九渊身上只激起了更大的门户意气，他很快在十二月十四日写成一篇更长的信，一方面引《洪范》九畴"皇极"居中以证明"极"为"中"，驳斥朱熹以"极"为"至极"之说；一方面又引《说卦》《系辞》以证明"阴阳"为形而上之道，否定朱熹以"阴阳"为

---

[1]《陆九渊集》卷二《与朱元晦》书一，第23~24页。

第八章 不平静的戊申年

形而下之器的说法。朱熹也很快在淳熙十六年正月写了洋洋长文，对陆九渊的信全篇分段分节逐一答复，但大致也只是重复了原来的看法。他感到自己与陆九渊的思想矛盾无从调和统一，所以在这封信中挂起了免战牌，表示："如曰未然，则我日斯迈，而月斯征，各尊所闻，各行所知，亦可矣，无复可望于必同也。"[1] 尽管后来陆九渊又追去一信，指责朱熹"遽作此语，甚非所望"[2]，但两人通信往返的正面交锋实际已经停止了。但是太极之辨却并没有结束，由于陆九渊提出作为重要论据的《洪范》"皇极"，直接涉及了《易》学象数问题，引起朱熹的重视。所以两人的太极之辨在淳熙十六年以后不是偃旗息鼓，而是发展成为皇极之辨，只是论战的方式由针锋相对的书信往返相攻变为各自著文的旁攻侧击，论战的焦点由"无极"转到了"皇极"。

为了回答陆九渊"皇极"为"中"的观点，朱熹在淳熙十六年七月精心写成了一篇《皇极辨》。这篇专文实际可看成是他对自己正月复陆九渊信的详细补充，他全面考察了"皇极"，对"皇极"作了新的诠释，认为：

> 《洛书》九数，而五居中；《洪范》九畴，而皇极居五。故自孔氏《传》训皇极为大中，而诸儒皆祖其说。余独尝以经之文义语脉求之，而有以知其必不然也。盖皇者，君之称也；极者，至极之义，标准之名，常在物之中央，而四外望之以取正焉者也。故以极为在中之准的则可，而便训极为中则不可。[3]

---

[1]《朱文公文集》卷三六《答陆子静》书六，第576页。
[2]《陆九渊集》卷二《与朱元晦》书三，第31页。
[3]《朱文公文集》卷七二《皇极辨》，第1315页。

把"极"训为至极、标准是朱熹《尚书》学的新发现。他在《皇极辨》中甚至说:"自汉以来,迄今千有余年……乃无一人觉其(按:指孔《传》)非是,而一言以正之者,使其患害流于万世,是岂独孔氏之罪哉!"这也就无异于含蓄点明陆九渊的"皇极"训"中"是本于孔安国《古文尚书传》,而孔《传》朱熹认为是伪作,这样陆九渊的太极、皇极说便不攻自破了。

陆九渊为了回答朱熹,也潜心研究起《易》学象数揲蓍来。在淳熙十六年后,他一反不立文字的故态,一连写出了《揲蓍说》、《易说》、《易数》、《三五以变错综其数》等文,建立起了陆学义理派以理说象的《易》学体系大纲。到绍熙三年(1192年)荆门任上,他聚集吏民专门宣讲了《洪范》"五皇极"一章。这篇《荆门军上元设厅皇极讲义》可以说也是为了答复朱熹的《皇极辨》。陆九渊在《皇极讲义》中宣布了他所更定的古《河图》八卦之象与《洛书》九畴之数,并根据这种图书象数说进一步阐述了他的皇极说,坚持认为:"皇,大也;极,中也。《洪范》九畴,五居其中,故谓之极。是极之大,充塞宇宙。天地以此而位,万物以此而育。""极"既然是充塞宇宙之"理",所以他又以"心"说"极",认为"保极"就是"保心":"若能保有斯心,即为保极。"这是他的"心即理"在《易》学上的彻底贯彻。

朱熹很快对陆九渊在荆门的皇极说进行了批评,他写信给在太极之辨中左袒陆九渊的胡大时说:"荆门皇极说曾见之否?试更熟读《洪范》此一条详解,释其文义,看是如此否?"[1] 他有了想借"皇极"上的争论同陆九渊展开《易》学象数揲蓍论辩的打算,绍熙三年四月十九日他在给陆九渊的信中暗示说:"峡州郭雍

---

[1]《朱文公文集》卷五三《答胡季随》书十二,第952页。

著书颇多，悉见之否？其论《易》数颇详，不知尊意以为如何也？近著幸示一二，有委并及。"[1] 陆九渊的《揲蓍说》同朱熹驳正郭忠孝、郭雍父子揲蓍之说的《蓍卦考误》形成对立，朱熹向陆九渊提到郭雍是有深意的。陆九渊很快在五月间有一封信回答，这是他临死前给朱熹的最后一封信，表明两人之间始终存在着无法弥缝调和的尖锐思想对立。这封信因为亡佚不为人知，但朱熹在当时给《易》学家赵彦肃的信中谈到了这封最后的信说："子静后来得书，愈甚于前。大抵其学于心底工夫不为无所见，但便欲恃此陵跨古今，更不下穷理细密功夫，卒并与其所得者而失之。"[2] 这就是朱熹对陆九渊的"盖棺论定"，表明朱陆的太极无极皇极论辩终于没有能相合，而一场有迹象要展开的《易》学象数揲蓍论辩也因陆九渊的突然去世中途夭折了。

第三节　戊申封事

这时朝局政事的动荡变幻也不容朱熹高卧武夷深山进行"无极"的玄思冥想，朝中三家相党纷争的旋风，又把这个久隐山林的道学之魁推到了政治前台。他在淳熙十五年八月奉祠家居仅一个多月，朝廷忽然又有收召之命。九月二十六日尚书省札下传旨，命令朱熹即赴行在。朝中在王淮罢相后，因王淮党的瓦解和投靠留正党，又逐渐形成了周必大党与留正党二家争斗的局面。朱熹意向周必大党，但却不是周必大党人。周必大深知赵眘内禅对他居相的致命不

---
[1]《陆九渊年谱》，《陆九渊集》卷三六，第511页。
[2]《朱文公文集》卷五六《答赵子钦》书四，第999页。

利,他要尽一切机会赶在赵惇即位之前广引同党,特别要把道学之魁朱熹请入朝作为号召,罗致有声望的道学正人端士尽入彀中。这就是朱熹待家只一个多月忽然又有收召之命的真实原因。

朱熹这次被召入朝是出于谏议大夫谢谔的推荐。谢谔是郭雍弟子,朱熹在淳熙十五年六月入都奏事曾同谢谔一见。谢谔特荐朱熹,不仅是接承丞相周必大的风旨,而且也因两人私交甚厚、志同道合的缘故。周必大和谢谔敢于荐引朱熹,是利用了赵眘同意朱熹再上封事的面允。朱熹罢逐回闽,封事已无从投进,但他一回家便草拟好了封事,并在六月下旬的辞免江西提刑状中贴说乞上封事。周必大从允准朱熹上封事上大概窥破了赵眘的"上心"可以活动,而朱熹上封事又正好有求于他,他便借上封事向赵眘提出了收召之策。

在朱熹有召命后,周必大党的朝士们在十月发起了一个来势颇壮的荐士行动,为道学首魁的入朝大张声势,一时间袁枢、叶適、詹体仁、罗点、冯震武等都相继上章,荐举了一大批道学名士和清望名流。从周必大说,他是想要尽快培植自己的相党势力;从这些荐引朝士说,他们的主要目标却是要在众星捧月下把朱熹请进朝中。叶適《上执政荐士书》共荐举了三十四个名士,全是道学之士,其中近四分之一是朱熹弟子。这股道学旋风遭到了王淮余党陈贾、冷世光等人的抵抗,也使赵眘产生了疑忌。周必大不得不上奏极力掩饰,把这场共同的荐士行动说成是偶然的巧合:"袁枢久被圣知,偶与陈贾有仇,近复因冷世光事,所以不乐多荐……张体仁乃梁克家所荐,叶適是王淮用为学官,冯震武则留正幕属。五人皆主张朱熹,遂致议论,未必专为荐士。"[1] 赵眘

---

[1]《文忠集》卷一五二《缴荐士奏》,《四库全书》本,第1148册,第663页。

第八章　不平静的戊申年

对这一大批意向周必大的道学之士早有厌恶之心,他的过问使胆小的周必大畏葸退却了。袁枢荐士章刚上,就被右谏议大夫陈贾疏驳,袁枢最先遭劾罢去,周必大也被迫在十一月四日上章乞去相位。道学派的荐士行动失败了。

在这种情势下,朱熹只有将封事投匦以进,不愿亲自入都奏事,留朝任职。其实他更顾虑的还是朝中王淮余党的报复陷害。在他离临安归后,王淮余党造飞语,唱横议,同周必大党的明争暗斗因留正党的介入而变本加厉。闹得最凶的是张枃露章力荐陆九渊弟子沈焕入朝,王淮余党便附会叶适等人荐举的三十四人名单,假冒沈焕之名伪作《党论》、《党图》,煽动众怒,一时谤语四起,终于使沈焕不得入朝。朱熹写信给曹晋叔说:"前月得都下书,闻以诸人荐士故,近列有横议者……盖其间有一二病根,若不能去除,不惟善类立不得,亦非社稷之福也。"[1] 所谓"一二病根"就主要指台谏王淮余党陈贾、冷世光之流。于是朱熹在十月上了一道《辞免召命状》不允后,便将六月草就的封事再详加补充修改成洋洋万余言的奏疏,在十一月七日同第二道《辞免召命状》一起,派人往临安投送。

戊申封事可以称得上南渡以来第一篇奏疏文字,是朱熹生平对南宋社会的一次登峰造极的全面解剖,也是理学家用正心诚意之学解决社会迫切现实问题的著名范例。封事分三大部分,第一部分论天下之大本,集中反映了朱熹正心诚意的社会政治道德学说;第二部分论六大当务之急,集中反映了朱熹对南宋社会现实的认识和主张;第三部分论恢复之事,集中反映了朱熹同其他学派的根本思想分歧。朱熹从痛陈岌岌可危的天下形

---

[1]《朱文公文集》卷二八《与曹晋叔书》,第435页。

势入手说：

> 臣窃观今日天下形势，如人之有重病，自腹达四肢，盖无一毛一发不受病者，虽于起居饮食未至有妨，然其危迫之证，深于医者固已望之而走矣；是必得如卢、扁、华佗之辈授以神丹妙剂，为之湔肠涤胃，以去病根，然后可以幸于安全。

朱熹提出的治疗大病沉疴的南宋社会的"神丹妙剂"，就是正帝王一心之本和务天下六事之急。他认为天下腐败糜烂的根源在赵眘一帝之心的不正。赵眘一心不正，向外表现为"家不正"与"左右不正"。"家不正"指宫中"爵赏之滥，货赂之流"和沸沸扬扬的宫闱秽闻。那个赵惇太子的悍妃李氏就生性凶妒，把乃父的赳赳武夫之风带入后宫，同后来为贵妃的宫人黄氏争风吃醋，赵眘对她无可奈何，这已潜伏下了后来赵眘父子不和、李后恃宠专权、外戚得势的祸根。"左右不正"是指内侍、大臣、将帅三位一体的勾结为奸。同延和奏事不同，朱熹抨击的矛头从内侍进而指向了将帅。将帅纳财结交内侍，已经到了"中外将帅其不为此者无几"的地步，他描绘了一幅将帅剥削兵民以贿赂近习的可怕现状："陛下竭生灵之膏血以奉军旅之费，本非得已而为。军士者顾乃未尝得一温饱，甚者采薪织屦，掇拾粪壤，以度朝夕；其又甚者，至使妻女盛涂泽，倚市门以求食也。怨詈谤讟，悖逆绝理，至有不可闻者……是皆为将帅巧为名色，头会箕敛，阴夺取其粮赐，以自封殖，而行货赂于近习，以图进用。"[1] 将帅的跋

---

[1]《朱文公文集》卷一一《戊申封事》，第171页。

第八章 不平静的戊申年

虐霸道,是因为宫廷有王抃、甘昪一班内侍近习的串通一气,朱熹直斥王抃、甘昪这班受贿卖官的小人是"将帅之牙侩"。他说的手握重兵的"小人"都实有所指,兴州御前诸军都统制兼知兴州充河西安抚使吴挺,就是一个"在江湖千里之外"的握重兵的帅臣。吴氏世居川蜀为官,蜀地已成为吴家世袭的独立王国。朱熹在封事中预言,这样下去迟早会"养成祸本"。不幸后来果有吴挺之子吴曦勾结金人叛乱,朱熹的预言都变成了可怕的现实。

朱熹在对南宋社会各方面纤细入微的剖析基础上提出了六条当务之急。辅翼太子,是借批评赵昚不设太子师傅、宾客,抨击近习小人与反道学派的勾结作恶。朱熹的真意却是要赵昚父子谨防人比之为曾觌、龙大渊再世的姜特立、谯熙载的怙宠弄权。赵昚只以左右春坊使臣陪侍太子赵惇,而这时正是姜特立充太子宫左右春坊兼皇孙平阳王伴读,谯熙载也为平阳邸伴读,出入春坊,深得太子宠信,已有代王抃、甘昪而起之势。他们同反道学的王淮余党右谏议大夫何澹朋比勾结,干预朝政,排挤打击周必大的势力。朱熹要求设置师傅、宾客之官,"罢去春坊使臣,而使詹事庶子各复其职",表现了他对宫廷近习小人的一贯仇视。

选任大臣、振肃纲纪与变化风俗,主要批评赵昚的任用非人和由此造成的纲纪与风俗的败坏。朱熹把赵昚任用的大臣分为三种:第一种是至庸之才,他们只知"供给唯诺,奉行文书,以求不失其窠,坐资级如吏卒之为而已"。第二种是"惟有作奸欺,植党羽,纳货赂,以浊乱陛下之朝廷"。第三种"乃至十余年而后败露以去(指王淮),然其列布于后以希次补者(指何澹之流),又已不过此等人矣"。所谓"纲纪不振",就是指朝中因忠邪杂进、刑赏不明、士趣卑污、廉耻不分造成朝纲法纪的受挠不行，真意又在批评赵眘不分是非正邪的"皇极用中"之法。朱熹认为纲纪败坏的根源在于赵眘的不"平"不"中"。因为"皇极"向来训为"中"而被统治者用作打击异己的堂皇口号，赵眘更是以自己最善于玩弄调停折中、持平无党的"皇极用中"而沾沾自喜，实际"皇极"早成为曲庇主和派、进登庸才奸小和反道学派们反道学的护身符，周南在绍熙元年的廷对中说："今蒙蔽之甚，使陛下不能用人者，其说有三而已：一曰道学，二曰朋党，三曰皇极。"[1] 这说法正来自朱熹。朱熹在上封事后仅几个月便写成《皇极辨》，也正是为了在政治上回击赵眘和反道学党们的一片"皇极用中"的叫嚣。纲纪的不肃造成了苟安腐败、廉耻丧尽的风俗，士大夫们唯知"以金珠为脯醢，以契券为诗文，宰相可啖，则啖宰相；近习可通，则通近习。惟得之求，无复廉耻。父诏其子，兄勉其弟，一用此术，而不复知有忠义名节之可贵"。朱熹在封事中愤怒呵斥了那些居然公开大倡不要民族忠义气节的反道学派何澹之流。何澹竟然以赵眘名义当众宣布说："陛下尝谓今日天下幸无变故，虽有伏节死义之士，亦何所用！"[2] 朱熹警告说，名节不立，廉耻不伸，"一旦发于意虑之所不及，平日所用之人交臂降叛，而无一人可同患难"。后来南宋覆亡之际，士大夫们纷纷"交臂降叛"，也似乎证实了朱熹在封事中的预见。

爱养民力和修明军政，是朱熹从经济、军事和行政三方面揭露南宋朝廷的弊病，提出了修军政以裕民力的主张。他认为民力的穷乏重困，是朝廷横征暴敛、宰相台谏监司郡守不得其人和将

---

[1] 周南：《山房集》卷七《庚戌廷对策》，《四库全书》本，第1169册，第86页。
[2] 参见《朱文公文集》卷二八《与留丞相书》，《雍正江西通志》卷八八《程端蒙传》。

帅掊克兵民三者所造成。孝宗一朝，内帑之积二十年来耗于私用，版漕经费巨亏，正税加额之外，无名之赋数不胜数，整个南宋国家在朱熹眼里变成了一架"中外承风，竞为苛急，监司明谕州郡，郡守明谕属邑，不必留心民事，唯务催督财赋"的机器。在财政岁支、兵费和奢侈挥霍三大重负下，南宋财源枯竭，暴敛不足，便用滥发纸币来维持，造成通货膨胀，楮币贬值，再转而更巧取豪夺于民。朱熹提出通过正帝王一心和精选人才来"渐去"从朝廷到诸路州县的"无名非理之供，横敛巧取之政"，固然是一种幻想；但他认为这样一个"无一毛一发不受病"的腐败国家已不可能立即用兵，却是头脑清醒的理智认识。

朱熹正是根据他这种对南宋社会的全面分析，在封事第三部分专论恢复之事。由于隆兴议和以来客观已成的宋金对峙，朱熹已逐渐意识到抗金是一场持久战，抗金用兵不仅取决于军事力量的强弱，而且更取决于政治、经济、人心和民力的对比。所以他在封事中把恢复用兵作为长远的目标，而没有当作眼前的当务之急，但六条当务之急本身就是在为恢复用兵积极做准备。他分析隆兴议和以来的形势说："此事之失，已在隆兴之初，不合遽然罢兵讲和，遂使宴安鸩毒之害，日滋日长，而卧薪尝胆之志，日远日忘。是以数年以来，纲维解弛，衅蘖萌生，区区东南事犹有不胜虑者，何恢复之可图乎？"所以他既反对苟安主和，也反对用兵速战，主张要做十年以上的修明军政的辛苦工作，养战备战。这和抗金主战派的辛弃疾的看法是一致的。

朱熹主张正本修政、裕民持守数十年后再北向用兵，这表明他反对不切实际的急功求利。正是从这里出发，他在封事最后批判了当时一股弥漫朝廷上下的以老佛玄说为高、以管商功利为便的思潮：

> 论者又或以为陛下深于老佛之学,而得其识心见性之妙,于古先圣王之道,盖有不约而自合者,是以不悦于世儒之常谈死法;而于当时之务,则宁以管商一切功利之说为可取。

这其实仍然是批判赵昚皇帝及其周围的一班佞佛弄臣和急功求利的政客洪迈、何澹、王信、沈继祖之流。赵昚是一个佞佛的皇帝,他一面沉迷于佛老,一面笃信士大夫的功利俗说,相信老佛的奇功异效,而以儒学为迂阔无用。周南也同样批评赵昚过于听信缁徒黄冠的谎言,所以"每事求功,士大夫久用不效者,旋即罢去"[1]。朱熹认为这就是赵昚二十余年统治"因循荏苒,日失岁亡,了无尺寸之效"的根本原因,也是赵昚最大的"一心不正"。朱熹的封事最终又归结到正帝王一心上。

朱熹的戊申封事,不仅是一次全方位的政治批判,而且也是一次全方位的文化反思;既是他对自己生平思想的一个提纲挈领式的总结,也是他用黯淡的色调对孝宗一朝作的全面历史总结。所以当封事进上后,在赵昚的帝王头脑中也掀起了一股巨澜。奏疏在十一月十六日进呈入宫时,已是夜分漏下七刻,赵昚也已就寝,他马上起来点亮宫烛,将四十页奏疏一气从头读到尾。然而朱熹痛心疾首的规劝披陈再也唤不起这位迟暮皇帝的雄心,他已准备把帝位传给太子赵惇。但他在退位之前对这位白发老儒总算动了一点眷顾之心。第二天,十一月十七日,命下除朱熹主管西太一宫,兼崇政殿说书。

朱熹当然不是为求一说书才上封事。十二月初,他上了一道

---

[1]《山房集》卷八《杂记》。

第八章　不平静的戊申年

辞状。淳熙十六年正月，朝廷再下指挥改除朱熹秘阁修撰，依旧主管西京嵩山崇福宫。朱熹在二月再上了辞状。四月二十二日，尚书省札再下不许辞免，这时已经是新君赵惇对朱熹的恩宠，但他还是再上了第二道辞状。五月，朝廷只好根据朱熹的请求，除朱熹依旧直宝文阁。对朱熹来说，在上了象征着他自己思想总结和论战总结的封事以后，他首先要做的事便是完成自己生平学问著述的第二次全面总结了。

第九章
己酉年
——生平学问的第二次总结

第一节　先天学与太极学的统一

在武夷精舍，朱熹的学问在不断的论战中得到了升华，所以伴随着他这些学术论战而来的，便是他对自己生平学问著述的新总结。这次学问著述的总结以淳熙十三年写成《易学启蒙》为起点，到淳熙十六年（己酉年）第二次序定《大学章句》和《中庸章句》得到完成，形成了他生平著述的第二个高潮，标志着他的《四书集注》的理学体系臻于成熟。

从朱熹的理学思想上说，己酉年的第二次学问著述总结首要解决的新问题，是要从本体论上把先天图与太极图、邵雍的先天学与周敦颐的太极学统一起来，建立一个更完整的理本体论学说。因为邵雍的先天学与周敦颐的太极学并不完全一致，周敦颐的太极学是以图说"理"，邵雍的先天学是以象说"数"。二程继承了周敦颐之"理"，却遗弃了邵雍之"数"，阐扬和继承邵雍之"数"的任务便落到了朱熹身上，如何把邵雍的先天学与周敦颐的太极学统一起来就成了一个迫切解决的尖锐问题。朱熹与弟子经常讨论这个问题，淳熙十四年他在给黄榦的信中对先天学与太极学的关系作了这样的规定：

> 先天乃伏羲本图，非康节所自作，虽无言语，而所该甚广，凡今《易》中，一字一义，无不自其中流出者；太极却是濂溪自作，发明《易》中大概纲领意思而已。故论其格局，则太极不如先天之大而详；论其义理，则先天不如太极

之精而约。盖合下规模不同，而太极终在先天范围之内，又不若彼之自然，不假思虑安排也。若以数言之，则先天之数自一而二，自二而四，自四而八，以为八卦；太极之数亦自一而二，自二而四，遂加其一以为五行，而遂下及于万物。盖物理本同，而象数亦无二致，但推得有大小详略耳。[1]

这成了他撰写《易学启蒙》、《通书注》、《周易本义》的指导思想。

《易学启蒙》是朱熹的《易》学代表著作。这部著作在淳熙十二年草成，十三年序定，但他仍不断按他的统一先天学与太极学的思想修订这部著作。到淳熙十四年，他从《河图》、《洛书》推出七八九六，立即根据这一新发现把《易学启蒙》扩大成为四篇，突出了《河图》、《洛书》。他在给蔡元定的信中谈到这次重大修改说：

前日七八九六之说，于意云何？近细推之，乃自《河图》而来（即老兄所谓《洛书》者）。欲于《启蒙》之首，增此一篇，并列《河图》、《洛书》，以发其端。而《揲蓍法》中，只自大衍以下，又分《变卦图》，别为一篇。[2]

可见《易学启蒙》的特点，就在于把邵雍的先天数学贯穿到了《河图》、《洛书》、八卦生成次序、方位、大衍蓍法和蓍占卦变中，思辨地推衍成一个严密的占学体系。在《本图书》中，他用先天学贯通了《河图》与《洛书》，确立了《河图》、《洛书》

---

[1]《朱文公文集》卷四六《答黄直卿》书三，第806页。
[2]《朱文公文集》卷四四《答蔡季通》书六之四，第742页。

作为原始画卦的历史地位。在《原卦画》中，他用先天数学解说了八卦的生成次序及其方位，确立了伏羲《易》，作为自己多层次的立体《易》学体系的根基。在《明蓍策》中，他批判总结了古今各种揲蓍之法，而又用先天数学给以数理的解说，从而把揲蓍数理化了。在《考变占》中，他系统总结了八条卦变爻占的原则，也是从他的先天数学出发的。邵雍的先天数学是以"一分为二"的加一倍法为内在灵魂，因此对朱熹来说，《易学启蒙》的完成，也就标志着他从本体论上完全确立起"一分为二"的辩证哲学原则了。

显然，《易学启蒙》成了朱熹统一周敦颐太极学与邵雍先天学的标志。《原卦画》一篇，朱熹自以为是《易学启蒙》一书的精华，而这一篇他特表明是"皆以《河图》、《洛书》、周、邵四说共证"。《河图》、《洛书》象征着伏羲《易》，在探讨伏羲原始画卦本义上，其实也就是在理本体论与宇宙生化说上，他把周敦颐的太极学与邵雍的先天学圆满地糅成一体。朱熹本来对邵雍最大的不满，就是没有说"无极而太极"，认为周敦颐主张动静体用、阴阳互根；而邵雍主张"说阴阳之间，动静之间"。但是在《易学启蒙》中，他却把邵雍说的"坤、复为无极"同周敦颐说的"无极而太极"牵合到了一起，从而弥补了邵雍不说"无极而太极"的不足。周邵二学的珠联璧合，就使他从"理一"上在《易学启蒙》中建立起了象、数、占的《易》学体系的逻辑构架，剩下的不过就是在《周易本义》中对六十四卦三百八十四爻的"分殊"作出具体的解说了。

但这样一来，他的周敦颐太极学一面的问题也便因引入邵雍先天学而突显出来，他也必须从"分殊"上对周敦颐太极学作出全面的解说，这就成了他在《通书注》中所要完成的任务。朱熹认为周敦颐所以另作《通书》，本来就是要从"分殊"上一一阐述他的《太极图说》中的"理一"。他一再对弟子说："今观《通书》，皆是发明《太极》。"[1] "《太极图》得《通书》而始明。"[2] 在他看来，《通书》是完全发明解说《太极图说》的，两者完全可以一一找到对应关系。为了揭示这种一一对应的关系，给《通书》作一系统的注解也就不可缺少了。于是几乎与朱熹作《易学启蒙》同时，他很快在淳熙十四年写成了《通书注》。

朱熹作《通书注》的根本指导思想，就是把《太极图说》看作经，把《通书》看作传，认为二书具有经与传的对应相配的解说关系，而这种对应相配又是完全围绕太极（一）生阴阳（二）生五行（五）的思想轴心展开的。他也正是从这一点上肯定了《通书》的特殊价值，在《周子通书后记》中点明说：

> 独此一篇，本号《易通》，与《太极图说》并出程氏，以传于世。而其为说，实相表里。大抵推一理、二气、五行之分合，以纪纲道体之精微。[3]

从全书上说，朱熹以《通书》的"诚"配《太极图说》的"太极"，以"善恶"配"阴阳"，以"五常"配"五行"。甚至认为《太极图说》自首至尾论述"不出阴阳二端"，而一部《通书》便"无非发明此二端之理"[4]。从各章上说，他也确立了这种太极（一）阴阳（二）五行（五）的对应配合关系。像《通

---

[1]《朱子语类》卷九三，第2358页。
[2]《朱子语类》卷九四，第2389页。
[3]《朱文公文集》卷八一《周子通书后记》，第1480页。
[4]《朱子语类》卷九四，第2386页。

书·圣学章》,他就认为其中的"一"便是"太极","静虚动直"便是"阴阳","明通公溥"便是"五行"。在《通书·诚上章》中,他也实现了这种奇妙的对应相配,说:

"诚者圣人之本"——言"太极"。"'大哉乾元,万物资始',诚之源"——言"阴阳"、"五行"。"'乾道变化,各正性命',诚斯立焉"——言气化。"纯粹至善者"——通缴上文。

"故曰'一阴一阳之谓道'"——解"诚者圣人之本"。"继之者善也"——解"大哉乾元"以下。"成之者性也"——解"乾道变化"以下。"元亨,诚之通"——言流行处。"利贞,诚之复"——言学者用力处。"大哉易也,性命之源"——又通缴上文。[1]

显然,朱熹根据《太极图说》构造了一个"一—三—五"的普遍宇宙模式,而他的《通书注》便是从"分殊"上来阐述这一宇宙模式。当朱熹在把《通书》与《太极图说》珠联璧合的同时,他也一起把邵雍的先天学与周敦颐的太极学珠联璧合了。邵雍先天学构造的是"一—二—四—八"的普遍宇宙模式,朱熹在《通书注》中也把它说成可以同周敦颐太极学的"一—二—五"的普遍宇宙模式相通合一,他的办法就是在"四"与"五"这一对应环节上进行牵合比附,如周敦颐的"金木水火土"五行,去掉"土",便成为邵雍的四象。周敦颐说的"刚柔",加上"善恶",也成为邵雍说的四象。他对弟子解释说:"周子止说到

---

[1]《朱子语类》卷九四,第2389页。

五行住，其理亦只消如此，自多说不得。包括万有，举归于此。康节却推到八卦。太阳、太阴、少阳、少阴。太阳、太阴各有一阴一阳，少阳、少阴亦有一阴一阳，是分为八卦也。"[1] 这样，"四"可以变"五"，"五"可以变"四"；"一—三—五"模式可以变为"一—二—四—八"模式，反过来，"一—二—四—八"模式也可以变为"一—三—五"模式。这种纵横开阖、神妙莫测的变化，在他看来就是因为周邵二家模式在"理"上根本一致，仅在"数"上推说稍有详略而已，但都包含了"一分为二"的加一倍法的宇宙生成数。

《通书注》构成了朱熹解说周敦颐太极学思想的独特体系。朱熹当然还有要借注《通书》发挥自己的理学思想的目的，所以他在《通书注》中沿着自己的思路，突出了三个基本思想：一是"诚"的思想，他建立了一个以"主敬"为核心的诚学体系，一方面他把"诚"解说成为"太极"，他的"诚"更多具有了本体论的意义，用它来贯通了宇宙论、认识论与道德论；另一方面他把"诚"解说成为"主敬"，贯穿了他的诚明两进、敬知双修的理学精神，也使他的正心诚意说同佛家的禅定与老氏的虚静划清了界限。二是"理一分殊"思想，他认为《通书》说的"一实万分，万一各正"就是"理一分殊"。《理性命章》注解说："自其本而之末，则一一理之实，而万物分之以为体，故万物各有一太极。"他特别强调这个"分"不是说"太极"之体可分，而是说统体是一太极，一物又各具一太极，是"万个是一个，一个是万个"。这样他就把《通书》同《太极图说》、《西铭》一起奉为理学"理一分殊"思想的三大源头，而他对这三部道学经典的注解

---

[1]《朱子语类》卷九四，第2399页。

之书，也就成了对"理一分殊"思想的经典解说。三是阴阳动静二端思想。他把《太极图说》和《通书》都说成是通篇只论阴阳二端的著作，他根据周敦颐"动静无端，阴阳无始"的观点，阐述了"静中有动，动中有静，静而能动，动而能静，阳中有阴，阴中有阳，错综无穷"的思想，这种一物两端、一分为二的辩证认识贯穿了在对《通书》的整个注解中。

朱熹的《通书注》，实际也是他对淳熙以来的太极之辨的一个总结。淳熙十五年他正式公开传播印刻《太极图说解》与《西铭解》时，还又同黄榦等人对《通书注》作了一次修订，表明他在著述中不断吸取着太极论战的成果，从而使他的《通书注》具有一种现实针对性。从淳熙十三年写成《易学启蒙》，十四年写成《通书注》，到淳熙十五年正式修定印刻《太极图说解》与《西铭解》，大体展现了朱熹一条探索周敦颐太极学与邵雍先天学并把二家之学统一起来的思想历程。这一艰辛探索为他生平第二次学问著述的总结奠定了开阔的哲学基石。

第二节　五经学体系的建构

朱熹在统一周敦颐太极学与邵雍先天学的基础上展开了对自己的经学思想的总结。他的经学思想的总结主要沿着三条主线展开：《易》学主线，推广他的"《易》是卜筮之书"的新发现，在《周易本义》中建立起集象、数、占三学的《易》学体系；《诗》学主线，发展他的反《毛序》传统旧说思想，在《诗集传》中建立起了黜《毛序》的新《诗》学体系；《礼》学主线，批判崇

《周礼》贬《仪礼》的王学,在《礼书》的初稿(即《仪礼经传通解》)中初步确立起了以《仪礼》为经、以《礼记》为传的思想体系。加上他在《孝经刊误》中确立的分经传的《孝经》学,构成了一个有强烈离经叛道色彩的新经学体系。

从淳熙三年朱熹发现《易》为卜筮之书以来,他就开始酝酿撰写一部新的《易》学著作,以代替他原来的《易传》。到淳熙八年吕祖谦校定成《古文易经》十二篇,它完全符合朱熹经、传相分的《易》学思想,给朱熹的《易》为卜筮之书与三圣《易》思想找到了坚实的版本依据。淳熙九年,朱熹在会稽印刻了吕祖谦所定的《古易》。这个分经、传的《古易》本子,使朱熹得以从经上探求伏羲原始之《易》,从传上探求后世各家圣人之《易》,也就成为他作《周易本义》的最好本子。他特为会稽本《古易》作了一跋,阐述他的这一新的《易》学思想:

> 熹尝以谓《易经》本为卜筮而作……自诸儒分经合传之后,学者便文取义,往往未及玩心全经,而遽执传之一端以为定说……熹盖病之,是以三复伯恭父之书而有发焉,非特为其章句之近古而已也。[1]

如果说《易》为卜筮之书的思想是朱熹《易》学的第一个飞跃,那么经传相分的思想便是他的《易》学的第二个飞跃。第一个思想飞跃使他由程颐通向邵雍,写出了《易学启蒙》;第二个思想飞跃使他从《易传》转向《周易本义》。所以他在一写出专

---

[1]《朱文公文集》卷八二《书临漳所刊四经后》,第1491页。

门探讨图书象数的《易学启蒙》以后，便很快在淳熙十五年秋间草成了《周易本义》。书成后，他仍不断修改，直至去世也没有正式印行，但在淳熙十五年《周易本义》初成，就成了一本他同余大雅、徐昭然、陈文蔚等武夷精舍弟子们讨论讲授《易》学的重要之书。后来《周易本义》被书贾窃出印卖，也就在社会上广传开来。

经过多年的探索，朱熹在《周易本义》中最终完成了理、数、占的庞大《易》学体系的总体建构。但《周易本义》主要是一部突出研究"占"的《易》学著作，因而从程朱学派的理学发展上来看，这本著作占有一个特殊的历史地位：如果说程颐的《易传》建立起了程朱学派的义理《易》学，朱熹的《易学启蒙》建立起了程朱学派的象数《易》学，那么他的《周易本义》便建立起了程朱学派的筮占《易》学。在《周易本义》中，朱熹对义理与象数只作了简明的概述，而主要集中研究了象占，直探《易》作为卜筮之书的"本义"。他一再标榜的"《易》是卜筮之书"的大发现，他与众不同要探讨的《易》的"本义"，其实就是筮占之学。他与弟子董铢的一番对话最清楚不过地道出了他这种象占学的实质：

> 《易》本因卜筮而有象，因象而有占，占辞中便有道理。如筮得《乾》之初九，初阳在下，未可施用，其象为龙，其占曰"勿用"。凡遇《乾》而得此爻者，当观此象而玩其占，隐晦而勿用可也。它皆仿此。此《易》之本指也。盖潜龙则勿用，此便是道理。故圣人为《彖辞》、《象辞》、《文言》，节节推去，无限道理。此程《易》所以推说得无穷，然非《易》本义也。先通得《易》本指后，道理无穷，推说不妨。

若便以所推说者去解《易》,则失《易》之本指矣。[1]

这就是说,《易》所以是一部卜筮之书,是因为六十四卦三百八十四爻都是一种象征性的"象",因象而有占,因占而有理,必须观象玩占知理。但是这种"象"中包含的不是一种个别的实事实理,而是一种普遍之理。因为如果一卦一爻只代表一个个别的实事,那么"一爻只主一事,则《易》三百八十四爻,乃止三百八十四件事"[2]。这样一部《易》也就具有极大的局限性,无法解释无限丰富生动的宇宙万事万物。一卦一爻的象表示的一个个个别的实事实理是人们推出来的,并不是《易》的本义本理。程颐是弃象求理,所以得到的只是推说之理;邵雍是就象求数,结果遗弃了理;朱熹是即象求理,从个别的象中探求普遍的理。在朱熹眼里,《易》的卦爻都是一种具有象征意义、包含普遍之理的符号,六十四卦三百八十四爻是一个文化符号系统,他的"《易》是卜筮之书"的新发现,并不是复归倒退向古人占卜迷信的神学怀抱,而是思辨地把握到了《易经》中的原始初民所具有的意象思维方式,一种借助于阳爻和阴爻二种对立基本符号进行运思的意象思维模式,他揭示了在占学外壳包裹下的一种原始文化符号学。

朱熹《易》学上的这种经传相分、直探本义的思想,也贯穿到了他的《诗》学上,成为他撰写反《毛序》的《诗集传》的指导思想。朱熹自淳熙五年以来就潜心于撰写《诗集传》。到淳熙九年朱熹在同浙东学者的三衢之会上公开了他与吕祖谦在《诗》学上的分歧,《诗》学也成了他同浙学展开论战的一个重要方面。

---

[1]《朱子语类》卷六八,第1695页。
[2]《朱子语类》卷六八,第1695页。

他主要批评了吕祖俭用浙学标榜的经史一贯思想来解说《诗》，恶性发展了《毛序》以史说《诗》的说经方法，专从《诗》中探求"世变"。朱熹要以直探《诗》"本义"来反对吕学的以"世变"探《诗》，进一步修订他的反《毛序》说的《诗集传》。到淳熙十一年，他修订《诗集传》成，同时作了一篇《读吕氏诗记桑中篇》系统阐述他的《诗集传》中的《诗》学思想。但朱熹很快又感到《诗集传》仍残留有《诗集解》的旧迹，依旧具有解说繁杂、破"旧"不系统、立"新"不全面的弱点，必须从体系上进一步加以扬弃。到淳熙十三年，他把《诗集传》删削成了一本小书，并专门作了一部《诗序辨说》附在书后。朱熹力求建立一个更简约明晰的《诗》经学体系，所以他从破与立两个方面双管齐下。在立方面，他建树了自己《诗》经学体系的三大支柱：一是二南说。他全面修改了《二南》旧说，建立了一个理学化的《二南》解说体系，作为《诗》经学的"纲"。因为在他看来，《二南》二十五篇是一个不可分的整体，它的主题就是歌咏"文王之化"，是周公制礼作乐时采集"文王之世风化所及民俗之诗，被之管弦"，"使天下后世之修身齐家治国平天下者，皆得以取法焉"。所以上下一脉贯通，篇篇乐而不淫，哀而不伤。《周南》始《关雎》终《麟趾》，可以见文王之化"入人心者深矣"；《召南》始《鹊巢》终《驺虞》，可以见文王之泽"及物者广矣"。朱熹完全用他的正心诚意修身齐家治国平天下的思想来解说《二南》，从而把《二南》完全理学化了。二程早就说过"《诗》有《二南》，犹《易》有《乾》、《坤》"。《二南》是程朱《诗》经学的灵魂。朱熹精心修改《二南》说，有如纲举而目张，由此可以"本之《二南》以求其端"。二是六义说。朱熹认为读《诗》必须先明"六义"，但是自《毛诗序》、郑玄以来"六义"便遭到曲解，真义汩没。在《诗集传》中，朱熹对六义作了明晰简要的新解说：

> 兴者，先言他物以引起所咏之词也。
> 比者，以彼物比此物也。
> 赋者，敷陈其事而直言之者也。
> 风者，民俗歌谣之诗也。
> 雅者，正也，正乐之歌也……正小雅，燕享之乐也；正大雅，会朝之乐，受厘陈戒之辞也。
> 颂者，宗庙之乐歌……盖颂与容，古字通用。[1]

这是以兴比赋为《诗》的表现手法，以风雅颂为《诗》的分类体格，大体符合《诗经》时代吟诗作赋的实际情况。朱熹建立这种六义说的目的也是为了直探《诗》的"本义"，弃传求经，具有直接批判传统《毛序》解《诗》思想体系的意义。因为《毛序》正是不懂兴比赋的表现手法，把比兴引向了微言大义的讽喻美刺说，邪正之辨不明。因此朱熹六义说的建立，是对传统《毛序》美刺说的反拨。

三是叶韵说。南北朝时期沈重的《毛诗音》中已有叶韵之说。北宋的吴棫作《毛诗补音》《韵补》，形成系统的叶韵体系。朱熹在主《毛序》的《诗集解》中还只有反切而无叶韵。到淳熙十三年修订《诗集传》时，他读到程迥的《古韵通式》，才促使他广读古韵方言之书，推考吴棫叶韵说，增补减改吴说，在《诗集传》中用了自己的叶韵。他所以在解《诗》上用叶韵，主要说

---

[1]《诗集传》，《朱子全书》第 1 册，第 401、402、404、406、543、722 页。

明古诗入乐，用韵自然天成，便于讽咏，以此反对今人作诗刻意雕镂声律。所以他要人在读《诗经》时用七分工夫理会诗意，只用三分工夫理会叶韵。他的叶韵说的建立，也使他的《诗经》学在文字训诂方面超越了前人。

从"破"的方面说，朱熹的《诗集传》，是以全面批判《毛序》的解经体系为基础的。他在淳熙十三年修改《诗集传》同时，另写了一本《诗序辨说》，对《毛序》作了系统的总清算。到淳熙十六年他再序定出版《诗集传》，增补脱一卷，直接把《毛序》取出附在书后，正式宣告了千年来《毛序》作为"经"的地位的终结。如果说他的《二南说》、六义说、叶韵说是对反《毛序》的《诗》学体系宏观的"立"，那么《诗序辨说》便是对主《毛序》的《诗》学体系微观的"破"。但他对《毛序》的"破"却并不是全盘推倒，他否定的是《毛序》的说《诗》体系及其方法，并不是《毛序》对所有三百篇诗的具体解说。实际上《诗集传》中对诗的解说，取《毛序》说与不取《毛序》说大致各占了一半，可见他对《毛序》并不是简单废弃，而是给了有取有舍的消化。一方面，他攻《毛序》之说不遗余力，《诗序辨说》在《桑中》下也写了一段长篇辨说，同吕祖谦主《毛序》的长篇论述针锋相对；另一方面，他又不放过《毛序》任何一个合理可取的解说，在《诗序辨说》中详考细析，对《毛序》诗说一一作了筛选。因此，《诗集传》作为《诗》经学史上的一部划时代著作，它的历史价值就在于它把《诗经》从《毛序》僵化了的传统说经框架中解放出来，确立了新的解经方法论原则。以探求经的"本义"为目标，他确立了三条新的解经方法论原则：一是经传相分，就经求经，以反对传统解经的据传说经，以传代经。二是诗史参合，以史证诗，以反对传统解经的以史说诗，史诗比附。三是广取博用，兼采众说，以反对传统解经的泥守成说，自立门户。

朱熹在《诗》学中建立起自己的方法论原则，实际也就历史地为整个新兴的理学经学（宋学）建立起了与汉唐古典经学（汉学）截然不同的方法论原则。他的《礼》学也在经传相分的思想下同时达到了一个新的认识。三《礼》在唐代都立为经，但到王安石却尊奉《周礼》、《礼记》，废弃了《仪礼》。朱熹一反王学，提出了《仪礼》为经、《礼记》为传的思想，认为《礼记》是解说《仪礼》的。他发现《礼记》与《仪礼》也具有完全对应相配的关系，这使他决心写一部以《礼记》相配《仪礼》的礼学著作。在他从南康任上回家后，他就把自己所定的以《礼记》附《仪礼》的篇次寄给了吕祖谦，征求意见。这篇《问吕伯恭三礼篇次》[1]已经初步建造了后来《仪礼经传通解》的体系构架。到淳熙十四年，吕祖谦弟子路德章根据吕祖谦以《礼记》附《仪礼》所定的篇次，写出了部分草稿，寄给朱熹。朱熹不甚满意，他就在这一年把撰写这样一部仪礼经传通解的《礼》学著作的任务交给了弟子潘友恭，在给他的信中说："《礼记》须与《仪礼》相参通，修作一书乃可观。……恭叔暇日能为成之，亦一段有益事……今有篇目先录去，此又是一例，与德章者不同也。"[2] 朱熹反对《礼》学专主郑玄一家之说，主张广采众说，因此他要潘恭叔除以《礼记》附《仪礼》外，还将《大戴礼记》、《管子》以及其他经传类书中有关礼的论述文字尽皆编入。他对潘友恭作了详细的指导，亲自写了一篇范文做标准。在给潘友恭的信中，他具体谈到自己编定这部《礼书》的规模说：

[1]《朱文公文集》卷七四，第1370页。
[2]《朱文公文集》卷五〇《答潘恭叔》书四，第868页。

第九章 己酉年——生平学问的第二次总结

> 《礼记》如此编甚好。但去取太深……昨夕方了得一篇，今别录去。……《仪礼附记》，似合只依德章本子……《大戴礼》亦合收入，可附《仪礼》者附之，不可者分入五类。如《管子·弟子职篇》亦合附入《曲礼》类。其他经传类书中说礼文者，并合编集，别为一书。《周礼》即以祭礼、宾客、师田、丧纪之属，事别为门，自为一书。如此，即《礼书》大备。[1]

这已经具有了后来《仪礼经传通解》的规模。但潘友恭只写成了几篇，直到绍熙二年朱熹在漳州刊刻四经四子时，他曾对弟子提到这件事说："今欲定作一书，先以《仪礼》篇目置于前，而附《礼记》于后……旧尝以此例授潘恭叔，渠亦曾整理数篇来。今居丧无事，想必下手。"[2] 不管怎样，他委托潘友恭作的这本未完成的《礼书》，成了他的《仪礼经传通解》的最初草稿。

《礼书》虽然没有完稿，但是他在淳熙十四年帮助蔡元定修定完成的《律吕新书》，却也成了他在《礼》学研究上的一个重要成果。这部书实际是蔡元定同他合作写成，从淳熙十二年以来两人就不断地往返商量，见面讨论，朱熹的看法多为蔡元定采用入书，草稿成后，朱熹也一再提出了详细的修改意见，并为这部乐律专著写了序。《律吕新书》是一部总结周秦以来乐理律学的音乐名著，它超越前人的地方，就在于能推考律吕古说，穷本溯源，辨证众家而给以融会贯通。在律法上，隋刘焯创立的等差级数法因不切实用，渐被淘汰。蔡元定和朱熹采用了周秦的三分损益法，阳律三分减一下生阴律，阴律三分益一上生阳律，其中溯

---

[1]《朱文公文集》卷五〇《答潘恭叔》书八，第 871 页。
[2]《朱子语录》卷八四，第 2187 页。

源汉法，根据实际的审音，又把大吕、夹钟、仲吕三阴律由三分损一的下生改为三分益一的上生，正是为了协调音调高低所采用的较为科学的方法。《律吕新书》又提出了变律，在十二律之外又增加了六个变律，这样便可以使从每一个律旋相为宫时，在计算音程上更为便利。这一重要乐律思想正是朱熹提出来并在书中突出加以论述的，他在给蔡元定信中提出要专立一章讨论："《候气章》已有黄钟之变半分数，而前章未有明文。恐合于《正律分寸章》后，别立一章，具载六变律及正半变半声律长短之分寸，乃为完备耳。"[1] 这六个变律同汉京房六十律中第十三至十八律的数值相同，都是从第十二律仲吕起用三分损益法继续推演而成。蔡元定和朱熹充分发掘汲取了前代各种几已湮没无闻的优秀乐理乐律思想。

在儒家礼乐教化的传统文化思想笼罩下，《乐》学与《礼》学具有同等重要的意义，因而对朱熹来说，《律吕新书》对音乐原理的研究不是通向艺术，而是导向了《礼》学，为他后来完成《仪礼经传通解》作了一个重要方面的准备，故后来《律吕新书》中的《本原》（原为朱熹写）被他取出来简括成《钟律》一篇，编入了《仪礼经传通解》。他对乐的研究成为一条特殊的纽带，把他的《易》学、《礼》学与《诗》学贯通了起来。

作为这种《礼》学的补充的，还有他的《孝经》学。淳熙十三年八月，朱熹根据古文《孝经》写成《孝经刊误》一书，标志着他的《孝经》学的确立。按照他的经传相分思想，他也把《孝经》分为经一章，传十四章，断然认为经一章只是孔子与曾子问答之言，宣称历来以《孝经》"为孔子之所自著，则又可笑之尤

---

[1]《朱文公文集》卷四四《答蔡季通》书九，第746页。

者"。从唐玄宗御注《孝经》以来,《孝经》学的小一统时代被他打破了,纬书《援神契》"孔子制作《孝经》"《钩命诀》"志在《春秋》,行在《孝经》"的神话,也被他以思辨的怀疑精神扫荡了。后儒专好指责朱熹开了删改经文之风,其实没有这种矫枉过正的疑经,就不足以打破人们千百年来奉儒经为神圣的传统心理与文化奴性,事实上自朱熹的《孝经刊误》问世以后,千百年来《孝经》作为孔子圣经的神圣地位也就结束了。

第三节　人本主义的四书学体系

朱熹到己酉年也完成了《四书集注》的四书学体系的建构。淳熙四年以来,朱熹在不断修改《四书集注》中,感到他的四书学体系有一个内在弱点:有"大学"而无"小学"。没有"小学",他的四书学体系同他的"涵养须用敬,进学则在致知"的思想学问大旨相抵触。因为他的敬知双修、诚明两进,是以敬的涵养为主(主敬),但是《大学》中的次序却是由格物致知而进于正心诚意,是先致知进学再用敬涵养。这就必须用"小学"来弥补他四书学中的这一漏洞。在他看来,童蒙的洒扫应对进退等小学工夫,就是从敬的涵养入手;到成人后入大学,便又从穷理致知入手。小学的根本目的是要"自养得他心"。这样他把小学与大学统一起来,从而也就把用敬与致知统一起来。在这一思想指导下,他从淳熙十年开始撰写《小学》。经过多次修改,到淳熙十四年,他完成序定了《小学》一书,标志着小学也被他纳入了《四书集注》的四书学体系中。

《小学》是要为士子提供一条由小学进登大学的"圣学"阶梯，也就是为失却了道德灵魂而只具有记诵章句躯壳的封建小学教育提供一部新的教科书。朱熹在《小学题词》中宣布，小学教育就是要实现人向善性的复归，因为人本来性无不善，只是因"物欲交蔽"、"利欲纷拿"，使善性遭到了蒙蔽戕害，小学的任务就是要把人从童蒙时代就引导返回到性善的本初上去，即使不能完全实现达到，也要为这种人性的复初打下基础，因此他说："小学之方，洒扫应对。入孝出弟，动罔或悖。行有余力，诵诗读书。咏歌舞蹈，思罔或逾。穷理修身，斯学之大。明命赫然，罔有内外。德崇业广，乃复其初。"在这种小学教育中，朱熹贯彻了他的主敬存养的理学教育思想，他在给黄𫍰的信中点明他的这一小学教育的根本思想说："主敬方是小学存养之事，未可便谓笃行须修身齐家以下乃可谓之笃行耳。"[1] 又在给吕祖俭信中强调小学与大学的关系说："正容谨节之功……此本是小学之事，然前不曾做得工夫，今若更不补填，终成欠阙，终成大学之病也。……大抵此学以尊德性、求放心为本，而讲于圣贤亲切之训以开明之，此为要切之务。"[2] 小学的主敬存养归到底也就是一个尊德性收放心的问题，为进一步的大学教育打下思想基础，小学教育与大学教育得到了贯通。

《小学》的完成，又成了朱熹进一步构建四书学体系的新起点。从丁酉年序定《四书集注》以来，他没有停止过对《大学章句》、《中庸章句》、《论语集注》与《孟子集注》的修改。到淳熙八年从南康军任归后，他有一次大的全面修订，淳熙九年他在浙东提举任上便首次刊刻了《四书集注》。这个在婺州的刻本

---

[1]《朱文公文集》卷五一《答黄子耕》书三，第896页。
[2]《朱文公文集》卷四七《答吕子约》书二十四，第823页。

(宝婺本),是朱熹第一次把《大学章句》、《中庸章句》、《论语集注》与《孟子集注》集为一编合刻,经学史上与"五经"相对的"四书"之名第一次出现,标志着儒家十三经经学体系中四书学在经学文化史上的出现与确立。淳熙十一年由广东帅潘畤和广西帅詹仪之在德庆印刻的《四书集注》,就是用的宝婺本。

但朱熹很快又否定了宝婺本,在淳熙十二年与十三年,他对《四书集注》又作了两次更大的修订,在淳熙十三年由詹仪之印刻于广西静江,由赵汝愚印刻于四川成都。淳熙十三年的修订主要集中在《大学》与《中庸》上,他在给詹仪之的信中有具体的叙述:

> 《中庸》、《大学》旧本(按:指德清本)已领。二书所改尤多,幸于未刻,不敢复以新本拜呈……《中庸序》中推本尧舜传授来历,添入一段甚详。《大学·格物章》中改定用功程序甚明,删去冗说极多,旧本真是见得未真。[1]

朱熹完全按照自己涵养须用敬、进学则在致知的学问大旨修订《四书集注》,他把理学的世界观与方法论在"理一分殊"的基础上统一起来。《大学》在他认为是学问的大纲,他补写的《格物章》又是纲中之纲,在这一章中,他强调"即物而穷理",反对离物去"穷理"。因为讲"穷理"不讲"格物",有"把这道理作一个悬空底物"的危险,而流于老佛空道空理。故他反复强调《大学》"不说穷理,只说个格物,便是要人就事物上理会,如此方见得实体"[2]。他的即物穷理,也就是要就"分殊"以求

---

[1]《朱文公文集》卷二七《答詹帅》书三,第430页。
[2]《朱子语类》卷一五,第288页。

"理一",不仅同即心悟理的陆氏心学划清了界限,而且也同离物求理的老佛玄论划清了界限,成为程朱理学的方法论根本原则。与此相应的对《中庸章句序》的修改,是加入了一段"十六字心传"的经典解释,高度概括了他的通过主敬守心达到存公理灭私欲以复归善性的人本主义思想体系。如果说《格物章》的修订贯穿了"进学则在致知"思想,是对"分殊"的突出强调;那么《中庸章句序》的修订便贯穿了"涵养须用敬"思想,是对"理一"的突出强调。

然而静江本与成都本在他的《四书集注》的思想体系的演进中又还不过是无足轻重的本子,他的不断自我否定的反思很快又超越了它们。淳熙十五年,他对《四书集注》又作了一次决定性的大修订,蔡元定、黄榦、程端蒙、滕璘兄弟、董铢等都是他的重要助修者。这次他同师友弟子呕心沥血反复修改《四书集注》,可以从他给程端蒙的信中窥见一斑:

> 《孟子》中间又改一过……如来喻固佳,初欲取而用之,又觉太繁,注中著不得许多言语。今可更约其辞,为下数语来,若发脱得意思分明,又当改却此说,乃佳也。致知说及他数处近改者,德粹(滕璘)写得。今有所改《或问》一二条,亦写寄之,可就取看。日新一条,似比旧有功也。发见之说,已具叔重(董铢)书中……《大学或问》所引孟子,正是传授血脉,与授引牵合者不同。……[1]

这次大修改把他丁酉年以来发展成熟的理学思想都总结进了

---

[1]《朱文公文集》卷五〇《答程正思》书十七,第877页。

四书学体系中，对这一定本他第一次感到了前所未有的满意，所以他在淳熙十六年（1189年）二月与三月正式序定了《大学章句》和《中庸章句》。如果考虑到《大学章句序》和《中庸章句序》本是他在淳熙四年写的，那么他把二序加以修改署名淳熙十六年作，就充分表明他是有意把淳熙十六年序定本作为《四书集注》的正式定本的。因此可以说，淳熙十六年的序定才正式标志着他的《四书集注》的四书学体系的正式诞生。他从淳熙十三年以来的生平第二次学问著述的总结，也就以淳熙十六年的序定《四书集注》作为完成的标志了。虽然朱熹没有能够在当年印刻序定本《四书集注》，直到从漳州任归来后，他才将序定本《四书集注》又稍加修改，在绍熙三年（1192年）由曾集印刻于南康，但这个南康本基本上同于淳熙十六年的序定本，它成了朱熹弟子传习的最主要的本子。他一再向弟子自诩《四书集注》"添一字不得，减一字不得"，"不多一个字，不少一个字"，"如秤上秤来无异，不高些，不低些"[1]，就是针对在淳熙十六年序定而在绍熙三年刊印的南康本而言。

朱熹前后花了四十余年时间，苦心构建了一个以《四书集注》为灵魂，以《小学》、《四书或问》、《中庸辑略》、《语孟精义》、《四书集解》为层层拱卫的四书学体系。这个四书学体系的内在结构，他有自己的独特规定：一是以小学作为四书学的逻辑起点，由小学进到大学直至整个四书学，他在《大学章句序》中特别强调这点说：

人生八岁，则自王公以下至于庶人之子弟，皆入小学，

---

[1]《朱子语类》卷一九，第437页。

而教之以洒扫应对进退之节,礼乐射御书数之文;及其十有五年,则自天子之元子众子,以至公卿大夫元士之适子,与凡民之俊秀,皆入大学,而教之以穷理正心修己治人之道,此又学校之教、大小之节所以分也……而此篇(《大学》),则因小学之成功,以著大学之明法,外有以极其规模之大,而内有以尽其节目之详者也。[1]

以小学为起点,也就是以主敬的内心道德涵养为起点,"不曾做得小学工夫,一旦学《大学》,是以无下手处。今且当自持敬始,使端悫纯一静专,然后能致知格物"[2]。这就把他敬知双修的修养与认识统一的理学教育贯穿在了一个人的整个一生,以实现由持敬养心到致知格物直至存理灭欲节情的人性复归。二是确立《大学》—《论语》—《孟子》—《中庸》的四书学体系逻辑顺序,《大学》定规模,《论语》立根本,《孟子》观发越,《中庸》求精微,构成了他的以复性为根本旨归的理学体系的内在结构,不能移易颠倒。在他看来,《大学》专讲"德",《论语》专讲"仁",《孟子》专讲"心",《中庸》专讲"理",归到底都是讲一个复归天理的善性,他的四书学不过是一个复归性善本初的心性思想体系。《大学章句》劈头注一句"以复其初也",对他的整个四书学体系有提纲挈领的意义。《大学》是入"德"之门,三纲八目就是复归人性本初的宏纲大目,一本《大学》从总体上概括了这种复性的思想及其方法论,所以他称为"间架"、"大坯模"、"大地盘"[3]。把《大学》放在四书之首,就是要人对他的

---

[1]《大学章句》,《朱子全书》第6册,第13页。
[2]《朱子语类》卷一四,第251页。
[3]《朱子语类》卷一四,第250页。

理学思想从总体的把握入手。《论语》与《孟子》,一个讲复礼归仁,一个讲尽心知性,是对《大学》中这种复性思想的具体展开,朱熹认为"《论语》之书,无非操存涵养之要;《七篇》之书,无非体验扩充之端"[1],故次之以《论语》、《孟子》。而《中庸》通篇讲了一个"理一分殊",朱熹认为"《中庸》始言一理,中散为万事,末复为一理"。"《中庸》始合为一理,末复合为一理。"[2]"中庸"之道指示人们通过十六字孔门心法以道心克人心,达到天理善心的复归,故殿之以《中庸》。显然,他的《四书集注》的四书学体系虽然包含了"万理归于一理"的理本论,天理人欲对立的性论,格物致知的认识论,仁政爱民的政治论,"学以明伦"的教育论,但它的核心却是一个复归人性的"理一分殊"体系。为了借助于儒家留下的零星思想资料来建立自己这种人本主义思想体系,他一方面极大地突出了《大学》在经学中作为"纲"的作用,另一方面又进一步确立了《孟子》作为"经"的特殊地位。宋代自四书学兴起以来,就存在着主《论语》还是主《大学》、尊孟还是贬孟的对立斗争。《论语》在东汉列入"七经",唐时列入"十二经",早具有"经"的神圣地位。而《大学》到韩愈、李翱才突出地加以提倡,所以朱熹把《大学》置于《论语》之上,连他的弟子杨方都表示反对。《孟子》入宋后列入"十三经",这种超子入经遭到了经学保守派的纷纷攻难,李觏作《常语》,郑厚叔作《艺圃折中》,司马光作《疑孟》,冯休作《删孟子》,晁说之作《诋孟》,形成一股贬孟思潮。相比之下,从王安石、二程到余允文的推尊孟子倒代表了当时经学领域中的一种脱旧进取倾向。《孟子》成为朱熹构建四书学的

---

[1]《朱子语类》卷一九,第444页。
[2]《朱子语类》卷六二,第1489页。

心性论思想的最好经典文本。所以他在序定《四书集注》以后，又专门作了《读余隐之尊孟辨》，对宋以来的尊孟贬孟经学斗争作了历史总结。这部著作，实际也是对他的《四书集注》的四书学思想体系的一个补充。

淳熙十六年《四书集注》的序定，成为朱熹淳熙十三年以来生平第二次学问著述总结完成的标志，他一生中最重要的思想探索时期结束了。也恰好在他的四书学体系完成之际，朝中相党纷争发生剧变，他再一次被请出山，结束了长达七年的跧伏武夷山中讲学著书的生活。

第四节　人本主义性学体系的建构

真正代表朱熹己酉年生平学问总结所达到的时代思想高度的，还是他的宏大的"理一分殊"性学体系的最终建构。从理学体系的学脉建构上看，如果说陆九渊提出"心即理"，他的理学体系称为"心学"；那么朱熹提出"性即理"，他的理学体系准确地说应称为"性学"，而这一"性即理"的性学体系就是一个人性救赎复归的思想体系。从朱熹绍兴年间接受了李侗的"理一分殊"与"分殊体认"以来，这两个思想就成了朱熹构建自己性学思想体系的两块基石，"性即理"与"分殊体认"也成为他的性学思想体系的人"性"救赎的两翼。他一直沿着"理一分殊"的本体论与"分殊体认"的工夫论两条线展开思索探讨，思想逐渐明朗。在丁酉年生平学问第一次总结以后，他在不断修改《四书集注》的过程中，对"理一分殊"与"分殊体认"的认识突飞猛进,他进一步用传统儒家的"体用"思想去认识"理一分殊"与"分殊体认",思路豁然宏大开阔,把"理一分殊"的本体论与"分殊体认"的工夫论统一起来,终于圆满构建起了他的集大成的"理一分殊"性学体系。从淳熙五年到十五年,他其实是在用"理一分殊"思想修改《四书集注》,用"理一分殊"思想去诠释四书学。在《论语》的《里仁篇》中孔子说"吾道一以贯之":"子曰:'参乎,吾道一以贯之。'曾子曰:'唯。'子出,门人问曰:'何谓也?'曾子曰:'夫子之道,忠恕而已矣。'"朱熹在《论语集注》中就用他的体用一源的"理一分殊"来解说:"盖至诚无息者,道之体也,万殊之所以一本也;万物各得其所者,道之用也,一本之所以万殊也……忠者体,恕者用。"这一章对"吾道一贯"的经典解说,实际就是朱熹构建自己的"理一分殊"性学体系的大纲,它清楚揭开了朱熹用"体用"思想的逻辑构架来构建自己"理一分殊"形上性学体系的真正秘密。

中国传统文化中的独特的"体用"思想源远流长,早在《周易》中已提出了"体"与"用"的范畴,并用"形而上者谓之道,形而下者谓之器"高度概括了体与用的关系:以形而上之道为"体",以形而下之器为"用"。《系辞》中说的"(易道)显诸仁,藏诸用","一阴一阳之谓道,继之者善也,成之者性也",已经包含了后来理学家所说的"理一分殊"思想的基本内核(体一用殊,仁一义殊)。体与用的关系就是"体一"(道)与"用殊"(器)的关系,"体一用殊"构成了先秦孔孟儒家的本体论哲学,孔子就是用"吾道一以贯之"来概括了先秦传统儒家这种"体一用殊"的本体论思想。从中国传统文化的本体论哲学的发展看,从先秦孔孟儒学发展到宋代的新儒学(理学),就是从"体一用殊"发展到"理一分殊"。程朱学派的"理一分殊"正是依据先秦以来的传统儒家文化的这种体用思想提出来的，它实质上是对传统体用思想的新的本体论诠释与升华。朱熹提出的"理一分殊"，是从体用关系上对他的整个理学体系的哲学本体论的概括，是一种世界观与方法论相统一、知的认识论与德的修养论相统一、以人为本的人文观与即物穷理的自然观相统一的本体论模式。在朱熹的形上"性学"视域中，"理一分殊"是一种体用一源、显微无间的本体论模式，认为"理一"是体，"分殊"是用，"理一"与"分殊"的关系就是"体"与"用"的关系，"理一分殊"规定了道体与物用的关系，"理一"与"分殊"的关系就成了"物物各具此理"与"物物各异其用"的关系。但朱熹说的"理"指普遍性的"物则"、"理则"、"规则"、"道理"，而"用"则具有特殊性的、多层次的意义：相对于本体"理"而言，"用"可以指体的功用（功能），可以指体的变化（神），可以指体的表现（象、现象），可以指体的规定（分），可以指体的一切对立物与派生物如气、器、物、事等。故而朱熹从两个层面上建立了自己的体用说：一是体用有定说。认为从道生器的宇宙总原则上说，道体器用永恒一定，道体是本，器用是末，不可变易。他说："形而上者是理，才有作用，便是形而下者。""必体立而用得之行。""体有先后。"这就是说，道为体、为形而上、为先，器为用、为形而下、为后，两者的关系体现了宇宙永恒一定的总法则。二是体用无定说。认为从生成的先后与不同的关系层次上说，体用又是无定的，可以根据具体的主从先后关系和因果关系来随时随处确定，故朱熹又说："前夜说体用无定所，是遂处说如此。若合万事为一大体用，则如何？曰：体用也定。见在底便是体，从来生底便是用。此身是体，动作处便是用。天是体，万物资始处便是用；地是体，万物资生处便是用。就阳言，则阳是体，阴是用；就阴言，则阴是体，阳是用。"[1]

这样，从整个宇宙说是一大体用：万物为一道之用，万理为一道之显；从事事物物说，又物物各具一小体用，一物中有一太极（理）。"体本则一，故曰混；用散而殊，故曰踪。"体与用的关系是体即用，用即体，即体以散用，即用以显体，体用不二，显微无间。"理一"与"分殊"的关系也是如此，"理一"之"体"是大本，但"分殊"之"用"是多层次的。正是从这里出发，朱熹建构"理一分殊"的本体论，规定了多重体用逻辑层次的关系。

从道与理的体用关系层次说（道体论），"理一分殊"即"道一理殊"，道（道体）在理（物理）中。

"理一分殊"首先规定了本体之理（道体）与万物之理（物理）的统一关系，即普遍之道与特殊之理的统一关系。朱熹以理、道、太极为万物本体，万物生于一理，万理也本于一道。因此一道摄万理，万理归一道，构成了"理一分殊"最本质的本体论哲学内蕴：道流行于天地之间，这就是"道一"；一道散为万物之理，这就是"理殊"。普遍之道是"体"，万物特殊之理是道的显现，即"用"。本体之"道"与万物之"理"的关系包含两个方面：从"分"上说，万物各具之理既是一理之"分"，又是一理之"全"，是分和全的统一、个别与一般的统一。朱熹认为每一物之"理"都是全体之"道"的一定之"分"："一理之实，而万物分之以为体。故万物之中，各有一太极，而小大之物莫不各有一定之分也。"[2] 但是万物所分之理又都是太极（道）的完整体现，又是"全"，就是说，物物所分之理又都各各圆满具足。

---

[1]《朱子全书》第14册，第239页。
[2]《朱子全书》第13册，第117页。

"人人有一太极，物物有一太极。"[1] 从"殊"上说，万物各具之理，既与"一理"（道）同，又与"一理"异，是同与异、普遍与特殊的统一。万物之理都取足于"一理"，这是同；但物物所具之理又各有其特殊性，不仅同本体之"一理"有异，而且物物之理也相互有别。朱熹把这种一理（道体）与万理（物理）的同与异的统一关系称为"万个是一个，一个是万个"，"各自有一个理，又却同出于一个理"。正是这种"一理"与"万理"的同与异的统一关系，规定了他的格物穷理的认识论的一个特点：主张一一穷究物理，才能识理之全。他强调说："上而无极太极，下而至于一草、一木、一昆虫之微，亦各有理。一书不读，则阙了一书道理；一事不穷，则阙了一事道理；一物不格，则阙了一物道理。须著逐一件与他理会过。"[2]

从理与气的体用关系层次说（理气论），"理一分殊"即"理一气殊"，理在气中。

朱熹认为理气相即不分，理虽生气，但理又不能离气，"天下未有无理之气，亦未有无气之理"。因此万物理殊的根源就在于气殊，禀"气"有殊，则分"理"有异。他说："犬、牛、人之形气既具，而有知觉能运动者生也。有生虽同，然而形气既异，则其生而有得乎天之理亦异。"[3] 因此"理一分殊"又规定了本体之理与万物之气的统一关系，这就是理一而气殊："论万物之一源，则理同而气异"，"人物虽有气禀之异，而理则未尝不同。"[4] 在人性论上，他提出"性一气殊"，提出"性即理"以

---

[1]《朱子全书》第22册，第2156页。
[2]《朱子全书》第14册，第477页。
[3]《朱子全书》第22册，第2328页。
[4]《朱子全书》第22册，第2129、2130页。

及"天地之性"(理一)与"气质之性"(气殊),就是对"理一气殊"的具体运用。

从理(道)与物(器)的体用关系层次说(道器论),"理一分殊"就是"理一物殊"(或"道一器殊"),理在物中。

"理一分殊"又规定了本体之理与万事万物的统一关系。朱熹根据程颐说的"物散万殊"、"万物一理"和《中庸》之书"始言一理,中散为万事,万事合为一理",认为一理贯穿于事事物物,而事事物物有形有象,千差万别,因此"理一分殊"又体现为理一物殊(道一器殊):"太极散而为万物,而万物各具太极。"[1] "虽其形象变化,有万不同,然其为理一而已矣。"形上之道与形下之器是统一的,事事物物所以有"殊",是由一理所规定的一定的"分"(即"定分")决定的。所谓"分"包含三个方面:所分之"理"不同:"一理之实,而万物分之以为体。故万物之中,各有一太极,而小大之物,莫不各有一定之分也。"[2] 所分之"气"不同:"分阴分阳,两仪立焉,分之所以一定而不移也。"[3] 所分之"用"不同:"万物各具一理,而万物同出一源,但所居之位不同,则其理之用不一……物物各具此理,而物物各异其用。"[4] 所得定分不同,事物才有万殊之别。

从性与气的体用关系层次说(性论),"理一分殊"即"性一气殊",性在气中。

朱熹认为"性即理",于是从性论的层次上,本体论的"理一分殊"自然转化为"性一气殊"。在他看来,人性即天理,人

---

[1]《朱子全书》第 22 册,第 2156 页。
[2]《朱子全书》第 13 册,第 117 页。
[3]《朱子全书》第 13 册,第 72 页。
[4]《朱子全书》第 14 册,第 606 页。

性皆善（理一），但因气禀不同（分殊），故人性又异，"人物虽有气禀之异，而理则未尝不同"。"天地之帅吾其性"是"性一"，"天地之塞吾其体"是"气殊"；"天命之性"是"理一"，"气禀之性"是"气殊"。朱熹明确说："以其理而言之，则万物一原，固无人物贵贱之殊；以其气而言之，则得其正且通者为人，得其偏且塞者为物。"[1]"有天地之性，有气质之性。天地之性，则太极本然之妙，万殊之一本者也；气质之性，则二气交运而生，一本而万殊者也。"[2] 人性即天理，所以理学即人学，人为天地之本；以人性为体（本），也就是以人为本；以人性为善，可以通过变化气质之性的道德修养复归善的本性，这是儒家人文的人本论。

从天地之心与人物之心的体用关系层次说（心论），"理一分殊"即"心一分殊"，理在心中。

朱熹虽反对陆九渊的"心即理"，但是他认为心含万理，"心虽一物，却虚，故能包含万理"。因此"心与理一"，"理与心为一"[3]。于是从心论的层次上，本体论的"理一分殊"又自然转化为"心一分殊"。朱熹认为："所谓心者……在天地，则通古今而无成坏；在人物，则随形气而有始终，知气理一而分殊，则亦何必为是心无生死之说。"[4] 天地一心，即天地生物之心，这是"心一"；万物得天地之心而为心，即成物之心（仁心），这是"分殊"。故朱熹又说："天地别无勾当，只是以生物为心……天地此心普及万物，人得之遂为人之心，物得之遂为物之心，草木

---

[1]《朱子全书》第12册，第507页。
[2]《朱子全书》第13册，第540页。
[3]《朱子全书》第14册，第219、223页。
[4]《朱子全书》第24册，第3559页。

禽兽接着,遂为草木禽兽之心,只是一个天地之心耳。"这种"心一分殊",正是传统儒家"生生之为易"、"天地之大德曰生"、"乾知大始,坤作成物"的一种生命哲学。

从仁与义的体用关系层次说(仁义论),"理一分殊"即"仁一义殊",仁在义中。

朱熹认为仁是"天理流动之机",义是天理"各有定体处",仁义二字包括了全部的人道。于是从仁学的层次上,本体论的"理一分殊"又自然转化为"仁一义殊"。仁者爱人,仁爱是普爱,这是"仁一";爱有差等,义各有特殊之宜,这是"义殊"。朱熹明确说:"知其理一,所以为仁;知其分殊,所以为义……大抵仁者正是天理流动之机,以其包容和粹,涵育融漾,不可名貌,故特谓之仁;其中自然纹理密察,各有定体处,便是义。"[1] 他用这种"仁一义殊"诠释《西铭》说:"一统而万殊,则虽天下一家,中国一人,而不流于兼爱之蔽;万殊而一贯,则虽亲疏异情,贵贱异等,而不梏于为我之私。此《西铭》之大旨也。"[2] "仁"是"爱之理",仁爱统同,一视同仁;"义"(谊)是适宜,处事各得其宜,处事合理得当。所以这种"仁一义殊"实际也就是"理一事殊",是处理"理事"关系、"体用"关系的普遍准则。

从乐和礼的体用关系层次说(礼乐论),"理一分殊"即"乐一礼殊",乐在礼中。

孔子说:"礼之用,和为贵。"朱熹认为儒家的礼乐教化,"乐"统同,是"理一";"礼"辨异,是"分殊"。乐为心声,人同此心,心同此理;礼为等级制度,爱有差等,和谐共处。他

---

[1] 《朱子全书》第13册,第146页。
[2] 《朱子全书》第13册,第145页。

说:"一以贯之,只是万事一理。伊川言谓仁义亦得,盖仁是统体,义是分别。某谓言礼乐亦得,乐统同,礼别异。""天高地下,万物散殊,而礼制行矣;流而不息,合同而比,而乐兴焉。"[1] 乐、礼正同仁、义一样,乐为体、为同、为一,礼为用、为异、为殊。"乐"主精神道德的和同(乐和),"礼"主社会制度的和谐(礼谐),这种"礼一乐殊",正是儒家对人类精神和谐与社会和谐相统一的理想的和谐大同社会的描绘与建构。

从忠与恕的体用关系层次说(忠恕论),"理一分殊"即"忠一恕殊",忠在恕中。

朱熹认为"忠"是对人自我内在的规定,"恕"是对他人外在的要求。尽心尽己为"忠",推己及人为"恕"。故"忠"是心之体,"恕"是心之用。他强调说:"以一心贯万事。忠,一本;恕,万殊。譬如元气,八万四千毛孔,无不贯通,是恕也。"[2] 心之"忠"如"元气"(浩然之气)贯通于"恕"中。他在《论语或问》中更明确解释"忠恕"说:"尽己为忠,道之体也;推己为恕,道之用也。忠为恕体,是以分殊而理未尝不一;恕为忠用,是以理一而分未尝不殊。"[3] 朱熹的"忠一恕殊"从人之"心"的高度规定了"我"与"他者"的伦理关系的准则,这是以"己欲立而立人,己欲达而达人"为"忠"、以"己所不欲,勿施于人"为"恕"的人类至高无上的道德精神境界与普世情怀。

这样,朱熹的"理一分殊",是在体与用的多重关系下,从"用"的现象、功用、变化、规定、派生的多层次显现上,由道

---

[1]《朱子全书》第26册,第526页。
[2]《朱子全书》第26册,第526页。
[3]《朱子全书》第6册,第689页。

与理的关系层次一直推广到忠与恕的关系层次,建构了一个体用无间、理事圆融、和谐一体的理一分殊世界。这一包罗宇宙理事、涵盖天地体用的"理一分殊",正是东方文化特有的一种"道"的形而上学,而同西方文化的"存在"的形而上学迥然有别:西方观念论的形而上学认为本体(noumena)在现象(phenomena)的"背后"或"之上",本体界与现象界相分离;东方"理一分殊"的形而上学却认为本体(道)就在现象(器)中,"体"就在"用"中,故道器不分,体用不二,形上形下一体。西方观念论的形而上学认为本体不可能通过现象而被给予,故也就不可能从现象中认识本体,他们在认识上就从远离隔断外在的真实世界返回到主观自我的内在的纯粹世界;东方"理一分殊"的形而上学却认为理在物中,体在用中,故可即物求理,即用求体,即形下求形上,本体能够通过现象而被给予,可以从现象中把握本体,认识外在的真实世界。西方观念论的形而上学认为存在不具有连续的状态(现象),而具有不变的本质,可变的状态与不变的本质相分离,因此他们只关心本质,存在即本质;东方"理一分殊"的形而上学却认为万事万物处在永恒的阴阳对立统一的运动中,变动不居,现象与本质是同一的,存在的可变状态与不变的本质是统一不离的,一言蔽之,"理一"与"分殊"相即不离,"体"与"用"相即不离,所以"道"即关系,"道"即过程,故他们不关心"本质",而更关心"关系",关心"过程":关注理一与分殊的关系,体与用的关系;关注一道散为万理(万物)、万理(万物)复归一道的过程。可见"理一分殊"这种东方"道"的形而上学同西方观念论的形而上学有着全然不同的追问方向与价值趋向,从它注重追问理一与分殊、体与用、本体与现象的统一关系与过程的意义上,也可以说"理一分殊"才是一种真正存在论的"现象学",而同西方观念论的现象学判然有别。

朱熹进一步追问如何把握理一与分殊、体与用、本体与现象的统一关系与过程,他从"理一分殊"的本体论提出了"分殊体认"的方法论与认识论。本来在朱熹对"理一分殊"的规定中,已自然包含了方法论与认识论的要求,他说:"气有清浊,故禀有偏正,惟人得其正,故能知其本具此理而存之,而见其为仁;物得其偏,故虽具此理而不自知,而无以见其为仁。然则仁之为仁,人与物不得不同;知人之为人而存之,人与物不得不异。故伊川夫子既言理一分殊,而龟山又有知其理一、知其分殊之说,而先生(李侗)以为全在'知'字上用着力。"[1]这就是说,人与物的根本区别不在于"理一",而在于对这种"理一"的认识工夫、知行工夫上,正是从这里他把"理一分殊"归结为一个方法论问题,从而"理一分殊"就不仅仅是一种有机本体论模式,而且更是一种有机思维模式。他提出的方法论原则,就是要求就"分殊"来体认"理一"。因为体在用中,道在器中,"理一"不是一种悬空玄虚的缥缈存在,它必须具体体现在"分殊"中,因此也就必须从"分殊"中去认识"理一",即从日常的事事物物中体认自然之理。这里正显示了程朱理学同华严禅之间的一重精神联系:华严禅的"理事圆融"的本体论规定了"即事而真"的方法论,要求即事穷理,就事上体认理,就"多"、"万"、"无量"上显现"一",这是华严禅的"分殊体认";程朱理学的"理一分殊"的本体论也规定了"分殊体认"的方法论,要求从格物中穷其理,就事上体认理,就"分殊"上体认"理一",这是程朱理

---

[1]《朱子全书》第13册,第335页。

学的"即事而真"。朱熹强调理不离事,道不离器,体不离用,道在物中,体在用中,理一在分殊中,因此也就必须从"分殊"中认识"理一",即物求理,发用显体。朱熹这一思想正来自李侗,他第一次见到李侗时,李侗就一针见血指出他有"理一"而无"分殊"的禅病,告诫他:"天下理一而分殊,今君于何处腾空处理会得一个大道理,更不去分殊上体认?"一部《延平答问》的基调,就是反复强调"要见一视同仁气象却不难,须是理会分殊,虽毫发不可失,方是儒者气象"。朱熹从这里总结出了"分殊体认"的思维方法论原则,后来在《延平行状》中特地点明:"若以理一而不察其分殊,此学者所以流于疑似乱真之说而不自知也。"对"分殊体认"他具体解释说:

> 盖能于分殊中,事事物物,头头项项,理会得其当然,然后方知理本一贯……要事事物物,头头件件,各知其所当然……只此便是理一。

程朱理学的"分殊体认"作为一种方法论,是强调就事观理,由现象把握本体,由个别认识一般,由特殊体认普遍,由别相殊相显现总相共相。一句话,由"用"显"体"。它把宇宙看成是一个体用一源、显微无间的"理一分殊"的有机系统,就"分殊"考察各部分之间的关系、结构及相互作用,从中把握其全理——"理一"(道)。正是这种"分殊体认"的方法论,又决定了他的"格物致知"的认识论。因为体在用中,理一在分殊中,理在物中,故就"分殊"体认"理一"的方法论自然转化为即"物"求"理"、即"用"求"体"的认识论。朱熹解释说:"所谓致知在格物者,言欲致吾之知,在即物而穷其理也。盖人之心灵莫不有知,而天下之物莫不有理……必使学者即天下之物,莫不因其已知之理而益穷之,以求致乎其极。"[1] 这种格物致知说,不能不说是对传统儒家内向封闭的认识论的一个突破,已是一种具有近代意义的自然观。格物,就是深入事物内部至极处穷究其理,朱熹所说的"理"指"事物之条理"(物理),指事物"所当然之则"(物则),指事物之"必然"(必然性)、"应然"(本然性),因此他所说的"理"具有事物的"规则"、"规律"、"道理"、"理则"、"法则"、"程序"、"必然性"、"本质"的意义。故当有人问"草木当如何格理"时,他回答说:"此推而言之,虽草木亦有理存。当麻麦稻粱,甚时种,甚时收;地之厚薄不同,宜植某物,亦皆有理。"认为"若万物之荣悴,与夫动植大小,这底可以如何使,那底如何可以用,皆所当理会"。这里所说的草木事物之"理"显然都具有"规则"(物则)、"规律"(物理)的意义,因而格物致知、即物求理也就具有了深入事物内部探求规律与本质、必然性的真正认识论的意义。"致知"的"知",指心知、心识,即他说的"人之心灵莫不有知","知,犹识也"[2]。"致知"就是推致心知于事事物物至极之处,穷究其理,无所不知,"推极吾之知识,欲其所知无不尽也"。这是一个心知(主体认知能力)由里向外深入事物的推知认识过程,心知是认识推知的起点,这样,为了要实现这样一个总的推知及物、格物致知的认识过程,就又先行有一个对主体"心知"本身的要求。

因此朱熹又认为,为了推致心知格物求理,即用求体,就分殊明理一,首先要求认知主体之心(心知)虚静专一,这是在客观认识全过程中对主观认知主体的要求。因为只有心虚静专一,

---

[1]《朱子全书》第6册,第20页。
[2]《朱子全书》第6册,第17页。

万理俱明,才能由此虚心观理,致知格物,物格理穷。在总的格物致知的认识过程中,认知主体的心知虚静专一是穷理之本,正如他反复强调的:"穷理以虚心静思为本。""虚心观理。"[1]"(心)湛然无事,自然专一;及其有事,则随事而应;事已,则复湛然矣。"如何使心虚静专一?朱熹根据程颐说的"涵养须用敬,进学则在致知",提出了心的"主敬"说(持敬,居敬),在认识论上把向内的持敬主一同向外的格物致知统一起来。朱熹认为:"'敬'字工夫,乃圣门第一义","'敬'之一字,真圣门之纲领,存养之要法。""敬"作为"心"的修养要法,包含有三重含义:一是"主一",要心专一,思想集中,心不旁骛,内无妄想,外无妄动,这也就是十六字心传说的"惟精惟一",因为只有精诚专一,才能体认天理,"惟精惟一,万变是监。从事于斯,是曰持敬"[2]。二是"虚静",因为心本来湛然澄明,万理俱足,只因受到私欲蒙蔽玷污,"梏于形气之私",所以不明天理。因此持敬也就是要心虚静去欲,"虚心静思",这样才能澄心观物,虚心求理。三是"诚敬",要人心处于一种"诚敬"、"真诚"、"信实"、"戒惧"甚至如同对越上帝般的"敬畏"的状态,心才能真实不伪,洞明物理。可见朱熹的"主敬"说也具有认识论的意义,这就是强调在格物致知的认识过程中,面对认知对象(外物),要求认知主体的心知虚静专一,静思精诚,湛然澄明,才能致知格物,穷究其物理。朱熹说:"敬则胸次虚明,然后能格物而判其是非。"[3]"主敬"是就心上理会,"格物"是就事(物)上理会,可以说"主敬"与"格物"是格物致知认识过程中的两

---

[1]《朱子全书》第14册,第306页。
[2]《朱子全书》第24册,第3996页。
[3]《朱子全书》第14册,第478页。

个交相为用、相辅相成的认知工夫,用朱熹的话说是认识的"二端":"主敬、穷理虽二端,其实一本。""涵养中自有穷理工夫,穷其所养之理;穷理中自有涵养工夫,养其所穷之理。两项都不相离。"[1] 朱熹的认识论把"主敬虚心"与"格物致知"统一起来,这是一种"敬知双修"的认识论,他特别强调持敬虚心与格物致知二者的不可偏废:

> 涵养、穷索,二者不可废一,如车两轮,如鸟两翼。
> 学者工夫,唯在居敬、穷理二事。此二事互相发。能穷理,则居敬工夫日益进;能居敬,则穷理工夫日益密。[2]

敬知双修——持敬虚心与格物致知的合一,也就是敬义挟持,诚明两进,体现着尊德性与道问学的统一,敬以直内与义以方外的统一。敬知双修的认识论,是一种向内向外认知工夫交互为用的认识论:在认识过程中,一方面要求向内进行认知主体之心的虚静专一的修养工夫,澄明其心,虚心静思;一方面要求向外进行推致心知、格物穷理的认识工夫,分殊体认,即物求理,把向内的虚心静思的工夫与向外的格物求理工夫交融为一。朱熹自己称为是"合内外"的认识论:"格物须合内外……自家知得物之理如此,则因其理之自然而应之,便见合内外之理。""知至……不能推之于天下,则是不能尽之于外;而自家里面有所不到,则是不能尽之于内。须是其外无不周,内无不具,方是知至。""物格是要得外面无不尽,里面亦清澈无不尽。"[3] 在总的由"持敬"到"致知"组成的虚

---

[1] 《朱子全书》第14册,第301、302页。
[2] 《朱子全书》第14册,第300、301页。
[3] 《朱子全书》第14册,第478、479页。

心—格物的认识链环中,敬知双修的工夫论是一个由内向外、由认知主体向认知客体的认识过程:认识的起点是认知主体内里的虚心静思,澄明其心知;然后向外推致其心知于认知客体,格万物之理。这恰符合了《大学》上说的五句话:"知止而后有定,定而后能静,静而后能安,安而后能虑,虑而后能得。"朱熹就认为这五句话包含了由内里的"虚心"到向外的"格物"的认识全过程:"通此《大学》五句,才做得'致知在格物'一句。"[1]

从普遍的"理一分殊"的本体论,到一般的"分殊体认"的方法论,到具体的"敬知双修"的认识论,构成了朱熹广大精微的"理一分殊"的性学思想体系。这是一种儒家独特的有机整体的体用思维模式:它以"理一"为体,以"分殊"为用,以即"用"显"体"为方法论,以即"用"求"体"为认识论,天人一道,万物一体,构成了中国传统文化中本体论与工夫论相统一、人本论与自然观相统一的宇宙体用模式。朱熹正是从"体"与"用"、"理一"与"分殊"的二极对立的向度与结构张力,充分展现了儒家"理一分殊"思想的普世价值:一方面他认为性即理,人性即天理,人为天地之本,追求人性的至善,推己及人,以"己所不欲,勿施于人"作为以人为本的伦理准则,这是一种以人为宇宙之心、天地之本的人本论;另一方面他认为理气相即,体用不二,体在用中,理在物中,所以必须即用以显体,即物以求道,这是一种格物求理的自然观。而这种"己所不欲,勿施于人"的人本论与格物致知的自然观,正是中国传统文化思想的核心价值之所在。建立在"理一分殊"的体用本体论模式之上的这种"分殊体认"的方法论与"敬知双修"的认识论,其实正是一

---

[1]《朱子全书》第14册,第453页。

种东方的"道"的形而上学,它也同西方观念论的形而上学形成相反的价值追求与认识指向:西方观念论的形而上学认为欲知道世界之"所是",必须依靠自我之"所思"(我思故我在),所以在人与世界的对立中,人为自然立法,以主观性为客观世界立法,弘扬人的主体性,以自我的"先天综合"赋予世界,以人为万物的尺度,人的内在的主观纯粹世界越来越圆满了,但是却遮蔽失却了外在的真实世界;东方"理一分殊"的形而上学却认为道(法)在自然,理在分殊,不是人为自然立法,而是自然为人立法(道),人只有通过分殊体认,格物穷理识道,按道而行,顺理而为,法天行道,才能达到人道合一,物我一体。

朱熹的"理一分殊"的性学思想体系,是一个拯救人"性"的救赎体系(人性复归),而同陆九渊的拯救人"心"的救赎体系(人心复明)相对。朱熹的性学与陆九渊的心学都是一种解决"人"自身的问题的"人学"(人本学),但如果说陆九渊的心学是从解决人之"心"的问题入手来解决人的问题,那么朱熹则是从解决人之"性"的问题入手来解决人的问题;一个以"心"为救赎之本,一个以"性"为救赎之本。陆九渊的心学是人"心"救赎的思想体系,朱熹的性学是人"性"救赎的思想体系。孔子虽然曾说过"性相近,习相远","吾道一以贯之",但子贡说:"夫子言性与天道,不可得而闻也。""性与天道"是儒家人本学的根本问题,这个问题在孔子以后一直没有得到解决,茫茫一千年来世人没有找到一条人性救赎复归之路。朱熹的"理一分殊"的性学体系就是一个解决儒家"性与天道"根本问题的思想体系,它从"性即理(道)"思想出发完美诠释了儒家"性与天道"的人本思想,给人性堕落的世人指出了一条人性复善的"性"的救赎之路,这就是朱熹的"理一分殊"的性学思想体系在人类思想史上的根本意义。

第九章 己酉年——生平学问的第二次总结

"理一分殊"的性学体系的建立,成为朱熹淳熙十三年以来生平第二次学问著述总结完成的标志,他一生中最重要的思想探索时期结束了。在他的四书学体系与"理一分殊"性学体系完成以后,他跧伏武夷山中长蓑短笠的江湖寄生也恰因朝中相党纷争的剧变而结束了,他再一次被请出山,去到现实生活中描绘《四书集注》设计的"仁政图"和"理一分殊"的人性救赎理想了。

第十章
漳州太守

第一节　南下临漳

从朱熹戊申封事到己酉完成学问著述总结的一段时间,正是朝中相党纷争大起大落的时期,政局逐渐发生了有利于道学派的变化。

在淳熙十六年(1189年)正月八日,朝中宰辅有了微妙变动:道学派的周必大为左相,王蔺为参知政事;反道学派的留正越次为右相,东宫旧僚葛邲同知枢密院事;有清议声望的黄洽、萧燧均罢。在宰辅中道学力量与反道学力量取得了表面的均衡。这显然是赵昚内禅前为赵惇所作的苦心安排,也是他在位的最后一次"用中持平"的杰作。但是留正党的独家得势已经是不依赵昚"用中"的主观意志为转移了。二月二日,当了二十七年皇帝的赵昚传位给赵惇,他被加上"至尊寿皇圣帝"尊号,退居重华宫。赵惇的即位使朝中相党的角逐发生决定性的升降起落,周必大一派急遽败落,留正一派步步凯旋,从二月内禅到五月周必大罢相,留正相党与周必大相党的争斗很快由高潮转为低潮,到八月周必大相党已经烟消云散。留正已看到内禅后近习势力姜特立、谯熙载继曾觌以后再起,成为一股反周必大的宫廷势力,所以他采取的策略是:一面收罗王淮余党,一面借重姜谯近习,夹攻周必大;然后再翦除姜谯势力,收擢道学之士。这一招果然十分奏效,在短短八个月内,三家异己力量尽入留正彀中。他先从台谏上打开了缺口。

台谏向来为相家必争之地,周必大居相表现出的最大平庸无谋，就是没有能控制台谏言路，留正却从台谏言路上给了周必大党以致命打击。淳熙十五年五月王淮去相后，周必大派的大理少卿袁枢，曾劾殿中侍御史冷世光受贿曲庇通州富民高氏，冷世光虽被罢去，但右谏议大夫陈贾起来回击，奏劾袁枢上荐士章徇私，使袁枢贬两职罢归。而陈贾贪赃枉法，包庇大赃官四川茶马使王渥，直到淳熙十六年二月，才有侍御史胡晋臣起来奏劾陈贾出朝。但周必大却让胡晋臣离开言路，迁工部侍郎。台谏言路不通，周必大只能靠侍御史谢谔和左补阙薛叔似、右拾遗许及之两个小谏同王淮余党和留正党相斗。淳熙十六年二月三十日赵惇诏问中书舍人罗点，有谁可胜任台谏之官，罗点荐举了叶適、吴镒、孙逢吉、詹体仁、冯震武、郑湜、刘崇之、沈清臣八人，赵惇就嫌这八人都倾向于周必大而一个不用。留正抓住了这一机会将自己党羽安插进了台谏。他先在淳熙十五年十一月乘袁枢被免去国子祭酒之机，特除国子司业何澹为祭酒。到淳熙十六年二月，当右谏议大夫陈贾被劾出知静江府，而赵惇对罗点所荐八人一个也不满意时，留正又在四月十九日特擢何澹除右谏议大夫，一下子控制了谏院。他在谏院代替陈贾，意味着留正党代替了王淮党。在殿院中，殿中侍御史继冷世光以后由反道学的范处义接任。在察院中，先后有林大中、李信甫、何异除监察御史，都比较倾向于留正。台谏已多是留正党羽和姜谯门客，周必大一派只在台院控制了一块地盘。但三月十九日赵惇又废除了拾遗、补阙二官，改除薛叔似为将作监，许及之为军器监，而却除反道学的"恔黠佞柔"人物黄抡为右正言，薛叔似、许及之两人很快被劾离朝。周必大党在台谏剩下来的只有御史中丞谢谔，但也因奏援二小谏而触忤了赵惇，赵惇对他已心生罢斥之念了。

朱熹一直密切注视着台谏的风云变幻。他同周必大以及朝臣

第十章 漳州太守

们保持着联系,认为首要目标应除掉台谏的"一二病根"。淳熙十六年二月下旬袁枢劾罢回到建安,三月初同朱熹见了面。袁枢同朱熹都属于倔傲敢言性格的人,被认为是淳熙间最刚直不阿的朝臣。朱熹入临安奏事曾同他见过一面。如今两人都成"放臣",于一泓寒潭之上共驾烟艇,追抚往昔,论议朝政,牵动眇眇愁思,都感到仕途的险恶。朱熹一向不轻易作词,这时他也次袁枢韵吟了一首《水调歌头》:

> 长记与君别,丹凤九重城。归来故里愁思,怅望渺难平。今夕不知何夕,得共寒潭烟艇,一笑俯空明。有酒径须醉,无事莫关情。　寻梅去,疏竹外,一枝横。与君吟弄风月,端不负平生。何处车尘不到?有个江天如许,争肯换浮名!只恐买山隐,却要炼丹成。[1]

但买山炼丹吟风弄月也只是说说而已,袁枢面告的朝中新局势却反而更刺激了他执着济世的道学灵魂,又燃起再上封事的念头,觉得袁枢抗奸还是"发之太轻"。二月十二日赵惇曾下诏内外臣僚指陈时政阙失,这本是新帝登极的堂皇惯例,却给了朱熹抨议朝政的难得良机。他在同袁枢相见共谈以后便写成了封事,准备以正心诚意再劝这名昏庸新君。赵惇还在东宫时就是一个乖戾淫逸的太子,即位以后,朱熹所上封事中的忧虑都成了现实。二月三日李氏立为皇后,与黄贵妃争宠,悍悍预政更加肆无忌惮。二月六日赵惇的东宫宠臣姜特立、谯熙载同擢为知阁门事,连台谏官们都纷纷奔走投靠姜谯门庭。宫中燕饮歌舞日夜不断,赵惇

---

[1]《朱文公文集》卷一〇《次袁仲机韵》,第158页。

生来只知与幸臣嬖妾终日亲昵狎媟，中外章疏迟迟不付出。他的纵容李后、治家不严，又使他同重孝道的赵眘之间的矛盾不和潜滋暗长。赵惇又比赵眘更沉迷佛老，好事鬼神，大批道徒涌进高士寮。这些都发生在赵惇即位后一个月内，使本来畏祸不肯入朝的朱熹竟也无法再沉默了。己酉封事陈述十事：讲学以正心，修身以齐家，远便嬖以敬忠直，抑私恩以抗公道，明义理以绝神奸，择师傅以辅皇储，精选任以明体统，振纲纪以厉风俗，节财用以固邦本，修政事以攘夷狄。这包含了对赵惇新政最尖锐的现实批评：第一事"正心"是暗讽赵惇的荒淫纵欲。第二事"齐家"引《尚书》"牝鸡之晨，惟家之索"，显然指斥李后的恃悍预政。第三事"远便嬖"直指姜谯新幸近习。第五事"绝神奸"怒斥赵惇妄信巫祝妖人，"诡祷得福"。第七事"精选任"批评赵惇选任宰相台谏等官的失当。第十事"修政事以攘夷狄"全面论述了他的抗金用兵主张。

但己酉封事终于没有能上。一个原因自然是对留正指道学为邪气有所顾忌，稍在他之前，已有周必大派的秘书郎郑湜在轮对章疏中部分说出了朱熹己酉封事中所要说的话，委婉批评赵惇"家法"不严，李氏"不贤"，宫中多"请谒之私"，结果郑湜不能入选台谏。但促使朱熹没有上封事的主要原因，更有可能是在他还没有来得及上封事之前，周必大党已呈现出全面崩溃之势，朝中不断传来的消息使他失掉了上书劝说昏庸新君的信心。到二小谏罢去，何澹、黄抡、范处义把持言路，他感到大势已难挽回。朱熹在上了辞免状后，一度还想从台谏上做最后努力。因为林大中素为道学清议所重，李信甫又是李侗之子，朱熹便在五月二日致书李信甫，劝他不要受留正小恩的虚假笼络："胡公（晋臣）论事皆合公论，甚强人意。但二小谏之去殊可惜，乃不能遂其言，

第十章 漳州太守

何耶？诸公排逐正人，乃以尊兄塞责，此相轻之意甚，谓兄必不能为薛（叔似）、许（及之）耳。不可怀此小恩而忘大辱。"[1] 李信甫刚由太常寺主簿作为"塞责"人物擢为察官，与朱熹弟子太常丞詹体仁相处熟识，朱熹便又在同月特地致书詹体仁，要他争取李信甫和林大中，信中陈述了对付留正党的应变之法：

> 况南床击去新谏（指劾去右谏大夫陈贾），此已明与之忤，渠（指留正）既不得志，必须更寻一枚如此等比置之本处（指何澹），不知又将何以为计。此事不远，计只在旦夕矣。可因见痛针札之。此公（指监察御史林大中）虽未识，然见其文字，知其纯厚，不会骂人，须力从臾之，以速为上，稍迟一日，即坏一日事矣。……诚父迁后相见否？闻渠曾与之邻居，相与甚厚（指与林大中，林亦由太常寺簿除监察御史），须有以警觉之，纵不能回戈奋击，且得不为所使，以害善良。[2]

朱熹最后的"锦囊妙计"，不过就是利用可以争取的台谏之官攻罢留正。僻居深山的朱熹又想得太迂阔了，殊不知留正党早已抢先下手。何澹作为留正的牵线搭桥人物，十分隐蔽地勾结好了姜谯之徒和王淮余党。留正党向周必大发起了闪电攻击。导火线是因李巘草二相制抑留扬周，忤旨得罪赵惇，周必大在五月七日上章求去。何澹立即承宰相留正风旨在五月八日劾周必大，周必大罢为观文殿大学士、制潭州。留正党人犹不肯罢休，何澹再上章劾周必大"不公不平不正"十事。十日又有殿中侍御史范处

---

[1]《朱文公文集》卷二八《与李诚父书》，第438页。
[2]《朱文公文集》卷二八《与张元善》，第437页。

义再论劾,当天周必大罢制潭州,除为醴泉观使,在外任便居住。其实赵惇早对周必大有罢相之意,这次是存心借草二相制强令周必大自退,留正党利用了赵惇心理才群起相攻。朱熹在给刘崇之信中道出了这一事实:"揆(周必大)亦久以小事积累怍意,近有随龙□姓名人守楚者差除,遂致不安。中间有投匿名于省中专斥之。复有客自王信州(自中)处来,云闻已出六和,复入居僧房……"[1] 朱熹在武夷感到大势已去,周必大党彻底失败了,他在给刘炳的信中无可奈何地感叹:"道之屈伸,自关时运,区区人谋,岂能为力!……右揆(周必大)求去复留(按:应作左揆),殊未知所以。或云:只缘何疏(何澹疏)有及赦文差互处,系同拟定。或云:何别有疏攻之。或云:何已补外。皆未审也。葛(邲)、颜(师鲁)之报,亦未闻……"[2] 周必大党和道学朝士多遭论列,纷纷离朝。五月二十八日,早已憎厌御史中丞谢谔的赵惇对宰执们说:"谔供中司之职已久,而全不言事,恐其不能任此责,改移之优闲之地。"[3] 在台谏的留正党羽立即奉"上旨"以"不言"罪劾罢了谢谔。以击林栗名闻朝中的秘书郎叶適也在五月出为湖北参议。他的密友、王十朋长子大理寺丞王闻诗因不满于周必大的去朝,投书讥诮御史,也出守光州。接着权吏部侍郎兼侍讲尤袤,因在赵惇即位初开讲筵时论及政事说"天下万事失之于初,则后不可救",还举唐太宗不私秦府旧人的事为诫。后又在讲筵论官制以为:"今年旧法顿坏,使被坚执锐者积功累劳,仅得一阶;权要贵近之臣,优游而历华要,举行旧法。"姜特立疑心这是影射自己,便讽同党上劾章指尤袤为周必大党,尤袤便以

---

[1]《朱文公文集·别集》卷二《答刘智夫》书十二,第1889页。
[2]《朱文公文集·续集》卷四下《与刘韬仲》书十一,第1832页。
[3]《宋会要辑稿·职官六》,中华书局1957年版,第3册,第2531页。

第十章 漳州太守

"疏谬旷失，士论不服"之罪在六月二十二日放罢奉祠。太常丞詹体仁在朱熹授意下，在对班中直言抗论，首陈"正心"之说，六月三日改除浙西提举离朝。七月秘书郎郑湜也出为浙东提举。其他像吏部尚书颜师鲁、秘书省正字吴镒、太常丞徐谊、著作佐郎刘崇之、秘书丞沈清臣以及项安世、刘公度等也都相继去国。

从收罗王淮余党继续反道学上说，留党也就是王党。在攻伐异己的党争中，同周必大关系较好或正直的爱国之士也受到株连。留正党在劾周必大章疏中竟首先指名攻击与周必大有交往的陈亮。他的诤友王自中本拟还朝为郎，却被台谏留正党羽阴抑，奉祠归居。礼部郎官陆游因同周必大党关系密切，何澹便摭拾了他三年前与张镃饮酒南园为小姬新桃团扇所题一绝，劾奏陆游"嘲咏风月"之罪，陆游在淳熙十六年十一月二十八日罢归故里。淳熙十六年春间，朱熹的弟子徐赓（载叔）放船入都，在临安同陆游、尤袤、谢谔相聚极欢，他把讲学面论的情况写信告诉了朱熹，朱熹回信要徐赓和谢谔、陆游多致力于"为己"之学。陆游后来作了一首《寄题徐载叔秀才东庄》，其中"南台中丞"就指御史中丞谢谔，"北门学士"便指直学士院尤袤。"今年偶入长安城，不识贵人呼作卿"，同团扇诗"梅花自避新桃李，不为高楼一笛风"有异曲同工之妙。何澹大概就从这类诗中产生了嘲咏风月的奇念。后来徐赓在这年冬间再次入都叩阍上书，指陈"今日之弊"，把这首诗寄给了朱熹，朱熹在给徐赓回信中击节赞叹说："放翁之诗，读之爽然。近代唯见此人为有诗人风致。……近报又已去国，不知所坐何事，恐只是不合做此好诗，罚令不得做好官也。"[1]何澹弹劾陆游，包含了打击周必大、谢谔、尤袤、朱熹等的政治

---

[1]《朱文公文集》卷五六《答徐载叔》书一，第1001页。

需要。

但是在周必大罢去、周必大一派树倒猢狲散以后,留正又面临着新的政敌,他开始同何澹分道扬镳了。首先是姜谯势力成了他的心腹大患。击溃了周必大党,姜特立之徒对留正来说变成了危险的绊脚石。留正对姜特立采取了狡猾的暗中闪击。五月二十日,他忽然向赵惇密奏姜特立招权预政的罪行,乞求罢斥。赵惇难以忍痛割爱,久久不决。留正便窥伺着良机。七月间,因为参知政事空缺,姜特立登门谒见留正,探问说:"上以丞相在位久,欲迁左揆,叶翥、张构当择一人执政,未知孰先?"近习明目张胆地干预朝政,这给了留正难逢的良机,第二天他就向赵惇告发,姜特立终于奉外祠而去。

然而在姜特立奉祠去后,知枢密院事兼参知政事王蔺又成了留正最危险的竞争敌手。王蔺虽不是周必大党,但却是一名道学重臣,素来为留正所畏惮嫉恨。在周必大罢相后,只有他成为道学们寄望最重的当朝人物,也最有资格登上空缺的枢密使之位,他的觊觎相位之心也在膨胀。在周必大党瓦解后,道学之士如再附依王蔺形成新的相党,留正就难于应付了。周必大党虽消,但道学派依旧还是一种左右朝政的强大力量,代表着"清议",再一味排击就会大不得人心,陷于孤立。于是约在七月以后,留正党中一名太常博士沈有开(应先),同朱熹和留正私交都极厚,作为十分合适的搭桥说合人物,出来极力劝说留正拔用网罗道学名士,留正采纳了他的建议,从反对道学转向了利用道学。叶适后来在作《沈有开墓志铭》中曾隐约透露说:

当是时,丞相(留正)患淳熙末知名士不采察而沉废于贱冗,数年间拔用几尽。士欢喜诵说,以为自赵元镇、陈应

第十章 漳州太守

求才有此尔。丞相既得誉于天下,而公阴赞密请,力尤多。天下虽知公助之,而莫知其所以进者何人;公默不以语人,虽子弟亦莫知也。[1]

这就是李心传在《道命录》中明确道出的"太学博士沈有开应先,为留丞相所厚,力劝以拔用知名之士,留丞相从之"。叶適因后来被留正再收召入朝,所以写到留正当年这一段并不光彩的历史隐晦曲折。沈有开早年交游张栻、吕祖谦,又从学薛季宣、陈傅良,也问道于朱熹,甚至有极大可能留正很快荐举朱熹也是出于他的暗中出力。这样,留正与周必大反对和支持道学之士的斗争,在七月姜特立奉祠去后,也就一变而为留正与王蔺争夺笼络道学之士的斗争,成为一场新的特殊的相党之争。两家争权夺位的斗争一直延续到绍熙元年年底,他们都抢着向武夷山中的道学之魁朱熹投去了含情脉脉的秋波。王蔺同朱熹本不熟识,但他在五月六日除知枢密院事兼参知政事后,特地纡尊降贵首次致书朱熹垂询,朱熹劝他"时难得而易失",要"不忘畴昔之志,而果断奋发,以乘其不可失之机"。"至于主张公论,扶植善人,抉去阴邪,不使得乘间隙,则愿高明于此,益加意焉。"弦外之音是希望王蔺主张道学,抓住良机攻去留正。后来他在给王蔺信中称:"当今旧弼宿望,中外所倚以开上心、正国论者,惟明公与益公而已(按:指王蔺与周必大)。"[2] 可以看出王蔺在朱熹心目中的地位之高和朱熹对留正的一向轻视。留正也要借重道学,把朱熹强请出山,争取"清议"以同王蔺相抗,就是势所必然的一招了。

果然,八月九日尚书省札下,除朱熹江东转运副使,这应当

---

[1] 《水心文集》卷二一《沈有开墓志铭》,第 203 册,第 1—2 页。
[2] 《朱文公文集·续集》卷七《答王枢使》书一,第 1848 页。

是出于留正和王蔺的共同荐举,两人都在争夺朱熹这面道学旗帜。朱熹自然还不会贸然出山,他上了第一道辞免江东运使状,以江东路有坟墓宗族田产在婺源乞回避。但接着褒宠连加。先是覃恩转朝散郎,赐绯衣银鱼。十月五日有旨可以特免回避,速往赴任。跟着留正也屈降宰相之尊给朱熹写了一封亲笔手札,说了一些贴己话,勉劝他赴任。这使朱熹有点受宠若惊了,只是从这时候起,留正和朱熹之间才开始频繁的私信往返。十月二十一日再命赴任的省札下到后,朱熹表面仍上了第二道辞状,但在同时给留正的亲笔信札中却表示:"谋议之官,若蒙陶铸,或可自效。"[1] 请求改一地方参议的"闲慢差遣",表明他出山赴任的心已经活动了。确实,劾逐权幸姜特立,周必大没有能做到的事,留正居然做到了,这对丧家失主的道学派们是颇富诱惑力的,因为清锄君侧的佞幸阉竖本是道学的一面主要旗帜。无怪朱熹在这封手札中单单特意称道留正劾罢姜特立之举,含蓄吐露说:"夫阳长而不遂进,阴消而不遂灭,此最安危治乱之机,而昔人所深畏,以熹之愚,犹窃为相公虑之,不识高明何以处此,而善其后也。"这无异暗示只要留正排逐近习奸佞与反道学小人,力主道学,他们之间便可以进一步合作。朱熹同时还频频致书刑部侍郎马大同,大骂婺相王淮:"邪说奸心,阴自凭结,庙社之灵,实纠殛之。"[2] 留正又通过马大同向朱熹传告自己的意思,朱熹也就借机在给马大同信中旁敲侧击批评留正的利用王淮余党反道学,用另一种方式暗示只要留正不步王淮反道学后尘,他愿一出效力。事实上这时他已经开始考虑赴江东任后的具体措置与做法了。精明的留正继

---

[1] 《朱文公文集》卷二八《与留丞相札子》,第438页。
[2] 黄溍:《金华黄先生文集》卷二十一《跋晦庵先生帖》,《四部丛刊初编》本,第239册,第16页。

第十章 漳州太守

续向他进攻。十一月尚书省札再下，改除朱熹知漳州。漳州是地广事简之郡，非江东路可比，符合朱熹提出的要求；又是现阙，是留正特地为他"那移阙次"；甚至还讲明"候任满前来奏事"，预先定下入朝任职的优渥待遇，可以看出他对朱熹的曲意俯顺。朱熹在留正的步步软攻面前已显得毫无反抗力，到十二月终于拜命。

朱熹漫长的山林幽居生活结束了。他从淳熙九年归武夷，在反道学氛围中七年畏谗远谤不敢出，在三家相党纷争中，两年十六次上辞免之章不赴任，留正仅用三四个月时间就请他出山，这不过是朝中长期相党纷争局势发生根本转折的结果。由于留正的一变主张道学，相党纷争中顿然又出现了另一幕奇景：从袁枢的恢复原官到刘光祖的除殿中侍御史，一时又出现了被摈抑的道学之士纷纷再被除用、入朝和进升的回流，留正借着这股力量击败了他的政敌王蔺。四月，朱熹在道学失败后的凯旋中怀着悠然的心情南下漳州。

第二节　正经界

绍熙元年（1193年）四月二十四日，朱熹到达漳州。

朱熹在上任前已明确把更革积弊、为民兴利除害作为自己的临漳施政大纲，他在启程前给黄东信中吐露了内心这一秘密说："熹竟不免临漳之行。示喻积弊，此固当，然其横敛扰民，为害有大于此者。到官后，须次第讨论更革之，今未敢泄此意。"[1] 到

----
[1]《朱文公文集》卷二八《与黄仁卿书》。

任之初，他首先向三大弊政毒瘤开刀，抓住经界、盐法、经总制三件国计民生的大事，开始了峻厉的更革之治。

朱熹在漳州的全部更革，可以用正经界、蠲横赋、敦风俗、播儒教四方面来概括，而正经界是他全部更革的灵魂。由于越来越严重的土地集中与赋税不均，经界已成为豪姓大族、细民下户与中央朝廷之间矛盾斗争的一个焦点。漳汀是荒僻之地，强宗豪右的兼并阴占尤烈。所以朱熹在给留正的信中不得不呼吁，在所有的利害中"经界尤利害之大者"[1]。但宰辅大臣多支持豪姓大家，反对经界；朱熹站在朝廷官府与细民下户立场，坚决主张经界；中央朝廷则依违于上下两者之间。淳熙以来斗争处在一种来回反复、相持不下的拉锯战中。早在淳熙八年闰三月，新知江阴军王师古上奏请补葺经界图籍，朝廷诏令已下，却很快在八月被谏官葛楚辅以"扰民"奏罢。到淳熙十四年，福建转运判官王回又上奏乞汀州先行经界，但当王回被除为户部右曹郎官在同月前往措置经界时，人尚未到，已被武臣提刑以"山贼未平，民散田荒，虑有不实"的借口又奏罢。朝廷下了一道"秋成取旨"的指挥敷衍了事。一个主张起用朱熹的赵宋宗室赵不恴，临死前还不忘上遗奏"请无遣官往汀州行经界"[2]。于是到秋七月朝廷便以旱灾停罢汀州经界。朱熹在这一年秋收后曾专门投书张构，还想通过他说动朝廷践行前诺，不要自食其言。但朝廷达官大臣对朱熹的慷慨陈词已习惯于无动于衷，自此经界之说沉寂了三年。直到淳熙十六年，才又有汀州布衣雷衡再详细奏陈经界钞盐利害，慨叹"经今三年，未见措置"。一介布衣之言，更不在宰执大臣眼底。但却有一名唐姓官员上殿向赵惇进献了一种闽中行经界的

---

[1]《朱文公文集》卷二八《与留丞相札子》。
[2]《水心文集》卷二六《赵不恴行状》，第203册，第6页。

第十章 漳州太守

简便方法，可以使"民心自安，不差官吏，不置司局，而民亦无扰矣"。赵惇这时正要做出一副"新政"的姿态，终于在绍熙元年二月十九日三省下了一道札子，令福建路监司"相度经界，条具闻奏"。朱熹来到漳州时，正逢这件指挥下达，所以他全力以赴。他的更革弊政围绕着经界轴心大刀阔斧地运转起来。

朱熹花了一个多月时间为经界作深入询访，摸清了本州税籍不正、田亩荒芜、田税亏欠、赋役不均的情况。他先访求到龙溪知县翁德广的条具事状，立即备录供申。到六月，他向安抚转运提刑提举使司上状详陈四条，全面论述了他对经界的看法，成为他在漳州施行经界的大纲。第一条论经界利害，他疾呼："版籍不正，田税不均，虽若小事。然其实最为公私莫大之害。盖贫者无业而有税，则私家有输纳欠负、追呼监系之苦；富者有业而无税，则公家有隐瞒失陷、岁计不足之患。"经界正是要解决这种贫者无业有税、富者有业无税的贫富不均现象。第二条论推行经界详简的利弊，是针对省札中臣僚提出的简易之法而发。赵惇和大臣们都幻想在不触动惊扰富家大姓的前提下推行经界，所以唐姓官员提出的简便之法才使赵惇动心。但是在朱熹看来，这种简便之法不过是打着"简便"、不"扰民"的幌子保护豪家富族的利益，"其初虽若简易，其终必将大起告讦之风，徒伤淳厚之俗，而卒不足以得人户田产有无多寡之实"。于是他在第三条中同朝廷的苟简之法相对，提出了自己的切实详备之法，其中包括打量之法、图帐之法、官吏用心之法，而把用"法"归到择"人"上，认为上下选用精干得力之人，汰除"昏谬疲软，力不任事"之辈，是施行经界成败的关键。第四条其实是捅破绍兴以来经界始终受阻不行的真正原因，他直言无忌地指出：

> 盖此法之行，贫民下户虽所深喜，而豪民猾吏皆所不乐……不乐者皆财力辨智有余之人，故其所怀虽实私意，而善为说词以惑群听。甚者至以"盗贼"为词恐胁上下，务以济其私。而士大夫之喜安静厌纷扰者，又或不能深察其情，而望风沮怯，例为不可行之说，以助其势。[1]

朱熹已经看到经界的真正阻力与其说是来自豪户富室，不如说是来自那些豪户富室出身的官僚大臣。只要一听到经界呼声起，他们便以"盗贼"恫吓，无不奏效。朱熹把这种黑白颠倒的谬说再颠倒过来，认为：

> 泉漳之民本自善良，不能为寇。唯汀州及漳之龙岩素号多盗。然前后数起如沈师、姜大老官、黄三之徒，皆非为经界而起也，乃以不曾经界，有税无业之民，狼狈失所者众，而轻于从乱耳。[2]

朱熹这篇《经界申诸司状》，是他从经济溃烂一角透视整个南宋腐败社会的又一杰作，他把在《四书集注》中理想化了的孟子仁政自正经界始的纸上虚说变成了眼前活生生的现实问题。不幸的是他把经界的利害关系与真实内幕分析得越是透辟明晰，就越使朝廷投鼠忌器。果然，翁德广议状、朱熹申状以及泉州方面的申状一上，一个多月毫无动静，朝臣阴阻牵制，转眼已经到了夏尽秋来之时，这使朱熹十分焦灼。如果不赶在秋收以后的农隙先丈量田亩，经界便将又成泡影。七月，朱熹又催上一道《再申

---

[1] 《朱文公文集》卷二一《经界申诸司状》，第331页。
[2] 《朱文公文集》卷二一《经界申诸司状》，第331页。

第十章 漳州太守

诸司状》,痛陈拖延经界之害说:

> 今来已是夏末秋初,而都未有此消息……正使幸而不至寝罢,亦须明年秋冬方得下手。是则不惟虚费时月,使三州疲悴之民更受一年之苦。而上下官吏必将妄疑诸司无意主张,不肯著力询究……不惟无益,而适所以漏泄几事,动摇众心,使营私避事之人,得以阴笑窃议于其后,非计之得也。[1]

在朱熹的一再催奏与大臣的暗中阻挠之间,朝廷依旧彷徨他顾。八月,秘书丞黄艾(伯耆)在轮对中向赵惇再次面请经界,忍不住大声愤慨说:"今日以天下之大,公卿百官之众,商量一经界,三年而难成,使更有大于此者,将若之何!"[2] 直到这时赵惇才勉强采纳了议臣提出的折中调停之法:泉州、漳州先相度施行经界,汀州以后再说。八月尚书省札降下后,朱熹立即上了《条奏经界状》,就选择官吏、打量之法、图帐之法、均产之法、计产之法与废寺田产六个方面提出了独到的设想和意见。同时他又尖锐批评了朝廷这种折中之法,认为断无汀州不行经界而独漳泉二州经界可成之理,他揭露这种汀州不行经界的真实用意说:

> 此法之行,其利在于官府细民,而豪家大姓、猾吏奸民皆所不便。故向来议臣屡请施行,辄为浮言所沮,甚者至以汀州盗贼藉口恐胁朝廷。殊不知往岁汀州累次贼盗,正以不曾经界,贫民失业,更被迫扰,无所告诉,是以轻于从乱,

---

[1]《朱文公文集》卷二一《再申诸司状》,第332页。
[2]《朱子语类》卷一○六,第2652页。

其时初未尝有经界之役也。[1]

在朝廷大臣拖延阻挠、奸民猾吏造谣煽惑下,朱熹却以他刚愎自用的道学铁腕自行其是了。也就在八月,他发布了一道《晓示经界差甲头榜》。在朝廷只同意"相度"而并未正式允许施行经界的情况下,朱熹自将经界之事公布于众,隐有以既成事实向朝廷施加压力之意。他开始了经界官吏的选择。他的办法是"郡守察其属县,令或不能,则择于其佐;又不能,则择于他官。一州不足,则取于一路;见任不足,则取于得替待缺之中。皆委守臣踏逐中差,或权领县事,或只以措置经界为名,使之审思熟虑于其始,而委任责成于其终"。这样铁面无情的选汰官吏之法,足以使那班充斥于州府县衙的冗官奸吏们个个胆战心惊了。朱熹很快派人到福州、兴化军诸县取到绍兴十八年施行经界的案祖,奏请朝廷颁下绍兴间户部打理攒算格式,告谕士民献陈便利的纽算方法,招聘本州过去曾习过经界谙晓算法之人。他采取了郑叔昭的办法,选择得力官吏,每日聚集到一起讲论经界之法,要他们把经界事宜全都烂熟于心。他又从黄榦、刘子礼等处访问到几种打量算法之书。刘子礼的算法十分简便:只要先量取田地中间正方面积,再将四边尖角斜地凑成正方计算。这种方法极容易为乡民掌握。十月,朱熹便把这种打量法镂板发下四县,先令官吏学习,再教给民户,一定要达到"人人通晓"。

为了选汰官吏,他对漳州所属四县官员作了全面查访。四县中龙溪是大县,龙岩、漳浦、长泰三县岁赋所入不足龙溪的十分之八。四县济济官吏竟只有龙溪县令翁德广和龙岩县尉刘璧熟谙

[1]《朱文公集》卷一九《条奏经界状》,第295页。

第十章 漳州太守

经界,精明可用。长泰县小地狭,县官中并无杰出人才。漳浦地广田荒,县官均是昏朽之辈,只有县尉黄发晓知县事,却又侮慢不服。八月,朱熹一面上状把刘壁的图帐之法奉献朝廷,乞请施行,一面按劾了漳浦县尉黄发,要把他同龙岩县主簿陆槐对移。他专门致札提刑陈公亮,道出了自己调不动昏庸强横官吏的忧虑:"若不惩治,深恐官吏习见州郡事体削弱,不能使人,向后迭相仿效,无所禀畏,万一一旦稍有缓急事,将有不可胜虑者。"[1] 惩治黄发,将他与陆槐对调,正是为了从人事上保证龙岩、漳浦两地经界的推行。然而老大腐朽的南宋官僚集团中可供朱熹选用的像样人才真是太少了,他不得不从弟子中和外州待阙官员中选调得力人手,他的标准是"有精神,耐劳苦,肯任事,而能戢吏爱民者"[2]。绍熙元年十一月,赵汝愚来福州任安抚使,成了朱熹的靠山。朱熹的弟子刘爚还在任莲城令时,就是一名推行经界的坚决派,这时正待阙家居。朱熹便通过赵汝愚把他调来漳州。蔡元定高卧西山向不肯出仕,但他精于算学,经界打量田亩正需这种人才,朱熹特邀他一来漳州,他也慨然应允。此外,朱熹又先后约好了黄查、郑子上、范伯崇、杨元礼、林井伯、退翁、刘仲则、游诚之、蔡用一批人,来漳州帮助他施行经界,他们大多是朱熹精明有为的年轻弟子。

然而正当朱熹调兵遣将积极谋划经界事宜时,朝内外上下一切反经界的腐朽保守力量也都联合起来了,朱熹又几乎是一个人面对着上起朝廷官僚下至地方豪右的铜墙铁壁进行孤军奋战,甚至连那些声名显赫的道学重臣也因切身的利害关系站到了朱熹的对面,在经界问题上,一向高唱仁政爱民的道学派内部也发生了

---

[1]《朱文公文集》卷二八《与陈宪札子》,第440页。
[2]《朱文公文集·别集》卷四《答林井伯》书一,第1906页。

严重分歧。后来人们把这次经界的失败多归之于宰相留正的反对，其实最初反对经界最力的，恰是道学派中的枢密使王蔺和泉州守颜师鲁。颜师鲁作为一个道学名士同朱熹向来关系密切，淳熙十六年周必大罢相后，颜师鲁也因周必大党的关系出知泉州。但是颜师鲁是漳州龙溪人，颜氏是漳州有势力的大姓，朱熹在漳州行经界无疑要侵犯包括颜氏望族在内的豪室富家的利益，颜师鲁对经界的反感抵制是必然的。当朝廷命下漳汀泉三州相度奏行经界时，汀州守祝㮚和朱熹一样态度明朗，主张行经界。而泉州守颜师鲁却条上经界"二利三害"，反对行经界。朱熹在绍熙二年对郑可学提到事情的内幕说：

> 本一官员姓唐，上殿论及此，寻行下漳泉二州相度。本州申以为可行，而泉州颜尚书操两可之说，致庙堂疑贰。却是因黄伯耆轮对再论……上如其请，即时付出。三省宰执奏请，又止且行于漳州。[1]

这里说的"宰执"主要是指王蔺和留正，王蔺完全反对行经界。留正态度却十分圆滑，伪装巧妙，因为他是泉州人，所以他同意漳州行经界，却反对泉、汀行经界，这样既敷衍了朱熹的固执奏请，又保护了他在泉州盘根错节的庞大姻亲族党的利益。朱熹在给黄榦的信中提到宰执们的各怀鬼胎说："经界指挥不下，恐复为浮议所摇。前次留、葛报书，皆谓可行，独王不报书。疑此间受漳浦之赇者，或与当路厚善，必实为此谋耳。若果如此，乃漳人之不幸，而老守之幸。"[2] 留指左相留正，葛指参知政事葛

---

[1]《朱子语类》卷一〇六，第 2645—2646 页。
[2]《朱文公文集·续集》卷一《答黄直卿》书二十六，第 1798 页。

第十章 漳州太守

邠,王指枢密使王蔺,老守指泉守颜师鲁。王蔺与颜师鲁本来关系不同寻常,王蔺还曾首荐颜师鲁之子颜彻。必定是漳浦有富家大族交通关节求托于当路王蔺,所以王蔺也支持颜师鲁反对经界,不报书于朱熹。这时留正与王蔺两党争夺相权的冲突正达到了白热化。绍熙元年十二月六日,王蔺终于被留正借何澹之手劾罢,王蔺党作鸟兽散。黄榦在十九日离漳州回到长乐后,曾写信告诉朱熹说:"石应之以王党见逐,徐居厚不知其故……"[1] 所谓"王党"就指王蔺党(非指王淮党)。所以留正为了战胜王蔺的政治需要,也要抓住"经界"这面旗帜,做出支持朱熹行经界的姿态,以争取拉拢道学,而在实际上尽可能拖延不行。远在僻郡的朱熹果然被留正这一招所欺骗迷惑,直到他离漳州任还笃信留正是经界的大力扶持者,只把王蔺、颜师鲁当作阴阻经界的人物,留正这一招在留党排击王党的斗争中收到了预期效果。

朱熹处在上有三省宰执的阻挠破坏、中有一方州长的异议反对、下有豪右富家的煽摇人心中,中伤诽谤纷至沓来。十一月十一日他在给留正信中写出自己的处境说:"所请罢科茶钱、无额经总之属,皆不蒙开允。经界闻亦有阳为两可而阴实沮之者。只今已近冬至,更五十日,即是新春,设使便蒙施行,亦无日子可以办集。至于按劾弛慢不虔之吏(黄岌),诸司又不主张,甚或已行取勘,而无故自引罢者。如此,使熹宁复更有颜面可临吏民!"[2] 他只好一面在十月二十二日会庆节后以境内地震上了一道自劾状,乞予罢黜奉祠,实际是向朝廷施加压力;一面投书朝中的一名显贵外戚郑兴裔,想借他之力促使朝廷早下施行经界的

---

[1]《勉斋先生黄文肃公文集》卷二《与晦庵朱先生》书三,第332页。
[2]《朱文公文集》卷二八《与留丞相书》七,第449页。

决心。郑兴裔回信表示支持说:"惠示经界法,为民除弊,最为良策。兴裔窃谓此法行,贫民下户固乐其利,豪右之家不便行私,心滋异议摇沮。须具状逐一奏明。甚善,甚善。"[1]

于是事情似乎又出现了一线转机,十一月二十六日朝廷忽然降下指挥,令漳州先措置施行经界,由福建转运司负责,每县选差能干官员一名同知县共同措置,委本路运判陈公亮专一提督。其实这又同留王二党的微妙斗争有关。十一月留正对王蔺的胜利大局已定,王蔺虽在十二月六日被何澹攻罢,但实际在十一月已经失势,丐祠得请。漳州先行经界的通过在表面上成了留正胜利的象征之一。但是留正却小心翼翼回避了在自己里党麕集的泉州推行经界,而反给朱熹出了一道难题。打量田亩必须在秋收后的农隙进行,才不夺农时,现在十一月六日降指挥,传达到漳州已在十二月初九,这时已是大雪纷飞的岁暮,闽南一般冬春之交开犁,春月雨多路泞,如这时妄行打量田亩,不仅妨时扰民,而且势必旷日持久,细民豪右都会怨声载道,群起反对。所以这时下漳州一地行经界,也必然陷于孤立,处在豪右大族的围骂夹攻之中,稍有失误便会谤毁四起,身败名裂,一郡的行经界迟早必然归于失败。朱熹在给刘爚的信中哭笑不得地说:"经界为邻邦阴沮(指泉州颜师鲁),久已绝望。今日忽得一信,却恐且令此州先行。此是何等处置,庙堂无人,乃使一统之中国有异政,甚可笑也!"[2]

不过朱熹还是不放过推行经界的一线希望,他采取了补救的办法。绍熙二年正月中旬,他向转运司上了《乞候冬季打量

---

[1] 郑兴裔:《郑忠肃奏议遗集》卷下《回漳州朱直阁熹书》,《四库全书》本,第1140册,第213页。
[2] 《朱文公文集·续集》卷四上《答刘晦伯》书十六,第1828页。

第十章 漳州太守

状》,以农隙早过,新春农事已起,奏请到秋收以后再行经界,七月一日开始差役,十月一日开始打量。眼下先做好分划都界、置立土封的准备工作。他立即派遣官员下乡分界,告喻乡民丈量之意,传授简易算法。二月,他又借发布《劝农文》的机会向百姓广泛宣传行经界的打算与步骤,安抚民心。他用通俗语言鼓动说:

> 今来朝廷推行经界,本为富家多置田业,不受租产,贫民业去产存,枉被追扰。所以打量步亩,从实均摊,即无增添分文升合。虽是应役人户日下不免小劳,然实为子孙永远无穷之利。其打量纽算之法,亦甚简易,昨来已印行晓示,今日又躬亲按试,要使民户人人习熟。秋成之后,依此打量,不过一两月间,即便了毕。想见贫民无不欢喜。只恐豪富作弊之家,见其不利于己,必须撰造语言,妄有扇摇。今仰深思,彼此一等,皆是王民,岂可自家买田收谷,却令他人空头纳税,非惟官法不容,亦恐别招阴谴。不须如此计较生事,沮挠良法。[1]

这简直可以称得上是一篇痛伐豪富的檄文。其实朱熹这时因最爱的长子朱塾在正月去世,已在二月上了乞宫观札子,丐祠归治丧事。他不畏孤危径直宣布行经界,使他处在了"群言胥动,噂沓万端"的险境[2],泉州富豪们也联合起来通过在朝做官的靠山,干预阻挠漳州经界的施行。朱熹凭直觉预感到了这点,他在四月二十四日卸任前夕给留正的信中说:"熹之所忧,独恐温陵

---

[1]《朱文公文集》卷一〇《劝农文》,第1783—1784页。
[2]《朱文公文集》卷二八《与留丞相札子》,第450页。

（泉州）富室既多，其间岂无出入门墙之下，承眄睐之恩者，必将巧为词说，乘间伺隙，以济其私，窃愿高明审焉。"[1] 于是在四月二十九日朱熹离漳州栖惶北归以后，漳州也和泉州一样很快恢复了旧日的苟安与平静。泉州的富豪们如醉如狂地庆祝着经界不行的胜利，他们把颜师鲁尊为自己的守护神，竟在泉州的通衢要道买了一块地建祠塑像。至于漳州，也在泉州富豪里党向留正一番"请命"之后，由一名漳州进士吴禹圭出面在十月上书行经界"扰人"，停罢了经界。

第三节　南陬学术素王

在漳州，朱熹正经界虽遭到失败，然而他却把一种新的理学文化传播到了南陬敝陋之地，漳州成为朱学的"过化之邦"。绍熙元年十月印刻"四经"与十二月印刻"四子"，便成了他代表的理学新文化——朱学在南陬广泛传播与深入发展的历史象征。

临漳"四经""四子"是在经学史上有特殊意义的四书五经本子。朱熹定的临漳"四经"本，《易》用吕祖谦所定的古本，《易经》与《易传》相分（另附吕祖谦《音训》），《尚书》将《孔序》黜附书后，《诗经》将《毛序》黜附书后，《春秋》不附三传。他定的临漳"四子"本，是按《大学》、《论语》、《中庸》、《孟子》的次序集为一编各附《音训》与二程有关的论述，也不用后人传注。因此可以说，这是一个经传相分的名副其实的

---

[1]《朱文公文集》卷二八《与留丞相札子》，第450页。

经学本子，正体现了朱熹经传相分、就经解经的新的经学原则。自汉唐以来由于经传相混，造成了有传学而无经学的状况，《诗经》杂进了《毛序》，《尚书》杂进了《孔序》，《易经》杂进了《十翼》，《春秋》杂进了《左传》，与传相分的真正经学本子几乎不复存在。朱熹所定的临漳本"四经"正是要打破这种局面，提供一种无传和分传的经学本子，促使人们就经解经，直求经的"本义"。因此，临漳本"四经""四子"在经学史上是一个有划时代意义的经学本子，这是一个符合理学家的新经学的需要而同汉唐古典经学相对立的经学本子，它本身就已包含了对汉唐古典经学的否定与批判。他为刊印的四经四子所作的《书临漳所刊四经后》与《书临漳所刊四子后》，就是他对自己的五经学与四书学基本思想的总结，也同样显示出了他的汉学精神与宋学精神的统一。《书临漳所刊书经后》第一次系统论述了他的《古文尚书》及《孔序》为伪的《尚书》学思想，认为：

> 汉儒以伏生之《书》为《今文》，而谓安国之《书》为《古文》。以今考之，则《今文》多艰涩，而《古文》反平易。或者以为《今文》自伏生女子口授晁错时失之，则先秦古书所引之文皆已如此。或者以为记录之实语难工，而润色之雅词易好，则暗诵者不应偏得所难，而考文者反专得其所易。是皆有不可知者。至诸序之文，或颇与经不合，如《康诰》、《酒诰》、《梓材》之类。而安国之《序》，又绝不类西京文字。亦皆可疑。独诸序之本不先经，则赖安国之序而可见。[1]

---

[1] 《朱文公文集》卷八二《书临漳所刊四经后》，第1491页。

这就是他的《尚书》学的新发现，也是他将伪《孔序》黜附书后的依据。这同他在《书临漳所刊诗经后》认定《毛序》为东汉卫宏所作而黜附书后，在《书临漳所刊易经后》认定"自诸儒分经合传之后，学者便文取义，往往未及玩心全经，而遽执传之一端以为定说"，将《易》经传相分，在《书临漳所刊春秋经后》中以《春秋》为圣经大训，将三传黜落，目的都在于"使得复见古书之旧，而不锢于后世诸儒之说"，贯穿了一种汉学精神。然而在《书临漳所刊四子后》中，这种汉学精神却又淡化褪色了，他在一面降经为传，分传黜传的同时，却又把"四子"抬高到了经的地位，完全按照他的理学需要建造着四书学体系，求"本义"的汉学精神又被说"性理"的宋学精神淹没。显然，临漳本"四经"、"四子"，即使没有刻进他的章句、集注、本义，也充分体现了他的经学思想与理学精神，因而成了他用来在南陬传播他的理学文化最简便的经学全书，在学者士人中广泛流传。

在漳州，朱熹就是以刊印四经四子为动力，使朱学作为一种新的理学文化迅速传播。漳州又成了学子们朝拜的圣地，近从漳州四县，远自浙中永嘉，都有士子络绎不绝地抠衣趋谒，来执弟子礼。朱熹并不想做那种供养在庙堂之上妄自尊大的学士讲官，睥睨大千世界的芸芸布衣学子，他却好以一个没有架子的民间师表同最下层的寒士贫生们交游谈心。永嘉徐寓、徐容、叶贺孙，建宁杨道夫，建阳刘叔文，瓯宁童伯羽，莆田郑可学、方大壮，长乐黄查，同安王力行，仙游朱鲁叔，晋江杨至、杨履正，南安李亢仲，永春陈易等，都涌到了漳州受教。朱熹专好交结诱拔那些无名的小人物，他把郑可学延请入学教子弟。老儒黄杞九月十九日生日，朱熹为他写诗祝寿："须信九

第十章 漳州太守

秩饶好景,还迟十日作重阳。"[1] 在临漳,他同阁皂山道士甘叔怀讨论《楚辞叶韵》。在政和,他为一个年轻学子李棐忱改名李忱,取字存诚。在南剑,他同沙县宰黄东商讨吏事。在莆田,他收了方王的一个族弟子方芹之为弟子。在晋江洛阳下生院,他为云岩处士叶仲微之子叶德符所藏慕堂诗作跋。这都显示了这个民间学术素王活跃在下层士人中的独特身影。在他新收的漳州弟子中,有年龄最小的杨士训,也有年过耆艾的石洪庆,而最得意的弟子便是龙溪乡贡进士陈淳。朱熹自己把收得陈淳看成是他这次南来漳州的最大收获。

陈淳字安卿,号北溪。从小习举业,二十二岁时,有一个乡先儒、东溪高登门人林宗臣指点他说:"子之所习,科举文尔,圣贤大业则不在是。"[2] 便传授给他《近思录》,从此他才知道有濂溪、明道、伊川与当今大儒紫阳朱熹之学。在以后的十年中他大量阅读了周张程朱的主要著作,萌生了往武夷访师受业之心,但一直没有机会。这次他便在绍熙元年十一月十八日冬至赍《自警诗》三十五首登门叩见,在投书中他叙述自己接受程朱理学的思想历程说:

> 淳穷乡晚生……穷年兀兀,初不识圣贤门户为何如。至二十有二矣,得先生所集《近思录》读之,始知有濂溪、有明道、有伊川以为近世大儒,而于今有先生,然犹未详也。自是稍稍访寻其书,间一二年、三四年,又得《语孟精义》、《河南遗书》及《文集》、《易传》、《通书》与夫先生所著定

---

[1] 朱熹:《黄杞生日祝寿诗》,《朱子全书》第26册,第603页。
[2] 陈淳:《北溪先生大全文集·外集·叙述》,《宋集珍本丛刊》本,第70册,第292页。

《语》、《孟》、《中庸》、《大学》、《太极》、《西铭》等传,吟哦讽诵,反诸身,验诸心……故孔孟周程之道,至先生而益明,所谓主盟斯世,独惟先生一人而已……去年秋赋,夤缘有临安之役,自谓是行也,此累了未了,其归也,道武夷,当径走五夫,职洒扫于墙仞之下,以纾其所素愿。不谓命也无穷,旧累依然,而先生又此来矣……然公庭不敢私请,辄冒昧先此导意,并录旧日《自警》之章,列于别幅以为赘。[1]

陈淳思想的发展历程是朱理学文化向南陬深入传播的一个历史缩影。在众多的漳泉弟子中,朱熹独对陈淳慧眼相识,有恨相见之晚,显然他是从陈淳的《自警诗》中看到了自己思想的忠实影子:

人为天地心,体焉天地同。

克己贵乎严,存心大而正。
改过勿惮吝,任道尤须劲。

知以达其行,行以精其知。

周翁图太极,张子铭订顽。
吾门理义宗,毋离几席间。

始学何所主?以心为严师。[2]

---

[1] 陈淳:《北溪先生大全文集》卷五《初见晦庵先生书》,第70册,第33页。
[2] 《北溪先生大全文集》卷一《隆兴书堂自警三十五首》,第70册,第11页。

第十章 漳州太守

性理说教的诗,是模仿《训蒙绝句》道出了朱熹心声。第二天,他便把陈淳引入郡斋单独交谈,告诉他功夫大要,以"根原"二字诀传授。从此陈淳不时造访郡斋,师弟子讲学常到夜深。到绍熙二年正月,朱熹便把这个乡贡延入了学宫。陈淳和黄榦一样被他选定为朱门中"有立得住者",他一再高兴地对人说:"南来吾道喜得陈淳。"[1]

朱熹对陈淳提出的从"根原"上下工夫,也是他对整个漳泉南陬士子提出的一条程朱理学的文化尺度。漳泉地区老佛之风炽盛,士子们多沉迷于习举业,做程文,所以在朱熹看来,他们是有"文"而无"理"。他把漳泉士子同浙中士子作比较说:

> 近来学者,如漳泉人物,于道理上发得都浅,都是作文时,文采发越粲然可观(谓尧卿、至之);浙间士夫又却好就道理上壁角头著工夫,如某人辈(子善、叔恭),恐也是风声气习如此。[2]

批判老佛成了朱熹同漳泉士子谈论的最主要的内容。朱熹提出的从"根原"上下工夫,就是要他们从"理"上、从"敬"上用力,同时做"持敬""致知"的工夫。所以他向陈淳传授"根原"二字诀时强调说:"穷究根原来处,直要透彻。又且须'敬以直内,义以力外',此二句为要。"对老弟子石洪庆,他也说,"尹和靖在程门直是十分钝底,被他只就一个'敬'字上做工夫,终被他做得成"。要他也这样"为源头处用工"。持敬、致知双修已经包含了知与行的统一,因此他强调既要"读书",又要"做

---

[1]《宋史》卷四三〇《陈淳传》,第12788页。
[2]《朱子语类》卷一一五,第2782页。

事",对陈淳说:"天下无书不是合读底,无事不是合做底。若一个书不读,这里便缺此一书之理;一件事不做,这里便缺此一事之理。大而天地阴阳,细而昆虫草木,皆当理会。一物不理会,这里便缺此一物之理。"[1] 朱熹这些话实际是在批评漳泉学子中流行的禅病,为他们指示一条程朱理学的儒家文化之路。漳泉士子们普遍有一种好静坐的通病,重"静"中观理。外地士子的渗入泉漳更助长了这一风气。瓯宁学子童伯羽当面对朱熹宣称"释氏大本与吾儒同",他一到漳州,朱熹问他:"如何用功?"他回答说:"且学静坐,痛抑思虑。""痛抑思虑"不过就是禅家说的枯心虚寂的无思无虑,所以朱熹对他说:"也不可全无思虑,无邪思耳。"[2] 另一名永嘉士子徐寓到漳州,身上还带着与陆学合流型浙东学者好默坐澄视的怪癖,开口闭口向朱熹问静坐,朱熹回答他说:"人须通达万变,心常湛然在这里。亦不是闭门静坐,块然自守。"认为:"圣贤教人,岂专在打坐上?要是随处著力,如读书,如待人处事,若动若静,若语若默,皆当存此。"[3] 在朱熹看来,只有知行统一的持敬致知才是根除漳泉士子虚静之习的最好良药。他们这种禅病归根到底还是因为不明儒家的为学入道的次序工夫,所以他在漳州独独印刻了《四书集注》中的《大学章句》,正是对症下药,要他们以《大学》的入道次序来代替这种禅家工夫。在弟子郑可学身上,朱熹这一努力得到了象征性的胜利:

> 郑可学……入武夷从朱文公学。自以秉性卞急,而于惩忿工夫尤力。久之,得其要领。文公守漳州,宾礼可学,以

---

[1]《朱子语类》卷一一七,第 2817 页。
[2]《朱子语类》卷一一八,第 2835 页。
[3]《朱子语类》卷一一五,第 2778 页。

教子弟。晚年删《大学》一编，曰："此书欲付得人，惟子上足当之。"凡学者疑问，辄令质之。士大夫之南者，必见可学而后行……初，可学在临安，欲往见陆子静，或云："吾子方学，不可见陆，见归必学参禅。"文公颇是之。[1]

以《大学》治参禅之病，成为朱熹在漳州引导南陬士子的文化基调。在他离漳州北归后，一时漳州以李唐咨、泉州以杨至、莆田以郑可学为中心，形成了三个朱熹弟子群，大力发扬传播着朱学，闽南北的文化风气逐渐沟通连贯起来。

但朱熹并不是一个有狭隘学派眼光的性理夫子，他的目标是要重新造"人"。在漳州，正像他当年在同安和泉州，上自"圣贤之学"，下至游艺小技，他都推广传授，即使是对老佛异端，他也是在总体的批判否定下采取兼收并蓄的折中态度。在漳州一年中，他印刻的书籍达十数种之多，除了"四经"、"四子"和《大学章句》外，还有《小学》、《近思录》、《芸阁礼记解》、《楚辞协韵》、《家乡仪》、《献寿仪》、《永城学记》、《伊川与方道辅帖》等。他同陈淳、郑可学、童伯羽、杨道夫、闾丘次孟等常在一起研讨《阴符经》、《握奇经》、《四十二章经》、《楞严经》、《心经》、《华严合论》等，广泛涉及道教与佛教的各个重要问题，而道士甘叔怀后来更成了与他讨论《河图》、《洛书》、《先天》、《后天》的方外道友。莆田、泉州是大书法家蔡襄的"过化"之地，朱熹也把他作为文章、政事直至书法的典范楷模，在漳泉士子中大力颂扬宣传。在米黄苏蔡四大家中，朱熹最推重以楷法草书名家的蔡襄。唐人书法崇法度，气象恢宏；宋人书法崇气势，

---

[1]《同治仙游县志》卷三八《人物》，第10页。

天趣自然。但是蔡襄在宋人新的书法审美潮流中却标尚唐风。宋仁宗时学颜体之风盛极一时，而尤以蔡襄为宋人学颜第一，所以蔡书终不脱唐书风韵。朱熹在书法上追慕古贤，注重书家矩矱法度，他的正书行书具有一股浑厚凝重之气，实从颜、蔡一脉融化而出。所以他特崇蔡襄，认为蔡书"字字有法度，如端人正士"，而慨叹"字被苏黄写坏"。这次南来，他一路寻访蔡襄书法真迹，在仙游拜访了蔡襄故居。他从蔡襄后裔蔡谊那里得到了蔡襄《献寿仪帖》，立即请善工摹真迹印刻传世。他在《跋蔡端明献寿仪》中强调说，他所以摹刻蔡帖，是要"广蔡公永锡尔类之志，非独以其字书之精而已然"。朱熹的书画游艺之学也贯穿了程朱理学文化的精神。

然而当朱熹在南陬传播着程朱理学文化时，道学在朝中却遭到新的失败，又把这个出山仅一年的道学之魁重新抛回到山林中去。在他漳州任上的一年中，朝中道学派有过两次重要失败，一次是殿中侍御史刘光祖的除外。刘光祖字德修，简州阳安人，是一个刚直敢言的道学风云人物。赵汝愚帅蜀时，请他参谋自助，后又荐他入朝，正逢淳熙十五年朱熹也入都奏事，刘光祖登门拜访了他，从此两人相识。光宗即位后，刘光祖擢为殿中侍御史。何澹弹劾周必大及其同党，刘光祖曾极力劝阻未成，两人结怨不和。绍熙元年二月刘光祖上奏慷慨陈词，痛斥反道学派以道学朋党为罪名摧抑正人端士，洋洋数千言，有如一篇道学宣言，朝野传诵。接着他弹击户部尚书叶翥，太府卿兼中书舍人沈揆，劾罢谏议大夫陈贾，右正言黄抡，给宫廷近习与反道学派以一连串打击。这是自王淮罢相以来，道学派第一次在台谏言路上取得的重要胜利，朱熹尤为振奋，他在给刘光祖信中描述自己当时的心情说："前年窃闻进登言路，有识相庆。继读邸状，又得所上章疏，分别邪正，明白剀切，三复悚然，为之汗下，盖久矣莫有以此謦欬吾君之侧者矣。"[1] 但是道学派并没有控制住台谏言路。先是有一名阁门宣赞舍人吴端，旧以巫医为业，治疗赵惇疾病有功，迁带御器械。又有一名孙玘，自称是赵惇在潜邸的旧人，也转行观察使。反道学方面的何澹三次上疏奏论，道学方面的给事中胡晋臣也封还录黄。赵惇亲降"御笔"阻止，何澹、胡晋臣便都俯首听命。刘光祖却再上札子奏论，激怒了赵惇。留正奉命传达"圣谕"，在关键时刻不敢出面支持刘光祖。刘光祖当天又二上论章，终于得罪赵惇，在四月罢去殿中侍御史，而何澹反在十月擢除御史中丞。这是道学与反道学两派政治斗争中有决定意义的一个转折，后来庆元党禁两派的分化对立就是从这里开始的，李心传在《道命录》中说："议论自此分矣！始，刘公入台也，识者望其击何去之，以绝祸本，而刘公不忍，但击陈、黄罢之。后五年，遂有道学之禁。"[2] 刘光祖并不是"不忍"击何澹，而是因为何澹是留正门客。朱熹在临漳听到刘光祖离朝的消息，禁不住发出了"呜呼！此岂吾人一身之休戚，而造物者之意乃不可测如此哉"的哀叹。[3]

另一次是右司谏邓驲与右正言孙逢吉的罢言职。工部侍郎兼知临安府潘景珪交结贵幸，邓驲因上疏论潘景珪触忤赵惇。潘景珪反设计倾陷，邓驲在绍熙二年三月改除匠作监，名为优迁，实际是把他调离言路。右正言孙逢吉两次上疏，转对时又再论，虽然劾罢了潘景珪，但孙逢吉却也被加以"师儒之选"的美名改除国子司业，真意也在把他驱逐出台谏言路。起居舍人黄裳在奏事

---

[1]《朱文公文集·别集》卷一《与刘德修》书一，第1882页。
[2]《道命录》卷六，第9册，第610页。
[3]《朱文公文集·别集》卷一《与刘德修》书一，第1883页。

中批评独断专行的昏君赵惇"即位以来,台谏之臣不得其职而去者几七八辈"[1],清楚道出了道学派在控制台谏言路上的失败。留正在反对"朋党"的旗号下听任刘光祖、邓驲、孙逢吉这些道学台谏之臣被逐而去。朱熹把他这种手法称为"杂用君子小人",他在离漳州任前已看穿了留正这一面目,所以在四月二十四日给留正的札子中,他尖锐批评了留正貌似公允的"无党"论,而公然以"有党"自居:"前年逐二谏官(薛叔似、许及之),去年逐一御史(刘光祖),近闻又逐一谏官矣(邓驲)。上下不交,而天下将至于无邦。丞相不此之虑,而虑士大夫之为党,其亦误矣!"朱熹和道学朝士们都开始意识到留正也并不是道学派可以依附的相党之"皮"了。

朝中道学的失败,经界的受阻,爱子的夭亡,终于促成了朱熹弃宦重归山林的决心。绍熙二年三月,朝廷除朱熹秘阁修撰,主管南京鸿庆宫。这个命途坎坷的"学术素王"又栖栖惶惶奉祠北归,料理长子的丧事去了。

第四节 考亭卜居

朱熹在五月二十四日回到建阳,暂寓在同繇桥,打算从此卜居考亭。在建阳三桂里玉枕山麓有一座望考亭,据说是五代南唐侍御黄子棱所建,他随父入闽,爱上建阳溪山秀丽清邃,便定居在建阳。父死葬于三桂里,他便在半山筑亭,以望其考,因此称

---

[1] 《攻媿集》卷九九《黄裳墓志铭》,第245册,第959页。

为望考亭。这里也是大诗人后山陈师道的故里。当年韦斋朱松任尤溪尉经过考亭,就爱上了这一方胜境,在日记中写道:"考亭溪山清邃,可以卜居。"[1] 朱熹虽先后在寒泉、云谷、武夷各地建造精舍山斋,但那些都是他的讲学游息之地,五夫里潭溪始终是他主要的家居日常生活之处。这次卜居考亭才是一次真正的迁家,结束了他四十余年的潭溪寄居生涯,所以他在《怀潭溪旧居》中有"忆住潭溪四十年"之句。他听从了阴阳家的占卜,准备到绍熙三年十一月将亡子入葬于大同北麓天湖,灵柩暂殡在兴贤里的黄杨庵。从此他常往返于黄杨庵,一直到绍熙五年他再出赴长沙任与建成沧洲精舍,黄杨庵成了他这一时期常来栖隐著述的重要地方。

朱熹在同蹂桥一直寓居到绍熙三年六月考亭新居落成。考亭新居的规模起初很小,只是买了他人旧屋加以修葺,另外造一座小书楼,他告诉吴必大说:"今不复成归五夫,见就此谋卜居。已买得人旧屋,明年可移。目今且架一小书楼,更旬月可毕工也。某处山水清邃可喜,陈师道、伯修两殿院之故里也。又有吴仲感名贲常,与古灵荐目中,亦其里人也。若得粗了,便可歌哭于斯。"[2] 在这座小书楼中,就有他晚年燕居著述、拜祀先圣的清邃阁。考亭书楼又成了四方学子朝拜的新"圣地",朱熹中断了的学术著述与思想探索又从这里开始了。他又一次把浙学作为了自己论战和批判的主要目标。从太极之辩以后,朱熹同陆学的论战已退居次要地位。绍熙三年十二月,陆九渊病逝于荆门军,朱熹率领门人往萧寺哭吊,久久默默无言,最后却说了一句:"可惜死了告子!"一个"告子"的恶谑,包含了对陆九渊整个心学的

---

[1] 王懋竑:《朱熹年谱》卷四,第222页。
[2] 《朱文公文集》卷五二《答吴伯丰》书八,第919页。

否定,尤其是对他的心即理、论性不论气、发明本心等思想的批判。后来在庆元二年,陆九渊弟子彭世昌专门从象山来考亭,为象山书院请求藏书,朱熹就笑他说:"紧要书能消得几卷?某向来亦爱如此。后来思之,这般物事聚必散,何必役于物!"便作了一首诗送他归山:

> 象山闻说是君开,云木参天爆响雷。
> 好去山头且坚坐,等闲莫要下山来。[1]

朱熹劝他不要下山求书,固然是因为当时党祸正炽,怕他身触禁网;但也是暗讥陆学弟子不好读书,空疏不学,藏书何用?但即使在陆九渊死后,朱熹对陆学的批判也始终没有上升到对浙东事功学的批判那样尖锐猛烈的程度,这是因为陆学的影响始终是思想的和精神的,只以它精致玄远的顿悟捷径与心性思辨为士大夫所玩好;而浙东功利学的影响却是政治的和社会的,它一下子以一种遏止不住的世俗力量涌向社会。朱熹回到考亭时,正好面临着永嘉学派在湖湘的新崛起与永康学派在江西的深入两股大潮的进逼。永嘉学在薛季宣、郑伯熊死后以新的面目发展壮大,是在淳熙末陈傅良赴官入湘以后,他把湖湘学弟子都网罗到自己永嘉学营垒中来。如果说永康学的发展取代了吕学的地位,那么永嘉学的发展却结束了湖湘学的存在。淳熙十六年朱熹就对弟子们谈到湖湘学派的没落命运说:

> 君举到湘中一收,收尽南轩门人,胡季随(大时)亦从

---

[1]《朱子语类》卷一二四,第2985页。

第十章 漳州太守

之问学。某向见季随，固知其不能自立，其胸中自空空无主人，所以才闻他人之说，便动。[1]

至于永康学从吕祖谦死后掀起第一次浪潮以来，也到淳熙绍熙之交掀起了第二次浪潮。约在淳熙十六年，朱熹在给沈焕信中提到这第二次浪潮的来势说："子约（吕祖俭）为人固无可疑，但其门庭近日少有变异，而流传已远，大为学者心术之害，故不得苦口耳。近日一派流入江西，蹴踏董仲舒，而推尊管仲、王猛，又闻有非陆贽而是德宗者，尤可骇异！所欲言者甚众，甚众。"[2] 到绍熙二年他在漳州任上，这股浪潮已经横扫江西，朱熹对着弟子郑可学惊呼："陈同父学已行到江西，浙人信向已多。家家谈王伯，不说萧何张良，只说王猛，只说文中子，可畏！可畏！"[3] 永嘉的陈傅良、叶适与婺州的陈亮、吕祖俭一起又成了他论战批判的对象。

朱熹与陈傅良的讲学论辩，表面上是因论《诗》不合引起的，朱熹黜《毛序》，陈傅良步趋吕祖谦主《毛序》。绍熙元年朱熹在赴漳州任前曾致书陈傅良，请要他写的《诗说》，遭到拒绝，反要朱熹"以《雅》、《颂》之音消铄群慝，章句训诂付之诸生"[4]。实际因《诗》说各有所主，陈傅良不愿同朱熹展开论辩，后来叶绍翁说：

> 考亭先生晚注《毛诗》，尽去序文，以彤管为淫奔之具，以城阙为偷期之所。止斋得其说而病之，谓以千七百年女史

---

[1]《朱子语类》卷一二三，第2961页。
[2]《朱文公文集》卷五三《答沈叔晦》书三，第958页。
[3]《朱子语类》卷一二三，第2966页。
[4]《止斋集》卷三八《与朱元晦》书二，第183册，第3页。

之彤管,与三代之学校,以为淫奔之具,偷期之所,私窃有所未安。独藏其说,不与考亭先生辨。考亭微知其然,尝移书求其《诗说》。止斋答以公近与陆子静斗辨无极,又与陈同父争论王霸矣。且某未尝注《诗》,所以说《诗》者,不过与门人学子讲义,今皆毁弃之矣。盖不欲佐陆陈之辨也。[1]

但是朱熹的真意却是想借《诗》学讨论同永嘉学展开一场全面的论辩。他把自己同永嘉学的分歧归结为四点:永嘉学一是只"就事上理会",而不先从"自家身心"做起;二是重史而轻经;三是博而不能返约;四是观点含混不明,藏头隐尾。严格说,永康学与永嘉学两家的不同,在于对待"利"上,永康学主张功利,永嘉学主张事功。永康学注重功与利的关系,以功求利,陈亮就公然反对羞道利;永嘉学注重事与功的关系,即事求功,并不求利,叶適认为"立节而不辨义,下者为利,高者为名,而世道愈降矣"。同样求功,一个重实利,一个重实事。正是从这一基本的学派差异引出了两家一系列的不同思想。像陈亮奉文中子为圣人,而叶適却认为文中子"模拓形似,无卓特见识,此为大病"。陈亮反对朱熹的三代以天理行、汉唐以人欲行说,而叶適却认为"三代以上,道德仁义人心之所止也;春秋以来,人心渐失,然犹有义理之余;至于战国,人心无复存矣。先物而流,造势为倾,绵茝以出知巧,架漏以成事机,皆背心离性而行者也,故其祸至于使天下尽亡而后已",又同朱熹的观点相近。朱熹认为永嘉学只就事上理会,包含了对永嘉学的事功学、经制学、史学的批

---

[1] 《四朝闻见录》甲集《止斋陈氏》,第2763册,第12页。

判。从袁溉到薛季宣的永嘉大家就特别强调"教人就事上理会,步步着实,言之必使可行,足以开物成务"[1]。他们反对"语道乃不及事"[2]。陈傅良与叶适继承了这一思想,并发展为"务实不务虚"的思想,成为同朱熹思想分歧的焦点。绍熙二年,朱熹在漳州向一些来问学的永嘉士子徐寓、在永嘉任过官的弟子滕璘等人详细了解了陈傅良的思想,批评永嘉学成了朱熹平日同学子士友谈论的主要内容。他在给刘孟容的信中对永嘉学作了一个总评说:

> 君举春间得书,殊不可晓,似都不曾见得实理,只是要得杂博,又不肯分明如此说破,却欲包罗和会众说,不令相伤,其实都晓不得众说之是非得失,自有合不得处也。叶正则亦是如此。[3]

就在这一年,陈傅良的高弟子曹叔远也来考亭问学,朱熹便借着同他的讲学对永嘉学之魁陈傅良作了全面的批评。批评从否定永嘉学主张的"就事上理会"展开,在这一否定中已包含了三个重要方面的分歧:在事功学上朱熹以"自家身心理会"代替了"就事上理会",在经制学上他以直接即物求道代替了就制度名物求理,在史学上他以于经中求道代替了于史中求道。朱熹并不反对就事理会本身,他的理一分殊、理气道器相即、格物穷理,都鲜明贯穿着"随事以观理,即理以应事"的理学文化精神。但是

---

[1] 《宋元学案》卷五二《艮斋学案》,第 5 册,第 50 页。
[2] 薛季宣:《艮斋先生薛常州浪语集》卷二五《抵杨敬仲简》,《宋集珍本丛刊》本,第 61 册,第 367 页。
[3] 《朱文公文集》卷五三《答刘公度》书五,第 940 页。

他认为学以正心修身为本，先要"自家身心理会"，做克私为己的道德修养工夫，才能就事上识理。所以当曹叔远说："后来见陈先生（傅良），却说只就事上理会，较著实。"朱熹批评说："大凡为学，最切要处在吾心身，其次便做事，此的是实紧切处。"[1]在"就事上理会"上，也同样反映了朱学与永嘉学之间道德主义与事功主义的对立，朱熹把它作为两家之学的根本分歧，在给追随陈傅良的胡大时信中指明说："君举（陈傅良）先未相识，近复得书。其徒亦有来此者，折其议论，多所未安。最是不务切己，恶行直道，尤为大害。"[2]永嘉经制之学注重名物制度的研究，认为古代的礼乐法度"皆是道理"，于是"就事上理会"便具体表现为就名物制度求理，一部《周礼》成了他们的圣经。曹叔远当面向朱熹介绍陈傅良的这种经制学思想说："自年二十从陈先生。其教人读书，但令事事理会。如读《周礼》，便理会三百六十官如何安顿；读《书》，便理会二帝三王所以区处天下之事；读《春秋》，便理会所以待伯者予夺之义。至论身己上工夫，说道：'形而上者谓之道，形而下者谓之器。器便有道，不是两样，须是识礼乐法度皆是道理。'"但朱熹批评说："礼乐法度，古人不是不理会。只是古人都是见成物事，到合用时便将来使……如今礼乐法度都一齐乱散，不可稽考，若著心费力在上面，少间弄得都困了。"[3]礼乐制度既已散乱，因此最好的办法是除了直接即物穷理外，便是到经中直探其理，这又同永嘉学的重史轻经形成对立。陈傅良认为"若只管去理会道理，少间恐流于空虚"。朱熹当着曹叔远面批评说："向见伯恭亦有此意，却以《语》、

---

[1]《朱子语类》卷一二○，第 2896 页。
[2]《朱文公文集》卷五三《答胡季随》书十一，第 952 页。
[3]《朱子语类》卷一二○，第 2896 页。

第十章　漳州太守

《孟》开陈许多大本原，多少的实可行，反以为恐流于空虚，却把《左传》做实，要人看。殊不知少间自都无主张，只见许多神头鬼面，一场没理会，此乃是大不实也。又只管教人看史书，后来诸生都衰了。"[1] 永嘉学因为主张从史中探理，说史流于穿凿玄虚；朱熹因为主张理在经中，说经好借古人注我，说史反倒趋于平实。因而两家重史与重经的对立，在史学上又变为春秋义法与写实史法的不同。

对于这些批评，陈傅良采取了沉默态度，他震于朱熹的长乐、永康、临川三次论战，对朱熹接连寄来的论战文字不作任何回答，所以朱熹同陈傅良的论战算是"流产"了。朱熹把批判转向了永嘉学另一名后起之秀叶适。

批判叶适是他同永嘉学论战的第二乐章，重点转到了批评永嘉学的"笼罩包含"、"没头没尾"、"大抵只说一截话，终不说破是个甚么"上。在漳州他对着永嘉学者徐寓，指责永嘉"乡里诸贤文字""皆不免有藏头亢脑底意思"[2]。朱熹这一批评是有特定含意的，它不仅指永嘉学者的畏于论辩，不谴是非，折中调和；也指他们写文章的闪烁其词，含糊不明；更指他们的暗中学佛，调和儒释。叶适作为一个好模拟唐人文风的文士和鼓吹晚唐诗风的诗人，文章常写得飘飘忽忽，观点不可捉摸。绍熙元年在湖北参议官任和二年在蕲州任上，他耽读佛书数千卷，自以为深有所得，不满于人们攘斥排辟佛说，他在《题张君所注佛书》中说："昔余在荆州，无吏责，读浮屠书，尽数千卷。……彼浮屠者，直以人身喜怒哀乐之间搜析解剥，别其真妄，究其始终，为圣狂贤不肖之分，盖世外奇传广博之论也。与中国之学皎然殊异，岂可

---

[1]《朱子语类》卷一二〇，第2896页。
[2]《朱子语类》卷一二三，第2961页。

同哉！世儒不知深浅，猥欲强为攘斥。"[1] 他在《送冯传之》诗中自称"我乞来荆州，足未曾出门……兹复罢著书，梵译专讨论。"[2] 连陈傅良在和诗中也含混回护他的学佛说："六经夫如何？夫子手所翻……经成今几年？尝试以是观。此道未轲死，此书未秦燔。犹之斗经天，于以生盖浑。西方亦人豪，国自为乾坤。书来入中州，坐使学者奔。君岂舍从之？或但游其藩。吾闻欲乘槎，凿空访河根。孰与瞻斗车，把柁行江湍。"[3] 叶適学佛主要是出入天台宗，而对禅宗六祖曹溪的旁嗣永嘉玄觉禅师尤倾心膜拜。他在荆州与蕲州任上写的《觉斋记》、《李氏中洲记》以及后来写的《法明寺教藏序》、《宗记序》等等论佛的文章，就是朱熹说的"笼罩包含"、"藏头亢脑"、"只说一截话，终不说破"的典型代表。尤其是《觉斋记》宣扬"所谓觉者，道德、仁义、天命、人事之理是已"，正是朱熹早已批判过的以觉说仁的上蔡之说。无怪他一到蕲州，便同著名的中洲学佛名士李周翰打成一片，形影相随，全像当年朱熹批判过的李伯谏一样。朱熹先在淳熙十六年就写信批评了李周翰的杂糅儒佛，李周翰表示要弃旧习，朱熹劝他不要"内实安于旧习，而阳为是言"[4]。但李周翰依旧如朱熹所说的"阳尊孔子，而阴主瞿聃"。叶適在蕲州沾染了这种阳尊孔子阴主瞿聃的习气，而又说得比李周翰更模棱两可，不着边际。绍熙二年，叶適把自己学佛有得写信告诉朱熹说："在荆州无事，看得佛书，乃知世外瑰奇之说，本不能与治道相乱，所以参杂辨争，亦是读书不深考尔。"[5] 这是他比较直言无隐地说出

---

[1] 《水心文集》卷二九《题张君所注佛书》，第203册，第8页。
[2] 《水心文集》卷六《送冯传之》，第202册，第8页。
[3] 《止斋集》卷三《闻叶正则阅藏经次其送客韵以问之》，第183册，第5页。
[4] 《朱文公文集》卷五六《答李周翰》书一，第1010页。
[5] 《朱文公文集》卷五六《答叶正则》书四引，第1001页。

第十章　漳州太守

了佛道与儒道相合而不相乱的看法，朱熹感到十分吃惊，他写了一封长信，对叶適之学直至永嘉之学都作了一个基本批评：

> 但见士子传诵所著书及答问书尺，类多笼罩包藏之语，不唯他人所不解意者，左右亦自未能晓然于心而无所疑也……而吾党之为学者，又皆草率苟简，未曾略识道理规模，工夫次第，便以己见忖量凑合，撰出一般说话，高自标置，下视古人。及考其实，则全是含胡影响之言，不敢分明道著实处。[1]

在朱熹看来，这种笼罩包藏、儒释不辨，不仅是永嘉学的痼疾，而且也成了受浙学与陆学影响的学者们的通病。他在同时给项安世的信中，就用同样的调子批评这个出入陆学浙学二家而尚未入朱学敬知双修法门的学者说：

> 夫谓"不必先分儒释"者，此非实见彼此皆有所当取而不可偏废也，乃是不曾实做自家本分功夫，故亦不能知异端诐淫邪遁之害，茫然两无所见，而为是依违笼罩之说，以自欺而欺人耳。……中间得叶正则书，亦方似此依违笼罩，而自处甚高，不自知其浅陋，殊可怜悯。以书告之，久不得报，恐未必能堪此苦口也。[2]

但叶適也以"讲究辨切"无益，同陈傅良一样，对朱熹的一再批评保持沉默，依旧故我。所以朱熹同叶適的论战也同样"流产"了。朱熹同时展开了对永康学的新批判。他说的一股涌入江西的功

---

[1]《朱文公文集》卷五六《答叶正则》书四，第1001页。
[2]《朱文公文集》卷五四《答项平父》书五，第963页。

利浪潮,在浙东的代表是吕学弟子吕祖俭,在江西的代表是背叛陆学而归心陈亮的陈刚。绍熙元年陆九渊在给陈傅良的信中无可奈何说:"淳叟归依佛乘,正己慕用才术,所托虽殊,其趣则一。"[1] 正同朱熹惊呼功利思潮突入江西指的是同一个事实。陈刚鼓吹王霸才术,公开攻击起了二程,但朱熹认为他不过是永康末流,不值一辨,他在给程端蒙信中不无轻蔑地说:"陈正己之论,何足深辨!"[2] 因此他批判的主要对象仍是永康学与吕学二家的领袖陈亮与吕祖俭。

金华吕学弟子潘景宪、潘景愈的塾馆,却成了培养永康学弟子的大本营。绍熙元年朱熹在赴漳州任前,把长子朱塾送往潘家塾馆入学,就曾忧虑地告诉黄榦说:"子约颇爱泰儿,已属令随诸生程课,督察之矣。但婺州近日一种议论愈可恶,大抵名宗吕氏,而实主同父。潘家所招馆客,往往皆此类,深可忧叹。亦是伯恭有以启之,令人不无可恨耳。"[3] 所以他警告潘景愈不要把潘家塾馆的"东莱宗旨转而为权谋机变之学也"[4]。朱熹在给潘景愈的信中,把自己同陈亮、吕祖俭直至陈刚的根本分歧归结为一点:

> 今人只为不见天理本原,而有汲汲以就功名之心,故其议论见识往往卑陋,多方牵就,下梢头只是成就一个私意,更是甚好事!若必以为然,即程正叔宁可终身只作国子祭酒,却让他陈正己作宰相也。[5]

朱熹从绍熙三年同吕祖俭恢复的论辩就是围绕这一点展开的。

----

[1]《陆九渊集》卷九《与陈君举》,第128页。
[2]《朱文公文集》卷五〇《答程正思》书二十,第877页。
[3]《朱文公文集·续集》卷一《答黄直卿》书二十六,第1798页。
[4]《朱文公文集》卷四六《答潘叔昌》书九,第802页。
[5]《朱文公文集》卷四六《答潘叔昌》书六,第801页。

第十章 漳州太守

论辩一直进行到庆元四年（1198年）吕祖俭去世，其实比他原来同吕祖俭的论战并没有增添新的东西，不同的是朱熹更多批评了吕祖俭的无闻无见无思虑的禅说，因为归心佛乘与慕用才术并行不悖，蹈虚守空与权谋机变相反相成，正是陆学与浙学得以合流的思想通道。吕祖俭进而也学着陆学弟子做起静坐工夫来，以为这就是一种耳无闻、目无见、心无思虑的"寂然不动"的至极工夫。朱熹在信中劝他抛弃这种禅家式的静坐工夫，要他"向外面博观众理，益自培殖，则根本愈固，而枝叶愈茂矣。若只于此静坐处寻讨，却恐不免正心助长之病，或又失之，则一蹴而堕子释子之见矣"[1]。在朱熹看来，释氏的坐禅入定就是一种无闻无见、无思无虑。在这个问题上，吕祖俭一直到死都没有改变自己的看法，吕祖俭和陈刚、刘淳叟殊途同归。

朱熹批判的主要对象还是陈亮。在淳熙十五年临安相会之后，两人保持着密切的友好关系，但陈亮不肯放弃他的功利之学，他用更明晰的语言宣称："性命之微，子贡不得而闻，吾夫子所罕言，后生小子与之谈之不置，殆多乎哉！禹无助，何以成六府？乾无利，何以具四德？如之何其可废也！"[2] 同甫的功利之学在两

陈亮像

---

[1]《朱文公文集》卷四八《答吕子约》书八，第830页。
[2]《宋元学案》卷五六《龙川学案》，第5册，第237页。

浙、江西依旧蒸蒸日上。然而绍熙元年再度发生的一次残酷的狱事迫害却给了陈亮精神上致命的打击。他被仇家又诬告唆使杀人投入大理狱中，直到绍熙三年二月才被释放。真实的原因还是当路统治者出于反道学的需要，后来经过陈亮众多弟子喻南强、喻侗、凌坚以及叶適与朝廷重臣的多方营救，陈亮才脱牢狱之苦。这场狱事折磨，多少挫钝了他那推倒一世之智勇、开拓万古之心胸的英雄豪杰心态的锐锋，朱熹就趁这时向他进攻，劝他放弃于人于己都有害的功利之学。陈亮一出狱，朱熹就写信给吕祖俭说：

> 同甫为况如何？颇亦谋所以善后（按：指出狱）之计否？因书幸痛箴之。此却是个改过迁善底时节机会，所谓乃今可为者，正谓此耳。切告留念。[1]

这又是重复了陈亮当年第一次出狱时朱熹劝说的"绌去义利双行、王霸并用之说，而从事于惩忿窒欲、迁善改过之事，粹然以醇儒自律"。陈亮在狱中一年多，除了靠道学朝臣张构、罗点的援救度脱牢狱之灾，无疑朱熹和辛弃疾也都从中出了不少力，所以陈亮在一出狱后为朱熹长子朱塾作的祭文中，说自己所以"恸哭流涕不能自已，非以子之翁（朱熹）遇我不啻骨肉，而囚系之余始知人亦惟其所遭耳"[2]。绍熙三年十一月朱熹将长子葬于大同北麓，陈亮作了朱塾墓铭，这意外给了陈亮入闽到考亭同朱熹最后一次相见面论的机会。上饶诗人涧泉韩淲在一首诗中提到了这次两人的考亭相会：

---

[1]《朱文公文集》卷四八《答吕子约》书六，第830页。
[2]《陈亮集》卷三一《祭朱寿之文》，第331页。

第十章 漳州太守

> 送陈同甫丈赴省　癸丑正月十六日
> 平生四海几过从，晚向闽山访晦翁。
> 又见稼轩趋召节，却随举子赴南宫。
> 风云变态高情表，岁月侵寻醉眼中。
> 可见龙川便真隐，乘时勋业尚须公。[1]

"却随举子赴南宫"，指绍熙四年癸丑正月陈亮赴临安春试。在这之前，绍熙三年年底，辛弃疾由福建安抚召赴行在，便是诗中说的"又见稼轩趋召节"。"晚向闽山访晦翁"在辛弃疾召赴行在之前，则必在绍熙三年壬子十二月岁晚之时。辛弃疾赴召到达建宁在绍熙四年正月四日，韩淲是上饶人，他这首诗作在正月十六日，显然是陈亮在访问了朱熹以后随同辛弃疾一起北上入都经上饶时，韩淲作的送行诗。王自中任信州守和朱熹弟子潘友文（文叔）任永丰令都在绍熙三、四年间，同辛弃疾关系极密，朱熹在《与潘文叔明府》中也说："辛幼安过此，极谈佳政。"[2]"佳政"便是指陈亮的一篇《信州永丰县社坛记》所说："吾友潘友文文叔始作永丰也……稼轩辛幼安以为文叔爱其民如古循吏，而诸公犹诘其验。幼安以为'役法之弊，民不肯入役，至破家而不顾。永丰之民往往乞及今令在时就役。是孰使之然哉？'文叔……少从张南轩、吕东莱学，步趋必则焉；而又方卒业于朱晦庵……余过永丰道上，行数十里而民无异词；及见文叔，则谦然自道，说其不能。民与文叔皆可无憾矣。"[3] 更证明陈亮确实在

---

[1]《涧泉集》卷一二《送陈同甫丈赴省》，第1180册，第736页。
[2] 柳贯：《柳待制文集》卷一八《跋家中所藏文公帖》，《四部丛刊初编》本，第241册，第20页。
[3]《陈亮集》卷二五《信州永丰县社坛记》，第220页。

绍熙三年曾南下入闽访问朱熹，《社坛记》便是他来途经信州永丰时所作。

陈亮在绍熙四年正月五日以后才告别朱熹北上，这次考亭之会相聚有一二十日，是两人生平最长的一次相会。他们面论的问题十分广泛，一个在场的朱熹弟子杨道夫曾记录了两人的一席谈话：

> 陈同父谓："今要得国富兵强，须是分诸路为六段，六曹尚书领之。诸州有事，祗经诸曹尚书奏截取旨。又每一岁或二岁，使一巡历，庶几下情可达。"先生曰："若广中、四川之类，使之巡历，则其本曹亦有废弛之患。"陈曰："剧曹则所领者少，若路远则兵、工部可为也。"曰："此亦是一说。"[1]

杨道夫语录记在淳熙十六年以后，这一则显然就是记录了绍熙三年朱陈考亭之会谈话的内容。这表明在考亭之会中，为了不致使论辩引起当面的不快，两人回避了原来义利王霸、道德性命这些易导致争论而又过于玄虚的问题，而直接讨论一些实际的社会现实问题，看法多能相合，但朱陈道德主义与功利主义的思想对立并没有消除，陈亮不会轻易放弃自己的事功学。

事实上，在考亭之会和陈亮中状元以后，朱熹生平同浙东永康学、吕学、永嘉学的论战就已经可以说基本结束，他在绍熙三年完成的《孟子要略》，既是他己酉年第二次学问著述总结以来同浙学论战的成果，也是他一生同浙学论战的总结。他在《孟子集解》与《孟子集注》之外又另作《孟子要略》，正是要强调他的道德主义而批判浙学的功利主义。在他看来，《孟子》一书的

---

[1]《朱子语类》卷一一二，第2730页。

第十章 漳州太守

独特之处一在于"发明许多道理都尽",二在于"从源头(性)说来",三在于"皆归之仁义",分别义利"惟是孟子说得斩钉截铁!"不仅是他借以建立复归人性的人本主义体系的最好材料,而且也给他提供了批判浙东功利思潮的最好的经典依据。贯穿于《孟子要略》全书的根本"要旨"就是"仁义"二字,这个"仁义"就是用来对抗浙学的"功利"的。绍熙二年他在考亭给叶贺孙等永嘉学者讲解《孟子》时,就有针对地说:"凡事不可先有个利心,才说著利,必害于义。圣人做处,只向义边做。然义未尝不利,但不可先说道利,不可先有求利之心。盖缘本来道理只有一个仁义,更无别物事。"[1] 这些话已经说出了他稍后作《孟子要略》的全部目的与指导思想。西山真德秀在《孟子要略序》中把《孟子要略》中的这种反功利主义的思想体系及其内在逻辑结构作了明晰的揭示:

> 盖性者,义理之本源,学者必明乎此,而后知天下万善皆由此出,非有假乎外也,故此编之首曰性善焉。性果何物哉?曰:五常而已耳。仁义者,五常之纲领也,故论性之次曰仁义焉。心者,性之主,不可以无操存持养之功,故论心为仁义之次。事亲从兄,天性之自然,而本心发见之尤切者也,故孝弟为论心之次。仁义者,人心之所同,而所以贼之者,利也,学者必审乎义利之分,然后不失其本心之正,故义利为孝弟之次。义利明矣,推之于出处,则修吾之天爵,而不诱于人爵;推之于政事,则纯乎王道,而不杂乎霸功,故义利之次,二者继之。圣贤之学,循天理之正,所以尽其

---

[1]《朱子语类》卷五一,第1218页。

性也;异端之学,循人欲之私,所以拂其性也,故以是终焉。[1]

性善—仁—心—孝悌—义利—天爵王道—天理人欲,这就是朱熹对自己道德化的人本主义体系内在逻辑结构的全面展开。《孟子要略》确切说是一种人伦美学与人生哲学的升华,朱熹编这本书,是想借助孟子把他自己的人本主义体系给以一次简明的袖珍概括,作为学子的一部入门书,正像他早年编《近思录》一样。然而面对现实中汹涌行进的功利主义狂潮,《孟子要略》注定不可能取得《近思录》一样的效果,它很快被人遗忘了。

---

[1]《西山先生真文忠公文集》卷二九《孟子要略序》,第75册,第248页。

第十一章
入侍经筵

第一节　再度出山

当朱熹卜居考亭时,赵惇即位后的南宋朝廷发生了一场自隆兴议和苟安以来最严重的政权危机,道学势力在这场危机中经历了一次决定性的新的集结。昏君赵惇的腐败统治很快把南宋小朝廷推向崩溃的边缘。绍熙二年二月,有一名钱塘布衣余古上书痛斥赵惇说:

> 陛下即位以来……宴游无度,声乐无缘,昼日不足,继之以夜。宫女进献不时,伶人出入无节。宦官侵夺权政,随加宠赐,或至超迁内中……楼台接于云汉,月榭风亭,不辍兴作,甚为陛下不取也。甚者奏蕃部乐,习齐郎舞,乃使幸臣嬖妾杂以优人,聚之数十,饰怪巾,拖异服,备极丑恶,以至戏笑,至亡谓也。……臣观宦者之盛,莫如方今。上而三省,下而百司,皆在此曹号令之下,盖自副将以至殿步帅,各为高价,不问劳绩过犯,骁勇怯弱,但如价纳贿,则特旨专除。故将帅率皆贪刻,军士不无饥寒,兵器朽钝,士马羸瘠,未尝过而问焉。设有缓急,计将安出!良由公卿持禄保位,备员全身,如汉之石庆,唐之苏味道,满朝皆是小人。[1]

这就是顽固滋生道学这种文化思潮的社会温床。满朝皆是持

---

[1]《续资治通鉴》卷一五二,第839页。

禄保位的小人，危机正在逼近。就在余古上书后不久，十月，漳州进士吴禹圭代表泉漳的留正姻党与豪右们向朝廷请罢了经界，朱熹在给赵汝愚的信中几乎用一种绝望的调子感叹说：

> 今以此事观之，乃知丞相（留正）所以见遇者，乃在漳州进士吴禹圭及诸教诱资给者之下，今虽无耻，其敢冒此而进哉！熹伉拙奇蹇，一出而遭唐仲友，再出而遭林黄中，今又遭此吴禹圭矣，岂非天哉！天实为之，岂敢尤人！[1]

绍熙二年九月赵汝愚入朝除为吏部尚书，途经建阳同朱熹一见，共议政事，朱熹表示要把留正的真面目向世人"说破"，因赵汝愚的苦劝才没有这样做，但他却一定要赵汝愚把他的忧惧愤懑转告给留正。从此留正在他眼里不过是一个"全身保妻子之虑深，而忧国爱民之念浅"的庸相。尽管狡狯的留正仍不断以厚恩笼络，在绍熙二年九月荐举朱熹为荆湖南路转运副使，三年十二月又荐举他为广南西路安抚使，朱熹都拒不肯出，他回信留正表示："相公所以知熹者，不若其于乡里小儿之深；所以爱夫漳州之士民者，不如其于琐琐姻娅之厚。"[2] 继周必大之后，他又对留正感到了失望。入为吏部尚书的赵汝愚，进登宰辅已是指日可待，成了朱熹和道学们寄望最重的当政"明星"。绍熙三年三月，监察御史郭德麟弹击反道学的凶人事牵留正，留正被迫乞去相位。朱熹虽然不主张击逐留正，但他却盛赞去职离朝的郭德麟"抗疏触邪"，"清名直节，足为里间光宠，而去一凶人，亦少折阴邪之

---

[1]《朱文公文集》卷二八《与赵帅书》，第449页。
[2]《朱文公文集》卷二九《与留丞相书》，第453页。

第十一章 入侍经筵

气"[1]。留正虽仍留东府当政,已经不得人望,朱熹希望赵汝愚出来重振朝局,四月二十六日他致书赵汝愚说:

> 东府复留(按:指留正仍当政),势岂能久?意其亦必自知……尚书与之情义不薄,曷若劝之乘此必不能久之势,力言于上,极陈安危治乱之机,大明忠邪枉直之辨,以为国家久远之一计?……[2]

这已有劝留正识势自退的意思,但朝局的意外变化又给留正一段苟延残喘的执政时日。

在绍熙二年以后,由于朝局剧烈的动荡不宁,朱熹把注意力集中转向了朝中的三大矛盾:两宫不和、近习弄权和道学党争。赵昚与赵惇的两宫不和表面上是出于近习佞幸的挑拨离间,实际潜伏已久,悍妇李后的恃宠干政加深了赵昚与赵惇之间的猜忌怨恨。一次赵惇生病,赵昚买了一种名贵药丸,准备等赵惇来朝重华宫时给他。宦官们便到李后前面进谗,说是要毒杀赵惇:"太上合药一丸,俟宫车过,即授药。万一不虞,奈宗社何!"李后怀恨在心,不久在一次宫宴上向赵昚请立嘉王赵扩为太子,赵昚不肯,李后泼劲大发说:"妾,六礼所聘;嘉王,妾亲生也,何为不可!"她便跑到赵惇那里哭诉,说赵昚有"废立意"。从此赵惇不肯再到重华宫朝见赵昚。赵惇在没有生病以前,就是一个好色的花花太岁,一次在宫中洗手,看到宫女一双手雪白粉嫩,流露出一点爱慕之意,第二天李后派人送来了一只食盒给他,打开一看,

---

[1] 《朱文公文集·续集》卷五《答郭察院》书二,第 1837 页。
[2] 《朱文公文集》卷二九《答赵尚书》,第 451 页。

竟是那宫女一双血淋淋的白手。赵惇经受这一惊吓,加上李后又趁祭太庙时鸩杀了自己的宠妃黄贵妃,从此得了"精神分裂症",绍熙二年十一月以来不再出理朝政。满朝文武百官对他的不朝重华宫惶惶然如丧考妣,认为这是天大的不忠不孝,仿佛感到世界末日的来临,上起宰辅大臣,下至韦布寒士,都纷纷上书奏请,一次次叩头泣血,赵惇不为所动。在绍熙三年十一月的一次请宫中,留正率领百官到重华宫,兵部尚书罗点、给事中尤袤、中书舍人黄裳、御史黄度、尚书左选郎官叶適接连上疏,赵惇还是不肯去重华宫见赵昚。最后由朱熹弟子秘书郎彭龟年致书谯责赵汝愚,上奏再请,赵汝愚入对规劝,又托嗣秀王赵伯圭进宫说情,赵惇才答应去朝重华宫,但一转身又再也不肯去了。

父子两宫不睦直接引发着朝廷一场政权危机,朱熹比这班只知匍匐请宫的大臣要看得远些。绍熙三年他投书赵汝愚,认为:"今日之事,第一且是劝得人主收拾身心,保惜精神,常以天下事为念,然后可以讲磨治道,渐次更张。"[1] 这就是他对赵惇这个丧失孝道的白痴皇帝下的一帖精神良药。当他听到留正乞去相位和赵惇病愈出理朝政的消息,他竟兴奋得作了一首诗:

谁将神斧破顽阴?地裂山开鬼失林。
我愿君王法天造,早施雄断答群心。[2]

他心中生起了"君王法天造"的幻想。但是甚至连赵汝愚都害怕用正心诚意的道学说教去撄犯"龙怒",赵惇也就"沉疴"日见严重下去。绍熙四年三月,在惩处了离间两宫的近习陈源、

---

[1]《朱文公文集》卷二九《与赵尚书》,第452页。
[2]《朱文公文集》卷六《壬子三月二十七日闻迅雷有感》,第129页。

第十一章　入侍经筵

赵惇又起驾朝见了重华宫后,朝廷喜扬扬来了一番大除拜:葛邲除右相,胡晋臣知枢密院事,陈骙参知政事,赵汝愚同知枢密院事。这是道学势力的新领袖赵汝愚进登宰辅参大政的开始。朱熹却抱着一种与众不同的忧虑态度,他专门写信给弟子湖广总领詹体仁,鼓动他在入对中敢于直言进谏,有所建树:

> 近日大除拜,一番纷纭。虽公议幸伸(按:指陈源与在京宫观及赵汝愚同知枢密院),然自此中外之责愈重,而其人之才智局度犹昔人也,不知何以处此乎? 来书所赋《荡》之卒章,真可为流涕痛哭也!……偶得黄子由奏疏,谩录去。其言至此,不为不切,盖已下到大承气汤矣,而略无动意,奈何![1]

黄由(子由)的道学"大承气汤"也治不好赵惇,李后的预政有增无已,她自封先祖三代为王,单是一次归谒家庙,就推恩亲属二十六人,使臣一百七十二人,连李氏门客也都补官。朝政在两宫的不和中笼罩着一重越来越严重的危机阴影。在绍熙四年九月的一次百官请赵惇朝重华宫的喜剧中,先是中书舍人陈傅良与给事中谢深甫说动了赵惇,但是他刚走出御屏,便被李后一把拉住说:"天寒,官家且饮酒。"百官鹤立,不敢出声,只有陈傅良拉住帝袍不放,跟进屏后,李后大叫:"此何地,秀才欲砍头耶!"陈傅良便在庭中号哭起来,弄得李后莫名其妙,派下人问他,他回答说:"子谏父不听,则号泣而随之。"

两宫不和是因为有近习不断挑拨离间,所以道学和反道学们

---

[1]《朱文公文集》卷四六《答詹元善》书三,第798页。

在调和两宫上，竟一反往常在反近习小人上取得了一致，留正也恰恰是在这一点上又干了一件空前的"壮举"，使朱熹一度又对他燃起希望，直接促成了他再度出山赴任。赵惇一即位便把赵昚放逐的陈源召回，对他百般宠信。陈源伙同杨舜卿、林亿年，结成了弄权阉党。赵惇不仅对朝臣一再奏劾陈源不予理睬，而且在绍熙四年五月又要召回姜特立。首先起来反对的是留正，他在上疏切谏无用后，便负气乞归田里，跑到城外六和塔待罪。接着沈有开、李唐卿、范黼、彭龟年、王爽、蔡幼学、颜棫、吴猎、项安世都上疏失败，留正再论姜特立无效，又留在范村待罪。直到十一月赵惇被迫罢召姜特立，留正才回朝赴都堂视事。一个左相为反对近习待罪一百四十余天表示抗议，这在南宋反近习的历史上是绝无仅有的，留正因此又一次争得了道学清议的信任。他充分利用了自己这一影响，一回朝便在十二月荐举朱熹除荆湖南路安抚使，终于使朱熹心动了，他在给留正的信中说："今者相公郊居累月，一旦来归，未遑他事，而复首以不肖之姓名言于上前，付以湖南一路之寄……相公又申以手札之赐，慰喻劝勉，礼意勤渥，有加于前。君相之恩隆厚若此，政使贱躯羸顿，不堪上道，神识昏昧，不任治剧，亦当黾勉拜命，走伏官次。"[1] 而在第二封给留正的信中，他已明确表示愿"换一小垒，若帅幕谋曹之属，庶几可以扶曳衰残"。

朱熹愿意再次出山赴任，其实同这时道学势力逐渐控制了朝政有密切关系。从刘光祖、孙逢吉、邓驲被罢离言路，蒸蒸上升的道学在朝势力曾遭到一次重大挫折，但是因为殿中侍御史林大中在绍熙元年十二月阻止了陈贾的入朝，他居台四年，成了道学

---

[1]《朱文公文集》卷二九《与留丞相》，第454页。

第十一章 入侍经筵

在言路的"护神",以至朱熹在给朝士的信中称赞说:"闻其入台,无一事不中的。去国一节,风谊凛然,当于古人中求之。"[1] 绍熙二年八月,最凶奸的反道学中坚人物御史中丞何澹因本生继母丧,又被太学生论逐离朝,在朝的反道学党已处于涣散状态,除了监察御史汪义端还在同道学明争暗斗外,一些主要的反道学人物给事中谢深甫、进登宰辅的葛邲、陈骙,在反道学上都显得模棱两可。道学朝党很快趁这一党争空隙时机发展起来。朱熹已预感到了这一转变,绍熙三年四月他在给赵汝愚的信中多少又恢复了奋厉有为的信心说:"刘德修忽自蜀中寄一书来,慷慨振厉,略不少衰,真奇士也!观其书意,似亦甚悔前日欠人商量,失却事机,此真可叹息尔。然事变无穷,又安知后之视今,不犹今之视昔,人之视己,不犹己之视人耶?"[2] 在这一段时间,朱熹对朝政的主要看法,就是力劝留正和赵汝愚大力拔擢选用道学人士。早年反对道学的留正后来所以不失为道学党魁之一而名列伪籍之首,主要原因就是他比任何人都更多地收罗了大批道学入朝。朱熹曾把留正与赵汝愚作了比较,认为留正能降尊礼贤下士,而赵汝愚却"颇以简贵自高,惮于降屈,而无好士受言之美"。在留正当政时期,他几乎荐引了当时全部最有名望的饱学硕儒与道学名士入朝,朱熹说他"自居大位,悉引海内知名之士,无一不聚于朝"。这是南渡以来任何一个宰相都没有能做到的。甚至可以说,到留正当政时期,道学才在朝中真正形成了政党。赵汝愚也听从了朱熹的好士荐贤劝告。到绍熙四年冬间,留正为左相,赵汝愚知枢密院事,东西两府呼应,道学朝党一时以压倒反道学党的优势控制了朝政,后来庆元党禁所禁锢的"伪党"就在这时形

---

[1]《攻媿集》卷九八《林大中神道碑》,第 245 册,第 945 页。
[2]《朱文公文集》卷二九《与赵尚书》书二,第 453 页。

成了。

朱熹是留正首先要、也是最后一个荐引的道学大儒。当道学已济济一朝，朱熹却废居穷山，道学朝党没有党魁，这对道学们毕竟是难堪的，因此请朱熹入朝已经成了道学们的共同呼声。首荐朱熹的是侍讲黄裳。绍熙四年他在辅翼太子和在经筵讲经上得到了赵惇的当面激赏，黄裳便趁机荐举朱熹说："臣伎止此。朱熹四十年学问，陛下宣收召，使备僚属。"[1] 楼钥在一封同时给朱熹的信中，说出了朝中道学共同荐举朱熹的急迫心情：

> ……青天白日，奴隶知仰叹慕……仰惟名德，为一世师表，今日端揆而下，诸公无不有先登之愧。尝见讲筵班退，黄夕郎（裳）对人浩叹，或问之，曰："好一个去处，吾曹冒处此，如晦庵，乃不使一来耶！"……诸公方谋以麾节强起门下，庶几因得伏谒，以遂师承之愿……[2]

朱熹的大儒名声传到了金人那里，北方金国统治者正大力推行崇儒，他们也关心起朱熹来。这一年冬间，金人向南宋派来的使者倪思问："南朝朱先生出处如何？"倪思无言以对，归来后报告朝廷，这使大臣们更急于要把朱熹拉出来了。到绍熙五年（1194年）正月，因为朱熹再辞不赴湖南安抚任，嘉王府的翊善黄裳和直讲彭龟年又请召朱熹为宫僚，一名秘书正字吴猎也请宰相召朱熹和杨万里二人，认为："使朱公端委以立于殿陛之间，声

---

[1]《攻媿集》卷九九《黄裳墓志铭》，第245册，第960页。
[2]《攻媿集》卷六六《答朱晦庵书》，第243册，第602页。

第十一章 入侍经筵

容气色，必有感发人主；风指意向，必有以作兴人心。"[1] 又率同僚上封事、自上奏疏反复请召。朝臣们的意思本来都是要朱熹进朝入经筵以副"人望"，然而圆滑的留正仍怕这个性刚敢言的老儒在赵惇身边的道学絮语搅坏了自己的宰相好梦，始终只同意把朱熹放外任。他振振有词地对朝臣说："正非不知某（朱熹），但其性刚，到此不合，反为累耳。"这话足暴露了留正倒确实是一个从来没有真正信奉过道学的"伪徒"，因而也就注定他永远不可能是朱熹的"西伯"了。绍熙二年九月朝廷在除朱熹为湖南转运副使的告词中说："尔以儒林之选，号称秀杰，有能吏之才而不薄，有长者之风而不媮。其服新职，以荩一道。"到绍熙四年十二月在除朱熹为湖南安抚的告词中也说："以尔古学粹深，风节峻特，可以为世之师；仁心仁闻，威惠孚洽，可以为时之帅。兼是二者，往临藩方，声望所加，列城耸服。儒先相望，士气方振，尔其为腾教之；楚俗虽安，尚有凋瘵，尔其朕抚之。"[2] 一面颂扬朱熹是儒林之选，人伦师表，一面却又把他摈拒朝外，禁入经筵圣地，这就是留正从赵眘那里学来的一种对道学更为圆滑的"用中"之法。

迟暮的老儒面对时事的转机竟也燃起了一出用世的热情，朱熹绍熙五年正月再辞不获以后决定赴任，是因为他忽然又对"我劝君王法天造"恢复了昔日的希望与勇气。他在拜命后给刘崇之信中说："某兹闻时事曲折，差慰人意。最是北内（赵惇）康复，尤为莫大之庆，宗社幸甚。某再辞不获，无可奈何，只得勉强一行。"[3] 所谓"时事"是指留正回朝复相、章颖连上二十余疏劾

---

[1] 魏了翁：《重校鹤山先生大全文集》卷八九《吴猎行状》，《宋集珍本丛刊》本，第 77 册，第 557 页。
[2] 《攻媿集》卷三八《朱熹知潭州》，第 242 册，第 357 页。
[3] 《朱文公文集·别集》卷二《与刘智夫》书四，第 1888 页。

罢右相葛邲、赵惇病愈、赵惇朝重华宫等，都标志着道学朝党的胜利和道学们"劝君王法天造"的成功。他终于决定抱老一出为君王再效犬马之劳了。他与同时被留正荐举的大诗人杨万里形成了对比。杨万里在绍熙元年十一月因赵眘犹记宿恨出为江东漕时，朱熹曾认为"诚斋直道孤立，不容于朝，然敛其惠于一路，犹足以及人也"[1]。到绍熙三年八月杨万里又因得罪时相罢江东漕奉祠归居，舟过新安还作了一首《晓过新安江望紫阳山怀朱元晦》："紫阳山下紫阳翁，今住闽山第几峰？退院归来罢行脚，被他强占一江风。"[2]又写信给朱熹表示从此要退隐山林，愿同朱熹携手放怀于武夷山水之间，朱熹还担心他难忘功名，耐不住山林寂寞，在给俞寿翁信中说："诚斋归袖翩然，令人慨想……武夷之会，乃所深愿而未可得者，他时践言，何幸如之！但恐功名迫逐，不暇赴此寂莫之期耳。"[3]但是杨万里倒真的退老南溪，过着"江风索我吟，山月唤我饮，醉倒落花前，天地为衾枕"的世外高蹈生活，没有应召出山，反而轮到不甘山林寂寞的朱熹来劝他莫忘斯世了，后来他致书杨万里说："仰见放怀事外，不以尘垢秕糠累其胸次之超然，三复叹羡不能已……时论纷纷，未有底止。契丈清德雅望，朝野属心……更能不以乐天知命之乐，而忘与人同忧之忧，毋过于优游，毋决于遁思，则区区者犹有望于斯世也。"[4]杨万里是留正唯一没有能请出山的大名士，这使他有幸逃脱了在庆元党锢中名列党籍的命运。而朱熹做梦也没有想到，正是在衮衮道学朝士控制了朝政志满意得的背后，南渡以来最尖锐严重的

---

[1]《朱文公文集》卷四九《答廖季硕》书三，第860页。
[2] 杨万里：《诚斋集》卷三四《晓过新安江望紫阳山怀朱元晦》，《四部丛刊初编》本，第196册，第16页。
[3]《朱文公文集·续集》卷七《答俞寿翁》书二，第1849页。
[4]《朱文公文集》卷三八《答杨廷秀》，第629页。

道学与反道学两党壁垒对阵之势已暗暗形成,他的最后一次出山把他引向了一场空前的灾难。还在春间,湖北瑶民起义的大火已经烧进了湖南邵阳,周必大也寄来一书,促他赴任,告诉情况说:

> 侍讲以儒宗人望,起镇藩方,中外倚重,独糠粃有烦簸扬耳。邵阳决知无他,大抵群蛮星居,不相统摄,兼无资粮,所以未易扇动,惟在察官吏,无令扰而已。寨官俸薄,又多不支,且无使令,何以责其宣力,此最急务也……[1]

四月十五日,朱熹怀着一腔"我劝君王法天造"的余勇,匆匆向湖湘进发。

第二节　长沙新政

五月四日朱熹到达长沙。原来前任湖南安抚周必大已在绍熙四年七月改判隆兴,由漕臣何异权摄帅事。两湖瑶民自来居住在山谷溪洞,湖南一路九郡都接溪洞。瑶民不堪忍受朝廷盘剥欺凌,往往一呼云集,攻州掠县,涌入湖南境内。绍熙四年湖北辰州爆发了由蒲来矢领导的瑶民起义,从辰州率众攻入湖南。到绍熙四年年底进入邵州后,何异也调遣潭州驻扎东南第八副将黄俊率兵截击,又招募山丁深入险阻,湖北湖南两路大兵夹击,到绍熙五年五月五日朱熹来潭接受郡事时,瑶民已败退入山,被困溪洞。

---

[1]《文忠集》卷一九三《答朱元晦待制》书四,第1149册,第190页。

朱熹主张做善后招抚的工作,同湖北方面主张斩尽杀绝的王蔺、陈谦发生尖锐矛盾。朱熹考虑到蒲来矢经湖北湖南两路的夹击,据险困守,败势已定;又考虑到宋以来连年不息讨伐镇压,瑶民服而复叛,收效甚微,还须以攻心为上,招降蒲来矢,不施屠戮,可以稳定瑶民之心,所以他效法孔明决定采取招抚诱降办法。一面派邵州通判蔡咸领兵丁往山前呐喊督捕,探听实情;一面派使谕告蒲来矢,晓陈利害,要他下命令叫瑶民放下刀箭。有一个部下荐举军校田昇谙熟瑶情,智勇可用,朱熹便派他为使去说降。田昇带了数十人驰马入山见蒲来矢。蒲来矢懦弱少谋,他在军事失利情势下经不住威吓利诱,带了妻子儿女跟随田昇下山投案。朱熹招降成功,瑶民遣散归山,蒲来矢被押往长沙安抚司。这次镇压瑶民起义是湖北湖南的共同行动,朱熹改用招抚遭到了湖北帅王蔺的反对,在蒲来矢被押后他竟主张违反前诺,要斩蒲来矢以警众,朱熹后来不得不在入都奏事中特向赵扩面恳,要求"毋失大信"。蒲来矢终于官给衣冠,赦罪不诛。朱熹后来在岳麓山建了一座"谕苗台"来象征他招降蒲来矢、安抚瑶民的胜利。

　　朱熹从这件事中更看到了地方军备的废弛空虚,将兵的庸朽无能,他正好从这里入手开始了全面的军政更革的新政。更革从整兵备、清吏治、正学风三方面展开。他的整兵备是出于对镇压瑶民和防御边境的双重考虑,而以整饬潭州八指挥和节制飞虎军为目标。朱熹谈到湖南兵备的败坏说:"本朝养兵蠹国,更无人去源头理会,只管从枝叶上去添兵添将……潭州有八指挥,其制皆废弛,而飞虎一军独盛,人皆谓辛幼安之力。以某观之,当时何不整理亲军,自是可用,却别创一军,又增自费。"[1] 潭州八指

---

[1]《朱子语类》卷一三〇,第3102页。

挥将庸兵惰,朱熹还在招降蒲来矢的同时,就先上状劾罢本州驻扎东南第八将武功郎陆景任。朱熹接着发布《约束榜》,严禁军兵赌博,"欺压善良,毁打百姓,生事作闹"。规定从七月起各县弓手士军分作三番轮训,每月十九日到州,专习弓弩。禁军八指挥的骄惰无用,使朱熹寄望于土军飞虎军。但飞虎军却不隶本路帅司,在镇压溪洞瑶民中朱熹感到飞虎军近在咫尺,却不能随心调用。他在招降了蒲来矢后便上了一道《乞拨飞虎军隶湖南安抚司札子》,奏请将飞虎军归湖南路节制。

修筑潭州城成了朱熹整兵备的主要业绩。潭州为荆湘上流重镇,金兵如突破江淮南侵,必趋长沙。但南渡以来潭州城池残破摧圮,已经有五十多年不修。陈傅良到湖南任官时,却说:"长沙米仓酒库自在城外。万一修得城完,财物尽在城外,不便。只当移仓库,不当修城。"朱熹不免讥讽说:"此是秀才家应科举议论。仓库自当移,城自当修。"[1] 周必大任帅臣时曾建议修筑,但没有来得及兴工就奉祠罢去,八万贯钱已用去六万贯。朱熹接任后,虽感到余钱已不足建城雇工犒赏之用,三千余名军兵也难以久经劳役之苦,但他还是决定在七月下旬动工。谁知先逢亢旱,后遇淫雨,接着又是赵眘去世的"国哀",事情拖延下来。等到朱熹最后计划养活工力经费只将城北面一带墙垣向里收缩别筑时,他又接到了离任入都的召命。朱熹后来在行宫便殿奏事,有专门一札奏请筑潭州城,得到赵扩的面允,他立即写信给继任湖南帅臣的王蔺说:"长沙版筑,不容中辍,军屯未得专制,皆不得不言者。比已僭易陈及,亦皆得旨施行,想今已有所处矣。"[2] 经过三任湘帅的努力,潭州城池总算得到部分修复。

---

[1] 《朱子语类》卷一〇六,第 2656 页。
[2] 《朱文公文集》卷二九《与王枢使札子》,第 456 页。

朱熹在整军备上要仰承朝廷，很难有所作为，他在清吏治上却可以一任自己的道学性格独行其是。苟安的时代养成的弥漫于官场的苟安惰性，成了他严厉惩治的第一"官病"。南宋上上下下官吏都是一班尸位素餐的硕鼠，不要说出厅办事，连出署见客都懒得欠身。朱熹也有一套办法来治这些懒官们的懒病，强令他们接待来访。朱熹自己带头接待来访，每隔一日下学中，士人接待于斋舍，官员接待于府署。对那些庸官懒吏，朱熹制定了一种特殊的考核办法：令各县官员轮流到州，当面交一件公事叫他去办，反复考察他的办事能力，一一记载在这样一张考核格式上：

> 今蒙使府委送某事如何：
> （一）某人于某年月日于某处理某事，某官如何断？
> （二）又于某时某再理，某官如何断？
> （三）某今看详此事如此，于条合如何结绝？[1]

贪官奸吏总是同豪右恶霸勾结作恶的，朱熹的清吏治也就同治狱讼结合在一起，表现出他所特有的刚严治风。湖南地方赌博斗殴成风，街市公然有人不法开设柜坊聚赌，官兵成了出入柜坊的赌棍，街巷多有地头蛇一样的不逞之徒行凶凌弱。税务奸吏串通牙商作弊，牙铺掺用砂毛钱坑人，豪强大姓侵夺贫民田业。官府对民讼拖延不理。朱熹一到任就接连发布了一道又一道的诉讼约束榜，规定了县府处理各种民讼的限日，不得违期。他把讼案分为"使厅引押"与"都厅引押"两等，"使厅引押"的要案包括"官吏爱财枉法，将吏侵克役使，杀人行劫，杀略奸盗，聚众

---

[1]《朱子语类》卷一〇六，第 2655 页。

斗打，或抵拒官司，豪家大姓侵扰占夺细民田业，奸污妇女"等，允许那些"贫窭老病幼小寡妇"可以"投白纸"告状。定下各种惩奖办法，着力打击那些贪官奸商豪民。他下令拆毁了聚赌柜坊。因天旱撤回了差遣到各县催交绍熙四年拖欠秋税的官吏。在税务大门上张榜，每天公布收到的河市税钱，防止税吏作奸侵吞。对于大量诉理婚田债负的讼案，县吏百般回护形势大户，都以目今正当青黄不及为借口，想拖到十月再审理，朱熹在六月十八日传命长沙十二县，敦促审理这一类讼案。对那班恃强杀人作恶的地头蛇，朱熹抓了数十名投入大牢。他自己曾提到长沙一个凶横霸道的张姓恶棍，专门平白无故打杀人，他家住屋门前有一座木桥，人从桥上走过，只要用挂杖挂了一下桥，他就要抓来捆绑吊打。后来赵扩在七月七日即位，大赦天下，朱熹不顾新君大赦，仍旧从牢中提出十八名像张姓这样的残民恶棍全部处死。

当然，朱熹不只有这种"法"治的一手，更有"礼"治的一手。所以他的更革新政又仍落到大正士风学风上，为自己的朱学在湖湘的立足传播开辟道路。当他一到湖南，湖湘士子、善化县主簿舒邦佐就一连作了两首贺启，表达了湖湘士子仰慕朱学的心声，也道出了朱熹来湖湘光大朱学的秘密：

迎潭帅朱殿撰

出绋起家，建牙分阃。四力负篋，争亲道德之师；十乘戒涂，夺作诗书之帅。斯文未丧，吾道将兴。某官心见圣人，名满天下，格物致知之学，岂徒师弟之传；救世行道之心，要尽君臣之义。然而州麾使节，出则抚摩，讲席经筵；入而启沃，每辞轩冕。归臣山林，席间之丈不虚，户外之履常满。夫岂时之肯舍，其或道之未谐。今者一札新除，再辞弗许，洒然神毫而亲奖，表天庥之勉行。我克灼知，盍起作百城之福；达则兼善，要尽行六籍之言。某自愧疚庸迂，幸同巡管，重关起钥，政有口于发明。一舸浮湘，当自谋于亲炙。

贺朱帅交印

古著得日，植纛班春。父老聚观，皆顶天而鼓舞；学徒纷集，将借地以依归。喜气浮湘，欢声震岳。某官动静语默无息，非真用舍行藏随时，各当得贤为重。知天语之难回，挈道俱来；觉人心之自向，矧临新治，乃是旧游。登定台而思于湖之醉吟，望祝融而忆南轩之联辔。江山不改，岁月惊驰，肖然独存。暂屈元戎之卧，护足以任重行，遂大人之格非。某仰止高山，逢于湘水。尺书贺厦，盖俗礼之未忘；丈席凝香，觊忠规之亲授。[1]

这时的湖南，南轩的张学已经气息奄奄，湖湘成了陈傅良的永嘉学活跃驰骋的新地盘，朱学喧腾席卷于东南，对湖湘却鞭长莫及。朱熹这次来潭州就抱着同湖南学者清理南轩张学的打算，要想重新光大张学，他对万人杰提到这件事说："近见湖南学者非复钦夫之旧，当年若到彼中，须与整理一番，恨不能遂此意耳。"所以他一到任就吊祭了张栻城南祠，亲往宁乡枫林乡哭祭了张浚张栻父子墓。后来还请长沙郡学博士邵囦刊刻张栻的《三家礼范》，亲自作了跋。其实他说的"整理"张学的真正意思，不过就是借张学躯壳以还朱学真魂，变张学弟子为朱学弟子，扩大朱学在湘中的传播。湖湘张栻弟子除一部分以胡大时为首追随了陈

---

[1] 舒邦佐：《双峰先生存稿》卷三，《宋集珍本丛刊》本，第62册，第734页。

第十一章 入侍经筵

傅良外,还有萧佐、周奭、郑一之、赵方一小部分人守着南轩残垒,彷徨无主,一到朱熹打着"整理"张学的旗帜到湘中,他们便都一变归到了朱学的门下。萧佐字定夫,因父为黎明婿,从胡宏学,与张栻为同门友,萧佐得以早年受学于张栻,十五年来谨守南轩师训不渝,可是一到面聆了朱熹一番"进德修业"的开导,便心悦诚服做了朱门弟子,对朱熹说:"守先师之训十五年矣,今见先生,如见先师也。"[1] 张学内部分化了,一部分以胡大时为首转向浙学,一部分以郑一之为首转向朱学。湖南学者们讲学问辨,往往先由胡大时参决,然后再请朱熹评定,朱熹总是以郑一之的看法为是。朱熹来到湖南打破了陈傅良的浙学在湖湘一家独兴的局面,他的振兴岳麓书院也就成了在湖湘振兴朱学的同义语。

朱熹不免怀着对南轩之学后继乏人的伤感踏进岳麓书院,堂中他当年手书的"忠孝节廉"四个粗浑大字犹在,却人去道亡,旧规已失,他决心重新修复岳麓书院。先是请了醴陵贡士黎贵臣充讲书职事,和学录郑一之一起措置岳麓书院。本来书院在乾道间由帅臣刘珙建斋,定养士名额二十人。淳熙末潘畤帅湖南又扩建二斋,增加名额十八。朱熹便拓大书院规模,再增添额外生员十名。每日给米一升四合,钱六十文,不采取补试办法,而由当职通过考察搜访,直接选入。另外又置学田五十顷,供书院祀祭、师生俸廪等用。七月,朱熹发布了一道《潭州委教授措置岳麓书院牒》,委教授一同措置书院的一应扩建修复事宜。他把《白鹿洞书院学规》作为岳麓书院的院规,把《四书集注》作为岳麓书院的主要教材,自己亲到岳麓书院听学讲课。每逢书院鸣鼓开讲,

---

[1]《光绪湖南通志》卷一六二《人物》,《续四库全书》本,第 665 册,第 190 页。

朱熹来视察听学时,教授们先要请他升堂端坐,学子们一个个鱼贯而入,分坐到八个斋室中。朱熹亲自从装满一百余根签子的签筒中抽八根签子,决定每斋出一人起来讲解四书五经。讲完以后,教授们还要恭请朱熹给大家讲解大义要领。他是一个冷中见热的严师,他的衡阳弟子廖谦记叙自己亲见的一幕说:

> 先生至岳麓书院,抽签子,请两士人讲《大学》,语义皆不分明。先生遽止之,乃谕诸生曰:"前人建书院,本以待四方士友,相与讲学,非止为科举计。某自到官,甚欲与诸公相与讲明。一江之隔,又多不暇。意谓诸公必皆留意,今日之所说,反不如州学,又安用此赘疣!明日烦教授诸职事共商量一规程,将来参定,发下两学(按:指州学与书院),共讲磨此事。若只如此不留心,听其所之。学校本是来者不拒,去者不追,岂有固而留之之理?且学问自是人合理会底事……不理会学问,与蚩蚩横目之氓何异!"[1]

这个看上去右足微跛、两目昏花的白发老儒虽然平日正襟危坐,威严逼人,然而他却又可以在任何时候同被谁都瞧不起的无名学子、后生小辈侃侃交谈。所以岳麓书院顿时成了三湘士子向往的问道圣地,四方学子负笈赶来朝拜道学之魁,以至"学者云集至千余人",一时谚有云:"道林三百众,书院一千徒。"朱熹在职事之暇,都有数十上百的学生拥进他的寓斋,八月三日一个常宁士子袭盖卿来谒见问学,当晚同他和诸生一起向朱熹求教的竟有七十余名之多。岳麓书院无法接受容纳这么多的四方学人,

---

[1]《朱子语类》卷一○六,第2655页。

所以朱熹又考虑重建湘西精舍。刘辅原在湘水西岳麓下建的湘西精舍，已经荡然不存，朱熹专委托弟子长沙令饶干寻访基址，他在给蔡元定信中提起这件事说："岳麓事前书奉报，乃廷老（饶干）所定。后两日（陈）彦忠到，却说合在风雩右手僧寺菜畦之中，背负亭脚，面对笔架山，面前便有右边横按掩抱，左边坂亦拱揖，势似差胜，但地盘直浅而横阔，恐须作排厅堂，乃可容耳。已属廷老，更画图来，纳去求正而未至。更俟其来当别遣人。"[1] 但直到朱熹离任湘西精舍也未能竣工，他到临安后便致札继任的新帅王蔺，恳他继作完役。不久湘西精舍便建成，王蔺还应朱熹之请题了"湘西精舍"匾，朱熹十分满意地回信说："湘西扁榜，饶宰（廷老）寄示，得以仰观，非惟健笔纵横，势若飞动，而心画之正，结体之全，足使观者魄动神悚，甚大惠也……遂得弹压江山，垂示永久，湘中学者一何幸耶！"[2] 州学、岳麓书院、湘西精舍，构成了一个"三学"的统一教育体制。

朱熹在湖湘传播朱学与争取湖湘学者，充分利用了周敦颐做号召。湖南营道本是周敦颐的故里，邵州又是周敦颐的"过化"之邦，朱熹从施政到教育都效法着他。潘兴嗣说周敦颐在湖南为治"精密严恕"，朱熹在潭州也正是以这四字作为自己更革之政的准则。还在绍熙四年，他就为邵州太守潘焘作了《邵州州学濂溪祠记》，向湖南学子宣扬周敦颐的道统与太极思想。来到长沙后，他立即拨给官帑修复了道州早已毁败的周程三先生祠，在八月还作了一篇《谒修道州三先生祠文》，派弟子冯允中前往致祭。潘焘在邵州府治西偏专开辟了一堂屋，命为"希濂堂"，标榜要效行周敦颐的"精密严恕"，实现着朱熹在《邵州州学濂溪祠记》

---

[1]《朱文公文集》卷四四《答蔡季通》书七，第743页。
[2]《朱文公文集·续集》卷七《答王枢使》书一，第1848—1849页。

中对他说的"有以成吾之志"的期望,所以得到了朱熹的大加赞赏,亲自为他手书了"希濂堂"三字匾。杨万里在《邵州希濂堂记》中详细记述这件事说:

> 潘侯焘独不我斁,千里遣骑踵门移书,请曰:"邵,故濂溪先生旧治也……盖欲求其学道爱人之遗风,以为师范焉,而不可得。独潘公兴嗣谓其为治'精密严恕',隐然有当于吾心。乃即治之西偏,因屋之废者,辟而为堂,命曰'希濂',听讼于斯,退食游息于斯。晦庵先生闻之,喜曰:'精密严恕四者,未有合而言之者也;合而言之,尤有意味。此非近世所谓儒者之政,漫漶以干誉者也。余于此当深有发云。'因为焘大书三字,扁之堂上。"[1]

"希濂",成了朱熹号召争取湖湘学子的旗帜。朱熹在长沙的短短三个月中,从川蜀、荆湘、闽浙、江西、安徽都涌来了布衣学者,落第举子,初仕寒士,很快都成了朱门弟子,而武岗守汪义和、长沙令饶干、宁远县尉冯允中、桂阳军录事参军曹彦约、衡州司录参军舒邦佐,这些已登仕途的新旧弟子都成了他的为政"精密严恕"的得力干官。在朱熹离开长沙以后,这些"希濂"弟子又成了向四面八方蔓延传播朱学的"野火"。晏渊回蜀传朱熹的《易》学,同度正一起开出了一支朱学在四川的分派。曹彦约归江西都昌,成为朱门中以经济之学第一的高足。孙自修三兄弟归宣城,成为朱学在皖地的一脉正传。廖谦归衡阳"闭户覃思","布衣疏水"苦读,成为朱熹在湘中的

---

[1]《诚斋集》卷七四《邵州希濂堂记》,第 197 册,第 10 页。

第十一章 入侍经筵

传《易》高足，衡阳有朱学也就从他开始。而钟震回湘潭精研程朱的"主一"之说，筑主一书院，吸引了众多的湘南学子。

朱熹的"精密严恕"，包含了法治与礼治的两手，既成了他自己整顿士风的大法，又成了他培养封建治才的标准。他在一招降了蒲来矢后，便同监司一起荐举了邵州守潘焘、全州守韩邈、邵州通判蔡咸、提刑司干办公事方铨、前任池姓提刑，这既体现了他自己的"精密严恕"，也是要表彰这些既镇压瑶民有功又平日有治绩政声的能臣，符合"精密严恕"的治才标准。特别是"希濂"的潘焘非一班赳赳武夫的俗辈，朱熹称道他"以学问持身，以儒雅饬吏，不鄙夷其民。首以教化为务，崇尚校，修建先贤祠宇，有嚚讼，谕之以理，事至有司，敏于决遣，由是庭讼日简，郡圄屡空。湖北瑶寇侵犯境，而焘处置得宜，民用安堵。至于移屯置寨，为民防患者，无所不用其至。其他设施，一切不苟"[1]。真是一个"精密严恕"的"儒雅"治才。朱熹在长沙三个月中，还又荐举了长沙教授邵囦，潭幕支使王榮，善化令张维，宁乡簿刘正学，在全州任官的潘景愈，到离任时又荐举了明州司理参军潘友恭自代。另外还有表弟汪义和因避亲不便荐，零陵丞彭铨、姓管的长沙丞、姓朱的善化尉准备荐而没有来得及上状。其中尤其是"今是先生"邵囦，朱熹在荐状中称他"文学自将，诲诱不倦"，朱熹在长沙为整顿士风学风给官员和学者印刻的《三家礼范》、《州县释奠仪图》、《稽古录》、《诗集传》，都是由邵囦负责刊行的。他也成了一个"精密严恕"的希濂表率，后来又回浙东去光大朱学的门庭。

在"精密严恕"的为治中，朱熹特别注意以"礼"的一手振

---

[1]《朱文公文集》卷一九《同监司荐潘焘韩邈蔡咸状》，第301页。

厉民风士气来显示他的"恕"。他在赴任前就准备把一批精《礼》的弟子余正甫、吴必大、万人杰等招到长沙官所，利用官钱编定礼书，他写信给吴必大说："已寄书约正父来官所修纂礼书……今若成为湖外之行，当践此约。"[1] 但因为他很快离长沙任，计划落空，他后来遗憾地对弟子说："礼编，才到长沙，即欲招诸公来同理会。后见彼事丛，且不为久留计，遂止。后至都下，庶几事体稍定，做个规模，尽唤天下识礼者修书，如余正父诸人，皆教来，今日休矣！"[2] 在长沙礼书虽未编成，但是却编成了一本《州县释奠仪图》。当时正逢他的弟子詹元善还朝任太常少卿，将有关敕命下到湖南，朱熹利用这个难得机会将旧仪"力疾躬为钩校，删剔猥酿，定为数条，以附州案。俾移学官，符属县，且关帅司并下巡内诸州。"[3] 在年底由邵因刻于长沙郡学。朱熹另外又刊刻司马光的《稽古录》，也是因为一方面他认为《稽古录》"论人君之德有三，而材有五者，尤为恳切，不可不使圣主闻之"；另一方面他又认为这本书"小儿读六经了毕，即令接续读去亦好"。所以他甚至准备在入都后面进给新君赵扩。

朱熹在长沙一百天的"精密严恕"的更革新政，不过是他在南康和在漳州任上为政的又一次重演，借着这百日更革新政，朱学的理学文化之风吹进了湘中。但是他的长沙新政成了昙花一现，就在他在潭州刚开始更革时，朝中爆发了一场空前的危机，一下子就把一度令举世瞩目的大儒出山的更革新政抛到后台去了。

---

[1]《朱文公文集》卷五二《答吴伯丰》书十三，第923页。
[2]《朱子语类》卷八四，第2191—2192页。
[3]《朱文公文集》卷八三《书释奠申明指挥后》，第1505页。

第三节　经筵老儒

朱熹在潭州仅两个多月，便又有奏事的召命。七月十一日，尚书省降札命他赴行在奏事。原来当他在僻远的湖南一隅埋头于吏事时，朝中却发生了翻天覆地的剧变。这个剧变的直接原因仍是赵昚赵惇父子长久的两宫不和。孝宗赵昚以孝治天下，而他的儿子、堂堂一国之主赵惇竟成了天下第一号的不孝之人，这在统治者们中间造成了一场惊惶的精神危机，精神危机又引发了政权危机。福宁宫的赵惇不往重华宫和慈福宫，赵昚病势已日见沉重。危机的进一步激化是在五月，权中书舍人陈傅良交上告敕，出城待罪，左相留正再领宰执进谏苦劝，赵惇拂衣入宫，留正牵住他的衣裳强谏，群臣一起随赵惇跟进福宁殿，内侍把殿门关闭起来，群臣只好个个痛哭而返。远在潭州的朱熹感到两宫不和意味着天下的"根本动摇，腹心蛊坏"。五月二十六日，他流涕写了一道封事，准备投进。封事专论"父子天性之说"，认为"人心本明，天理素具，但为物欲所昏，利害所蔽，故小则伤恩害义而不可开，大则灭天伦而不可救"。赵惇也就是被物欲所昏，利害所蔽，加上近习奸人从中离间，才变得不孝不爱，父子情坏。因此他要求赵惇能"捐去物欲之私，尽祛利害之蔽，默观此心之本然"，"诛此奸人，以谢天下，屏斥余党，还始初之明"[1]。但是他的封事还没有来得及上，赵昚在六月九日死于重华宫中。赵惇没有眼泪，仍不肯往重华宫，丧事无人举办。左相留正便同知枢密院事赵汝

---

[1]《朱文公文集》卷一二《甲寅拟上封事》，第185页。

愚商量，决定通过太傅吴琚请宪圣太后垂帘听政，暂时主持丧事。

宫廷危机在确立嘉王赵扩继位为帝后开始有了转机。首先捅破沉默建议立赵扩为帝的是叶適，他在六月十八日找留正说："上疾而不执丧，将何辞以谢天下！今嘉王长，若预建参决，则疑谤释矣。"六月二十六日宰执们拟好立太子的指挥进呈，赵惇竟欣然亲笔批了"依付学士院降诏"七字。到了晚上，他再降御札给留正，批出八字："历事岁久，念欲退闲。"

七月五日是禫祭的日子，在崇福宫中演出一幕有哭有笑的悲喜剧。嘉王赵扩和嘉国公赵抦都一起召进了宫。一边是宪圣太后把赵抦叫进帘内，泣不成声地许愿说："且教他（赵扩）做；他做了，你却做。"赵抦拜哭而去。一边是关礼、张宗尹扶着赵扩入帘，韩侂胄、蔡必胜硬把赵扩扶上御榻，披上黄袍，那边赵汝愚早已率领百官匍匐在地。一幕由宪圣太后垂帘主持的黄袍加身的内禅剧告成。

身在湖南的朱熹绝没有想到，这场宫廷内禅喜剧竟然主要是为他准备了一生中最大的个人悲剧。当惊魂甫定的宰辅大臣们又沉浸在定策推恩、论功行赏、加官晋爵的朝廷更化狂热中时，他们又要把道学之魁请入朝中作装潢点缀了，连新君赵扩也在急切盼望朱熹的到来。道学们都聚集到了赵汝愚旗帜下，他最关心的也自然是广收名士培植自己的相党势力。七月十一日，有召朱熹入都奏事，就是出于赵汝愚的首荐，但也是道学朝臣们的一致呼声，赵扩的两个在嘉邸的忠鲠旧臣起居舍人彭龟年和礼部尚书黄裳，早就把朱熹作为天下第一大儒荐举给赵扩供即位后使用。赵扩牢牢记住了黄裳说的话："若欲进德修业，追踪古先哲王，则须寻天下第一人（朱熹）乃可。"即位以后，有一次他亲自开了一张增添十名经筵讲官的名单给彭龟年看：黄裳、陈傅良、彭龟年、

第十一章 入侍经筵

黄由、沈有开、朱熹、李谦、京镗、黄艾、邓驲。彭龟年乘机又说:"陛下若招徕一世之杰如朱熹辈,方厌人望,不可专以潜邸学官为之。"[1] 新君登位也一时头脑发热,想象着朱熹会给他带来匡君救国的灵丹妙药,八月五日,他除朱熹为焕章阁待制。

朱熹在潭州,短短一个月中他内心也经历了从"丧纪"到"庆霈"的漫长忧喜历程。赵扩代替了赵惇,赵汝愚代替了留正,一个三纲五常维系的新朝仿佛已经降生。所以他一面认为"天子之命召藩臣,当不俟驾而往";另一面又认为"吾知竭吾诚,尽吾力耳,此外非吾所能预计也"。在入朝奏事的召命下到后,他先上了一次辞免状。八月六日,他解印出城,离开潭州赴任。

十月二日朱熹进入国门,申省乞带原官职奏事。四日,他奏事于行宫便殿,有幸目睹了这个独断幼主的风采。但是在朝中已罩着一片黑云压城、山雨欲来的沉闷空气下,他这次入侍经筵的奏事却显得特别的苍白无力。第一札要赵扩正心诚意;第二札要赵扩读经穷理;第三、四、五札论潭州善后处理事宜,避开了朝中的尖锐矛盾。朱熹一入临安就同温良恭俭让的在朝道学重臣一样犯了一个绝大的错误:他们都以为新君是一个不同于赵惇的仁厚有道之君,把全部希望都寄托在赵扩身上,除了一味向他进行呶呶不休的规陈劝谏以感动"帝心"外,不敢采取任何其他稍有力的政治行动,一旦赵扩公开站到韩侂胄一面反对他们,他们唯有束手待毙。

十月十日,朱熹正式拜命,在朝系衔供职。朱熹在朝供职的第一件事,便是在拜命的同一天上了《孝宗山陵议状》。在他以前,朝官们早已在山陵事上展开了攻战,日官荆大声卜地于思陵

---

[1]《攻媿集》卷九六《彭龟年神道碑》,第 245 册,第 921 页。

之旁，按行使赵彦逾认为土肉浅薄不可，赵汝愚想改卜于中军寨，遭到留正反对，刘德秀和覆按使谢深甫都附和留正，命荆大声改卜于新穴东。十月九日，覆按使孙逢吉上奏主张别求"吉兆"。三省枢密院下令侍从台谏限定三日集议，又遭到荆大声等人的反对而停罢。朱熹就是在这种情况下加入了这场混战，在上状中力主广求术士，博访名山，斥去荆大声，另择"最吉之处"。朱熹上状正同他致书邀蔡元定赴三衢之约同时，议状说的"但取通晓地理之人，参互考校"，也就有隐荐蔡元定之意，他自己也没有料到，正是这议状为后来蔡元定在庆元党禁中被指为"妖人"流放道州留下了祸种。朝廷对朱熹的上状毫无反应。十月十二日景灵宫请僧道做法事，侍从台谏们都往景灵宫行香，朱熹又和同坐的侍从谈起山陵事，朱熹推举起居郎刘光祖执笔，写了联名状上奏，又仍然不报。后来又有朝臣纷纷进奏山陵葬赤山、卜葬下宫等说，都被否决。朱熹在经筵留身面陈四事时，也再一次向赵扩面奏易地改卜，仍不被采纳。到十一月二十九日，终于攒赵眘于会稽永阜陵，朱熹入朝显示自己当代儒宗面目的第一次努力失败了。

但"帝王师"新上任三把火，他又投入了祧庙争议的混战，在闰十月七日上了《祧庙议状》。孝宗祔庙引起了朝臣中间一场宗庙迭毁之序的纷争。先是闰十月三日吏部尚书郑侨等奏请祧僖祖，接着吏部侍郎孙逢吉、礼部侍郎许及之、太常少卿曾三复等一连上奏，请迁僖、宣，奉太祖居第一室。六日赵扩有诏令侍从、两省、台谏、礼官们集议，这一派之说得到宰相赵汝愚的支持，占了绝对优势，连彭龟年、楼钥、陈傅良也都附和赞同。只有朱熹反对祧僖祖，他感到参加集议孤身口争无用，便辞疾不赴，而在七日上了祧庙议状，揭起以僖祖为始祖的旗号，形成了两派对垒纷争的局面。赵汝愚多数派的看法在朝中占着上风，赵扩特为

第十一章 入侍经筵

此事宣引朱熹进宫入对。赐食之后，赵扩从榻后取出朱熹的《祧庙议状》说："此卿所奏庙议也，可细陈其说。"朱熹便又拿出事先准备好的札子和图本详细奏陈，赵扩一再点头称好，最后说："僖祖乃国家始祖，自不当祧……可于榻前撰数语，俟径批出施行。"[1]但朱熹最痛恨的就是这种内批独断作风，他乞奏说："此事义理甚明，而圣意又已见得如此，其不当迁无可疑者。前日集议虽已施行，而臣申省议状独未得经圣览，不曾降出，即今来札子却乞降出，再令臣僚集议，必有定论。"赵扩也点头面允。然而宣召以后，朱熹的上状札子杳如黄鹤。赵汝愚竟自作主张，下令撤毁僖庙，另立了别庙以祀僖、顺、翼、宣四祖。这场祧庙争议，不过是以僖祖为始祖还是以太祖为始祖的无谓争论，朱熹的主张是直接受到王安石之说的启发，他正是在闰十月七日从程颐的《禘说》上读到了王安石推僖祖为始之说，才在当天上了《祧庙议状》，又作了一篇《书程子禘说后》宣扬王说。南渡以来王学已经衰微，王安石在道学大臣们眼里成了一个可诅咒的怪物，赵汝愚在编《名臣奏议》时就不取荆公之论，他们对于朱熹以王说为本的祧庙议自然是要群起拒斥。明里暗里反对朱熹最力的恰是道学相党首魁的赵汝愚。正是在祧庙的无谓纷争上，道学朝党们发生了严重分裂，以至闹到互相攻讦、同室操戈的地步。道学朝党这种内部的忿争不和便被韩侂胄一班弄权小人所利用。这里已可以看出赵汝愚的道学相党是何等一盘散沙，目光浅短。朱熹只有在经筵讲读上施展他的"帝王师"的全部解数，才显示出了他的远远高出于这些平庸道学朝臣之上的思想巨人的身姿。赵扩即位首辟经筵，天下士子目为"新政第一"，其实经筵不过是新

---

[1]《朱文公文集》卷六九《别定庙议图说》，第1269页。

君"更化"的一种无害的装饰品，但是却给了朱熹用正心诚意之学大正君心、面奏机密、借重君权同近习小人斗争的最好"阵地"。起初赵扩决定择日开讲筵时，近习小人也害怕经筵开讲会使道学朝臣有更多同赵扩接触的机会，也纷纷劝赵扩谅暗罢讲。可是素来重礼不苟的朱熹这次却反对王炎的腐说，主张谅暗可以开讲。十月十四日，朱熹第一次受召赴经筵进讲《大学》，君臣授受笼罩在一片和谐融洽的温情脉脉的面纱中。朱熹反复强调《大学》的"八目"，认为"大学之道不在于书，而在于我"，要赵扩对"修身为本"一句"常存于心，不使忘失"。他甚至用一种教训童蒙小子的口吻絮絮叨叨开导赵扩说："每出一言，则必反而思之曰：此于修身得无有所害乎？小而频笑念虑之间，大而号令黜陟之际，无一不反而思之。必无害也，然后从之；有害，则不敢也。则又夙兴而思之曰：吾于吾亲得无有未厚乎？夜寐而思之曰：吾于吾亲得无有未厚乎？以至于出入起居、造次食息，无时不反而思之。"[1] 这就是他的批判独断专行帝王的正君之学，是直接针对赵扩的内批恶习，他不懂得立"宪"限君，却懂得尊"经"限君，"经"就是"法"，幻想通过匡正君德来限制君权的滥用。赵扩也带着几分新君上任三把火的天真，对这些苛细的道学信条做出了虚心嘉纳的样子。按照惯例，讲筵本来每逢单日早晚进讲，大寒大暑之月罢讲，如当日值假也停罢。朱熹向赵扩面奏除了朔、望、旬休和过宫之日外，其他时候都逐日早晚进讲，赵扩也欣然同意。这次首讲，使朱熹对赵扩又增加了一重幻想，赵扩在讲毕后故作姿态地降下一道《案前致词降殿曲谢》，褒奖颂扬自己这名"帝王师"说："久闻高诣，倾仁嘉猷，来侍迩英之游，讲明

---

[1]《朱文公文集》卷一五《经义讲义》，第216—217页。

第十一章 入侍经筵

大学之道，庶几于治，深慰予怀。"[1]

首讲以后，朱熹又在十月十八日晚讲，二十三日早讲，闰十月一日晚讲，三日早讲，四日晚讲，十九日晚讲，一共七次。朱熹哪里知道，正是在这种经筵君臣讲经论道的甜蜜掩盖下，赵扩和韩侂胄已暗里向他举起了屠刀。从十月十八日进讲以后，赵扩的所作所为已暴露出了自己的全部伪善，而在经筵上他的从善如流、有志行道的扮演却越来越打动着朱熹。在闰十月一日第四次进讲中，朱熹借盘铭"苟日新，日日新，又日新"发挥正心诚意之说，要赵扩"存养省察之功，无少间断，则日月常明，而不复为利欲之昏"。如"古贤"那样达到"不迩声色，不殖货利"，"以义制事，以礼制心"，"从谏弗咈，改过不吝"，"与人不求备，检身若不及"。而这一切又都只在一个"敬"字上。赵扩又出色地扮演起了一个真正的道学伪徒的角色来。先是朱熹在第二天把这次讲义编次进呈，四日晚讲时便奏问赵扩："臣所讲《大学》口义，不审曾经圣览否？"赵扩回答说："说得甚好，无可疑。"朱熹立即又奏："万几事烦，恐讲义卷轴大，难于披览，欲成册子进入。"到十日入对时，赵扩又忽然问他："向日令卿写讲义册子，何久不进？"朱熹回答说："未奉进止，未敢遽上。"赵扩便说："可一就，点成句来。"朱熹很快把《大学》册子点好句读进呈，到十三日入对时，他追问赵扩："臣所进讲义册子，必须圣览。不知于圣意如何？"赵扩对答如流说："看来紧要处，只在求放心耳。"朱熹顿时感动得顿首称谢说："圣学高明，宣谕极是。老师宿儒穷日竟月，不曾见得此意，说得此语。陛下天纵生知，拈出此放心语，正是圣学要领。愿推之以见于实行，不患为尧舜

---

[1]《攻媿集》卷四六《案前致词降殿曲谢》，第242册，第431页。

之思也。"[1] 他进讲归后，喜不自胜地对门人弟子说："上可与为善，愿常得贤者辅导，天下有望矣！"他便马上又上了一道《乞进德札子》，希望赵扩真能"日用之间，语默静动，必求放心以为之本"，"玩经观史，亲近儒学"，"求政事之得失，民情之休戚，而又因之以察其人材之邪正短长"。看来，赵扩在庆元党禁中把道学们统统打成"伪徒"以前，自己倒正是一个标准的"伪徒"。朱熹正是被他这种"伪徒"面目迷惑住了，当他还在做着要辅弼赵扩立"圣志"、成"圣学"的好梦时，赵扩已在算计如何把这个迂腐老儒逐出国门了。

从朱熹九月入都，朝中的政局便围绕赵扩（君权代表）、赵汝愚（相党代表）、韩侂胄（近习势力）、朱熹（道学势力）四角关系的轴心展开了微妙的明争暗斗。韩侂胄正是一身而兼外戚与近习二任的野心家。他是魏王韩琦曾孙，神宗女齐国长公主孙，父韩诚娶高宗宪圣皇后的女弟，妻又是宪圣皇后的女侄。韩侂胄以父任入官，又靠了是宪圣太后的懿戚，很快历阁门祗侯、宣赞舍人、带御器械，到淳熙末以汝州防御使知阁门事。他的飞黄腾达、挟君专权更靠了另一层懿戚关系：宁宗赵扩立韩氏为皇后，而韩侂胄正是韩皇后之父韩同卿的叔父。早在内禅前，韩侂胄因一身兼四重裙带关系而显贵非凡，炙手可热，成为道学清议所注意排击的外戚近贵。还在绍熙元年，他就超越五官破格转遥郡刺史，被给事中谢深甫封还内降。绍熙三年，韩侂胄又以武功大夫、和州防御使超授四阶，给事中尤袤三次缴奏，不服赵惇内批手诏，认为："侂胄四年间已转二十七年合转之官，今又欲超授四阶，复转二十年之官，是朝廷官爵专循侂胄之求，非

---

[1]《两朝纲目备要》卷三，《四库全书珍本初集》本，第2册，第26页。

第十一章　入侍经筵

所以为摩厉之具也。"[1] 从尤袤的话中，已清楚看出韩侂胄扶摇直上的显赫发迹史了。绍熙四年正月，韩侂胄又特予落阶官，被给事中黄裳所缴论。可见韩侂胄与道学派的矛盾由来已久。赵汝愚在内禅中迫不得已利用了内侍近习以后，立即对他们严加控制，先由侍御史章颖劾去了林亿年、陈源、杨舜卿三大内侍，但是却啃不动韩侂胄这个赵扩的最得宠的懿戚。赵汝愚原来曾许愿事成之后授韩侂胄节度使，除赵彦逾为执政，内禅一定，他们都迫不及待伸手求官，赵汝愚却对赵彦逾说："同姓之卿，不幸处君之变，敢言功乎？"[2] 又对韩侂胄说："吾宗臣，汝外戚也，何可以言功？惟爪牙之臣，则当推赏。"[3] 结果只除郭杲为武康军节度使。到九月，除赵彦逾知建康，韩侂胄特迁二官为承宣使，这使韩侂胄和赵彦逾大失所望，怨恨冲天。京尹徐谊力劝赵汝愚授韩侂胄节度使，赵汝愚有了一点后悔之心，立即派人去谕告韩侂胄，傲慢乖戾的韩侂胄竟故意上章自辞，只受一官，由承宣使降为宜州观察使。朱熹听到这个消息时还没有进入国门，他几次派弟子传手书给赵汝愚，叫赵汝愚以节钺处韩侂胄，赐第于北关之外，酬谢内禅通宫之劳，再渐渐以礼疏远他。朱熹的用意是"当以厚赏其劳，勿使得预朝政"。他手书警告赵汝愚应"分界限，立纪纲，防微杜渐，谨不可忽"[4]。赵汝愚却反以为韩侂胄之类的小人"易制"，"不爱官"，没有采用朱熹的办法。当十月初朱熹进入国门时，韩侂胄已经在暗中日夜谋逐赵汝愚了。

如果说朱熹只能靠一席经筵之地对韩侂胄作一些软弱无用的

---

[1]　《宋史》卷三八九《尤袤传》，第11928页。
[2]　周密：《齐东野语》卷三《绍熙内禅》，中华书局1983年版，第43页。
[3]　《宋史》卷四七四《韩侂胄传》，第13772页。
[4]　《四朝闻见录》丁集《庆元党》，第2764册，第114页。

反击，那么韩侂胄却可以在君权卵翼下从台谏言路上有效打击赵汝愚为首的道学朝党，一度被排摈压抑的反道学们又纷纷麇集到了韩侂胄门下。从八月以后，留正劾罢，罗点病卒，京镗签书枢密院事，陈骙知枢密院事兼参知政事，赵汝愚在宰辅中已陷于孤立。陈骙早就因同吕祖谦不和而仇视道学，京镗也早出入韩门，同赵汝愚本有私憾，一直怀恨在心，这时自然同韩侂胄一拍即合。有一个在内禅中未被重用也怨恨赵汝愚的知阁门事刘弼，向韩侂胄献计说："赵相欲专大功，君岂惟不得节钺，将恐不免岭海之行！"韩侂胄问他有何良策，刘弼回答说："惟有用台谏耳。"韩侂胄又问："若何而可？"刘弼说："御笔批出是也。"韩侂胄采用了这条妙计，很快把一批党羽安插进了台谏言路，赵汝愚道学朝党在台谏言路上只经过三个回合的较量便倒戈惨败了。第一回合是赵汝愚想除刘光祖为侍御史，正要进呈，一直冷眼旁观的陈骙忽然入奏说："刘光祖与臣有嫌，今光祖入台，愿先避位。"赵汝愚只好愕然作罢，韩侂胄便乘机在八月二十七日借内批除党羽谢深甫为御史中丞。第二回合是围绕右正言黄度展开。黄度是道学派，朱熹弟子周南是他的女婿，九月黄度写成奏疏准备入对揭发韩侂胄弄权植党之奸，韩侂胄便抢在前面奏请内批除黄度知平江府离朝。赵汝愚袖藏黄度辞状入见赵扩力争无用，黄度终于奉祠而去。第三回合是荐举御史上的争夺。九月赵扩召近臣荐御史二名，侍从大臣多推吴猎和游仲鸿，都是赵汝愚一派。韩侂胄却看中了大理寺簿刘德秀，先暗讽新任御史中丞谢深甫荐刘德秀为御史，然后再冠冕堂皇地用"御笔"在九月十一日除刘德秀为监察御史，同时又擢同党杨大法为殿中侍御史。这样，韩侂胄党已完全控制了台院、殿院和察院，赵汝愚在台的同党只剩下新举的监察御史吴猎。道学朝臣们随时有被加罪论劾的可能，这就是朱熹在

第十一章 入侍经筵

刚到都下时说的"彼方为几,我方为肉"。到后来连吴猎也被韩侂胄驱逐,除自己的死党刘三杰为监察御史。朱熹入都时,台谏的韩侂胄党羽们清洗朝内外道学派的大规模论劾已经开始了:九月二十七日,谢深甫劾马大同、辛弃疾"交结时相,敢为贪酷",马大同罢祠,辛弃疾奉祠。九月二十八日,谢深甫又劾丘崈"蛇虺之毒,虎狼之暴,肆虐以济贪,怙势以行诈",丘崈放罢。十月二日,右谏议大夫张叔椿劾留正"私心既胜,公道不立",留正罢职名。十月二十三日,张叔椿又劾沈有开"回邪谗陷,阿附势要",沈有开与宫观。闰十月二十七日,台臣劾袁枢"狠愎自用,贪虐不恤",袁枢奉祠罢归。这些都还仅仅是后来席卷全国的文化大党禁的小小前奏曲。韩侂胄一手用赵扩的"内批"、"御笔"假君命以攻道学,一手靠台谏的心腹爪牙驱逐异己,无不得心应手。道学方面罗点、黄裳相继病亡,黄度罢逐,彭龟年又充金吊祭接伴使离都,几乎无人敢出面抗论,道学之魁的朱熹只有亲自发难了。十月二十三日,他在经筵留身时,径自向赵扩面奏了四事。

在面陈四事中,朱熹一反他入都以来作为侍讲大臣的那种温柔敦厚的委婉讽劝,严厉批评了昏聩懦弱而又偏执自专的赵扩。第一事论"移御"。赵扩本受禅于危迫之际,但他一即位却已想"遽然全享万乘之尊"。身在几筵之前,心却急想移御南内,在左右近习纵容下,他便下令修葺东宫,大兴土木,造宫室三百余间。朱熹向赵扩痛切指陈说:"畿甸百姓饥饿流离,阽于死亡之际,忽见朝廷正用此时大兴土木,修造宫室,但以适己自奉为事,而无矜恻悯怜之心,或能怨望忿切,以生他变……而四方之人但见陛下亟欲大治宫室,速得成就,一旦翻然委而去之,以就安便,六军万民之心必又将有扼腕而不平者矣。前鉴未远,甚可惧也。"朱熹害怕再蹈内禅危机的前辙,尤其担心赵扩一旦移御,"一离尊亲之侧,轻去倚庐之次,深宫永巷,园囿池台,耳目之娱,杂然而进,臣又窃恐陛下之心未易当此纷华盛丽之荧惑感移,虽欲日亲儒士,讲求经训,以正厥事而进德修业,亦将有所不暇矣"。这把新君内心的隐情隐私都兜底揭出来了,他要求停罢兴建东宫之役,只"草创寝殿一二十间,使粗可居;又于宫门之外,草创供奉宿卫之庐数十间,勿使有逼仄暴露之苦"。第二事论"寿康定省之礼"。内禅以后,赵惇以太上皇居寿康宫,赵扩居重华宫执丧,五日一朝寿康宫的赵惇。但赵惇因得"心疾"(癔症),常神志不清,甚至还不知道已经内禅,自己做了太上皇。赵扩朝宫神情冷漠,赵惇有时也拒不肯见,这使心有余悸的大臣们焦虑万分。朱熹要赵扩"下诏自责","望见太上皇帝,即当流涕伏地,抱膝吮乳,以伸负罪引慝之诚"。第四事论"攒宫",再一次重复了他在《山陵议状》中的主张。关键是第三事论"朝廷纲纪",尖锐抨击赵扩的内批恶习和韩侂胄的预政弄权,这是朱熹这次面奏的核心内容。朱熹痛心疾首地批评赵扩即位以来欺世盗名的"新政"说:

> 今者陛下即位,未能旬月,而进退宰执,移易台谏,甚者方骤进而忽退之,皆出于陛下之独断,而大臣不与谋,给舍不及议。正使实出于陛下之独断,而其事皆悉当于理,亦非为治之体,以启将来之弊;况中外传闻,无不疑惑,皆谓左右或窃其柄,而其所行,又未能尽允于公议乎![1]

在朱熹看来,帝王一人的"独断"并非是一种"为治之体"。赵扩的进退宰执,移易台谏,表面上是出于他的内批御笔,背地

---

[1]《朱文公文集》卷一四《经筵留身面陈四事札子》,第209页。

里全部出于韩侂胄的操纵策划。在朱熹心目中,赵扩的君德与治才远在赵昚之下,为了实现真正的"为治之体",他向赵扩具体提出了防止君主独断与近习预权之法:

> 深诏左右勿预朝政……其实有勋庸,而所得褒赏未惬众论者,亦诏大臣公议其事,稽考令典,厚报其劳。而凡号令之弛张,人才之进退,则一委之二三大臣,使之反复较量,勿徇己见,酌取公论,奏而行之,批旨宣行,不须奏复。但未令尚书省施行,先送后省审复,有不当者,限以当日便行缴驳。如更有疑,则诏大臣与缴驳之官当晚入朝,面议于前,互相论难,择其善者,称制临决。[1]

面奏四事是朱熹入都的一个转折点。如果说在面奏四事以前,赵扩还可以把他当作一个无权有用的"帝王师"偶像,供奉在经筵之上号召天下;那么在面奏四事以后,赵扩便把他看成是一个面目可憎的道学伪徒,要驱逐他出都了。如果说在这以前,韩侂胄是把相党首魁赵汝愚作为主要排击对象,进行权力的争夺,那么在这以后,韩侂胄便把道学之魁朱熹当作了主要的排击对象,首先把他赶出朝,以清除帝侧的道学清议了。

第四节　道学放臣

赵扩和韩侂胄越是在心底对朱熹憎恶厌恨,就越是在表面上

---

[1]《朱文公文集》卷一一四《经筵留身面陈四事札子》,第210页。

对他恭敬谦让，以礼相待，褒宠叠加。十月十七日朱熹授朝请郎，赐紫金鱼袋，赵扩在告词中颂扬这个"帝王师"说："学先王之道，而明于当世之务。三仕三已，义不苟合，天下高之，盖累朝之所嘉叹而不忘也。长沙谋帅，强为时起。肆予初政，式遄其归，于以劝讲，朕将虚己纳焉。"[1] 接着又以明堂恩赠父母。闰十月八日朱熹又封婺源县开国男，食邑三百户。十一日又选入史院，任实录院同修撰。这些恩宠又掩盖了赵扩憎恶道学、讨厌朱熹的真实嘴脸，使朱熹在朝甚至想在学术上也有一番作为。他几乎同临安所有的名士、诗人、史学家、经学家、学者交游结识，西湖和著名诗人张镃所在的南湖，成了朱熹同他们聚会唱酬的地方。大约就在南湖，他结识了著名诗人白石姜夔，"既爱其文，又爱其深于礼乐"[2]。那是因为他在长沙想修《礼书》没有成功，又想在朝招致士友学徒修《礼书》，精于礼乐音律的姜夔自然引起了他的注意。他在入史院后便草拟了一道《乞修三礼札子》，其中讲"钟律之制，则士友间亦有得其遗意者"，主要就指蔡元定、姜夔。然而朱熹还没来得及上《乞修三礼札子》，就被驱逐出都了。但姜夔接着在第二年五月十七日上书论雅乐，进《大乐议》和《琴瑟考古图》各一卷，有可能就是受到朱熹激赏的推动。

在实录院，朱熹还想对史院的积弊加以更革，以矫官修史书之失。当时实录院的最大弊病就是史官各自撰书，不相互共商，所修史书前后不一致，"实录"徒有虚名。朱熹主张分工协作，设史院六房与朝廷六部对应，但却遭到了实录检讨叶适的反对，他后来对弟子提起这件事说：

---

[1]《止斋集》卷一五《朝散郎焕章阁待制兼侍讲朱熹登极恩转朝请郎》，第183册，第6页。
[2]《齐东野语》卷一二《姜尧章自叙》，第211页。

第十一章　入侍经筵

> 先生尝与众议，欲以事目分之，譬之六部，吏部专编差除，礼部专编典礼，刑部专编刑法。须依次序编排，各具首末，然后类聚为书，方有条理。又如一事而记载不同者，须置部抄出，与众会议，然后去取，庶几存得总底在。唯叶正则不从。[1]

朱熹这种更革史院的方案，后来还有更详细的设想：

> 今当于史院置六房吏，各专掌本房之事，如周礼官属下所谓史几人者，即是此类。如吏房有某注差，刑房有某刑狱，户房有某财赋，皆各有册，系日月而书。其吏房有事涉刑狱，则关过刑房，刑房有事涉财赋，则关过户房，逐月接续为书。史官一阅，则条目具列，可以依据。又以合立传之人，列其姓名于转运司，令下诸州，索逐人之行状事实墓志等文字，专诿一官掌之，逐月送付史院。如此，然后有可下笔处。及异日史成之后，五房书亦各存之，以备漏落。[2]

在这种更革史院体制思想指导下，他又为史官们制定了一则细密的《史馆修史例》，对史书材料的收集与撰写提出了具体的方法，这体现了朱熹一贯的严谨不苟的治史态度。他自己在史院中也正是这样同陈傅良配合行动，收集了有关娄寅亮、岳飞、张焘、赵鼎等人乞建储议的文字材料，拟了一则《上政府札子》，奏请褒录当年首建储议的有功之臣，并要求朝廷下指挥往平江府和建昌军二处，取索范如圭、张戒等人的奏议、文集、杂记。然而他连《上政府札

---

[1]《朱子语类》卷一〇七，第 2665 页。
[2]《朱子语类》卷一〇七，第 2666 页。

子》都没有来得及上，史院的更革整顿又化为泡影。

当朱熹在学术活动上不断碰壁失败时，韩侂胄却已经在政治上集结好了一切反道学的力量。起先他苦于物色不到一名驱逐道学首魁的主谋人物，有一个党羽向他献计说："公留京镗，则可图赵。"韩侂胄便到赵扩面前力请留用京镗，京镗就这样登上了签书枢密院事和参知政事的宝座，一度被赵汝愚摒退的官迷胡纮得到京镗的提拔，很快由小小的进奏院官青云直上。另一个反道学的领袖人物何澹在绍熙四年十一月免丧复官，赵汝愚只除他知明州，何澹满腹怨恨，也投到了韩侂胄门下。韩侂胄又暗里讽使宫廷优伶王喜刻一朱熹木偶，峨冠大袖装扮成朱熹在赵扩面前嬉戏。同韩侂胄已暗中勾结的赵彦逾，在改除四川制置陛辞时，向赵扩开了一张党籍名单，指为"赵汝愚党"。这张名单成了后来庆元党籍的蓝本。

朱熹还没有完全意识到自己处境的岌岌可危，依旧把希望寄托在赵扩的幡然悔悟上。闰十月五日，临安都城里忽然黑烟笼罩，寒气袭人，朱熹便借这个机会上了一道《论灾异札子》，认为这是"阴盛阳微"、"阴聚包阳"之象，暗示外戚近习势力的炽张，帝侧小人的弄权，要赵扩"克己自新，蚤夜思省"[1]。但赵扩对这种谴告恫吓无动于衷。闰十月十九日晚讲，朱熹做了精心准备。他利用《大学》的格物致知正心诚意之说大加发挥，直接批评了赵扩但崇空言、不务实行的表里不一，一方面要赵扩实做"持敬"的工夫，"不可但崇空言，以应故事而已也"。另一方面要赵扩实做"诚意"的工夫说："若夫人君，则以一身托乎兆民之上，念虑之间，一有不实，不惟天下之人皆得以议其后，而祸乱乘之，

---

[1]《朱文公文集》卷一四《论灾异札子》，第211页。

第十一章　入侍经筵

又将有不可遏者。"[1] 这些当面不客气的批评都实有所指，已经使赵扩坐立不安。接着讲筵留身时，朱熹偏又紧追不舍，按照他同彭龟年的事先约定，再申奏了前次所论的四事，面责新君更是声色俱厉，这使赵扩再也忍不住，四十天来的忍气吞声终于如决堤之水一下子总爆发了。当朱熹一脚刚跨出经筵，赵扩一纸驱逐的"内批"已经降出：

朕悯耆艾，方此隆冬，恐难立讲，已除卿宫观，可知悉。

这对于道学们不啻是一声晴天霹雳，举朝震骇。赵汝愚慌忙袖藏了"御批"入见赵扩，一边劝谏，一边跪拜，赵扩心不为动，赵汝愚乞求罢政，又不应。二十一日，韩侂胄竟自差遣内侍王德谦封好"内批"，直接送到了朱熹的寓舍。朱熹当天便辞谢离朝，住到了城南灵芝寺待罪。直到这时，那些职掌封驳缴奏的中书给舍官们对朱熹被逐出国门竟还一无所知，赵扩不由中书封驳之地的内批独断可以说是快如闪电。因为他平日伪装的隐蔽巧妙，除了韩侂胄，举朝对他这样一夜之间翻脸将一代"帝王师"驱逐出都无不感到迷惑不解，不可思议。后来工部侍郎黄艾在奏对时追问为什么驱逐朱熹这样快，赵扩回答说："初除朱熹经筵尔，今乃事事欲与闻。"吏部侍郎孙逢吉在讲筵上用《诗经》反复规讽赵扩，赵扩又说了一句："朱熹所言，多不可用。"这几句话赤裸裸道出了赵扩的独断君主心态：他憎厌朱熹，是因为朱熹在身边对他的君权起了种种限制。韩侂胄早已在赵扩面前挑拨说："陛下千乘万骑，而熹乃欲令一日一朝，岂非迂阔！"

---

[1]《朱文公文集》卷一五《经筵讲义》，第 223 页。

确实，朱熹在朝仅四十六日，进讲七次，内引留身奏事二次，面对一次，赐食一次，除了热衷于参与议山陵、祧庙外，还不停息地上乞差官看详封事进言札子，乞讨论丧服札子，乞瑞庆节不受贺札子，论灾异札子等，基本精神都是要赵扩收放心，正君德，纳忠言，远近习，行治道。因此朱熹实际成了一种正君、限君的清议力量的象征，赵扩同他的矛盾便具有了君权专断与限制君权的斗争的意义。"事事欲与闻"不过意味着对君主独断的干预，赵扩自然要借手作为君主专制畸形产儿的近习势力来驱逐清议力量了。

道学们立即发起了一个声势宏大的援救道学首魁行动。闰十月二十二日给事中楼钥封还录黄，他在《论朱熹补外》中批评赵扩的专断虚伪说：

> 陛下首辟经筵，刻意典学，天下风动，以为新政之第一。而又出自宸衷，收召朱熹，寘之讲席，渴于一见，惟恐不及。次对之宠，擢于中途。当今人望儒宗，无出熹之右者……故天下士夫视其进退以为重轻。及其来前，陛下倾待以礼，《礼记》一经，又先令讲《大学》之篇。学士翕然向风，谓将大有补于圣德。忽然去之，如振槁然，举朝失色，言之丧气，此非细故也！陛下之去留正，已失之仓猝，然曰去宰相而已；又去黄度，亦为之纷纭，然曰去谏官而已。二事已致物议，然未若朱熹之举之为甚也。……不知陛下去之者曷故。熹无职事，惟有论议，必是论议之间，有忤圣心。知前日所以处之者，不以代言，不以为六部之贰，俾以次对侍讲，是专求其言也；以言求之，而以言弃之，尤非所以示天下也。抑有大不可者：熹之去就，固已关系甚重，始闻此事，臣自以备

第十一章　入侍经筵

位后省,可缴奏以禆圣聪,命犹未颁,而熹已出门,乃知御批径以付之,皇恐而去,此尤不可如此,则是命令不由中书,不由封驳之地,此其利害,又甚于失人望矣![1]

接着起居舍人邓驲面奏力争,赵扩假意说改除朱熹在京宫观,但是除命不见降下。起居郎刘光祖便在二十三日上奏,说:"汉武帝之于汲黯,唐太宗之于魏征,仁宗之于唐介,皆暂怒即悔。熹明先圣之道,为今宿儒,又非三臣比。陛下初膺大宝,招来耆儒,此政之最善者,今一旦无故去之,可乎?"[2] 到二十四日,中书舍人陈傅良再封还录黄,上状认为:

朱熹者,三朝故老,难进易退,二十余年,多任祠禄。今也欣慕圣明,幡然一出,天下相贺,以为得人。则进退之间,岂易容易?未审何故,遂听退闲,除目之颁,满朝失色,一则归咎宰执,不能回密旨于未出之初;一则交讥给舍,不能还成命于已行之后,纷纷之言,其来未已……欲望圣慈追寝上件指挥……[3]

这样,赵扩被迫在二十五日改除朱熹宝文阁待制,与州郡差遣。刘光祖、楼钥、吴猎、刘崇之等人又接连上疏,还想劝赵扩回心转意留朱熹在朝。孙逢吉在经筵讲读时进言说:"熹论祧庙,独与众论不合,他所说皆正理,未见其不可施用。愿

---

[1]《攻媿集》卷二六《论朱熹补外》,第242册,第256页。
[2]《西山先生真文忠公文集》卷四三《刘光祖墓志铭》,第76册,第461页。
[3]《止斋集》卷二七《缴奏朱熹宫观状》,第183册,第3页。

留之以重经幄。"[1] 批评赵扩最尖锐的是监察御史吴猎,他上疏说:

> 陛下临御未数月,今日出一纸去一宰相,明日出一纸去一谏臣,其他令由中出,不知其几。昨日又闻侍讲朱熹遽以御札畀之祠禄,中外相顾皇骇,谓事不出于中书,是为乱政。熹当世老儒,善类攸归,清议所出。陛下毋谓天下为一人私有,而用舍之间为是轻易快意之举……[2]

道学清议已经不只是在援救朱熹,而且更是在批评赵扩专制独断的"乱政"。声势最大的是校书郎项安世率领馆职之臣们联名上书,痛斥赵扩说:

> 御笔除熹宫祠,不经宰执,不由给舍,径使快行,直送熹家……夫人主患不知贤尔,明知其贤而明去之,是示天下以不复用贤也。人主患不闻公议尔,明知公议不可犯而明犯之,是示天下以不复顾公议也。且朱熹本一庶官,在二千里外,陛下即位未数日,即加号召,畀以从官,俾侍经幄,天下皆以为初政之美。供职甫四十日,即以内批逐之,举朝惊愕,不知所措。臣愿陛下谨守纪纲,毋忽公议,复留朱熹。[3]

然而这些横眉怒目的道学朝臣,都小心翼翼地回避了对权幸

---

[1] 《攻愧集》卷九六《孙逢吉神道碑》,第245册,第926页。
[2] 《重校鹤山先生大全文集》卷八九《吴猎行状》,第77册,第558页。
[3] 《宋史》卷三九七《项安世传》,第12089—12090页。

第十一章 入侍经筵

韩侂胄的直接揭露，只有一个登闻鼓院游仲鸿，在上奏中抨击到韩侂胄说：

> 朱熹海内名儒，首蒙收召，四方传诵，以为天下大老归之。才四十余日，复有宫祠之命，远近相吊，以为天下大老去之，则人世间孰不欲去者！……自古未有舍宰相、谏官、讲官而能自为聪明者也。愿亟还朱熹，毋使小人得志，养成乱阶。[1]

然而冥顽自用的赵扩铁心要赶走朱熹这个"天下大老"，任朝臣们怎样苦口婆心规谏也无济于事，二十七日朱熹除知江陵府、荆湖北路安抚使，最后宣告了道学们援救朱熹的失败。

朱熹寓居在荒寒的灵芝寺，冷眼观望着朝中纷纷扰扰的闹剧，新君登极以来君臣遇合的梦想彻底幻灭了，这个白发放臣抱着道学超然远行的态度，对各种改除的朝命一概辞免。他的内心充满了愤慨悲凉之情，他的史院同僚们李壁、叶适等，都来萧寺为他设宴饯别，朱熹竟黯然神伤地吟诵起了一首古诗：

> 平生少年日，分手易前期。及此同衰暮，非复别离时。
> 勿言一樽酒，明日难重持。梦中不识路，何以慰相思。[2]

这是他在向自己不可实现的"理想"诀别，也是他对自己一生屡起屡仆、衰世不遇、吾道不行的悲吟。

---

[1]《宋史》卷四〇〇《游仲鸿传》，第 12150 页。
[2]《朱文公文集》卷二九《与李季章》，第 459 页。

但是朱熹很快恢复了心理的平衡,他的君臣不遇的失落感又重新被穷理倡道的自我超越所代替,在灵芝寺,他又坚毅执着地开始读书讲学自求灵魂的净化与超升了。他终于从这次入都和赵扩身上痛苦地领悟到一个最残酷的事实:世人的最大痼疾,就是徒唱空言,不肯实做,上自皇帝宰执,下至阉竖小人,无不如此。因此当一大批弟子李杞、舒高、林用中、余大猷、吴南、王汉等都涌到寺中问学时,朱熹特为他们指出了一条穷究实理、即事即物实做的理学之路说:

> 且更穷理,就事物上看。穷得这个道理到底了,又却穷那个道理。如此积之以久,穷理益多,自然贯通。穷理须是穷到底,方始是。……凡事事物物,各有一个道理。若能穷得道理,则施之事物,莫不各当其位。如"人君止于仁,人臣止于敬"之类,各有一至极道理。[1]

这也是他对这唯一的一次短暂入朝供职的反思与总结,依旧还回响着他在经筵布道说君的余音,灵芝寺自省成了他未来之路的新起点。闰十月二十六日他携弟子浩然南归了。

---

[1]《朱文公文集》卷一一九,第2878页。

第十二章
庆元党禁

第一节 "吾道付沧洲"

当道学之魁朱熹一被逐出都门，朝中大规模的清党便势如破竹地开始了。十二月九日，御史中丞谢深甫劾罢了中书舍人陈傅良，罪名就是"庇护辛弃疾，依托朱熹"。彭龟年在十一月回朝后得知朱熹被逐，急忙上了一道《论朱熹以谏移御而去乞同罢斥疏》，认为"熹笃学力行，为世儒宗，在寿皇、太上两朝，屡经召用，以熹刚直不屈，虽出即退，故天下高之，咸以熹之出处，卜治道之隆替"。要求与朱熹一同罢斥。[1] 直到这时，道学们还没有一个人敢直接点名攻击韩侂胄，刚烈的彭龟年便决意发难。十二月九日他上了一道《论韩侂胄干预政事疏》，揭露韩侂胄"假托声势，窃弄威福"，要求"黜侂胄以解天下之疑"，表示"臣与侂胄不能两立"。在读罢札子后，他又进奏说："臣欲论此人久矣，到今方发，政缘陛下近日逐得朱熹太暴。"赵扩假惺惺地对宰辅们说："韩侂胄是朕亲戚，彭龟年是朕旧学，诚是难处。"[2] 可是过了几天彭龟年除外任离朝。十二月十五日，刘德秀又劾罢了刘光祖，监察御史吴猎也被逐出都。一旦这四个刚直敢言的道学党人罢去以后，温良恭俭让的道学党实际已经毫无反抗力，成了反道学权臣任意宰割的俎上肉了，韩侂胄转而把目标对向了赵汝愚。

---

[1] 彭龟年：《止堂集》卷五《论朱熹以谏移御而去乞同罢斥疏》，《丛书集成初编》本，第2024册，第72页。
[2] 《止堂集》卷五《论韩侂胄干预政事疏》，第2024册，第73—74页。

朱熹预感到赵汝愚必然失败的命运,一回考亭就在十二月拜祠命,辞焕章阁待制,弟子们问他何以三辞江陵之命,他回答说:"今番死亦不出!才出,便只是死!"他甚至劝赵汝愚唯有急流勇退,免遭杀身之祸,他致书李壁说:"东府(按:指赵汝愚)为况如何?……向来放过大体已多,今亦不容坐视,不为收救之计。此外则无他说,唯有去耳。欲去,则不可不早,然未去之间,亦不可一日不荟理。"[1] 在他眼里,赵汝愚也还是一个少谋乏术的庸相,正因他不能当机立断,除去祸根,才使朝局不堪收拾,终于酿成一场党禁大难。所以一到彭龟年、刘光祖也相继被逐去朝,朱熹便预感到大势已去,他在同时给彭龟年和刘光祖的信中都十分震骇地说:

> 忽闻去国,深为怅然。盖有识之士,无不同此叹息,而昨日机仲(袁枢)经由,相与仰德,尤不能忘怀也。今日之势,政使群贤悉力交辅,犹惧不济,顾乃为是以速之耶![2]

逐归考亭的朱熹怀着屈子被谗流放南国的凄苦离忧,不仅充满着仕途凶险的畏惧,而且更抱着"吾道穷矣"的孤愤,他从归持钓鱼竿的严子陵想到了泛舟五湖的鸱夷子,感到在垂暮之年唯有"道不行,乘桴浮于海"了,他归考亭作的一首《水调歌头》,概括了他晚年最后六年党禁在家的这种心境:

> 富贵有余乐,贫贱不堪忧。谁知天路幽险,倚伏互相酬。

---

[1]《朱文公文集》卷二九《答李季章》,第459页。
[2]《朱文公文集·别集》卷一《答刘德修》书六,第1884页。

第十二章 庆元党禁

请看东门黄犬,更听华亭清唳,千古恨难收。何似鸱夷子,散发弄扁舟。　鸱夷子,成霸业,有余谋。收身千乘卿相,归把钓鱼钩。春昼五湖烟浪,秋夜一天云月,此外尽悠悠。永弃人间事,吾道付沧洲。[1]

但是"吾道付沧洲"却并不是去做功成名就的隐逸高士,而是要做传道民间的学术素王,他不能身在朝廷建功济世,却可以退居山林倡道拯心,他又沉浸到自己讲学授徒、读书著述的生活中。回到考亭不久,便在十二月十二日建成了竹林精舍。竹林精舍在龙舌洲上,朱熹亲手栽种了竹林,大概想模仿竹林七贤,要同学徒们朝夕相聚讲道于竹林之下,但也许是感到这同佛典所载如来讲法的竹林精舍同名,所以他又把竹林精舍改名为沧洲精舍,把龙舌洲改名为沧洲,把自己的《水调歌头》刻在精舍大门石碑上。那里便成了他晚年"吾道"所付的"沧洲"了,从此他自号沧洲病叟。他为自己的燕居室题了一联:

佩韦遵考训,晦木谨师传。

这是沧洲病叟的处世圣训,他一面要效行韦斋先生,以佩韦父训自惩躁进之病;一面要谨遵屏山先生,以晦木师传韬光养晦,收敛身心,做一个真正的"晦翁",一个平和、冲淡、闲适的沧洲病叟。他以全部身心投到沧洲精舍的讲学授徒中,弟子描述他的严谨有序到近于刻板的精舍生活说:

---

[1]《朱文公文集》卷一〇《水调歌头》,第158页。

> 先生每日早起，子弟在书院，皆先著衫到影堂前击板，俟先生出。既启门，先生升堂，率子弟以次列拜炷香，又拜而退。子弟一人诣土地之祠，炷香而拜。随侍登阁，拜先圣像，方坐书院，受早揖，饮汤少坐，或有请问而去。月朔，影堂荐酒果；望日，则荐茶；有时物，荐新而后食。
>
> 先生每徒行拜谒，步速而意专，不左右顾。及无事领诸生游赏，则徘徊顾瞻，缓步微吟。先生有疾，及诸生省问，必正冠坐揖，各尽其情，略无倦接之意。诸生有未及壮年者，待之亦周详。先生病少愈，既出寝室，客至必见，见必降阶肃之，去必送至阶下。诸生夜听讲退，则不送。或在坐有外客，则自降阶送之。先生于客退，必立视其车行，不复顾，然后退而解衣，及应酬他事。或客方登车犹相面，或以他事禀者，不领之。或前客才登车，而尚留之客辄有所禀议，亦令少待……[1]

这个沧洲病叟在庆元元年因一场大病，左目又盲，他又自号为"沟中之盲"，把自己看作是一个转死沟壑的昏盲腐儒，其实是对众人皆昏唯我独醒的反讥。这个最能以道德自律、收敛放心的儒宗，却在酩酊大醉中寻求精神慰藉，他觉锢在家倒参透了禅家心空万物的真谛，又皈依韶国禅师"心外无法"、"不是人间"的偈颂。韶国师的禅偈成了朱熹晚年的一根信念支柱。然而晦翁毕竟难晦，他的道学性格与醇儒气质决定了他不甘心安于做一个超世隐遁的晦士，因而也永远不可能达到禅师逸士物我两忘的境界。当弟子章泉赵蕃写信称赞沧洲精舍说："教存君子乐，朋自远方来"，朱熹便修改成一联题在沧洲精舍桃符上：

---

[1]《朱子语类》卷一○七，第2674页。

第十二章 庆元党禁

> 道迷前圣统，朋误远方来。

又在燕居室桃符题了一联：

> 爱君希道泰，忧国愿年丰。

这二联才真正道出了沧洲病叟的灵魂。"沧洲"并不是他建造的一方世外桃源，在那里他要继承和光大孔门"道统"，爱君忧国，为民行道。他把最后努力的希望放在沧洲精舍的道统教育上。沧洲精舍的教育同样贯彻了《白鹿洞书院学规》的精神，他在释菜仪上谕告学者的"为学之要"，实际上提出了他办沧洲精舍的基本教育思想，他把"学道"作为教育的最高目的，认为读书学习是为了"道义"而不是为了"利禄"，为了"学道"而不是为了"学文"，为了"作好人"而不是为了"作贵人"。达到"学道"的三个根本环节是立志、熟读、精思，而以立志为第一，所以他告诫学徒说："书不记，熟读可记；义不精，细思可精；唯有志不立，直是无著力处。"[1] 他的教育更强调了由知到行，也体现出一种实做实行的精神。他对沧洲精舍学者的根本要求，就是"更能反求诸己，真实见得，真实行得"，"就自己身心上存养玩索，着实行履"。他说的"立志"第一，正是指这种实行实做的道德修养功夫，故他说："圣贤所说，千言万语，都无一事不是实语，方始立得此志，就此积累功夫，迤逦向上去，尤有事在。"这成了他晚年同沧洲精舍学者讲学的基调。庆元三年（1197 年）有一个宁都学子曾祖道来问学，朱熹就更明确回答说："学之之

---

[1]《朱文公文集》卷七四《沧洲精舍谕学者》，第 1375 页。

博,未若知之之要;知之之要,未若行之之实。"[1] 另一个学子吴振来问为学工夫,他回答说:"《书》曰:'知之非艰,行之惟艰。'工夫全在行上。"这都精辟概括了他的践履实行的教育精神。他更从"理一分殊"、"一道贯万殊"的哲学认识高度来总结他这种实做实行的教育思想,可以说是他晚年教育思想的一个新飞跃。在他看来,"理只在事物之中",故要认识"理一""一道",必须从"分殊""万殊"上去实做,没有实做,就不能知道,没有万殊,就没有理一,正如一贯钱只有钱索,却没有钱一样。因此他的教育重"贯"甚于重"一",重"万殊"甚于重"理一",重"行"甚于重"知",主张由"贯"到"一"的认识路线,而反对由"一"到"贯"的认识路线。庆元五年陈淳到沧洲精舍来受学,朱熹专门授给他这一"圣学"心传之秘,他甚至把这种思想看作是朱门的"正法眼藏",一再批评现今学者为学的最大弊病是"只去想象那'一',不去理会那'贯',譬如讨一条钱索在此,都无钱可穿"。"只先去理会那'一',不去理会那'贯',将尾作头,将头作尾,没理会了。曾子平日工夫,只先就'贯'上事事做去到极处,夫子方唤醒他说:我这道理,只有'一'个去'贯'了。"[2] 因此他特别要陈淳不能"只要那'一'去'贯'",而要从'贯'去到那'一'"。正是在由"贯"到"一"的认识路线基础上,朱熹建立起了自己理学的教育思想体系。庆元元年(1195年),他写成了《学校贡举私议》的著名文章。这篇文章是他对现存学校贡举及其教育体制的批判思考,是他对自己一生教育活动与教育思想的总结,也是他在沧洲精舍贯彻的

---

[1]《朱子语类》卷一三,第222页。
[2]《朱子语类》卷一一七,第2828页。

教育的"宣言书"。这份私议否定了官学的一套教育体制，其实是从他的书院精舍教育活动中总结出来的。如果说《白鹿洞书院学规》提出了一种理学化的教育思想，那么《学校贡举私议》便提出了一种理学化的教育体制，二者正好相互补充，珠联璧合。在《学校贡举私议》中，朱熹提出了一个全面更革学校科举的方案：

> 必欲乘时改制……则莫若且均诸州之解额，以定其志；立德行之科，以厚其本；罢去词赋，而分诸经子史时务之年，以齐其业；又使治经者必守家法，命题者必依章句，答义者必通贯经文，条举众说，而继以己意；学校则遴选实有道德之人，使专教导，以来实学之士；裁减解额、舍选谬滥之恩，以塞利诱之途；至于制科、词科、武举之属，亦皆究其利病，而颇更其制。则有定志，而无奔竞之风；有实行，而无空言之弊；有实学，而无不可用之材矣。[1]

德行与实学，成了朱熹改革教育制度与科举制度所标举的两面旗帜。隋唐以来专以文词取士，德行退隐，诗赋成为猎官之具，太学成为声利之场，因此朱熹认为学校科举改革的首要之举就是罢去诗赋无用空言，设立德行之科，培养既有德行又有实学的有用之才。他对制科、词科、武举都提出尖锐的批判和全面改革的主张，鲜明体现了他的独特的经学思想，这些经学思想主要可以概括为三个方面：（1）经、子、史统一兼重。北宋以来科举考试经义禁引史传，造成经史脱离，不能通贯。朱熹提出"分诸经子史时务之年"，就是强调子史的不可偏废，认为诸经是载道明理

---

[1]《朱文公文集》卷六九《学校贡举私议》，第1274页。

的;诸子是"同出于圣人,各有所长,而不能无所短";诸史是"该古今兴亡治乱得失之变",因此士子均应兼而习之,达到"无不通之经,无不习之史,皆可为当世之用"。在他定的诸子四科中,甚至包含了"荀扬王韩老庄之属"。(2)博采众家,不守门户私见,又不自骋臆说。他主张的"治经必专家法",并不是要恢复汉儒经师的株守家法师法,抱残守缺,而是要反对士子不读经文、不习传注而只知背诵中选举文、仿效比附的恶劣风气。因此在他的"专家法"后面恰显示了他的融贯众家的治经路途。在《学校贡举私议》中,他具体地提出了一个以汉唐注疏为主兼取众家的经学"家法",他所要兼取的众家包括:

> 如《易》则兼取胡瑗、石介、欧阳修、王安石、邵雍、程颐、张载、吕大临、杨时;《书》则兼取刘敞、王安石、苏轼、程颐、杨时、晁说之、叶梦得、吴棫、薛季宣、吕祖谦;《诗》则兼取欧阳修、苏轼、程颐、张载、王安石、吕大临、杨时、吕祖谦;《周礼》则刘敞、王安石、杨时;《礼仪》则刘敞;《二戴礼记》则刘敞、程颐、张载、吕大临;《春秋》则啖助、赵匡、陆淳、孙明复、刘敞、程颐、胡安国;《大学》、《论语》、《中庸》、《孟子》则又皆有集解等书,而苏轼、王雱、吴棫、胡寅等说亦可采。以上诸家更加考订增损。如刘彝等说,恐亦可取。[1]

这实际包含了他晚年对整个儒家十三经经学体系的认识,在他那里,不仅仅汉学与宋学的藩篱、汉唐古典经学与两宋新兴理

---

[1] 《朱文公文集》卷六九《学校贡举私议》,第1276页。

学的藩篱被完全打破了，而且在宋学内部迂回百折、千门万户的学派对立的壁垒也都被他打破了，王学、苏学、洛学、关学他都兼容并蓄，宋代再没有第二个人显示出这种综罗百代、通贯众家的恢宏气魄。（3）义依章句，通贯经文，条陈众说，断以己意。这其实也就是他对自己的经学方法的高度概括。他认为："今日经学之难，不在于治经，而难于作义。"宋学扬弃了汉学的章句训诂之学，但却又陷入离经说义，好穿凿附会。表现到科举上，便是那种分段破题对偶敷衍的"八股文"的风靡，朱熹痛斥这种八股体说："大抵不问题之小大长短，而必欲分为两段，仍作两句对偶破题，又须借用他语，以暗贴题中之字，必极于工巧而后已。其后多者三二千言，另无他意，不过止是反复敷衍破题两句之说而已……学者卒岁穷年，枉费日力，以从事于其间，甚可惜也！"后世都把对八股文的批判同对程朱理学的批判联系到一起，然而事实上对八股文的最早批判却可以溯源到朱熹这篇《学校贡举私议》。朱熹的经学基本思想及其方法论原则在《学校贡举私议》中得到了一次具体的运用与概括。

第二节 禁锢"伪徒"

当朱熹栖遁"沧洲"敛影避祸时，朝中的韩侂胄又顺利地驱逐了相魁赵汝愚。先是京镗向韩侂胄献计说："彼宗姓，诬以谋危社稷，则一网尽矣。"韩侂胄立即在庆元元年正月二十五日擢党羽将作监李沐为右正言，讽使他弹击赵汝愚。李沐便抓住赵汝愚曾说过"梦孝宗授以汤鼎，背负白龙升天"，诬劾他谋为不轨，有自立皇帝的野心,认为"同姓居相位,非祖宗典故"。接着经过谢深甫、何澹、杨大法、刘德秀、刘三杰的一连弹击,赵汝愚终于被罢政奉祠,以观文殿大学士提举临安洞霄宫。道学朝士郑湜、章颖、徐谊、李祥、杨简都因疏救赵汝愚相继罢去,到四月在朝的道学大臣已被逐大半。几乎可以说,在庆元党禁还没有正式开场之前,在朝的赵汝愚道学党就已被打得七零八落,溃不成军了。在这以后,只剩下在朝的几个道学们在援救赵汝愚上作一些慷慨而徒劳的抗争。四月二日太府寺丞吕祖俭上书为赵汝愚、朱熹辩诬,算是真正显示了道学党们的道学铮骨,他自知大祸难逃,先束担待罪。吕祖俭竟以"无君"之罪窜逐岭外瘴疠之地,后改送吉州,再量移高安。朱熹在考亭投书给他,自叹不如说:"熹以官则高于子约,以上之顾遇恩礼则深于子约,然坐视群小之为,不能一言以报效,乃令子约独舒愤懑,触群小而蹈祸机,其愧叹深矣!"吕祖俭答书说:"在朝行闻时事,如在水火中,不可一朝居。使处乡间,理乱不知,又何以多言为哉?"[1] 朝臣对吕祖俭的贬谪都不敢奏援,只有一个吕祖谦的弟子独善汪大度,慨然千里徒步送吕祖俭往贬所,朱熹在七月十六日专致书汪大度称赞说:

> 闻裂裳裹足,远送迁客,为数千里之行,意气伟然,不胜叹服⋯⋯子约此行,无愧人臣之义,而学者得粗知廉耻。如熹等辈,有愧于彼多矣。[2]

远在山林的朱熹意识到在朝的道学党已完全失败,在吕祖俭去后,朝廷成了反道学一党的天下,只有几个血气方刚的太学生

---

[1]《宋史》卷四五五《吕祖俭传》,第 13370 页。
[2] 朱熹:《与汪时法书》,《朱子全书》第 26 册,第 676 页。

第十二章 庆元党禁

起来抗论了。四月六日，太学生杨宏中、林仲麟、徐范、张道、蒋傅、周端朝六人伏阙上书，请"窜李沐以谢天下，还祥、简以收士心"。结果六人被加以"煽摇国是"的罪名逮捕，送五百里外编管。这六名太学生后来被称为"六君子"。

朱熹却不想屈服就范，四月初他邀约袁枢在山寺中相见，就朝局商谈了两天。他忧愤郁积，归来发了一场大病，几乎死去，以至写信给回川蜀的刘光祖作最后的诀别。当"六君子"上书被放逐的消息传来后，他致书章颖心犹未甘地说："世道反复，已是流涕；而握其事者犹怒未已，未知终安所至极耶？然宗社有灵，公论未泯，异日必有任是责者，非公吾谁望耶？"[1] 他就在这种极度忧愤心情中在五月上状再辞职名，乞请致仕。到六月他的病才见好转。然而正是在他大病这一段期间，反道学当权新贵们对道学发起了更猛烈的进攻。侍御史杨大法、右正言刘德秀奏请降诏以"国是、尊君、中道"训饬朝臣，"重寘典宪"，实际这不过是清洗道学党的代名词。六月十七日以后刘德秀便一连劾去了国子博士孙元卿、太学博士袁燮、国子正陈武、司业汪逵，在朝道学党人已经寥寥可数，朱熹在给章颖信中禁不住惊呼："国论大变，日甚一日，令人忧惧，便觉无顿身处。不知上天至仁，何故生此等辈，使能诪张幻惑，以败人之国家也！昨在经筵，不能上为明主预陈此说，吾辈亦不得为无罪矣，于今尚何言哉！尚何言哉！……诸贤尽去，几于空国矣！"[2] 六月二十四日，刘德秀上疏奏乞"考核真伪，而辨邪正"，开列了四十余名邪伪的道学党人，这是反道学新贵从反道学进而反伪学和设党籍对反对派进行党锢迫害的信号。朱熹愤怒到竟要拍案而起了，六月底他在极度

---

[1]《宋史》卷四〇四《章颖传》，第 12228 页。
[2]《朱文公文集·续集》卷五《答章茂献》书一，第 1835 页。

的悲愤中草成了几万言的封事,"陈奸邪蔽主之祸,因以明汝愚之冤",准备投进。这一下吓坏了他的子弟诸生和亲朋戚友,他们纷纷登门苦苦劝阻,朱熹不肯听从。最后还是蔡元定入谏请用《易》"以蓍决之",占得《遁》之《家人》,使这个占学大师沉默无言了。《遁》初六说:"遁尾厉,勿用有攸往。"是说"遁而在后,尾之象,危之道也。占者不可以有所往,但晦处静俟,可免灾耳"。朱熹便焚烧了奏稿,从此自号"遁翁"。封事虽然终未敢上,但他这个"遁翁"如骨鲠在喉,不吐不快,还是无法做到"晦处静俟"。因朝中稍有声望的道学大臣都被驱逐一空,只有一个新任右相余端礼还能在暗中护救道学,但也只是一个平庸胆小的宰辅。朱熹便把希望寄托在远在江湖的重臣大诗人杨万里身上,积极促他一出入朝,说动赵扩,做朝中反对当权新贵的顶梁柱。

绍熙以来杨万里同朱熹一直保持着密切关系。朱熹被逐归闽后,杨万里在庆元元年二月有信给他,说:"向丈(浯)忽以所赐手札来,得之惊喜。当其入也,固知其不久也。执古道以强今之跧,持己之方以入时之圜,是能久乎?不久何病,不久然后见晦老,甚叹甚贺。"[1] 杨万里刚直敢言,有元老重臣与大诗人的双重声望,又是太上皇赵惇在潜邸时的旧人,不属于赵汝愚党,加上正好庆元元年赵扩一再召他入朝,所以朱熹认为只有他才是能说动感悟赵扩最适合的人,除亲自写信劝他入朝,还鼓动江西临江的向浯、章颖等人出面力劝他趋召。朱熹在给向浯的信中说:

> 杨丈(万里)书已领,不知其已趋召否?今日之事,凡曾在赵子直(汝愚)处吃一呷汤水者,都开口不得。只有此

---

[1]《诚斋集》卷六六《答朱侍讲》,第197册,第14页。

第十二章　庆元党禁

老尚可极言，以冀主之一悟。不知其有意否，已作书力劝之。万一肯出，经由更望一言，此宗社生灵之计，非小故也。[1]

又在给章颖信中说：

诚斋久不得信，不知成行否？九级浮屠，八级已了，只欠此一级，固当为天下惜之也。[2]

然而杨万里挂冠之意早决，他对元丰元祐间党争的前车之鉴记忆犹新，虽然朱熹在庆元元年六月、八月接连写信劝他，他都不肯出山，十月他在给朱熹的一封长信中披陈自己的逍遥世外之心说：

令亲程纠（洵）袖出契丈六月二十一日手书，读之，若督过其一不力疾一出山者，乃悟梦中事（按：指梦中见二仙对弈与东坡山谷对语）。程纠又出契丈与渠书，有"欲令老僧升讲座普说，使听者通身汗出，快哉快哉"之语……契丈著占有知，抑犹在偻句之后乎？盖著告契丈以《遁》之初与四，而偻句告仆以上九也，发书占之云："在外则已远，无应则无累。"曾谓晦庵之著，不如某之偻句乎？[3]

朱熹的希望落空，在七月和十一月两次上状辞职自劾。与此同时，反道学的当权新贵却打起反"伪学"的旗号纷纷登台表演

---

[1]《朱文公文集·别集》卷一《答向伯元》书四，第1882页。
[2]《朱文公文集·别集》卷一《答向伯元》书四，第1882页。
[3]《诚斋集》卷六八《答朱晦庵书》，第197册，第11页。

了，求当执政心切的何澹在七月十三日上疏，大谈"专门之学流而为伪，空虚短拙，文诈沽名"，为他不久荣登参知政事宝座打通道路。接着吏部郎官糜师旦在十七日上书，奏请"考核真伪"，立即擢除左司员外郎。另一个巧于投机钻营的名士张贵谟，也上书专论《太极图》说之非。他们的矛头都是指向赵汝愚和朱熹。道学变成伪学，道徒也就变成伪党，党禁迫害也就提到了议事日程。于是何澹又上疏，第一个发出了党锢的叫嚣："在朝之臣，既熟知其邪正之迹，然不敢白发，以招报复之祸，望明诏大臣，去其当去者。"朱熹预感到了党祸将临，他告诉蔡元定说："昨日见报，有因奏对，极言太极之罪者，累数百言，大率皆攻鄙说。其说甚呆可笑，不知何人所发也。窃恐流布，诸书亦不甚便。"[1] 他在给田子真信中估计说："时论日新，于越（赵汝愚）、章（颖）、彭（龟年）、徐（谊）、薛（叔似）诸人，必续有行遣，未知轻重远近如何耳……某以议陵自劾，恐亦触诸新贵之怒。"[2] 果然，十一月监察御史胡纮上奏说"汝愚倡引伪徒，谋为不轨，乘龙授鼎，假梦为符"，条列了赵汝愚"十不逊"之罪。赵汝愚谪永州安置，徐谊也以赵汝愚党谪南安军安置。有一个叫赵师召的甚至上书乞斩赵汝愚。对"伪党"的党锢迫害正式开始了。

十二月朱熹依旧除秘阁修撰，提举南京鸿庆宫。他的弟子傅伯寿，一个卖身投靠反道学新贵而荣擢中书舍人的"伪徒"，在告词中讥斥朱熹"大逊如慢，小逊如伪"，"务徇于名高"。奉祠的朱熹这时悲愤到几乎绝望的地步，他在《用丘子服弟韵呈储行之明府伯玉卓丈及坐上诸友》中故作豁达地哀唱：

---

[1]《朱文公文集·续集》卷二《答蔡元定》书五十八，第1813页。
[2]《朱文公文集·续集》卷五《与田侍郎》书五，第1834页。

第十二章 庆元党禁

> 我是溪山旧主人,归来鱼鸟便相亲。
> 一杯与尔同生死,万事从渠更故新。[1]

这是一种无可奈何的颓放通脱,然而直到这时他对昏君赵扩仍抱着一线幻想,希望他能一旦悔悟,召回赵汝愚。庆元元年多雪的严冬伴随着党锢的阴冷一起降临,朱熹从雪里寒梅初放得到启发,写了一篇哀愤愁绝的《梅花赋》。他借序点明赋的深意说:

> 楚襄王游乎云梦之野,观梅之始花者,爱之。徘徊而不能舍焉。骖乘宋玉进曰:"美则美矣,臣恨其生寂寞之滨,而荣比岁寒之时也。大王诚有意好之,则何若之渚宫之囿,而终观其实哉?"宋玉之意,盖以屈原之放微悟王,而王不能用,于是退而献曰……[2]

赵汝愚贬谪永州,同当年屈子流放洞庭太相似了。"以屈原之放微悟王"也就是以赵汝愚之放微悟赵扩。赵汝愚是宋宗室,正可称得上是"王孙",所以乱词呼唤:"王孙兮归来,无使哀江南兮。"无疑赋是借梅喻人,大旨在微讽帝王起用流放之臣赵汝愚。然而赵扩甚至连楚襄王都不如。庆元二年正月二十日,赵汝愚流放零陵道经衡阳生病时,遭到韩侂胄的爪牙、守臣钱鍪的窘辱,含愤而卒。道学们心目中的"屈子"死了,太学生敖陶孙不畏韩侂胄迫害,在阙门上挥笔大书了一首哭诗:"左手旋乾右转坤,群

---

[1] 《朱文公文集》卷九《用丘子服弟韵呈储行之明府伯玉卓丈及坐上诸友》,第152页。
[2] 朱熹:《梅花赋》,《朱子全书》第26册,第565页。

邪嫉正竟流言。狼胡无地归姬旦，鱼腹终天痛屈原。一死固知公不免，孤忠赖有史长存。九原若遇韩忠献，休说渠家末世孙！"[1] 据说赵汝愚的灵柩由衡阳运回时，"灵舆所经，父老焚香迎拜于道左。或至涕泣。萍乡阖邑以竹枝标楮钱于门外，望柩而焚之，烟焰为之蔽空"[2]。朱熹先往寒泉哭吊，又到赵汝愚婿家祭奠，朱熹还没有发现，在相党之魁赵汝愚"先迈"以后，反道学新贵下一个要集中打击迫害的对象轮到道学之魁的他了。反道学新贵在密谋放逐赵汝愚时就说："食肉者必弃其骨，今留之以集蝇蚋，孰若与其骨远屏之，以绝蝇蚋之望。"[3] 朱熹更是一块麇集道学蝇蚋的"骨头"。庆元二年二月京镗任右相、谢深甫任参知政事、何澹任同知枢密院事后，一场全面的文化专制便开始了。三月十一日，知贡举叶翥、同知贡举倪思、刘德秀借今年春试大比的机会上了一道禁绝伪学的奏疏：

> 二十年来，士子狃于伪学，汩丧良心，以六经子史为不足观，以刑名度数为不足考，专习语录诡诞之说，以盖其空疏不学之陋，杂以禅语，遂可欺人。三岁大比，上庠校定，为其徒者专用怪语暗号，私相识认，辄置前列，遂使其真才实能反摈不取，臣等熟识其弊……欲望因今之弊，特诏有司风谕士子，专以孔孟为师，以六经子史为习，毋得复传语录，以滋其盗名欺世之伪。更乞内自太学、外自州军学，各以月试取到前三名程文，申御史台考察。太学以月，诸路以季；太学则学官径申，诸路则提学司类申。

---

[1] 魏庆之：《诗人玉屑》卷一九，中华书局1986年版，第422页。
[2] 徐自明：《宋宰辅编年录》卷二〇，《宋史资料萃编》第二辑，第1683页。
[3] 徐自明：《宋宰辅编年录》卷二〇，第1683页。

第十二章　庆元党禁

如仍前不改，则坐学官提举司之罪。如此，何忧文风之不变，士习之不革哉！[1]

其实道学们并没有形成一种朝党形式的政治力量，在君权面前他们始终处于劣势，故赵汝愚一夜被逐死去，反道学新贵已取得了政治上的决定性胜利，剩下要做的不过就是通过强制的精神禁锢与文化扼杀来巩固他们的既得利益，这一纸上疏就是企图首先从学校贡举上根除道学，禁绝一切私学，定思想于一尊，建立半壁小朝廷的文化"大一统"，因而矛头也就首先对向朱熹，刘德秀在同时上的奏疏中干脆说："伪学之魁，以匹夫窃人主之柄，鼓动天下，故文风未能丕变。请将语录之类，并行除毁。"他们效法秦始皇掀起了一场新的"焚书坑儒"，这一年的科举凡语稍涉及"伪学"的，全部黜落不取。朱熹和其他理学家的著作遭到毁禁，甚至连叶適的《进卷》、陈傅良的《待遇集》也都视如洪水猛兽。六月朝廷颁发了一道命令，规定天下士子"专以《语》《孟》为师，以六经子史为习，毋得复传语录，以滋盗名欺世之伪。所有《进卷》、《待遇集》并近时妄传语录之类，并行毁板。其未尽伪书，并令国子监搜寻名件，具数闻奏"[2]。举国闻风而动，展开了搜禁理学著作、告发伪徒、审查坊间书肆的运动，十五日国子监首先向朝廷报功说："今搜寻七先生《奥论》、《发枢》、《百炼真隐》、李元纲文字、刘子翚《十论》、潘浩然子《性理书》、江民表《心性说》，合行毁劈。乞许本监行下诸州及提举司，将上件内书板，当官劈毁。"[3] 一大批"伪徒"叶適、陈傅

---

[1]《宋会要辑稿》第 109 册《选举》五《贡举杂录》，第 4321 页。
[2]《宋会要辑稿》第 166 册《刑法》二，第 6558 页。
[3]《宋会要辑稿》第 166 册《刑法》二，第 6558 页。

良、留正、黄黼、彭龟年、章颖、林大中、陈公亮、蔡幼学、张涛等,有的罢职,有的降官,有的贬谪。反伪学的调子越唱越高,度支郎中张釜上书称颂皇帝陛下英明说:"天下皆洗心涤虑,不敢复为前日之习。"但朱熹不想关闭沧洲精舍,也不想避祸出走,他又告诉黄榦说:"诸人皆为外间浮论攻击,不敢自安而去。其实欲见害者,亦何必实有事迹与之相违,但引笔行墨数十行,便可使过岭矣,此亦何地可避耶!"[1]一张巨网罩住他,他感到在劫难逃了,上上下下都把他当成了"奇货",不仅朝廷新贵用他"立致富贵",而且乡曲求利之徒也借他升官发财,一时谣诼诬告纷纷四起。到十二月三日反道学老手陈贾擢除兵部侍郎后,当权新贵们终于鼓足勇气直接向道学之魁朱熹发难了。

监察御史胡纮早就起草了一份奏论朱熹的劾章,但一直不敢上奏。八月他因反伪学有功连升太常少卿和起居舍人后,便把炮制的劾章授给了新任监察御史沈继祖。这个贪婪无厌的暴发新贵以为飞黄腾达的机会来了,顿时胆壮如牛,十二月他进上了这篇奏劾朱熹六大罪状的奇文。这是一篇典型的封建时代言官以"风闻"弹劾臣僚的杰作,也是一篇代表庆元党禁文化专制时期以捕风捉影、移花接木、颠倒捏造手法加罪杀人的典型诬告文字。最有意思的是沈继祖在六大罪后面又罗列了十大罪状:

> 欲报汝愚援引之恩,则为其子崇宪执柯娶刘珙之女,而奄有其身后巨万之财;又诱引尼姑二人以为宠妾,每至官,则与之偕行,谓其能修身可乎?冢妇不夫而自孕;诸

---

[1]《朱文公文集·续集》卷一《答黄直卿》书二十五,第1798页。

第十二章 庆元党禁

> 子盗牛而宰杀,谓其能齐家可乎?知南康军,则妄配数人,而复与之改正;帅长沙,则匿藏赦书,而断徒刑者甚多;守漳州,则搜古书而妄行经界,千里骚动,莫不被害;为浙东提举,则多发朝廷赈济钱粮,尽与其徒,而不及百姓,谓其能治民可乎?又如据范染祖业之山,以广其居,而反加罪于其身;发掘崇安弓手父母之坟,以葬其母,而不恤其暴露,谓之恕以及人可乎?男女婚嫁,必择富民,以利其奁聘之多;开门授徒,必引富室子弟,以责其束脩之厚,四方馈赂,鼎来踵至,一岁之间,动以万计,谓之廉以律己可乎?[1]

这些罪行之丑恶都不在前面的六大罪之下,沈继祖却还不敢把它们作为"大罪"同前面并列,这只能说明它们更是一些诬罔不实的"风闻"了。刘珙之女的婚事本是刘珙卒前托给朱熹的,不存在"奄有其身后巨万之财"的事。诱引尼姑为妾,是从朱熹在漳州整顿风教命令尼姑还俗引发出来的奇想。朱熹婿黄榦家境贫寒到买不起书,只好在考亭借书读,受聘于富家塾馆教书童,也谈不上朱熹"男女婚嫁,必择富民"。来精舍读书的学者也以清寒士子为多。朱熹在南康任上惩处的是富家子弟与无赖恶少,在长沙任上断刑的是地方恶霸,也不存在匿赦书的事,在漳州任上想推行经界是要打击豪强大族的兼并势力,而且正因为此才受阻不行,也根本没有发生过"千里骚动,莫不被害"的事,这些弹劾适得其反暴露了反道学新贵倒是代表和维护着大官僚地主豪强的利益。

按照沈继祖的奏论,是要将朱熹"褫职罢祠",将储用"镌

---

[1] 李心传:《道命录》卷七上,《知不足斋丛书》本,第9册,第620页。

官"，将蔡元定"追送别州编管"。十二月十六日，朱熹落职罢祠。这一朝命是伴随江东漕司毁南康《四书集注》书板的行文一同下达的，他被剥夺了任何辩护的权利，他只能用玩世不恭的游戏之笔上了一道谢表，把沈继祖奏论的罪行一股脑儿全部承担下来。但是他仍然对自己有口竟不能一辩而感到极度的痛苦和愤怒，他在给黄榦的信中一再提到这份不值一文的谢表说："《谢表》为众人改坏了。彼犹有语，是直令人不得出气也！此辈略不自思自家是何等物类，乃敢如此，殊可悯笑也。"[1]"《谢表》漫录去看，勿以示人。初时更有数人，后为元善所删，然亦无甚紧要，若谓取祸，则只此亦足以发其机也。"[2] 他已意识到在他被剥夺掉了一切后，更大的迫害在等待着他。如果说在朱熹落职罢祠以前，他们从反道学进而到反伪学，那么在朱熹落职罢祠以后，他们便从反伪党进而到反逆党了。

第三节　伪籍逆党

庆元三年正月朱熹落职罢祠和蔡元定编管道州的指挥同时下到，他们表面都显得十分坦然镇定。弟子辅广占了一课，筮得《小过》"公弋取彼在穴"，便对朱熹说："先生无虞，蔡所遭必伤。"县差逮捕蔡元定十分紧急，蔡元定对来劝缓行的人只说了两句："获罪于天，焉可逃乎？"没有同家人告别便押解上路，朱熹乘舟前往辞行未遇。第二天他带着弟子一百多人再赶到瀛洲桥东

---

[1]《朱文公文集·续集》卷一《答黄直卿》书三十，第1799页。
[2]《朱文公文集·续集》卷一《答黄直卿》书二十五，第1798页。

第十二章　庆元党禁

的净安寺与蔡元定饯行。两人仍如平时一样谈笑洒然地讨论《参同契》，老庄精神的自我超越仿佛已使两人灵魂得到了净化和解脱，朱熹心契神会地目注蔡元定说："友朋相爱之情，季通不挫之志，可谓两得矣。"蔡元定泰然赋诗作别：

谪舂陵别诸友诗

天道固溟漠，世路尤崄巇。
吾生本自浮，与物多瑕疵。
此去知何事？生死不可期。
执手笑相别，无为儿女悲。
轻醇壮行色，扶摇动征衣。
断不负所学，此心天所知。[1]

蔡元定在季子蔡沈陪侍下徒步三千里，两脚流血到达贬所，第二年便郁闷病死。反道学当权新贵对伪徒们的打击迫害向来冷酷无情，但对伪徒首魁朱熹却只给以落职罢祠，又显得手下留情了。就在沈继祖上劾章后，还有一名选人余嘉上书请斩朱熹，谢深甫居然假惺惺地把上书掷地下说："朱元晦、蔡季通不过自相与讲明其学耳，果有何罪乎？余嘉虮虱臣，乃敢狂妄如此而已，当相与奏知行遣，以厉其余。"[2] 后来叶绍翁提起一件事解释说：

先是考亭先生尝劝忠定，既已用韩，当厚礼陈谢之，意欲忠定处以节钺，居之国门外，忠定犹豫未决，而祸作。先生对门人曰："韩，吾乡乳母也，宜早陈谢之。"建俗，用乳母乳其

---

[1]《蔡氏九儒书》卷二《西山》，《宋集珍本丛刊》本，第106册，第325页。
[2]《宋史》卷三九四《谢深甫传》，第12041页。

子,初不为券,儿去乳,即以首饰羔币厚遗之,故谓之"陈谢"。韩后闻其说,笑建俗而心肯之,故祸公者差轻。[1]

还有一种说法,是认为有一个与韩侂胄有姻连的籍田令陈景思从中回护朱熹,朱熹在给陈景思信中也掩饰说:"其然其然!韩丈于我本无怨恶,我于韩丈亦何嫌猜乎!"[2] 其实反道学新贵何尝不想置朱熹于死地,只是考虑到他的四海崇仰的一代儒宗盛名,还不敢贸然对他加以杀戮流放,然而他们正朝这个目标迈进。朱熹镌职去祠后,反道学加快升级,二月大理司直邵褒然奏请:"自今权臣之党,伪学之徒,不得除在内差遣。"六月又有一名新贵上章危言耸听说:"三十年来,伪学显行,场屋之权尽归其党,所谓状元、省元与两优释褐者,非其私徒,即是其亲故。望诏大臣,审察其所学,而后除授。"到了闰六月六日,终于由一名反道学老手刘三杰向赵扩面奏说:"伪学之党,变为逆党,防之不可不至!"以留正谪邵州居住为标志,文化专制在清洗禁锢叛逆乱党的旗号下推上了顶峰。赵扩下诏,今后凡监司帅守荐举改官,都必须先声明自己"非伪学之人"。参加今年秋试的士子,必须在家状上写上"委不是伪学"五字,才准进考场。那些害怕打入逆党的道徒有的遁入深山,隐姓埋名,有的变易衣巾,携妓放浪于湖山都市之中。弟子纷纷劝朱熹解散精舍避祸,可是他却不肯,对他来说,年已垂暮,只欠一死,还有什么必要避祸,他回答弟子说:

今为辟祸之说者,固出于相爱,然得某壁立万仞,岂不

---

[1] 《四朝闻见录》乙集《赵忠定》,第2763册,第42页。
[2] 《水心文集》卷一八《陈思诚墓志铭》,第203册,第21页。

第十二章 庆元党禁

益为吾道之光！[1]

天地之大，无处避祸，一张逆党禁锢的大网顿时罩了下来。十二月二十九日，知绵州王沇上书奏请设立伪学之籍，凡是"曾受伪学荐举关升及刑法廉吏自代之人，并令省部籍记姓名，与闲慢差遣"。目的在于从法律上把他们确立为大逆不道的"逆党"，施以终身的禁锢，永不叙用。于是反道学新贵们效法元祐党籍的故伎，开列了一份五十九人的伪逆党籍：

宰执四人：

> 赵汝愚（左丞相）　留正（少保，观文殿大学士）
> 王蔺（观文殿学士，知潭州）
> 周必大（少傅，观文殿大学士）

待制以上十三人：

> 朱熹（焕章阁待制兼侍讲）
> 徐谊（权工部侍郎）
> 彭龟年（吏部侍郎）
> 陈傅良（中书舍人兼侍讲兼直学士院）
> 薛叔似（权户部侍郎兼枢密都承旨）
> 章颖（权兵部侍郎兼侍讲）
> 郑湜（权刑部侍郎）　楼钥（权吏部尚书）
> 林大中（吏部侍郎）　黄由（权礼部尚书）

---

[1]《朱子语类》卷一〇七，第2671页。

黄黻（权兵部侍郎）　　何异（权礼部侍郎）

孙逢吉（权吏部侍郎）

余官三十一人：

刘光祖（起居郎兼侍读）

吕祖俭（太府寺丞）

叶适（太府少卿，淮东总领）

杨方（秘书郎）

项安世（校书郎）　　沈有开（起居郎）

曾三聘（知郢州）　　范仲鸿（军器监簿）

吴猎（监察御史）　　李祥（国子监祭酒）

杨简（国子监博士）　赵汝谠（添差监左藏西库）

赵汝谈（前淮西安抚司干官）

陈岘（校书郎）

范仲黻（著作郎兼权吏部郎官）

汪逵（国子司业）

孙元卿（国子博士）　袁燮（太学博士）

陈武（国子正）　　　田澹（宗正丞兼权工部郎官）

黄度（右正言）　　　詹体仁（太府卿）

蔡幼学（福建提举）　黄灏（浙西提举）

周南（池州教授）　　吴柔胜（新嘉兴府教授）

李埴（校书郎）　　　王厚之（直显谟阁，江东提刑）

孟浩（知湖州）　　　赵巩（秘阁修撰，知扬州）

白炎晨（新通判成都府）

第十二章　庆元党禁

武臣三人：

皇甫斌（池州都统制）　范仲壬（知金州）
张致远（江南兵马钤辖）

士人八人：

杨宏中　　周端朝　　张　道　　林仲麟
蒋　傅　　徐　范　　蔡元定　　吕祖泰[1]

党籍的建立，意味着道学被钉在叛党的"耻辱柱"上，而让伪徒们背起承受一切封建君主专制的罪恶与灾难的十字架，君权势力对清议势力取得了完全的胜利。

在党籍公布于世以后，道学们精神崩溃了，他们除了有的竖起降幡，有的沉默保身，更多的却在精神压抑与窘辱困境中郁郁死去。庆元四年中，接连有张构、郑湜、黄艾、邓驲、吕祖俭、蔡元定、吴必大一批道学名士病亡。八月九日蔡元定在道州临终前，给朱熹写了一封告别信：

> 定辱先生不弃，四十余年随遇，未尝不在左右，数穷命薄，听教不终。自到此地，生徒虽众，因循岁月而已，殊无日新之益。所沾之疾，初而泄泻不止，既而热气上攻，少下右拇微弱，莫能远步，最后中虚暴下，百方治之无效，势必不久，惟以不见先生为恨。天下未必无人才，但师道不立为

---

[1]《建炎以来朝野杂记》甲集卷六《学党五十九名》，第836册，第80—81页。

可忧矣。先生所以寿如乔松者，上天传以斯文大任也。《楚辞》略看得几处，即书候完奉寄。今将邵氏历法、《诗》、《易》等纂述未全者呈上，先生以成之也。邱子陵才学优长，相随至此，辛勤不懈，其志朋友十分难得，他时必有用于世。沈子归可收而教之，幸甚。元定执笔不端。[1]

朱熹欲哭无泪，他唯有仿夫子书延陵季子之墓，大书了"呜呼有宋蔡季通父之墓"的墓碣，并用编写两人往返讲论书札的《翁季录》来作纪念了。

但反道学新贵对逆党们从来不手软，在立党籍后，他们又先后劾逐与劾罢了黄由、杨方、黄灏、陈谦等人。庆元四年四月右谏议大夫姚愈向赵扩建议："近世侥幸之徒，倡学道学之名，权臣力主其说，结为死党。愿陛下明诏，播告天下。"赵扩果然降下一道杀机腾腾的诏书，宣布伪徒如"怙恶不悛，邦有常刑，必罚无赦！"七月又有都大川秦茶马丁逢引当年苏辙、任伯雨之言为证，痛斥"建中调停"之害，反对当时有人想起用薛叔似、叶適的折中论调。朱熹在给黄榦信中禁不住愤叹：

求进者纳忠不已，复有苏辙、任伯雨之奏，想已见之，大率是徐（谊）、叶（适）耳。然似此纷纷，何时是了！两日无事，闲读《长编》，崇观以来率是如此，甚可惧也。[2]

封建时代的清议势力向来是封建政权体制内部的一种限制君

---

[1]《蔡氏九儒书》卷二《临终别文公书》，《宋集珍本丛刊》本，第106册，第322页。
[2]《朱文公文集·续集》卷一《答黄直卿》书四十八，第1801页。

第十二章 庆元党禁

权的调节力量,但它不是用法律的力量,而是用文化的、道德的力量来限君,一旦这种清议力量解体,不是君权如决堤之水通向暴君独裁,便是造成近习、宦官或外戚的专权局面。果然,在庆元四年通过设立党籍把道学们从封建政权中驱逐净尽后,韩侂胄也就成了把持朝政、大权独揽的实际皇帝。这一年他加为太傅,第二年封平原郡王,四方纷纷投书献颂,称为"我王",功在"伊、霍、旦、奭"之上,那个上书乞斩朱熹的余嘉请加韩侂胄"九锡",朱熹最害怕的近习专国柄变成了现实。韩侂胄宠信两名"厮役"苏师旦、周筠为左右手,两人勾结将帅,卖官鬻爵,门庭如市,从三衙到诸帅各定官价,少则一官卖十万缗,多则一官卖近百万缗。后来两人身败伏法时,光从苏师旦家中就抄出金箔金二万九千二百五十片,金钱六十辫,马蹄金一万五千七百二十两,瓜子金五斗,生金罗汉五百尊(各长二尺五寸),金酒器六千七百三十两,钗钏金一百四十三片,金束带十二条。韩侂胄更是穷奢极欲,庆元三年慈福太后特把武林山东麓的南园赐给韩侂胄,这园有香山十样锦之胜,叠奇石为十洞,洞中有亭,顶绘文锦,假山秀石,飞观杰阁,赛过神仙洞府,入园要三天才能游遍,连陆游都惊叹说:"自绍兴以来,王公将相之园林相望,莫能及南园之仿佛者。"韩侂胄便居太室三茅山旁,筑石坛烧炼大丹,叫一个余道士替他掌火候,"人不得而见之,外疑其为仙"。在宝莲山下,韩侂胄又凿山为园,建阅古堂,引阅古泉,砌玛瑙石为池,那里危峰奇石,浅湾曲沼,窈窕渟深,人们"疑为洞天福地,不类其为园亭也"。他的嬖妾上有张谭王陈"四夫人",下有卖笑争宠的"十婢",犹不厌足。靠溜须拍马连升为谏议大夫的程松买了一个美人,取名"松寿"献给韩侂胄,韩侂胄奇怪地问为何取这样的名字,他回答说:"欲使贱名常达钧听耳。"捧得韩侂胄飘飘然，程松一下子登上了同知枢密院事的宝座。

正是在韩侂胄当政的庆元文化专制时期，一切封建社会千年积淀的最朽烂臭恶的腐生物都作为时代之花泛滥浮起，中国特产的投机家、政治骗子、告密者、拍马奴才、不学无术名士、笑面清官都纷纷被提拔麇集到皇帝身边。有一个最善献媚的临安守赵师择，听到有人买了四顶华贵无比的北珠冠献给"四夫人"，他便马上用官钱十万缗买了十顶北珠冠献给"十婢"。韩侂胄生日那天，百官争献奇宝异珍，最后赵师择献上了一个不起眼的小盒，打开一看，竟是一座粟金蒲桃小架，上缀夜明珠一百多颗。赵师择很快荣升工部侍郎。一次韩侂胄同门客们到南园燕饮，他指着竹篱茅舍说："此真田舍间气象，但欠犬吠鸡鸣耳。"话刚说完，就从草丛中传出了狗叫，大家一看，原来是赵师择趴在那里。太学生作了一首诗讽刺说："堪笑明庭鸳鹭，甘作村庄犬鸡。一旦冰山失势，汤燖镬煮刀刲。"另一个早年有道学清名的许及之，靠投韩门升为吏部尚书，仍不满足，竟跑到韩侂胄面前屈膝下跪，痛哭流涕地求官，韩侂胄便除他为同知枢密院事。一次韩侂胄生日，文武百官都上朝祝寿，许及之迟来一步，阍人关闭了宫门，他便从旁边一个小闸洞弓缩钻了进去，人们都笑他是"由窦尚书，屈膝执政"。朱门的道学叛徒傅伯寿，上一道贺启肉麻吹捧韩侂胄说："澄清方效于范滂，跋扈遽逢于梁冀。人无耻矣，咸依右相之山；我则异欤，独仰韩公之斗。首明趋向，愿出熔陶。"[1] 由浙西宪官直登签书枢密院事。还有一个曾为韩侂胄童子师的穷酸老冬烘陈自强，只因韩侂胄在堂上对从官们说了一句："陈先生老儒，汩没可念。"第二天从官们纷纷交章荐举陈自强，陈自强在三

---

[1]《齐东野语》卷一三《傅伯寿以启擢用》，第240页。

年中扶摇直上,由太学录、太学博士、国子博士、秘书郎、右正言、谏议大夫、御史中丞升为签书枢密院事。对这样一个群丑乱舞的新贵朝廷,朱熹作了一首《闻蛙》诗鄙夷讽刺说:

> 两枢盛怒斗春池,群吠同声彻晓帷。
> 等是一场狼籍事,更无人与问官私。[1]

"两枢"暗指东西二府,蛙噪犬吠便是指这些反道学新贵的种种倒行逆施。他为了远避这些鼓噪狂吠,在庆元四年秋间从近于市嚣的考亭躲居到崇安五夫里,沧洲精舍荒凉冷落下来。十二月当朱熹上状以年及七十奏请致仕时,朝廷新贵都横眉怒目不予允准,连建宁地方也"闾里横议,官吏过疑,咸谓负罪之人无事可致,不当冒昧自求优逸。迁延稽故,不为依条保奏"[2]。当权新贵对道学又开始酝酿一场新的迫害阴谋了。

有一个直省官蔡琏,在赵汝愚内禅定策时,曾从旁偷听,想把机密泄露出去,赵扩即位后,蔡琏被从轻决配。但他在庆元四年冬窜回了临安,一下子被当权新贵们居为打击道学的奇货。蔡琏便诬告赵汝愚在定策时有异谋,怀野心,写了七十多张的供词,伪党是逆党终于有了铁证。京镗、刘德秀决定逮捕彭龟年、曾三聘、徐谊、沈有开、叶适、项安世一大批"伪徒",投送大理寺。中书舍人范仲艺袖藏了录黄见韩侂胄,警告他说:"章惇、蔡确之权非不盛,至今得罪清议,以同文字之狱故尔。"韩侂胄不免心悸说:"某初无此意,以诸公(指京镗、刘德秀等)见迫,不容但

---

[1]《朱文公文集》卷九《闻蛙》,第150页。
[2]《朱文公文集》卷二三《与宰执札子》,第372页。

已。"他终于没有敢进行大规模的逮捕。其实这里主要还是因有左相余端礼的回护道学,以及反道学的赵彦逾出面证实蔡琏诬告不实,当权新贵兴大狱捕逆党的阴谋才没有得逞。然而尽管逆党大狱未能炼成,却因张釜、陈自强、刘三杰、张岩、程松接连上疏不已,还是在庆元五年正月将彭龟年追三官勒停,曾三聘追两官,而蔡琏得到了擢补进义校尉的奖赏。文字狱依旧绵延不绝。二月,朱熹又听到了刘光祖被谪贬房州的消息。刘光祖因为在一篇《涪城学记》中说了这样几句话:"学者明圣人之道,以修其身。而世方以道为伪,而以学为弃物,好恶出于一时,是非定于万世。"被人告发,张釜便奏劾刘光祖"佐逆不臣"五大罪落职,房州居住。朱熹感到分外震惊,他在给刘光祖的信中绝望地叹息说:"忽阅邸报,有房陵之行,为之怅然,寝食俱废,累日不能自释……吾道之穷,一至于此!"[1]

然而虚弱的文化专制的制造者们,却也感到了全国越积越深的潜伏的愤怒与反抗情绪,尤其是蔡琏诬告的失败,不能不使他们感到有所顾忌,心怀恐惧,不敢轻易对道学首魁开刀,因而在刘光祖被贬后,竟意外出现了一段表面的平静,连朱熹都在给陈子真信中奇怪地说:"比来论议似稍宁息,未知竟如何。"[2] 这一短暂平静的间隙正好给了朱熹一个机会,得以实现了他从庆元年以来一直拖延受阻的告老致仕的愿望,四月,朝廷竟批准了他以朝奉大夫致仕。他心中千头万绪,不知是悲是喜,歌哭无端。他一连作了两首诗咏叹自己的致仕,其中一首吟道:

---

[1] 《朱文公文集》卷三八《答刘德修》,第633页。
[2] 《朱文公文集·别集》卷一《陈子真》,第1882页。

第十二章 庆元党禁

> 蒙恩许遂休致陈昭远丈以诗见贺已和答之复赋一首
> 阑干苜蓿久空槃,未觉清羸带眼宽。
> 老去光华奸党籍,向来羞辱侍臣冠。
> 极知此道无终否,且喜闲身得暂安。
> 汉祚中天那可料,明年太岁又涒滩。[1]

朱熹自叹自己是一个未能尽忠的忠臣,但又庆幸自己终究没有像扬雄那样当"莽大夫"。这对他也许是一个更好的一生归宿。在致仕以后,他又回到了建阳考亭,开始穿野服见客。在愁云惨雾的党锢底下,他唯一仍孜孜不舍追求的事,就是他嗜之如命的著书立说,完成自己生平学问的总结。

---

[1]《朱文公文集》卷九,第152页。

第十三章
生平学问的最后总结

第一节　一代文宗

朱熹在文化禁锢中不屈地挣扎着，理学成了禁区，他可以研究朴学；道学成了禁果，他可以研究文学；四书学成了禁圈，他可以研究五经学；周程学成了禁脔，他可以研究异端学——恰正是这种转变促成了他在晚年最后一个更闪光的学问著述高峰，反而成就了他不仅是一代儒宗，而且是一代文宗的文化地位。

他在庆元三年党禁高潮中完成的《韩文考异》，奠定了他作为宋代最杰出的校勘家的地位。早在淳熙十六年莆田方崧卿出版《韩集举正》，便引起了朱熹的注意。绍熙三年正月他写了一篇《跋方季申所校韩文》，评论《韩集举正》的得失，提出了自己校正韩集的设想。他写信给方崧卿指出《举正》多有错误，不为方崧卿所首肯，这就进一步促成了他要在这本书基础上重新整理考订韩愈文集的决心。但《韩文考异》后来却成了他与弟子方士繇合作的产物，庆元元年他把作《韩文考异》的体例方法告诉方士繇说："《韩文考异》，大字以国子监版本为主，而注其同异，辨其是非，断其取舍；其不足辨者，略注而已，不必辨而断也……《考异》须如此，方有条理，幸更详之。"[1] 这实际就是委托方士繇分撰《韩文考异》。到庆元二年初，书便大致草成，朱熹在春间有信问他说："《韩文考异》已写成未？如无人写，可恳元善（詹体仁）转借一二笔吏，速写以来。"[2] 以后两人又相互阅稿

---

[1]《朱文公文集》卷四四《答方伯谟》书十五，第752页。
[2]《朱文公文集》卷四四《答方伯谟》书十六，第752页。

修改，方士繇还专从崇安籍溪来到考亭一起商量，朱熹在信中邀约他说："《韩考》所订，皆甚善。比亦别修得一例稍分明。五夫人到日，能略过此，少款一二日为幸。"[1] 朱熹对《韩文考异》做了一番全面的修改，仍觉不满意，这年冬间他在给方士繇的信中又具体谈到了以后重新修订《韩文考异》的打算说：

> 《韩考》已从头整顿一过。今且附去十卷，更烦为看，签出疑误处附来，换下卷。但鄙意更欲俟审定所当从之正字后，却修过。以今定本为主，而注诸本之得失于下，则方本自在其间。亦不妨有所辨论，而体面正当，不见排抵显然之迹。[2]

到了庆元三年，朱熹又有了更大的计划，决定将《韩文外集》和《顺宗实录》一并作考异。写成以后，他又交给了方士繇审阅修订。就在这一年《韩文考异》全部完成，先由他的弟子郑文振印刻于潮州，到庆元六年正月又由魏仲举二刻于建安。

《韩文考异》也是朱熹的一部呕心沥血之作，在朴学的研究方法下更体现出了一种求实的治学精神。他认为方崧卿校定本的最大缺陷，就是凡去取都以祥符杭本、嘉祐蜀本与馆阁本为准，尤尊信馆阁本，而贱视了民间小本等有价值的版本，校勘多有牵强失实。因此他认为："读者正当择其文理意义之善者而从之，不当但以地望形势为重也。"[3] 他为自己作《韩文考异》确立的一条校勘原则就是：

---

[1]《朱文公文集》卷四四《答方伯谟》书十九，第752页。
[2]《朱文公文集》卷四四《答方伯谟》书二十，第752页。
[3]《朱文公文集》卷七六《韩文考异序》，第1410页。

第十三章 生平学问的最后总结

> 悉考众本之同异,而一以文势义理及他书之可验者决之。苟是矣,则虽民间近出小本不敢违;有所未安,则虽官本、古本、石本不敢信。[1]

朱熹成功地贯彻了这条原则,《韩文考异》仿《经典释文》体例,除了阁本、杭本、蜀本,他还多有取于洪本、谢本、石本、欧本、荆公本、山谷本、樊本、曾本、潮本、赵本、晁本、张本、蔡本、吕本等十几种本子,考辨广征博采,引用书除了各种大量的文集诗集外,还有韵书如《集韵》、《广韵》、《唐韵》,字书如《说文》、《尔雅》、《方言》、《干禄字书》,史书如《史记》、《前后汉书》、《春秋三传》、《通鉴》,地理书如《水经注》、《元和郡县志》,诸子书如《列子》、《淮南子》、《吕氏春秋》、《抱朴子》,金石书如《集古录》,政书如《唐会要》、《陆宣公奏议》,小说如《穆天子传》等,加上他超异的思辨,使他多有独到的发现,纠正了方崧卿众多的误说。

然而朱熹在党锢中选择韩愈文集作考异的目的又不仅仅是为了考订一书,他还有借韩愈这个大文豪的威望来巧妙宣扬"道学"的深意。贯穿在《考异》中对韩愈批判的一面,便渗透了他的道学"伪气"。朱熹对韩愈的评价,是只许他为一代文宗,而不许他为一代儒宗,没有资格跻身道统圣人之列。因为在他看来,韩愈的"第一义"是先要去学"文","第二义"才是去穷"理";因而作为一个卓异的古文家,他有文起八代之衰的魄力,扫荡六朝绮靡文风的阴霾;但是作为一个标准的道学家,他却无道济天下之溺的功绩,终不免仍旧堕入异道。朱熹把韩愈的不识

---

[1] 《朱文公文集》卷七六《书韩文考异前》,第1410页。

"道"归结为五点：(1) 讲大道的日用流行，而不讲大道的本然之体；(2) 讲向外的发用施为，而不讲内向的一心修养；(3) 讲文字语言工夫，而不讲涵养省察工夫；(4) 讲治国平天下，而不讲致知格物；(5) 讲性善，而不讲气禀。在《韩文考异》中，朱熹就是通过对韩愈的这种批判来宣扬自己的道学的。在他之前，二程最推崇韩愈，说："自孟子以来，能知此（道）者，独愈而已。"而王安石却作诗讥讽韩愈说："纷纷易尽百年身，举世何人识道真。力去陈言夸末俗，可怜无补费精神。"朱熹折中程王二家之说，对韩愈思想作了一个总的评价：

> 窃谓程子之意，固为得其大端；而王氏之言，亦自不为无理。盖韩公于道，知其用之周于万事，而未知其体之具于吾之一心；知其可行天下，而未知其本之当先于吾之一身也。是以其言常详于外，而略于内；其志常极于远大，而其行未必能谨于细微；虽知文与道有内外浅深之殊，而终未能审其缓急重轻之序以决取舍；虽知汲汲以行道济时、抑邪与正为事，而或未免杂乎贪位慕禄之私。[1]

其实，这与其说是在直接抨击韩愈，毋宁说是朱熹自己在党禁下的一种愤激之言：这是他对自己的自砺自勉，是他对自己道学营垒中变节伪徒的呵斥，更是对那班打着孔孟旗号的争权夺位的反道学新贵们的痛詈。在他的眼里，唐代的韩愈也几乎变成了一个"伪徒"的形象，他在考正《与孟尚书》一文时，有意对韩愈发表了一大段长篇批判：

---

[1] 朱熹：《韩文考异》卷一〇，《朱子全书》第19册，第627页。

> 盖韩公之学见于《原道》者，虽有以识夫大用之流行，而于本然之全体，则疑其有所未睹；且于日用之间，亦未见其有以存养省察而体之于身也。是以虽其所以自任者不为重，而其平生用力深处，终不离乎文字言语之工；至其好乐之私，则又未能卓然有以自拔于流俗，所与游者，不过一时之文士，其于僧道，则亦仅得毛千畅观灵惠之流耳。是其身心内外所立所资，不越乎此，亦何所据以为息邪距诐之本，而充其所以自任之心乎！是以一旦放逐，憔悴亡聊之中，无复平日饮博过从之乐，方且郁郁不能自遣，而卒然见夫瘴海之滨异端之学（按：指大颠佛说），乃有能以义理自胜、不为事物侵乱之人（按：指大颠）与之语，虽不尽解，亦岂不足以荡涤情累，而暂空其滞碍之怀乎？……虽然，使公于此能因彼稊稗之有秋，而悟我黍稷之未熟，一旦翻然反求诸身，以尽圣贤之蕴，则所谓以理自胜、不为外物侵乱者，将无复羡于彼（佛说），而吾之所以自任者，益恢乎其有余地矣，岂不伟哉！[1]

当年韩愈被谪放逐，同如今道徒被贬遭禁何其相似乃尔，朱熹正是借韩说法，要道学们在党禁逆境中真正以儒家的人本主义的道德力量作为精神支柱，做到"以理自胜，不为事物侵乱"。韩愈的《与大颠师书》石刻原在潮阳灵山禅院内，真伪自来众说纷纭，朱熹专门写了《考韩文公与大颠书》一文附入《考异》，断然肯定与大颠三书非伪，其实就是受到党禁现实的刺激有感而作，他的考订与其说是为了证明韩愈的好"佛"，不如说是为了

---

[1]《韩文考异》卷五，第494页。

证明韩愈的不好"道"。朱熹批判的着眼点是韩愈在"本体功夫有欠阙处"。警告道学弟子们不要也因"朝廷一贬,异教一言"而丧失常度操守。无怪在整个庆元党禁期间,朱熹都热衷于同弟子反复讨论韩愈了。

但《韩文考异》毕竟是一部校勘考证的著作,更多渗透了他在党禁中这种人本主义思想情绪与精神追求,还是他的一组研究楚辞的著作:《楚辞集注》、《楚辞辨证》、《楚辞后语》和《楚辞音考》。《楚辞集注》是在庆元二年才开始动笔写的。到庆元三年,朱熹在给方士繇的信中依旧说:"近又看《楚辞》,抄得数卷。大抵世间文字无不错误,可叹也!"[1] 甚至到了庆元四年秋间,他告诉郑可学仍然说:"病中不敢劳心看经书,闲取《楚辞》遮眼,亦便有无限合整理处,但恐犯忌,不敢形纸墨耳。"[2] 庆元四年蔡元定在给朱熹的《临终别文公先生》书中说:"《楚辞》略看得几处,即书候完奉寄。"这不仅表明《楚辞集注》这时还没有写成,而且也表明蔡元定还是《楚辞集注》的助撰者。到庆元五年三月,他作《楚辞辨证序》说:"余既集王、洪《骚注》,顾其训故文义之外,犹有不可不知者。然虑文字之太繁,览者或没溺而失其要也。另记于后,以备参考。"可见《楚辞集注》的完稿是在庆元四年冬间,《楚辞辨证》成于庆元五年春间,因为是就作《楚辞集注》多余下来的考订文字编集而成,所以不需花多少时间。在这以后作的《楚辞后语》,直到去世都没有完稿,蔡沈在《梦奠记》中记录他在临终前三天还在"又修《楚辞》一段"。

朱熹注解《楚辞》贯穿在了他整个五年的庆元党禁生活中,

----

[1]《朱文公文集》卷四四《答方伯谟》书二十三,第753页。
[2]《朱文公文集》卷五六《答郑子上》书十六,第1018页。

寄寓了他在党禁中忧时悯世的郁闷愤懑情绪。南塘赵汝谈《挽赵忠定》说："空令考亭老，垂百注离骚。"[1] 草窗周密也说："赵汝愚永州安置，至衡州而卒，朱熹为之注《离骚》以寄意焉。"[2] 当时人多把赵汝愚比为屈原，朱熹也作《梅花赋》借屈子以为赵汝愚鸣冤抒愤。但是朱熹注《楚辞》可以说是受到赵汝愚被贬死的直接激发，却不可以说他是为赵汝愚而注《楚辞》。因为不仅是赵汝愚的被贬，而且从吕祖俭的谪韶州、蔡元定谪春陵、刘光祖的谪房州，直至朱熹自己的被逐出国门罢归和所有道学的遭党锢废居，都会使人联想到当年屈子的身罹幽厄、流放沉江，因此与其说他是为赵汝愚一人而注《离骚》，不如说他是为整个道学而注《楚辞》，屈子精神在他眼里成了道学精神的化身。庆元五年冬间杨万里曾有信给朱熹问起《楚辞集注》一书，朱熹在《戏答杨庭秀问讯离骚之句二首》中实际吐露了他注《楚辞》的真实用意：

> 昔诵离骚夜扣舷，江湖满地水浮天。
> 只今拥鼻寒窗底，烂却沙头月一船。
>
> 春到寒汀百草生，马蹄香动楚江声。
> 不甘强借三峰面，且为灵均作杜蘅。[3]

他是要为灵均作杜蘅，颂扬一种体现在屈子身上的高洁坚贞的精神与品格，把"江蓠与杜蘅"赐给党禁的人寰，在屈原身上

---

[1] 王应麟：《困学纪闻》卷一八，《四部备要》本，第402册，第33页。
[2] 《齐东野语》卷三《绍熙内禅》，第45页。
[3] 《朱文公文集》卷九，第151页。

寄托了他的道学理想，他的注解《楚辞》也就意味着用理学的"文化范型"重新铸造屈原的历史形象，这就是他为什么说"但恐犯忌，不敢形纸墨耳"的原因。这种文化学意义的重新铸造，突出表现在对屈原的"忠君"人格的强调上，自班固、颜之推以来人们多以"露才扬己"、"显暴君过"、"怨君"指责屈原，朱熹却一反旧说，断然把"忠君"作为屈子人格的根本精神，他对弟子说："《楚辞》不甚怨君，今被诸家解得都成怨君，不成模样！《九歌》是托神以为君，言人间隔，不可企及，如己不得亲近于君之意。以此观之，他便不是怨君。"[1] 在《楚辞集注序》中，他更直接宣布屈原最崇高的品格就是"忠君爱国"：

> 窃尝论之：原之为人，其志行虽或过于中庸而不可以为法，然皆出于忠君爱国之诚心；原之为书，其辞旨虽或流于跌宕怪神、怨怼激发而不可以为训，然皆生于缱绻恻怛、不能自已之至意……此予之所以每有味于其言，而不敢直以"词人之赋"视之也。

在《楚辞后语》中他甚至把屈原忠君的说法发挥到极端说："夫屈原之忠，忠而过者也；屈原之过，过于忠者也。故论原者，论其大节，则其他可以一切置之而不问……盖原之所为虽过，而其忠终非世间偷生幸死者所可及。"这种愤慨的矫枉过正之言其实是针对现实而发，当时的反道学新贵正是把道学们诬为大逆不道、叛君不忠的"逆党"加以贬谪禁锢的，朱熹自然尤其要张扬放臣的忠君爱国来一吐道学党们不为世人理解的内心苦衷了。确实，

---

[1]《朱子语类》卷一三九，第 3297 页。

他身陷党锢之祸仍苦恋着君王,但他说的"忠君"却是一种敢于直谏、正道直行的正君之忠,不是肖小奸邪的佞君之忠,这种"忠"的根本内涵是要求帝君也必须正心诚意,存理去欲,以复归人性,渗透了他的人本主义的理学文化精神,从而在"忠"上可也把他作为一个人本主义的道学诤臣同那些愚忠佞君的封建奴才与帮凶区别开来。于是在《楚辞集注》中,在标举忠的另一面,便是对奸、对佞的批判,莽大夫扬雄成了忠臣屈原人格的对立面。在《楚辞辨证》中,他直斥扬雄是"屈子之罪人",认为"雄乃专为偷生苟免之计,既与原异趣矣"。他这样慷慨激烈批判历史上的王莽与扬雄,显然是要批判现实中的韩侂胄与反道学新贵。整个一部《楚辞集注》都突出贯穿了这种颂忠反奸的精神。按照这种精神,他以王逸本为依据,删去了其中的《七谏》、《九怀》、《九叹》、《九思》,增入了贾谊的《吊屈原》、《服赋》,将屈原的二十五篇划为"离骚"类,宋玉等人创作的十六篇划为"续离骚"类。在《楚辞后语》中,他也用这种精神注解,而最后以理学旨趣为归宿,他把晁补之选编的《续楚辞》(六十篇)和《续离骚》(九十六篇)加以增删,别选张载的《鞠歌》与吕大临的《拟招》殿后,就突出了他的《楚辞》学以理学为旨归的特点,他在《拟招》解题中画龙点睛地说:

> 大临受学程张之门,其为此词,盖以寓夫求放心、复常性之微意,非特为词赋之流也。故附张子之言,以为是书之卒章,使游艺者知有所归宿焉。

这就是朱熹研究《楚辞》的真正秘密。这种求放心、复常性的人本主义的旨归同《天问》注中太极理本论的说教遥相呼应,才使他的《楚辞》注解突破了单纯批判韩侂胄专权和为赵汝愚鸣不平的狭隘现实目的,而具有了借注《楚辞》宣扬理学人本主义的深层意义。

自然,作为一部划时代的注解《楚辞》的名著,《楚辞集注》又不能简单等同于理学著作,它首先还是一部研究《楚辞》学的名著。朱熹所以要为《楚辞》作注,还因为在他看来"入本朝来,骚学殆绝"。"《楚辞》平易。后人学做者,反艰深了。"[1]在他之前,从东汉王逸的《楚辞章句》到南宋洪兴祖的《楚辞补注》,都偏重于章句名物的训诂,忽视了对楚辞作品的旨意义理的阐发领会。朱熹的《楚辞集注》就是要力矫前人注解《楚辞》的通病,他建立起了一个新的《楚辞》学的解说体系。他的《楚辞》学体系的独特性表现在两个方面:一是以《诗》学解说《楚辞》学,诗骚沟通。从扬雄提出"诗人之赋丽以则,辞人之赋丽以淫"以来,人们都把屈原作品归为"诗人之赋",而在辞赋中追求"诗人之赋"的艺术境界。扬雄的说法实际已经开了以《诗》说《骚》的先声。但是什么才是辞赋中的"诗人之赋"却一直没有从理论上得到解决。朱熹在《楚辞集注序》中宣称对屈原作品"不敢直以'辞人之赋'视之也",显然是把"诗人之赋"作为认识《楚辞》的出发点的,因而《诗》的六义:风雅颂之体与兴比赋之法,便成了他的《楚辞》学体系的逻辑骨架与内在灵魂,以《诗》说《骚》,《诗》学与《楚辞》学取得了全面对应关系,《楚辞》被《诗》化了,或者说,被经学化了。在《离骚》注一开头,他就阐述自己这种《诗》学化的《楚辞》学体系说:

---

[1]《朱子语类》卷一三九,第3299页。

第十三章 生平学问的最后总结

《风》则闾巷风土男女情思之词,《雅》则朝会燕享公卿大人之作,《颂》则鬼神宗庙祭祀歌舞之乐……赋则直陈其事,比则取物为比,兴则托物兴词……诵《诗》者先辨乎此,则三百篇者若网在纲,有条而不紊矣。不特《诗》也,楚人之词,亦以是而求之,则其寓情草木,托意男女,以极游观之适者,变《风》之流也;其叙事陈情,感今怀古,以不忘乎君臣之义者,变《雅》之类也;至于语冥婚而越礼,摅怨愤而失中,则又《风》、《雅》之再变矣;其语祀神歌舞之盛,则几乎《颂》,而其变也,又有甚焉。其为赋,则如《骚经》首章之云也;比,则香草恶物之类也;兴,则托物兴词,初不取义,如《九歌》沅芷澧兰以兴思公子而未敢言之属也。然则《诗》之兴多而比、赋少,《骚》则兴少而比、赋多,要必辨此,而后词义可寻……[1]

这简直可以看成是他的《诗》化的《楚辞》学思想体系的宣言书,他的《楚辞集注》就完全是仿照《诗集传》的体例格局写成的,《诗》的六义成了他建造自己《楚辞》学体系的构架与模式。

二是训诂、声韵、义理兼重。朱熹克服了汉以来在注解《楚辞》上偏章句训诂的经师习气,建立了一个字、音、义三者统一的《楚辞》解说体系。他突出了对字义章意的解释,在《楚辞辨证》中他论述自己与前人截然不同的新的解说方法说:

凡说诗者,固当句为之释,然亦但能见其句中之训诂字

---

[1] 朱熹:《楚辞集注》卷一,《朱子全书》第19册,第20页。

义而已;至于一章之内,上下相承,首尾相应之大指,自当通全章而论之,乃得其意。今王逸为《骚》解,乃于上半句下,便入训诂,而下半句下,又通上半句文义,而再释之,则其重复而繁碎甚矣。《补注》既不能正,又因其误,今并删去,而放《诗传》之例,一以全章为断,先释字义,然后通解章内之意云。[1]

这种融贯字义章意的解说,使他对《楚辞》多有独到的新发现。大致上,他在训诂上,采用汉学的考证法,在音韵上采用宋以来的协韵说,在义理上采用《诗》的六义说,构成了他的《楚辞》学体系的三大基石。他继承了汉人的朴学考据方法,但是却又融入了自己的宋学精神,他的《楚辞》训诂考证的特点,一是不仅能求之于雅,而且能求之于俗,以俗说雅,化雅为俗。他对弟子谈到自己深受沈括的启发说:"楚些,沈存中以'些'为咒语,如今释子'娑婆诃'三合声,而巫人之祷亦有此声。此却说得好。盖今人只求之于雅,而不求之于俗,故下一半都不晓得。"[2] 二是训诂考据参以义理。这种考据义理相结合的研究方法,使他能以一种睿智的哲人眼光纠正前人的误说。

朱熹精于楚声,但他主要只是把《诗》中的协韵说推广到《楚辞》上,认为楚辞也是如同诗一样凡韵皆协,否定了黄长睿的"或韵或否,为楚声"的说法,因此《楚辞集注》吸取了吴棫《补音》、《补韵》及古田蒋全甫《补音》中的协韵成果,并又加以发展。他把淳熙末年同黄铢合作的《楚辞协韵》的内容,也散入了《楚辞集注》中,在《楚辞辨证》完成后,他更又写了一本

---

[1] 朱熹:《楚辞辨证》上,《朱子全书》第19册,第185页。
[2] 《朱子语类》卷一三九,第3298页。

《楚辞音考》，庆元六年正月他在给诗人巩丰的信中提到这部书说：

> 此尝编辑《音考》一卷。音，谓集古今正音协韵，通而为一；考，谓考诸本同异，并附其间。只欲别为一卷，附之书后，不必挽入正文之下，碍人眼目，妨人吟讽。

这部《音考》，朱熹没有附入《楚辞集注》中，而收入了巩丰在庆元六年印刻于福州的《楚辞》里，因而也就成了他一生研究楚声的一个总结了。

从《韩文考异》到《楚辞集注》，反映了朱熹晚年党禁中从经学著述进入文学探讨的变化与深入，但是这种拓展深入一方面使他把作为游艺之学的文学也拉回到理学的轨道与框架中去，另一方面却又使他沿着楚辞的道家神仙之说向道教的修炼养生之道滑了过去。

第二节 "空同道士"

朱熹在少年时代出入老佛对学仙炼丹的向往始终没有泯灭，绍兴二十二年面对筼筜壁"超摇生道心"的梦想还深埋在他心底，同虚谷子细论还丹要旨更激发着他对"丹经之祖"《参同契》的耽迷，只是这种道家的超世追求一直受到他的强大的儒家实用理性的压抑，使他还俨然显出一副醇儒的面目。但是到庆元党禁中，当死亡的阴影逐渐向这个遭世遗弃的多病老儒进逼时，对生的渴望使他重对筼筜壁发出了"金丹岁晚无消息"的惋叹。这就是直接驱使他去作《参同契考异》的精神动因。他大概自己也感到无论如何终究做不成一个醇儒了,所以他把《周易参同契考异》与《阴符经考异》都署名为"空同道士邹䜣",正寄托了他内心的另一种精神追求与人生理想。原来,所谓"空同道士"就是自比为空同山上的广成子,一个老庄与道教心目中的理想的至人、真人。《庄子·在宥》上叙述黄帝一次上空同向广成子问如何"佐五谷"、"养民人"、"遂群生"的"至道",广成子讥讽他"奚足以语至道!"黄帝捐弃了天下,第二次再上空同改问"治身奈何而可以长久?"这个空同道士马上欣然跃起,发表了一通修身长生之说:

> 广成子蹶然而起曰:"善哉问乎!来,吾语汝至道:至道之精,窈窈冥冥;至道之极,昏昏默默。无视无听,抱神以静,形将自正。必静必清,无劳女形,无摇女精,乃可以长生。目无所见,耳无所闻,心无所知,女神将守形,形乃长生。慎女内,闭女外,多知为败。我为女遂于大明之上矣,至彼至阳之原也;为女入于窈冥之门矣,至彼至阴之原也。天地有官,阴阳有藏。慎守女身,物将自壮。我守其一,以处其和,故我修身千二百岁矣,吾形未尝衰。"黄帝再拜稽首曰:"广成子之谓天矣!"

这简直可以说是空同道士朱熹的内心独白。他作在同时的《空同赋》,着意展现了他晚年这一段时期精神上上下求索的苦闷历程,为他的作《参同契考异》作了最好的注脚:

第十三章 生平学问的最后总结

> 何孟秋之玄夜兮,心憀戾而弗怡。偃予躯之既宁兮,神杳杳兮寒闺。云屋掩而弗启兮,壁带耿而夜光。宕予魄而不得视兮,怅伫立其怔营。灵修顾予而一笑兮,欢并坐之从容。寐将分而不忍兮,旦欲往而焉从?眷予衷之廓落兮,奄愁结而增忡。超吾升彼昆仑兮,路修远而焉穷?忽凭危以临睨兮,秒广寒与阆风。信真际之明融兮,又何必怀此梦也!矢予词以自写兮,盍将反予旆乎空同。[1]

他也笃信起空同广成子的神仙要诀,亲自作了一首《调息箴》身体力行:

> 鼻端有白,我其观之。随时随处,容与猗移。静极而嘘,如春沼鱼;动极而翕,如百虫蛰。氤氲开辟,其妙无穷。孰其尸之?不宰之功。云卧天行,非予敢议。守一处和,千二百岁。[2]

最后二句"守一处和,千二百岁",完全从广成子说的"我守其一,以处其和,故我修身千二百岁矣"变化而来,这是"空同道士"即广成子的最好自我表白。

朱熹晚年慕好神仙修炼说而作《参同契考异》,同他潜研《楚辞》与《庄子》有一定关系,但最主要的还是他长期探讨陈抟内丹派和道教南宗的结果。对道教内丹学的玩好极大推动了他对图书象数的探求,使他逐渐意识到,周敦颐的《太极图》及其无极太极思想,邵雍的《先天图》及其先天学,都同道教有直接

---

[1]《朱文公文集》卷一《空同赋》,第63页。
[2]《朱文公文集》卷八五《调息箴》,第1530页。

的渊源关系,并且可以由陈抟老祖一直上溯到《参同契》。在庆元中他同袁枢恢复的《易》学论战,分歧已经发展到《参同契》上,他肯定了《参同契》的纳甲之法,在给袁枢信中坚持认为:"《参同》之书,本不为明《易》,乃姑借此纳甲之法,以寓其行持进退之候……此虽非明《易》而设,然《易》中无所不有,苟其言自成一说,可推而通,则亦无害于《易》,恐不必轻肆诋排也。"[1] 为此他在《参同契考异》中把彭本原有的《水火匡廓图》、《三五至精图》、《斗建子午图》、《将指天罡图》、《昏见图》、《晨见图》、《九宫八卦图》、《含元播精三五归一图》都删去,独留《纳甲》一图。正因为他相信周敦颐的《太极图》同道教有瓜葛,所以在绍熙四年蔡元定出游天下名山大川,下衡湘,经襄汉,朱熹特地嘱他由荆入蜀,到道士高人出没的青城山访得了著名的《太极》(阴阳合抱)等三图。袁桷在《谢仲直易三图序》中提到这一后来湮没无闻的事实说:

> 上饶谢先生(枋得)遁于建安,番阳吴生蟾往受《易》焉。后出其图曰:建安之学为彭翁,彭翁之传为武夷君,而莫知所授……始晁以道纪传《易》统绪,截立疆理,俾后无以伪。至荆州袁溉道洁,始受学于薛翁,而《易》复传。袁乃以授永嘉薛季宣士龙。始薛受袁时,尝言河洛遗学多在蜀汉间,故士大夫闻是说者争阴购之。后有二张,曰行成,精象数;曰缜,通于玄。最后朱文公属其友蔡季通如荆州,复入峡,始得其三图焉。[2]

---

[1] 《朱文公文集》卷三八《答袁机仲》书十一,第618页。
[2] 袁桷:《清容居士集》卷二一《谢仲直易三图序》,《四部丛刊初编》本,第231册,第1—2页。

第十三章　生平学问的最后总结

其实朱熹对道教阴阳相抱的《太极图》早有所知，胡渭就曾提到新安罗願的一种阴阳相抱图说：

> 新安罗端良願作阴阳相含之象，就其中八分之以为八卦，谓之《河图》；用井文界分九宫，谓之《洛书》。言出于青城山隐者，然不写为象。[1]

宋濂更明确说：

> 新安罗端良尝出《图》、《书》示人，谓建安蔡季通传于青城山隐者。《图》则阴阳相合，就其中八分之，则为八卦；《书》则画井文于方圈之内……江东谢枋得又传《河图》于异人，颇祖于八卦，而坎离中画相交，似流于方士抽坎填离之术。近世儒者又有与《太极图》合者。[2]

朱熹从青城山隐者得到的就是这种阴阳相抱的《太极图》。罗願与朱松、朱熹同为新安人，关系极密，早在淳熙二年罗願作《新安志》时，就把朱松朱熹都收入了"乡先达"。淳熙十二年罗願卒，朱熹还同刘清之商量印刻了罗願的《鄂州集》。大概朱熹先是从罗願那里知道了这种阴阳合抱图，想追探其图本源，才托蔡元定入蜀寻访原图。蔡元定在绍熙四年正月出游荆湘入峡，据他先在给江德功的信中说：

---

[1] 胡渭：《易图明辨》卷三，《清经解续编》，凤凰出版社 2005 年版，第 9 册，第 249 页。
[2] 宋濂：《宋学士全集》卷二六《河图洛书说》，《丛书集成初编》本，第 2123 册，第 939—940 页。

某来岁亦欲一出,缘闽中气数已极,亦欲分一二子孙别居荆湖间,以为遗种之计。此邵氏先天之法,老先生亦有此意否?……[1]

蔡元定像

可见蔡元定这次游荆湘同他往寻风水卜居之地和印证邵雍先天学有关,他寻访太极先天三图恐怕也未必是出于朱熹的嘱托。实际上,与罗愿同时的张行成也得到这张阴阳合抱的太极图,他称为"先天图",在他的《翼玄》卷一中,正著录了这张阴阳合抱的太极图,也有力表明在朱熹时代这张阴阳合抱的太极图已经比较流行。

道教《无极图》逆的修炼内丹与《太极图》顺的宇宙生化本是一图二用,天然沟通,阴阳相抱的《古太极图》,实际不过是一张高度简化了的《无极图》,因此朱熹由《太极图》转向《无极图》,由周敦颐转向陈抟,由《易》转向《参同契》,由易学转向丹学,是他思想上的由儒向道的必然延伸。胡渭盛赞这张青城《古太极图》是"举《参同》千言万语之玄妙,而托之以一图,微而著,约而赅,丹家安得不私之为秘宝"。正是在得到《古太极图》以后,朱熹开始了《参同契考异》的写作。庆元二年一个来考亭讲道论丹的阁皂山道士甘叔怀归山,朱熹特地作了一首词送他:

---

[1]《蔡氏九儒书》卷二《答江德功书》,第106册,第323页。

第十三章　生平学问的最后总结

南 乡 子

叔怀尝梦飞仙，为之赋此，
归日以呈茂献侍郎，当发一笑。

脱却儒冠著羽衣，青山绿水浩然归。看成鼎内真龙虎，管甚人间闲是非！生羽翼，上烟霏，回头只见冢累累，未寻跨凤吹箫侣，且伴孤云独鹤飞。[1]

"龙虎"指坎离，丹家所谓"药物"，指炼丹事，他作《参同契考异》那种虔信丹术、渴望长生的心情跃然纸上。所以他便叫甘叔怀把《河图》、《洛书》、《先天》三图刻上阁皂宗发源的道教圣地阁皂山摩崖，其中《先天图》就是他从青城山得到的三图之一。后来人们都误以为《参同契考异》成于庆元三年，甚至认为这本书是蔡元定所作。《参同契考异》实际初由两人共同草成，而最后成于朱熹之手，前后共有三稿二刻。朱熹最早动手写《参同契考异》在庆元二年，是出于蔡元定的建议，朱熹有信自谦地回答说："《参同》二册，钟乳一两纳上。考异熹安能决其是非，但恐文义音读间有可商量处耳。"[2] 他最初的打算仅是就文义音读作一些考异，所以他又写信邀请蔡元定共作说："《参同契》尚多误字，可早作考异。"[3] 在这一年《考异》的初稿已经写成，他在给蔡元定信中说："《参同》写得一本稍分明，俟皆了纳去，更烦一看，便可刊刻矣。"[4] 但这个庆元二年的初稿本并没有能印刻，这一方面是因为蔡元定雠正以后，朱熹仍不满意，他告诉

---

[1]《朱文公文集》卷一〇，第 159 页。
[2]《朱文公文集》卷四四《答蔡季通》书五，第 742 页。
[3]《朱文公文集·续集》卷二《答蔡季通》书十六，第 1808 页。
[4]《朱文公文集·续集》卷二《答蔡季通》书六十二，第 1814 页。

蔡元定说:"《丹经》(按:即《参同契》)甚烦雠正,然亦尚有一二处可疑,当俟面请。"[1] 另一方面是因为在这一年冬朱熹落职罢祠,蔡季通也千里贬谪道州而去。朱熹不得不独力担当起重订《参同契考异》的工作。他在净安寺同蔡元定饯别时就"以连日所读《参同契》所疑扣之,蔡应答洒然"。第二天在寒泉同榻共宿,两人又"相与订正《参同契》,终夕不寐"。这最后一次相见面谈为朱熹以后一人完成修订《参同契考异》的工作奠定了基础。他对《参同契》的看法很多就是得自蔡元定,蔡元定曾把纳甲说、火候说、卦气说写成专文提供给朱熹,但朱熹又多有自己独到的发现。庆元三年蔡元定把自己整理考订的一册卦气消息给他参考,他却由此推寻绅绎,提出了新说,写信告诉蔡元定说:

> 《参同》之说,子细推寻,见得一息之间,便有晦朔弦望。上弦者,气之方息,自上而下也;下弦者,气之方消,自下而上也;望者,气之盈也,日沉于下,而月圆于上也;晦朔之间者,日月之合乎上,所谓举水以减火,金来归性初之类是也。眼中见得了了如此,但无下手处耳。[2]

蔡元定提供思想材料,朱熹加以论考辨证,这就是他们两人合作写《参同契考异》的基本方法。到庆元四年春间,朱熹已大致修订成《考异》,正好这时袁枢也另外校订成一本《参同契》,朱熹便叫蔡元定长子蔡渊以袁本参校,将《参同契考异》刻板于建阳,他在给蔡渊的信中提到这次印刻说:"《参同契考异》方写得了,亦未暇再看过,今附寿朋纳去。并此中写本一册、袁本一

---

[1]《朱文公文集·续集》卷二《答蔡季通》书十八,第1808页。
[2]《朱文公文集》卷四四《答蔡季通》书十三,第747页。

第十三章　生平学问的最后总结

册、济本二册，烦逐一对过，有合改处，并贴出子细批注寄来，容再修定，方可写白刊行。"[1] 这就是《参同契考异》的二稿，他把书刻成的消息告诉在道州的蔡元定说："魏书（按：即魏伯阳作《参同契》）一哥已刻就，前日寄来，此必寄去矣。校得颇精，字义音韵皆颇有据依，远胜世俗传本，只欠教外别传一句耳。"[2] 但是他在八月又考得了策数之法，自以为是一重大发现，立即写成一篇《参同契说》准备寄蔡元定讨论。谁知蔡元定于八月九日在道州病亡，他在临终前写给朱熹的信中说：

> 今将邵氏历法、《诗》、《易》等纂述未全者呈上，先生以成之也。[3]

这里说的"邵氏历法"、"《易》等纂述"，就是他为作《参同契考异》提供的资料。所以朱熹又用以补定《参同契考异》。十一月他在重新补定《考异》时又重读这篇《参同契说》旧稿，便把旧稿中的发现补进了《考异》。到庆元五年春间，诗人曾极（景建）向他提供了一种有价值的《参同契》旧本，他便加以点校附入《参同契考异》，叫蔡渊再次印刻于建阳，这就是第三稿新本，也是他生前的最后定本，他在给曾极信中提到这次印刻说："《参同》旧本深荷录示。已令蔡伯静点对，附刻新本之后矣。"[4] 朱熹在晚年这样反复孜孜修改《参同契考异》，表明他对道家的修炼长生之说十分心向往之，他迷恋的不是儒家的易学，

---

[1]《朱文公文集·续集》卷三《答蔡伯静》书五，第1824页。
[2]《朱文公文集·续集》卷三《答蔡季通》书十一，1823页。
[3]《蔡氏九儒书》卷二《西山》，第322页。
[4]《朱文公文集》卷六一《答曾景建》书七，第1132页。

而是道教的丹学。《参同契》以爻象论作丹之意,因《易》而论长生之术,本是最古老的道家炼丹经典。它把炼丹家说的炉鼎作为人体的象征,以乾坤为炉灶,以坎离为药物,以其余六十卦为火候,以论一身阴阳的进退、消长、沉降。朱熹所以特重纳甲,就是因为《参同契》在表达炼丹的周天火候时采用了汉《易》的纳甲之法,也就是以月亮的晦朔弦望与早晚出现的方位象征炼丹的周天火候,震表示初三的丹象,兑表示初八的上弦月,乾表示十五的满月,巽表示十六的月象,艮表示二十三的下弦月,坤表示三十的晦月,易卦也便具有了象征人体内丹的消长及其方位变化的意义。朱熹所以痴迷玩好青城道士的《古太极图》,也是因为这张奇妙无比的道图把丹家千言万语无以表达的修炼长生之法以最简单的图像描述出来,囊括了"万古丹经王"《参同契》的月体纳甲、二用、三五、九宫、八卦、鼎器、药物、火候的整个炼丹体系。这张图黑白回互相抱,白为阳、黑为阴,阴中含阳,阳中含阴,阴阳相即不离,对立互补。黑中一点白为离,白中一点黑为坎,两者圆形回环相抱,正形象描绘了丹家以坎离二卦符号为表征的人体"药物"的循环运转与上下往来。同时这张图标明的八卦方位与邵雍的先天说相合,但却也是用来说明丹家进退行持的火候的:阴盛极于北,震阳始生,自震到兑再到乾而阳极盛;阳盛极于南,巽阴始生,自巽到艮再到坤而阴极盛,包含了丹家说的"进阳火候"与"退阴符候"的修炼过程。朱熹不仅相信这种内丹修炼之说,而且更援《易》说丹,用《易》家的策数发展了丹家的火候之法,把它视为自己独到的新发现。在他看来,世间所流行的丹家火候之法是以三百八十四爻为一周天之数,以一爻当一日,爻多日少,不能相合,所以"非出天自然吻合之度"。于是他独立推出了自己的策数之法:"盖月以十二卦分之,卦得二日有半，各以本卦之爻，行本爻之策。自八月观卦以后至正月泰卦，阳用少二十八策，阴用老二十四策；自四月大壮以后至七月否卦，阳用老三十六策，阴用少三十二策。阳即注意运行，阴即放神冥寂。一爻已足，即一开目，舒气以休息之。十二卦周，即为一月之功；十二月周，即为一岁之运。"[1] 这样，火候之法与策数之法便完全自然吻合。这就是他的没有能来得及告诉蔡元定的新发现。然而当他这样援《易》入丹，把《参同契》易化的时候，他也就同时把自己的象数《易》学术数化了。

作为《参同契考异》补充的，却还有他的也以"空同道士邹䜣"名义写成的《阴符经考异》。这本书作于庆元五年，可以称为《参同契考异》的姊妹篇。李筌说："《阴符经》是百言演道，百言演法，百言演术。道者，神仙抱一；法者，富国安民；术者，强兵战胜。"但是朱熹最感兴趣的却是论神仙抱一的"百言演道"，与《参同契》同一旨归。在《阴符经考异序》中，朱熹就指出《阴符经》的大要是"以至无为宗，以天地文理为数，谓天下之故皆自无而生有，人能自有以返无，则宇宙在手矣"。这实际上是说出了自无生有顺行造化的《太极图》与自有返无逆施成丹的《无极图》所描述的道教真秘。他作《阴符经考异》就是要阐发这一真秘，这同他作《参同契考异》的真实目标是一致的。不同的是，朱熹从哲学思想上更肯定《阴符经》的宇宙观，尤其推重《阴符经》所说的"自然之道静，故天地万物生；天地之道浸，故阴阳胜；阴阳相推，变化顺矣"。正是这种理性哲学头脑，才使这个"空同道士"超越了对丹家修炼长生的虚幻追求，通向了对自然科学王国的探索。《参同契考异》与《阴符经考异》在

---

[1]《朱文公文集》卷六七《参同契说》，第1247页。

历史上留下的文化思考的意义，不在它们表明朱熹在对炼丹神仙之术的探讨上达到了怎样的高度，而在它们引发推动了朱熹对自然科学的深入钻研和实现了对自己生平哲学思想的又一次升华。《参同契》与《阴符经》把朱熹导向了对医学、生理学、地质学、数学，尤其是天文学的研究。为了探明《参同契》，他精研了《星经》，叫蔡元定校订了这部书。他自己也亲自校订世传为隐者丹元子作的《步天歌》，对这种雅士视为鄙俚俗说的著作给予了很高的评价。他又精研了苏颂的《新仪象法要》，也仿苏颂在家里建了一座浑天仪，他特地告诉负责校正刊刻《参同契考异》的蔡渊说："浑象之说，古人已虑及此，但不说如何运转。今当作一小者，粗见其形制，但难得车匠耳。"[1] 苏颂曾建机轮水转的浑仪，朱熹便努力尝试重建北宋的水力驱动钟。他甚至想自创一种观测天象的球仪，以纠正历来天文家之失，他告诉蔡渊说：

> 天经之说……孰若一大圆象，钻穴为星，而虚其当隐之规以为瓮口，乃设短轴于北极之外，以缀而运之。又设短柱南极之北，以承瓮口，遂自瓮口设四柱小梯，以入其中，而于梯末架空北入，以为地平，使可仰窥而不失浑体耶?[2]

在古田杉洋地下曾挖掘出了朱熹夜观星象的聚星台和石室的遗址，可见他非常注重天文的实际观测，这使他提出了许多闪光的天文思想，像他认为天运于外，地随天转；地在天中，而不在天下；地形如馒头，而非平面；天是阴阳之气，星不贴天；月受日光而明，星自发光；"山河大地初生时，尚须软在"等，都显

---

[1]《朱文公文集·续集》卷三《答蔡伯静》书四，第 1824 页。
[2]《朱文公文集·续集》卷三《答蔡伯静》书二，第 1824 页。

示了一种不同凡响的深邃科学眼光。由此他提出了自己的宇宙生化说:

> 天地初间,只是阴阳之气,这一个气运行,磨来磨去,磨得急了,便拶出许多渣滓。里面无处出,便结成个地在中央。气之清者,便为天,为日月,为星辰,只在外,常周环运转。地便只在中央,不动,不是在下。
> 天运不息,昼夜转辗,故地㪍在中间。使天有一息之停,则地须陷下。惟天运之急,故凝结得许多渣滓在中间。地者,气之渣滓也。所以道"轻清者为天,重浊者为地"。[1]

这就是超前于西方的东方古典星云说,朱熹的格物穷理精神已经同西方的近代实证科学精神取得了一种历史的沟通。

第三节 经学大师

朱熹终究是一代儒宗,他的欲作超尘飞升的空同道士灵魂又不能不跌落到封建衰世的现实中来,去完成他的依旧残缺不全的经学体系大厦的最后建造。如果说他经过生平第二次学问著述总结建立了四书学,那么他经过晚年的生平第三次学问著述总结建立了五经学,他把经学著述的重心转到了《礼》学与《尚书》学。

繁琐枯燥的《仪礼》自王安石罢废以来,士子几乎不知其为

---

[1]《朱子语类》卷一,第6页。

何书，逃避党祸的朱熹正好一头钻进这一经学"死角"。他的以《仪礼》为经、以《礼记》为传、以《周礼》为纲的《礼》学，却是一个前无古人的宏大体系，是要为《礼》的经学"坟墓"注入新的人本主义理学精神的活力与生命。在他以前，《仪礼》除了郑《注》、贾《疏》外，先儒注说多不传世。陆德明的《释文》又十分疏略。到乾道中才有永嘉张淳校订《仪礼》，订正舛误。理学家吕大临曾以《仪礼》为主干，集众家之说以补《仪礼》，给了朱熹构造自己的《礼》学体系以直接的启发。但是直到庆元党禁之前，他企图借重官方资助整理编定《礼书》的种种努力都失败了。在庆元二年他决定自己组织人力编定《礼书》以前，他把这一任务曾交给了潘友恭和吕祖俭两人分干，但都没有完成。绍熙三年，他在给吕祖俭信中提到吕祖俭分撰《礼书》的情况说："《礼书》已领。但《丧礼》合在《祭礼》之前，乃是。只恐不欲改动本书卷帙，则且如此亦不妨也。但《士庶人》、《祭礼》都无一字，岂脱漏邪？若其本无，则亦太草草矣。"[1] 潘友恭只写出了几篇。这一年有一个精于《礼》学的浙间士子余正甫也来建阳问学，得到朱熹赏识。庆元元年他便又委托余正甫编《礼书》，特地为他定下了体例："今所定例，传记之附注者低一字，它书低二字。《礼记》则以篇名别之。记之可附经者，则附于经；不可附者，则自仍旧，以补经文之缺；亦有已附于经而又不欲移动旧文者，则两见之。"[2] 但余正甫不肯接受朱熹的意见，独力自撰，容不得他人插手，朱熹不得不同他分道扬镳，在庆元二年另外组织了一批弟子重新编《礼书》。朱熹的《礼》学，一方面是要从学术上以《仪礼》为经，建立一个融会三《礼》的统

---

[1]《朱文公文集》卷四八《答吕子约》书六，第829页。
[2]《朱文公文集》卷六三《答余正甫》书二，第1168页。

一体系;另一方面是要从政治上以《周礼》为纲,建立一个社会政治制度的理想体系,从而把《礼》学也纳入他的理学体系中。他对弟子们说:"余正父欲用《国语》,而不用《周礼》,然《周礼》岂可不入!《国语》辞多理寡,乃衰世之书,支离蔓衍,大不及《左传》。看此时文章若此,如何会兴起国家!"[1] 这说出了他崇《周礼》的真实政治用心。但尽管如此,朱熹对《国语》等杂书伪书之说也并没有简单加以弃绝,而主张把它们编为"外书",以作甄别比较,正像他在《程氏遗书》之外另编《程氏外书》一样。他曾向余正甫提出这一建议说:"窃意一种繁冗破碎如《国语》等及贾子篇之类,假托不真如《孔丛》之类,今都且写入类,将来却别作一外书以收之,庶几稍有甄别,不至混乱。或今写净本时,此等可疑者便与别编,却依正篇次序排次,使足相照,亦自省力。"[2] 这里说的"外书"就是《外传》,他在给李壁信中谈到自己编《礼书》的规模说:

> 所编《礼传》,已略见端绪……其书大要以《仪礼》为本,分章附疏,而以《小戴》诸义各缀其后。其见于他篇或他书,可相发明者,或附于经,或附于义。又其外如《弟子职》、《保傅传》之属,又自别为篇以附其类。其目有《家礼》、《乡礼》,有《邦国礼》,有《王朝礼》,有《丧礼》,有《祭礼》,有《大传》,有《外传》。今其大体已具者,盖十七八矣。[3]

《外传》便是把《大戴礼记》、《春秋内外传》、《新序》、《列

---

[1]《朱子语类》卷八四,第 2187 页。
[2]《朱文公文集》卷六三《答余正甫》书五,第 1172 页。
[3]《朱文公文集》卷三八《答李季章》书三,第 630 页。

女传》、《新书》、《孔丛子》等礼说杂合成一编。因此可以说，朱熹的《礼书》是对以往封建《礼》学的一个集大成的历史总结。

为了建立这样一个庞大的《礼》学体系，朱熹调动了各地优秀的《礼》学家，先后参加编修《礼书》的有吕祖俭、路德章、潘友恭、余正甫、黄榦、蔡元定、吴必大、李如圭、刘砥、刘砺、赵师夏、赵师恭、应恕、詹体仁、叶贺孙、杨楫、廖德明、杨方、杨简、刘光祖、刘建翁、孙吉甫、杨复等，组成了三套写作班子：闽中以建阳为中心，由黄榦、刘砥刘砺兄弟负责；江西以庐陵为中心，由吴必大、李如圭负责；浙中又分成四路撰写中心：金华由吕祖俭负责，四明由孙吉甫负责，永嘉由叶贺孙负责，黄岩由赵师夏负责。在朱熹总领下，他们互相协作，分撰合校。大致上，闽中学者完成《聘礼》以前的部分后，交四明学者附入疏义；完成《觐礼》以后的部分后，又交庐陵学者参校。《丧祭礼》由黄榦、吴必大、李如圭分撰，《王朝礼》、《冠礼》由吕祖俭分撰。朱熹除负责全面修改外，还主要撰写了《觐礼》、《冠义》、部分《祭礼》等。在集体合作《礼书》面前，学派的界限被打破了。

庆元三年三月，这部礼书初稿完成，朱熹把它定名为《仪礼集传集注》。据《黄文肃公年谱》记载：

> 明年（庆元三年）三月乙亥朔，竹林精舍编次《仪礼集传集注》成。条理经传，写成定本，文公当之；而分经类传，则归其功于先生（黄榦）焉。然《集注集传》乃此书之旧名，自丙辰、丁巳以后，累岁刊定，讫于庚申，犹未脱稿。而先生所分《丧》、《祭》二礼，犹未在其中也。[1]

---

[1]《黄文肃公年谱》，第820页。

实际这部《仪礼集传集注》是《仪礼经传通解》的部分初稿,只有十四卷,是写《王朝礼》的部分。其余部分朱熹一直到庆元六年才写成,共二十三卷,朱熹把它定名为《仪礼经传通解》,这依然是一部未完稿。他的季子朱在在《跋仪礼经传通解目录》中详细提到这部书的完成情况说:

> 先君所著《家礼》五卷,《乡礼》三卷,《学礼》十一卷,《邦国礼》四卷,《王朝礼》十四卷。其曰《经传通解》者,凡二十三卷,盖先君晚岁之所亲定,是为绝笔之书。惟《书数》一篇,缺而未补;而《大射礼》、《聘礼》、《公食大夫礼》、《诸侯相朝礼》八篇(四篇皆各有义,故称八篇),则犹未脱稿也。其曰《集传集注》者,此书之旧名也,凡十四卷,为《王朝礼》,而《卜筮篇》亦缺。余则先君所草定,而未暇删改者也。至于《丧》、《祭》二礼,则尝以规模次第嘱之门人黄榦,俾之类次。[1]

其实朱熹所要建立的《礼》学体系比朱在所述还要远为宏大得多。他本来还准备把《通典》以及各种史志、会要,还有开元、开宝、政和诸礼,都加以斟酌损益,建立起一代酌古准今、损文就质的礼制,作为"百王不易之大法"。因为连士人都苦于《仪礼》繁细难懂,他还准备同弟子学者一起为《仪礼》全部考订制成礼图,图文相配,使《礼》学通俗易懂,礼制真正能为民在日常生活中遵奉用行。在《礼书》之外,他还准备同时编定一部《乐书》,二书并用,实现他心目中的礼乐教化的儒家太平盛

---

[1] 朱熹:《仪礼经传通解·乞修三礼札子》,《朱子全书》第2册,第26页。

世。只是庆元党禁使他为封建衰世重新制礼作乐的救世新梦终成泡影。《乐书》没有来得及编,只写出了一篇《琴律说》,显示了他在乐律方面的新探索;而《礼书》也只由黄榦补编了《丧礼》,杨复补编了《祭礼》。

尽管《仪礼经传通解》没有全部完稿,却依旧堪称是一部礼书大全,被后世奉为"千古之盛典","千古不刊之典"。他给古礼的躯壳也灌注了道德人本主义的理学文化精神,把人向内的道德自律,变为向外的对礼的规范的遵行和对等级的礼制的服从,用人本主义的精神强化了孔子的以礼修身与以礼治国的思想。朱熹《礼》学有两大特点:一是重新确立了《仪礼》在三《礼》中作为经的地位。在他作《仪礼经传通解》以前,儒生士夫只知有《礼记》,而不知有《仪礼》;只知有唐开元以后的今礼,而不知有《仪礼》中的古礼;只知有《礼》之传,而不知有《礼》之经。朱熹确立《仪礼》为经,并为经分章句,附传记,是要克服礼学礼制上历来遗经而任传、舍本而崇末、弃古而就今的偏向,因而《仪礼》作为经的地位的确立,也就意味着古礼的地位的恢复,目的在于为他自己建立以古礼为根本而又加以因革损益、因时变通的礼制礼法体系奠定基础。二是用经、传、纲的逻辑构架把三《礼》会通为一。在他之前三《礼》虽然都早已纳入"十三经"中,但是并没有能把三者统一起来,古文经学与今文经学、尊《周礼》派与黜《周礼》派各有所取舍,对三《礼》抑此尊彼。到朱熹才会三归一,不偏废三《礼》,融贯成一个变古通今的《礼》学体系。

探求"本义"向来是朱熹经学追求的最高目标,他在《礼》学上打起恢复古礼的旗号,同他在《易》学上打起探三圣《易》的旗号、在《诗》学上打起黜《毛序》的旗号一样,都体现着这种直探"本义"的求实精神。他把这种精神又同样贯穿到了他的《尚书》学中,黜伪孔《传》孔《序》成了他的《尚书》学的出发点,正像黜《毛序》成了他的《诗》学的出发点一样。在庆元党禁以前,他的《尚书》学的基本思想都已形成,通过同《尚书》学名家程大昌等人的论辩,也写出了一些考订《尚书》的短文。但他正式动手为《尚书》作注解还是在庆元党禁中。断定《古文尚书》与孔《传》孔《序》为伪这一离经叛道的《尚书》学思想的确立,整个改变了他对《尚书》的解经方法,既然历来作为可信圣经的《古文尚书》是伪书,历来作为权威解说的孔《传》孔《序》又不可信,而《今文尚书》也佶屈聱牙,艰涩难晓,故直到晚年他都认为对《尚书》不可能作字训句注的全解。因此他确立了两条与众不同的《尚书》解经方法,早在绍熙二年他就对莆田弟子郑可学阐述了自己的《尚书》解说法:

> 唐尧三代事,浩大阔远,何处测度?不若求圣人之心。大抵《尚书》有不必解者,有须著意解者。不必解者,如《仲虺之诰》、《大甲》诸篇,只是熟读,义理自分明,何俟于解?如《洪范》,则须著意解。如《典谟》诸篇,辞稍雅奥,亦须略解。若如《盘庚》诸篇,已难解;而《康诰》之属,则已不可解矣。[1]

这就是他所以对作《尚书》注解持谨慎态度、迟迟不肯动笔的原因,在这里已经包含了他后来传授给蔡沈的两条基本解经方

---

[1]《朱子语类》卷七八,第 1983 页。

法：一是在《尚书》的解说上，不纠缠于一字一句的章句训诂，而注重于文意的通贯，义理的阐发；而这种义理的通贯阐发又必须落到探明二帝三王的圣人之"心"上，这就是他在指点蔡沈作《书经集传》时特别强调的"最是《书》说，未有分付处。因思向日喻及《尚书》文义通贯，犹是第二义；直须见得二帝三王之心，而通其所可通，毋强其所难通"[1]。二是在《尚书》的训诂上，不硬作强解、全解、多存阙疑，以免一字一句的穿凿附会，自逞臆说，这就是他在指点蔡沈作《书经集传》时也特别强调的"《尚书》有不必解者，有须着意解者，有略须解者，有不可解者"。"不可晓只合阙疑。"以直探圣人之"心"作为《尚书》学的第一义，是要把他的人本主义思想贯穿到《尚书》注中；多存阙疑而不作牵强的全解，又是要遵守着他的探求"本义"的求实精神。

庆元五年冬，朱熹终于选定蔡沈来完成《书经集传》工作。蔡沈继承蔡元定家学，尤精于《洪范》之数，连蔡元定都惊叹说："成吾书者沈也。"庆元三年蔡元定谪舂陵时，便对三子蔡渊、蔡沆、蔡沈定下各人承传家学，蔡沉在《春秋五论序》中提到这件事说："庆元丁巳春，先君谪舂陵，以《易》授兄渊，以皇极命弟沈，著沉承乎《春秋》。"[2] 蔡沈果然很快在庆元五年完成了一本《洪范皇极》初稿，朱熹在得到这部书后，写信给他说："《洪范传》（按：即《洪范皇极》草稿）已收，俟更详看。然不敢率易改动，如余子书。"[3] 蔡沈作《书经集传》所用的本子，是朱熹的漳州定本，孔《序》黜置书末，所以蔡沈的《书经

---

[1] 《朱文公文集·续集》卷三《答蔡仲默》书五，第 1826 页。
[2] 《蔡氏九儒书》卷四《复斋》，第 106 册，第 367 页。
[3] 《朱文公文集·续集》卷三《答蔡仲默》书二，第 1826 页。

集传》也未附《小序》一卷,仿朱熹攻毛《序》,对孔《序》也逐条加以辩驳。凡朱熹对他的传授与指点,他都在《书经集传序》中作了说明:

> 沈自受读以来,沈潜其义,参考众说……《二典》、《三谟》,先生盖尝是正……先生改本,已附《文集》中,其间亦有经承先生口授指画,而未及尽改者,今悉更定,见本篇。《集传》本先生所命,故凡引用师说,不复识别。[1]

所谓"参考众说",其实就包括了朱熹命弟子多人编撰的集解之书。"口授指画",又是指朱熹在委任蔡沈作《书经集传》前后对他的当面指导传授,直到朱熹临死前都没有停止,蔡沈在《梦奠记》中叙述说:

> 庆元庚申三月初二日丁巳,先生简附叶味道,来约沈下考亭……是夜,先生看沈《书集传》,说数十条,及时事甚悉,精舍诸生皆在,四更方退……初三日戊午,先生在楼下改《书传》两章……是夜,说《书》数十条。

到庆元五年底,蔡沈《集传》已写到《禹贡》,《年谱》说"其他悉口授蔡沈"是可信的。因此,从思想到材料朱熹为蔡沈作《书经集传》所做的准备都是充分的。蔡沈代朱熹建立起了一个完整的《尚书》学体系,他在《书经集传序》中精辟地概括朱熹《尚书》学的根本思想说:

---

[1] 蔡沈:《书经集传·书经集传序》,《宋元人注四书五经》本,中国书店1998年版,上册,第1页。

> 二帝三王之治本于道，二帝三王之道本于心，得其心，则道与治固可得而言矣，何者？精一执中，尧舜禹相授之心法也；建中建极，商汤周武相传之心法也。曰德，曰仁，曰敬，曰诚，言虽殊而理则一，无非所以明此心之妙也。至于言天，则严其心之所自出；言民，则谨其心之所由施。礼乐教化，心之发也；典章文物，心之著也；家齐国治而天下平，心之推也。心之德，其盛矣乎！二帝三王，存此心者也；夏桀商受，亡此心者也；太甲成王，因而存此心者也。存则治，亡则乱，治乱之分，顾其心之存不存如何耳。扣世人主，有志于二帝三王之治，不可不求其道；有志于二帝三王之道，不可不求其心；求心之要，舍是书何以哉！[1]

这是在代"圣"立言，代师立言，他对朱熹直探"圣人之心"的《尚书》学大旨作了"经典性"的阐释，是朱熹《尚书》学思想的精髓所在。人"心"为天下之本，心得则道与治得，朱熹开辟了一条由《书》求心、由心求道、由道求治的《尚书》学之路，他的读《尚书》探"圣人之心"归到底还是一个人本主义的命题，要人通过读《尚书》掌握此"心"反身内求的道德修养工夫，这就是他的《尚书》学的真正秘密。他的《尚书》学的这种人本主义精神，使《书经集传》在经学史上占有了一席特殊地位。

当朱熹委托蔡沈来完成《书经集传》一书时，他的探索了一生的庞大经学体系可以说是全部建立起来了。虽然对五经中的《春秋》，他始终不肯动笔作注，建立自己的《春秋》学，然而这

---

[1]《书经集传·书经集传序》，上册，第1页。

并不妨碍他的经学体系的完整性。晚年的朱熹对《春秋》形成了自己独特的看法和认知,把《春秋》从"经"降低到了"史"的地位。从否定《春秋》是圣人一字褒贬的微言大义之经的观点出发,他断定《春秋》不过是一部记载实事的史书,《春秋》是史而不是经。这又是他的惊世骇俗的离经叛道之说,然而却一语道出了千年被掩盖的历史真相。他径直要弟子把《春秋》当作史书看,在他看来,经与史的区别,就在于经可探"圣人之心",史只是记载实事。《春秋》一书却无从探"圣人之心"。这种对《春秋》的看法,是同他对整个经学的根本思想对立的,《易》《书》《诗》《礼》四经在他看来都明载"圣人之心",故可作注直探这种"圣人之心";唯独《春秋》是记史事而不载圣心,所以是史非经,因而他终生不敢为《春秋》作注解。他就根据这种认识把《左传》与《公羊传》、《谷梁传》作了比较,认为《左传》是史学,《公》《谷》是经学,要人根据《左传》去读《春秋》,但求知史实而已。

既然把《春秋》视为史而不视为经,不主张读《春秋》、注《春秋》,是因为不满于《春秋》不载"圣人之心",因此这种思想就必然最终不是把他引向去作一本《春秋》的注解书,而是引向了去写一本真正载"圣人之心"的史书——这就是他的《通鉴纲目》。在党禁中他无心过问《春秋》,却又潜心于修改整理《通鉴纲目》旧稿,就是受这种思想的驱使。从他给讷斋赵师渊的八封信来看,他在庆元五年把修订《通鉴纲目》的大部分任务交给了赵师渊,由他作具体指导与部分撰写。对这次最后的修订,他提出了"纲欲谨严而无脱落,目欲详备而不烦冗"的要求,参定的主要书有《稽古录》、《大事记》、《皇极经世》等,尤其是司马光的《稽古录》。显然,朱熹是要写出一部真正载"圣人之心"

的史书，作为考治乱、明善恶、见得失的"万世之明鉴"。因此对他来说，如果《春秋》只具有史的地位，那么他的《纲目》倒具有经的意义，它甚至代替了《春秋》，在他的五经学体系中起着《春秋》学的特殊作用。只是这部著作到他去世时仍没有能整理定稿，蔡沈在《梦奠记》中说：

> 庆元庚申三月初三日戊午，先生在楼下改《书传》两章，又贴修《稽古录》一段。

"贴修《稽古录》"就是指修订《通鉴纲目》。然而不管怎样，正像孔子的《春秋》作为古典经学的"麟经"一样，朱熹的《纲目》作为新兴理学的"麟经"的地位确立了。

朱熹庞大的经学体系，是他同众多的经学弟子们共同建造的。尤其是晚年这种师弟子合作著述的方式，也给了弟子们在朱熹死前准确消化、领会与接受老师的思想遗产最好的训练机会。因此朱熹生平最后的学问著述的总结，从他许多著作在生前都未能完稿来说，是一次未完成的总结；但是从他建立起自己完整的理学与经学体系来说，又是一次完成了的总结。在庆元五年（1199年），有两件事成了他完成生平学问著述总结的标志：一是他在建阳印刻了最后一次修定成的《四书集注》；二是由弟子王晋辅在广南印刻了他的文集。对这个经学大师来说，他可以死而无憾了。

尾 声
最后的精神求索

党禁中的朱熹终于预感到死亡的逼近。然而这个天下人间的"一片云"最终没有栖息在佛国仙境，他精神上的上下求索最终还是使他坚信："儒者以理为不生不灭，释氏以神识为不生不灭，真似冰炭！"[1] 他向弟子宣布儒教乐地与佛家天国的根本不同说：

> 吾以心与理为一，彼以心与理为二；彼见得心空而无理，此见得心虽空而万理咸备也；虽说心与理一，不察乎气禀物欲之私，是见得不真，故有此病。《大学》所以贵格物也。[2]

朱熹晚年在党禁中的内心求索没有通向佛神天国，却通向了文学天国，使他又重温起了少年时怀抱过的文学之梦。他的中断了的诗歌创作在庆元党禁中又得到恢复。这个茫然飘荡于天下人间的"一片云"，在"嵇康琴酒鲍照文"的魏晋文学天地中找到了一隅精神栖息之地，对文学创作与文学思想展开的新的探讨，构成了他最后精神上的上下求索最有光彩的一面。

朱熹在文学上的探索，是同他与同时代的诗人词人广泛交游讲论联系在一起的。同他关系最密切的大诗人，除了辛弃疾与杨

---

[1] 《朱子语类》卷一二六，第3016页。
[2] 《朱子语类》卷一二六，第3015页。

万里，就是放翁陆游。他们在创作上互相倾心，思想上互相影响。庆元四年辛弃疾复集英殿修撰、主管武夷冲佑观后，朱熹曾致书以"克己复礼"相互勉励。他同陆游的关系在庆元党禁中也进一步密切。庆元三年二月，陆游为吕希哲的《岁时杂记》作跋，朱熹也作了一跋，对陆放翁感叹中原沦陷、士大夫苟安江左表示"窃亦深有感焉"。建阳士子严居厚（土敦）赴剡中为官，朱熹作诗相送，要他去拜望陆游："平日生涯一短篷，只今回首画图中。平章个里无穷事，要见三山老放翁。"[1] 陆游作了一首和诗："鹤俸元知不疗穷，叶舟还入乱云中。溪庄直下秋千顷，赢取闲身伴钓翁。"[2] 两人在废居穷困中同病相怜，诗书往还不断。这一年冬间，朱熹特寄纸被给陆游御寒，陆游作了答谢诗二首：

谢朱元晦寄纸被

木枕藜床席见经，臣看飘雪入窗棂。
布衾纸被元相似，只欠高人为作铭。
纸被围身度雪天，白于狐腋软于绵。
放翁用处君知否，绝胜蒲团夜坐禅。[3]

"只欠高人为作铭"，是暗示朱熹为他的老学斋作铭，朱熹后来应允，但因党禁森严终于未能写成，庆元五年（1199年）三月他在给巩丰信中解释说："向已许为放翁作老学斋铭，后亦不复敢著语，高明应已默解，不待缕缕自辨数也。"[4] 陆游受到反道学

---

[1]《朱文公文集》卷九《题严居厚溪庄图》，第149页。
[2]《剑南诗稿》卷三六《次朱元晦韵题严居厚溪庄图》，第496册，第4页。
[3]《剑南诗稿》卷三六《谢朱元晦寄纸被》，第496册，第8页。
[4]《朱文公文集》卷六四《答巩仲至》书四，第1177页。

当权者的排挤,长期罢废家居,朱熹既同情他壮志难酬的不幸遭遇,但又不希望他被反道学权贵再请出山,庆元五年三月朱熹在给巩丰信中谈到自己内心这种矛盾说:"放翁诗书录寄,幸甚。此亦得其近书,笔力愈精健。顷尝忧其迹太近,能太高,或为有力者所牵挽,不得全此晚节,计今决可免矣,此亦非细事也。仙游之政,无人肯为推出,此理势之常,无足怪者,况在渠家法,又自不当计此耶。"[1] 这一年春间朝廷准备起用陆游入朝任史官,又遭到反道学当权者的忌谗阻挠,陆游在五月上书乞致仕。朱熹在接到他的信后,致书巩丰不无愤懑地说:

放翁近报,亦已挂冠,盖自不得不尔。近有人自日边来,云今春议者欲起洪景庐与此老,付以史笔,置局湖山,以就闲旷,已而当路有忌之者,其事遂寝。今日此等好事,亦做不得,然在此翁,却且免得一番拖出来,亦非细事。前书盖已虑此,乃知人之所见有略同者。或云张伯子实唱其说,此亦甚不易也。[2]

陆游也服膺朱熹的理学,同朱熹的弟子交往密切。在庆元党禁中他在不忘抗金复国的忧愤之外,又更添一重忧民悯道的悲哀,在庆元四年落寞的寒冬岁末他吟了一首《舍北晚步》:

漠漠炊烟村远近,冬冬傩鼓埭西东。
三叉古路残芜里,一曲清江淡霭中。
外物已忘如弃屣,老身无伴等羁鸿。

---

[1]《朱文公文集》卷六四《答巩仲至》书四,第1178页。
[2]《朱文公文集》卷六四《答巩仲至》书五,第1179页。

> 天寒寂寞篱门晚，又见浮生一岁穷。[1]

朱熹肯定的正是诗中炽热的将世上疮痍化为笔底波澜的忧道之心，所以当庆元五年七月陈希真携这首诗入闽来见朱熹时，朱熹为诗特作跋说："季札闻歌《小雅》，而识其思而不贰、怒而不伤者；近世东坡公读柳子厚南涧中题，乃得其忧中有乐、乐中有忧者而深悲之。放翁之诗如此，后之君子其必有以处之矣。"[2] 这种政治上的忧"道"之志同文学上的养"气"之说便天然沟通，使两人在创作上也心心相印了。庆元五年五月朱熹的得意高足方士繇病死，陆游为他作墓志铭，估计也是出于朱熹的恳请。尽管这时党禁如火如荼，陆游在墓铭中却公然对朱熹的道学思想作了肯定的评价：

> ……闻侍讲朱公元晦倡道学于建安，往从之。朱公之徒百千人，伯谟甫年尚少，而学甚敏，不数年，称高弟。因徙家从之崇安五夫籍溪之上。所以熏陶器质，涵养德业，磨礲浸渍，以至于广大高明者，盖朱公作成之妙，而伯谟甫有以受之也。伯谟甫既见朱公，即厌科举之习，久之，遂自废，不为进士，专以传道为后学师……[3]

方士繇作为儒士，是朱熹的理学文化孕育出来的典型；作为诗人，又深受到陆游诗歌创作的濡染熏陶。他的父亲方德亨是吕

---

[1]《剑南诗稿》卷三八《舍北晚步》，第 9 页。
[2]《朱文公文集·承续集》卷七《跋陆务观诗》，第 1856 页。
[3] 陆游：《渭南文集》卷三六《方伯谟墓志铭》，《四部备要》本，第 500 册，第 6 页。

本中的弟子，而陆游的诗歌正直接渊源于吕本中，陆游与吕本中一样都主张文以"气"为主，吕本中认为作诗"欲波澜之阔，须令规模宏放以涵养吾气而后可"。气充实则诗文规模自大，波澜自阔。而治心养气恰正是理学家论诗的本色，朱熹认为人只有充养正气，文才有健骨，这是他的文道相即思想在创作上的具体运用。因此论诗他强调"气骨"、"气力"、"气格"、"气象"。在他看来，南渡以来是一个气衰的时代，所以造成文风的萎靡纤弱，诗风的险怪华巧，他嘲笑当时的文风说："今人做文字，却是胭脂腻粉妆成，自是不壮浪，无骨气，如舞讶鼓相似，也有男儿，也有妇女，也有僧、道、秀才，但都是假底。"[1] 朱熹所以认为近代只有陆游独具诗人风致，就是因为他能充养其气，陆游自己也认为"谁能养气塞天地，吐出自足成虹霓"。健从气得，气充则骨健，所以朱熹反复用一"健"字来概括陆游诗风的基本审美特征。庆元五年圆悟去世时，陆游也和朱熹一样作了悼文，朱熹就在给巩丰信中借唐南阳慧忠禅师的故事风趣地说："放翁笔力愈健，但恨无故被天津桥上胡孙扰乱，却为大耳三藏觑见。"[2] 当十二月朝廷想再召陆游入充史官时，朱熹在给巩丰信中又说："放翁老笔愈健，在今当推为第一流。"[3] 所谓"健"都是指陆游诗的气充骨健，这表明了两人在文学创作上与思想上的相通。朱熹把这一点看作是他与陆游在对文学创作认识上的根本一致，所以在方士繇死后，他有意请陆游为方德亨诗集写一篇序来阐述这一思想。庆元五年十二月他在给巩丰信中说："放翁老笔尤健……方

---

[1]《朱子语类》卷一三九，第3318页。
[2]《朱文公文集》卷六四《答巩仲至》书六，第1179页。
[3]《朱文公文集》卷六四《答巩仲至》书十七，第1183页。

欲往求一文字，或恐以此贱迹之为累，未必肯作耳。"[1] 庆元六年正月他在给巩丰信中又说："放翁久不得书，欲往从觅一文字，所系颇重，又恐贱迹累其升腾，未敢启口也。"[2] 这一所系颇重的"文字"就是指为方德亨诗集作序，朱熹显得十分慎重。到三月陆游致仕允准，正好这时巩丰离开福建幕府经建阳考亭，朱熹才托他带书往山阴请陆游作序。到四月陆游写成《方德亨诗集序》，朱熹已经去世了，这篇序成了两人生平友谊最好的纪念。陆游在序中果然着重论述了养气说：

> 予自少闻莆阳有士曰方德亨，名丰之，才甚高，而养气不挠。……诗岂易言哉？才得之天，而气者我之所自养。有才矣，气不足以御之，淫于富贵，移于贫贱，得不偿失，荣不盖愧，诗由此出，而欲追古人之逸驾，讵可得哉！……（德亨）既殁若干年，待制朱公元晦，以书及德亨之诗示予于山阴，曰："子为我作德亨集序。"……[3]

这篇序直可看成是陆游与朱熹的诗歌宣言书，它表明了陆游在文学上一直受到从吕本中到朱熹的理学家对他的影响，也留下了朱熹晚年在文学创作上探索的最后足迹。

朱熹与陆游进行的这种文学探索虽然中断而没有深入，但是却在同时他与诗人巩丰的讨论中得到了展开。朱熹晚年密切交游的诗人大多曾浸淫出入于江西诗派，著名的有韩淲、赵蕃、巩丰、徐文卿、黄岩老以及刘淮、游开、丘服、项安世、杨方、王才臣

---

[1]《朱文公文集》卷六四《答巩仲至》书十七，第1183页。
[2]《朱文公文集》卷六四《答巩仲至》书十八，第1184页。
[3]《渭南文集》卷一四《方德亨诗集序》，第499册，第9页。

等一批后进文士,因此通古今体制之变以批判走向末路的江西诗派的"近局",便成了他的诗歌思想的现实出发点。庆元四年,章泉赵蕃以五十余岁的高龄来考亭执弟子礼,巩丰也在这一年入闽投叶翥幕下,经考亭同朱熹相见面论。巩丰是吕祖谦弟子,诗歌创作追随陆游,但并未能完全摆脱江西派诗风的束缚。朱熹同他在诗歌创作上的论辩,因两人对梅尧臣诗的看法上存在分歧而在庆元五年初开始。巩丰在吟武夷诗的序中痛诋江西诗派,把梅尧臣也一并否定,在朱熹看来简直是"骇俗听"之论。朱熹作诗标举魏晋风致,认为以陶渊明为代表的魏晋诗闲暇萧散,冲淡高远,不失《诗经》、《楚辞》的高古风貌,唐代韦柳,宋代梅尧臣、张巨山,都远承魏晋高风余韵,恰可救当今江西诗派的沉疴大病,他在给巩丰信中认为:"(梅尧臣)《寂寥》短章,闲暇萧散,犹有魏晋以前高风余韵,而不极力于当世之轨辙者。"他认为要准确地批判江西诗派的谬误,从而超越它,必须先通古今体制之变:"恐亦须先识得古今体制,雅俗向背,仍更洗涤得尽肠胃间夙生荤血脂膏……近世诗人正缘不曾透得此关,而规规于近局,故其所就皆不满人意。"他对"古今体制"的认识,包含在了他的"三变"说中:

> 间考诗之原委,因知古今之诗凡有三变:盖自书传所记虞夏以来,下及魏晋,自为一等;自晋宋间颜谢以后,下及唐初,自为一等;自沈宋以后定著律诗,下及今日,又为一等。然自唐初以前,其为诗者固有高下,而法犹未变;至律诗出,而后诗之与法始皆大变,以至今日,益巧益密,而无复古人之风矣。

> 故尝妄欲抄取经史诸书所载韵语,下及《文选》、汉魏

古词,以尽乎郭景纯、陶渊明之所作,自为一编,而附于三百篇、《楚辞》之后,以为诗之根本准则;又于其下二等之中,择其近于古者,各为一编,以为之羽翼舆卫;其不合者,则悉去之,不使其接于吾之耳目,而入于吾之胸次,要使方寸之中,无一字世俗言语意思。则其为诗不期于高远,而自高远矣。[1]

这包含了朱熹对整整一部文学史的认识,是他立足于批判江西诗派的现实立场对整个诗歌的发展历程所作的鸟瞰与反思。他重古体而薄律诗,是因为古体高古,律诗巧密;他推崇魏晋而把它与《诗经》、《楚辞》并列作为诗的根本准则,是因为魏晋深得自然平淡之趣,正是要反对江西诗派的雕镂怪巧。他从通古今体制之一变中融铸出了自己自然平淡的审美意趣,于是他同巩丰的分歧便集中到对"平淡"的认识上。巩丰以梅尧臣的诗平淡而不足取,直斥"平淡二字,误尽天下诗人"。朱熹反驳说:

夫古人之诗,本岂有意于平淡哉?但对今之狂怪雕镂,神头鬼面,则见其平;对今之肥腻腥臊,酸咸苦涩,则见其淡耳。自有诗之初以及魏晋,作者非一,而其高处,无不出此。[2]

自然平淡包含了对江西诗派着意雕琢、苦心经营、人工安排的批判。他认为"自然"就是"只是自胸中流出,更无些窒

---

[1]《朱文公文集》卷六四《答巩仲至》书四,第1177—1178页。
[2]《朱文公文集》卷六四《答巩仲至》书四,第1179页。

碍"，"一直恁地说，初无布置"，但却不等于不要法度。他盛赞李太白诗"自在"，"自然之好"，但又说："李太白诗非无法度，乃从容于法度之中，盖圣于诗者也。"[1] 所以他主张的"平淡"的根本内涵，是指为文作诗从容于法度之中而不为法度所缚，于法中求无法，于不变中求变。他在巩丰论诗同时作的一篇《跋病翁先生诗》，就进一步发挥了这一思想，他提出了"正变"说，认为天下万事皆有一定之法，作诗既要守法不失其正，又要求变以尽纵横妙用。守正在遵古法，尽变以自出规模，后者又重于前者，有功力高下深浅的不同。因此守正与变古，变古高于守正；正体与变体，变体高于正体；文变与心变，心变高于文变；定格（常格）与新格，新格高于定格；有法与无法，无法高于有法，不求法脱，而又不为法缚，构成了他对文学创作的基本看法。

朱熹在与巩丰论诗中达到的这种认识高度，已经突破了他的文道说的理学抽象框架。他在完成《韩文考异》以后又编选了一本《昌黎文粹》，在同周必大考订《六一居士文集》以后又编选了一本《欧曾文粹》，都是要贯彻他的这些文学思想。巩丰后来的诗文便以"无险怪华巧，而以理屈人，片词半牍，皆清朗得言外趣"为特点。朱熹的这种影响，一直延伸到了江湖派那里。朱熹自己也力图把这种文学理想贯彻到晚年的创作中，然而他终究感到自己的文学命运同道学命运一样可悲，庆元五年他作的三首《寄江文卿刘叔通》，仿佛成了他对自己一生文学与道学命运的一个双重总结：

---

[1]《朱子语类》卷一四〇，第3326页。

> 文卿句律如师律，叔通诗情绝世情。
> 政使暮年穷到骨，不教吟出断肠声。
> 诗人从古例多穷，林下如今又两翁。
> 应笑湖南老宾友，两年吹落市尘中。
> 　　　　此戏子蒙，恐落穷籍不便，可发一笑也。
>
> 我穷初不为能诗，笑杀吹竽滥得痴。
> 莫向人前浪分雪，世间真伪有谁知！
> 　　　　仆不能诗，往岁为澹庵胡公以此论荐。
> 平生侥幸多类此云。[1]

"世间真伪有谁知"，他无意在世人面前辨雪自己是不是"伪徒"，这个"天下人间一片云"向人间诀别了。

从庆元五年以来朱熹就已被各种疾病所困扰，使他有大限临头的不祥预感，更加抓紧著述。庆元六年（1200年）温煦的新春冲破雪寒降临，这个沧洲病叟一度对这生生不已、生机盎然的世界充满迷恋，但是入春以后，他的足疾大发，服药无效，引动脏腑，病情恶化。他先前曾为建昌南城吴伸、吴伦兄弟创建的社仓作记，这时他们在社仓书楼读书堂上挂起了朱熹像，二月八日他在画像上题了一诗，流露了他老病将死的无限怅惘的自悼心情：

> 苍颜已是十年前，把镜回看一怅然。
> 履薄临深谅无几，且将余日付残编。[2]

---

[1]《朱文公文集》卷九，第153页。
[2]《朱文公文集》卷九，第153页。

尾 声 最后的精神求索

在各种疾病的折磨中，闰二月他误服了庸医丹方，终至不可救药。他得的是一种老年奇症：上体极热，要挥扇不停；下体又极冷，腹泻不止。他却以更旺盛的精力加紧整理残编，忘了死期已至。他唯一的愿望就是要将自己生平的所有著作全部完稿，把"道"传下去，使道统后继有人。这种信念支撑着他，竟使他挣扎在病榻上最后一个月的生命在不知疲倦的著述中放出了奇光异彩。他在去世前最后几天的著述依旧勤奋不辍，蔡沈在《梦奠记》中作了详细叙述：

> 三月初二日，看沈《书集传》，说数十条及时事甚悉，诸舍诸生皆在。
> 初三日，在楼下改《书传》两章，又贴修《稽古录》。是夜，说《书》数十条。
> 初四日，是夜，说书至《太极图》。
> 初五日，是夜，说《西铭》。又言为学之要。
> 初六日，改《大学·诚意章》，令詹淳誊写，又改数字。又修《楚辞》一段。
> 初八日，作范伯崇念德书，托写《礼书》。又作黄直卿榦书，令收《礼书》底本。又作敬之在书，令早收拾文字。……

在三月八日他发出的最后一封给黄榦的信，仿佛是他为整个道学留下的传道遗嘱，可以看到这个道学党魁直到临死前的一刻仍念念不忘为"道"著书和以"道"托人：

> 凡百更宜加勉力，吾道之托在此者，吾无憾矣。衰病本

自略有安意,为俞梦达荐一张医来,用钢砂巴豆等攻之,病遂大变。此两月愈甚,恐不可支。吾泰儿又远在千里外,诸事无分付处,极以为挠。然凡百已定,只得安之耳。异时诸子诸孙,切望直卿一一推诚,力赐教诲,使不大为门户之差,至祝,至祝!《礼书》今为用之、履之不来,亦不济事,无人商量耳。可使报之,可且就直卿处折衷,如向来《丧礼》,详略皆已得中矣。《臣礼》一篇,兼旧本,今先附案,一面整理,其他并望参考条例,以次修成,就诸处借来可校,作两样本,行道大小并附去,并纸各千番,可收也。[1]

黄榦因在外教书谋生,没有能在朱熹死前赶到,但是朱熹却把他选为第一的授"道"传人。朱熹终究没有像孔子那样怀着"吾道穷矣"与"道不行,乘槎浮于海"的遗恨离开人世,他坚信党禁迟早会解冻,正道大行天下。在临终前一天,他对在座的九名弟子蔡沈、林夔孙、陈埴、叶贺孙、徐寓、方伯起、刘成道、赵惟夫、范元裕说:"道理只是恁底,但大家倡率做些艰苦工夫,须牢固著脚力,方有进步处。"这成了他对弟子的临终遗训。他自己依旧保持着道学的傲骨,当一个依仗时相之势凶焰可畏的建阳县令张揆也来馈礼时,他毫不客气地一口拒绝,说:"知县若宽一分,百姓得一分之惠。"

庆元六年(1200年)三月初九午时,道学党魁朱熹终于在党禁的阴冷中去世。这时正当京镗荣擢左相,谢深甫荣擢右相,何澹荣除知枢密院事兼参知政事,临安城里,反道学当权沉浸在大除拜的喜悦中,又一次宣布"其长恶弗悛、负固不服者,必重寘

---

[1]《朱文公文集》卷二九《答黄直卿》,第461页。

典宪,投之荒远"。道学信徒们依旧近者奔讣,远者为位哭祭。十一月二十日,由蔡沈主丧役,黄榦主丧礼,将朱熹葬于建阳县唐石里后塘九峰山下大林谷,参加会葬者有近千人之多。这个命途坎坷的"武夷翁"终于回归武夷文化的大地,他的著作却留在人间,让后世千古评说。

附 录
朱熹年谱简编

宋高宗建炎四年（1130年）丁未　一岁

九月十五日午时，朱熹生于南剑州尤溪县南郑安道故宅。小名沈郎，小字季延，排行五十二。

绍兴元年（1131年）辛亥　二岁

二月，举家自尤溪避乱于古田龙爬。六月，转寓长溪龟灵寺。

绍兴二年（1132年）壬子　三岁

正月，避乱寓桐江。五月，随父朱松居泉州石井镇。

绍兴三年（1133年）癸丑　四岁

张敦颐为朱松赎回其婺源百亩先业田。

绍兴四年（1134年）甲寅　五岁

自石井归尤溪。始入小学，诵《孝经》。在郑氏馆前沙洲上画八卦。

绍兴五年（1135年）乙卯　六岁

寓居政和星溪。

绍兴六年（1136年）丙辰　七岁

在政和。

绍兴七年（1137年）丁巳　八岁

六月，父松入为秘书省校书郎，朱熹母子寄居浦城。

绍兴八年（1138年）戊午　九岁

三月，随母入临安。在临安就傅，延杨由义为师。见大儒尹焞，得尹焞《论语解》抄读。

绍兴九年（1139年）己未　十岁

在临安，苦读《孟子》。

绍兴十年（1140年）庚申　十一岁

三月，朱松以不附秦桧和议出知饶州，请祠归闽。随父自临安归，寓建阳登高山丘羲之家。秋后环溪精舍成，举家定居建安城南紫芝上坊。

绍兴十一年（1141年）辛酉　十二岁

在环溪精舍受教，诗文大进。

绍兴十二年（1142年）壬戌　十三岁

在环溪精舍受教。

绍兴十三年（1143年）癸亥　十四岁

三月二十四日，朱松卒，托孤于武夷刘子羽。移居崇安五夫里潭溪之下，禀学于籍溪胡宪、白水刘勉之、屏山刘子翚。

绍兴十四年（1144年）甲子　十五岁

勤读《四书》。从密庵主僧道谦学禅。

绍兴十五年（1145年）乙丑　十六岁

刘子翚为朱熹取字元晦。

绍兴十六年（1146年）丙寅　十七岁

刘子羽卒，有诗挽之。

绍兴十七年（1147年）丁卯　十八岁

八月，举建州乡贡。考订诸家祭礼，撰成《诸家祭礼考编》。

绍兴十八年（1148年）戊辰　十九岁

正月，娶刘勉之长女刘清四。赴临安省试，中王佐榜第五甲第九十名。归途访范浚于兰溪，访诗人张嵲、李处权于衢州，访杨时门人徐存于江山。

绍兴十九年（1149年）己巳　二十岁

得上蔡谢良佐《论语解》、西山李郁《论孟说》刻苦研读。十二月，如婺源展墓。

绍兴二十年（1150年）庚午　二十一岁

三月，自婺源归，访诗人董颖、同年叶元恺。

绍兴二十一年（1151年）辛未　二十二岁

三月赴临安铨试中等，授左迪功郎、泉州同安县主簿，待次。北游湖州，访尹焞门人徐度。归经台州访药寮居士谢伋。建牧斋，日读六经百氏之书。

绍兴二十二年（1152年）壬申　二十三岁

四月，访密庵道谦，遂长途行役寻禅。九月，道谦卒，有文往祭之。是年写成《曾子固年谱》，有抨击秦桧之语。

绍兴二十三年（1153年）癸酉　二十四岁

五月，赴同安县主簿任，见罗从彦门人李侗于延平。经福州，访拙斋林之奇。经莆田，访艾轩林光朝。秋七月至任。子塾生。

绍兴二十四年（1154年）甲戌　二十五岁

在同安任，整顿县学。子埜生。秋冬奉檄往漳州按事。

绍兴二十五年（1155年）乙亥　二十六岁

正月，奉檄至福州，始识吕祖谦。往梅阳见宗杲。编定《牧斋净稿》。

绍兴二十六年（1156年）丙子　二十七岁

秋七月任满。八月，序编家藏石刻。十一月，奉檄走旁郡莆田，遂载老幼东归。

绍兴二十七年（1157年）丁丑　二十八岁

春还同安候代者。始有书致李侗问学。十月，代者不至，离任北归。

绍兴二十八年（1158年）戊寅　二十九岁

春正月，往见李侗于延平。十一月，以养亲乞奉祠，差监潭州南岳庙。

绍兴二十九年（1159年）己卯　三十岁

三月，校订《上蔡先生语录》。八月，以参知政事陈康伯荐召赴行在，辞。

绍兴三十年（1160年）庚辰　三十一岁

十月，见李侗于延平。是岁，《孟子集解》稿成。

绍兴三十一年（1161年）辛巳　三十二岁

九月，金人败盟南侵，有诗祝采石大捷。贻书同知枢密院事黄祖舜，总结完颜亮南侵教训。

绍兴三十二年（1162年）壬午　三十三岁

春正月，拜谒李侗于建安，遂与之俱归延平。六月，复差监南岳庙。八月，应诏上封事。

隆兴元年（1163年）癸未　三十四岁

四月，应汪应辰招至福州，讨论北伐用兵事宜。夏秋两见李侗于潭溪。十月，应召至京，奏事垂拱殿，除武学博士，待次。在都下，与张栻相识。李侗卒。《论语要义》、《论语训蒙口义》、《训蒙绝句》成。

隆兴二年（1164年）甲申　三十五岁

春正月，往延平哭祭李侗，再至福州见汪应辰。四月，再往延平会李侗之葬。九月，赴豫章哭祭张浚，与张栻面论湖湘学中和之说。《杂学编》、《困学恐闻编》成。

乾道元年（1165年）乙酉　三十六岁

四月，入都赴武学博士任，不合而归。五月，复差监南岳庙。

乾道二年（1166年）丙戌　三十七岁

春间，编订《通书》，印刻于长沙。七月，编订《二程语录》。与张栻讨论已发未发，建立中和旧说。

乾道三年（1167年）丁亥　三十八岁

八月，访张栻于潭州，共游南岳衡山。唱酬诗集为《南岳唱酬集》、《东归乱稿》。十二月，以执政陈俊卿、刘珙荐，除枢密院编修官，待次。

乾道四年（1168年）戊子　三十九岁

四月，编订《程氏遗书》成。崇安饥荒，奔走赈济之。七月，奉府檄行视水灾。

乾道五年（1169年）己丑　四十岁

子在生。与蔡元定讲学，顿悟中和新说。朝廷三促就编修之职，辞不赴。九月，丁母祝氏忧。十月，校订成《程氏易传》。十二月，修订《祭仪》成。

乾道六年（1170年）庚寅　四十一岁

春正月，葬母祝孺人于建阳寒泉坞，建寒泉精舍。闰五月，修订《太极图说解》成。七月，《西铭解》成。校订《程氏遗书》、《文集》、《经说》，由郑伯熊刻版于建宁。十二月，工部侍郎胡铨以诗人荐，辞不赴。

乾道七年（1171年）辛卯　四十二岁

五月，创立社仓于五夫里。十二月，复辞召命。《知言疑义》成。

乾道八年（1172年）壬辰　四十三岁

春正月，《论孟精义》成。四月，《资治通鉴纲目》草成。九月，《八朝名臣言行录》成。十月，修订《西铭解》成。

乾道九年（1173年）癸巳　四十四岁

　　三月，复辞召命。四月序定《太极图说解》。五月，改左宣教郎、主管台州崇道观，再辞。六月，《程氏外书》编成。十一月，《伊洛渊源录》草成。

淳熙元年（1174年）甲午　四十五岁

　　四月，编订《大学》、《中庸》新本，分经、传。五月，编次《古今家祭礼》成。六月，改宣教郎，奉祠。

淳熙二年（1175年）乙未　四十六岁

　　四月，吕祖谦来访，共编订《近思录》。五月，与吕祖谦至信州鹅湖寺，与陆九龄、陆九渊相会，讲学论辩。七月，云谷居成。始作《家礼》。

淳熙三年（1176年）丙申　四十七岁

　　三月，归婺源展墓，见吕祖谦于衢州。九月，差管武夷山冲佑观。十一月，夫人刘氏卒。

淳熙四年（1177年）丁酉　四十八岁

　　六月，《论语集注或问》、《孟子集注或问》、《大学章句或问》、《中庸章句或问》、《中庸辑略》成，序定之。十月，修订《诗集解》成，序定之。《易传》成。

淳熙五年（1178年）戊戌　四十九岁

　　八月，差知南康军，两辞。

淳熙六年（1179年）己亥　五十岁

　　春正月，赴南康军任，与陆九龄相会于铅山。三月至任。十月，修复白鹿洞书院。

淳熙七年（1180年）庚子　五十一岁

　　四月，应诏上封事。七月，南康大旱，大修荒政。

淳熙八年（1181年）辛丑　五十二岁

二月，陆九渊来访。三月，除提举江南西路常平茶盐公事，待次。闰三月离任归。七月，除直秘阁，三辞。九月，改除提举两浙东路常平茶盐公事。十一月，奏对于延和殿。十二月，至任。

淳熙九年（1182年）壬寅　五十三岁

春正月，巡历州县，陈亮来访。七月，再次巡历州县，奏劾知台州唐仲友。改除江西提刑，辞。九月，离任归。

淳熙十年（1183年）癸卯　五十四岁

正月，差主管台州崇道观。四月，武夷精舍成。五月，修订《婺源茶院朱氏世谱》成。十月，南下福州、莆田、泉州，访赵汝愚，吊傅自得。

淳熙十一年（1184年）甲辰　五十五岁

与陈亮展开义利王霸之辩。十二月，编订《张南轩文集》成。

淳熙十二年（1185年）乙巳　五十六岁

四月，差主管华州云台观。陆九韶来武夷，面论无极太极。

淳熙十三年（1186年）丙午　五十七岁

三月，《易学启蒙》成。八月，《孝经刊误》成。

淳熙十四年（1187年）丁未　五十八岁

正月，南下莆中吊陈俊卿。三月《小学》书成。差主管南京鸿庆宫。七月，除江南西路提点刑狱公事，辞。九月，《通书解》成。

淳熙十五年（1188年）戊申　五十九岁

二月，始出《太极图说解》、《西铭解》以授学者。三月，启程入都，奏事于延和殿，除兵部郎官。遭林栗弹劾而归。七月，除直宝文阁、主管西京嵩山崇福宫。《周易本义》成。十一月，上万言封事。除主管西太乙宫、兼崇政殿说书，辞。

淳熙十六年（1189年）己酉　六十岁

正月，除秘阁修撰、依旧主管西京嵩山崇福宫，辞职名。二月，正式序定《大学章句》、《中庸章句》。八月，除江东路转运副使，辞。十一月，改知漳州。

绍熙元年（1190年）庚戌　六十一岁

二月，《楚辞协韵》成，刊于漳州。四月，至漳州任。大力推行经界。十月，刊《四经》于郡。十二月，刊《四子》于郡。编《礼记解》刊于郡。

绍熙二年（1191年）辛亥　六十二岁

二月，经界不行，以长子丧请祠。三月，除秘阁修撰、主管南京鸿庆宫。四月，去郡归。寓建阳同繇桥。九月，除荆湖南路转运副使，辞。

绍熙三年（1192年）壬子　六十三岁

六月，建阳考亭新居落成，居之。十二月，陈亮来访于考亭。除知静江府、广南西路经略安抚使，辞。《孟子要略》成。

绍熙四年（1193年）癸丑　六十四岁

正月，辛弃疾来考亭与朱熹、陈亮会晤。二月，差主管南京鸿庆宫。十一月，除知潭州、荆湖南路安抚使，辞，不许。

绍熙五年（1194年）甲寅　六十五岁

五月，至潭州任，招降瑶民蒲来矢。六月修复岳麓书院。七月，宁宗即位，召赴行在。八月，除焕章阁待制兼侍讲。离潭州赴京。十月，奏对于行宫便殿。上《孝宗山陵议状》。受诏进讲《大学》。差兼实录院同修撰。闰十月，上《祧庙议状》。封婺源县开国男，食邑三百户。赵扩内批除宫观，改除宝文阁待制、与州郡差遣，遂行离京。在道除知江陵府、荆湖北路安抚使，辞。十二月，诏依旧焕章阁待制、提举南京鸿庆宫。沧洲精舍成。

庆元元年（1195年）乙卯 六十六岁

正月，拜祠命，辞待制职名。三月，磨勘转朝奉大夫。十二月，诏依旧秘阁修撰、提举南京鸿庆宫。

庆元二年（1196年）丙辰 六十七岁

二月，知贡举叶翥、倪思、刘德秀奏论伪学之魁。十一月，编辑《翁季录》。十二月，落职罢祠。

庆元三年（1197年）丁巳 六十八岁

正月，蔡元定编管道州，饯别于净安寺。三月，《仪礼集传集注》成。七月，《周易参同契考异》成。九月，《韩文考异》成。十二月，朝廷立伪学之籍。

庆元四年（1198年）戊午 六十九岁

八月，蔡元定卒于道州，有文祭之。是冬，分委弟子修撰《尚书》集注。《楚辞集注》成。

庆元五年（1199年）己未 七十岁

二月，《楚辞辨证》成，编《楚辞后语目录》。四月，守朝奉大夫致仕。《周易参同契考异》定本刊刻于建阳。十一月，始委蔡沈作《书集传》。《阴符经考异》成。是岁，委赵师渊修补《资治通鉴纲目》。

庆元六年（1200年）庚申 七十一岁

正月，《楚辞音考》成。二月，命黄榦编西山蔡元定《家书》。修订《大学章句》最后成。三月九日午时，卒于考亭住宅中堂。十一月，葬于建阳县唐石里之大林谷。

图书在版编目(CIP)数据

朱熹:"性"的救赎之路/束景南著. —上海：复旦大学出版社,2021.3
ISBN 978-7-309-15427-6

Ⅰ.①朱… Ⅱ.①束… Ⅲ.①朱熹(1130-1200)-传记 Ⅳ.①B244.75

中国版本图书馆 CIP 数据核字(2020)第 234025 号

朱熹:"性"的救赎之路
束景南 著
出 品 人/严 峰
责任编辑/关春巧
复旦大学出版社有限公司出版发行
上海市国权路 579 号 邮编: 200433
网址: fupnet@fudanpress.com http://www.fudanpress.com
门市零售: 86-21-65102580 团体订购: 86-21-65104505
外埠邮购: 86-21-65642846 出版部电话: 86-21-65642845
上海盛通时代印刷有限公司

开本 890×1240 1/32 印张 15.5 字数 361 千
2021 年 3 月第 1 版第 1 次印刷

ISBN 978-7-309-15427-6/B·741
定价: 60.00 元

如有印装质量问题,请向复旦大学出版社有限公司出版部调换。
版权所有 侵权必究

ISBN 978-7-309-15427-6

定价：60.00元
www.fudanpress.com.cn